REVISTA DE DIREITO MERCANTIL
industrial, econômico e financeiro

133

Publicação do
Instituto Brasileiro de Direito Comercial Comparado
e Biblioteca Tullio Ascarelli
do Departamento de Direito Comercial
da Faculdade de Direito da Universidade de São Paulo

Ano XLIII (Nova Série)
janeiro-março/2004

MALHEIROS
EDITORES

REVISTA DE DIREITO MERCANTIL

industrial, econômico e financeiro

Nova Série — Ano XLIII — n. 133 — janeiro-março de 2004

REVISTA DE DIREITO MERCANTIL
publicação trimestral de
MALHEIROS EDITORES LTDA.
Rua Paes de Araújo, 29, conjunto 171
CEP 04531-940
São Paulo, SP - Brasil
Tel. (011) 3078-7205
Fax: (011) 3168-5495

Diretor Responsável: Álvaro Malheiros
Diretora: Suzana Fleury Malheiros

Assinaturas e comercialização:
CATAVENTO DISTRIBUIDORA DE LIVROS S.A.
Rua Conselheiro Ramalho, 928
CEP 01325-000
São Paulo, SP - Brasil
Tel. (011) 289-0811
Fax: (011) 251-3756

Supervisão Gráfica: Vânia Lúcia Amato
Composição: *Scripta*

SUMÁRIO

DOUTRINA

EXTERNALIDADES E CUSTOS DE TRANSAÇÃO: A REDISTRIBUIÇÃO DE DIREITOS NO NOVO CÓDIGO CIVIL 7
— Rachel Sztajn

ATUALIDADES

SOCIEDADE LIMITADA OU ANÔNIMA FECHADA? O NOVO DILEMA DOS EMPREENDEDORES NACIONAIS 32
— Ricardo Guimarães Moreira

DO EXERCÍCIO DO DIREITO DE VOTO DAS AÇÕES PREFERENCIAIS COM DIVIDENDO DIFERENCIADO 77
— Jorge Lobo

A INFLUÊNCIA DA ESTRUTURA DE GOVERNANÇA CORPORATIVA NO VALOR, ALAVANCAGEM E POLÍTICA DE DIVIDENDOS DAS EMPRESAS BRASILEIRAS DE CAPITAL ABERTO 81
— André Carvalhal

EVOLUÇÃO LEGISLATIVA DAS AÇÕES PREFERENCIAIS NO BRASIL E OS INSTITUTOS A ELAS RELACIONADOS 121
— Marcel Gomes Bragança Retto

O VALOR RESIDUAL GARANTIDO EM CONTRATOS DE ARRENDAMENTO MERCANTIL FINANCEIRO 143
— Guilherme de A. C. Abdalla

TÍTULOS DE CRÉDITO: UMA ANÁLISE DAS PRINCIPAIS DISPOSIÇÕES DO NOVO CÓDIGO CIVIL 150
— Jean Carlos Fernandes

O REGIME DE ADMINISTRAÇÃO ESPECIAL TEMPORÁRIA — RAET 157
— Cristiano Gomes de Brito

ESPAÇO DISCENTE

ASPECTOS DO DIREITO CONTRATUAL NO NOVO CÓDIGO CIVIL: RESOLUÇÃO. DISSOLUÇÃO. INEXECUÇÃO. TEORIA DA IMPREVISÃO ... 174
— Maria Clara Villasbôas Maudonnet

DOSIMETRIA DAS SANÇÕES NO DIREITO ANTITRUSTE: ANÁLISE DA NOVA JURISPRUDÊNCIA BRASILEIRA SOB A PERSPECTIVA DA DETERRÊNCIA 187
— Maria Paula Bertran

O PODER ECONÔMICO E A OBSOLESCÊNCIA PROGRAMADA DE PRODUTOS ... 193

— Daniel de Avila Vio

ASPECTOS GERAIS DO SISTEMA DE MARCAS: O REGISTRO E O RISCO DE CONFUSÃO ... 203

— André Luís Amoroso de Lima

JURISPRUDÊNCIA COMENTADA

SOLICITAÇÃO DE INTERRUPÇÃO DO CURSO DO PRAZO DE ANTECEDÊNCIA DE CONVOCAÇÃO DE ASSEMBLÉIA GERAL EXTRAORDINÁRIA — CATAGUASES-LEOPOLDINA — CFLCL — PROC. RJ2003/12.767, DA CVM ... 221

— Rachel Sztajn

INDISPONIBILIDADE DE BENS — INTERVENÇÃO DO BANCO CENTRAL E POSTERIOR DECRETAÇÃO DE FALÊNCIA — COMPRA E VENDA DE BEM IMÓVEL POR MEIO DE ATO QUE ANTECEDEU A INTERVENÇÃO — NÃO ALCANCE DA INDISPONIBILIDADE ... 253

— Haroldo Malheiros Duclerc Verçosa

PARECERES

SOCIEDADE ANÔNIMA — FRAUDE À LEI — ALTERAÇÃO DOS ESTATUTOS COM O INTUITO DE EVITAR QUE OS ACIONISTAS PREFERENCIALISTAS ADQUIRAM O DIREITO DE VOTO ÀS VÉSPERAS DE COMPLETAR O TERCEIRO EXERCÍCIO SOCIAL SEM O PAGAMENTO DE DIVIDENDOS — ABUSO DE PODER DE CONTROLE ... 259

— Erasmo Valladão A. e N. França e Edmur A. Nunes Pereira Neto

BANCO A — BRASIL S/A (BANCO MÚLTIPLO) ... 276

— Haroldo Malheiros Duclerc Verçosa

DIREITO CONSTITUCIONAL. DIREITO ECONÔMICO. PROPRIEDADE INDUSTRIAL. PROIBIÇÃO LEGISLATIVA DO REGISTRO DE NOVAS MARCAS DE CIGARRO ... 288

— Fábio Cesar dos Santos Oliveira

NOTA BIBLIOGRÁFICA

EMPRESA CONTEMPORÂNEA E DIREITO SOCIETÁRIO. PODER DE CONTROLE E GRUPOS DE SOCIEDADES, DE EDUARDO SECCHI MUNHOZ ... 301

— Mauro Rodrigues Penteado

COLABORAM NESTE NÚMERO

André Carvalhal

Advogado.

André Luís Amoroso de Lima

Bacharel em Direito pela Fundação de Ensino "Eurípedes Soares da Rocha", Mantenedora do Centro Universitário Eurípedes de Marília — UNIVEM.

Cristiano Gomes de Brito

Doutorando em Direito Empresarial pela Universidade Federal de Minas Gerais — UFMG. Mestre em Direito Comercial pela UFMG. Especialista em Direito Processual Civil pela Universidade Federal de Uberlândia — UFU. Professor na Graduação e Pós-Graduação nas Cadeiras de Direito Comercial e Direito Processual Civil. Advogado em Uberlândia/MG.

Daniel de Avila Vio

Graduando da Faculdade de Direito da Universidade de São Paulo — USP.

Edmur A. Nunes Pereira Neto

Mestre em Direito Comercial da Faculdade de Direito da Universidade de São Paulo — USP. Advogado em São Paulo.

Erasmo Valladão A. e N. França

Professor Doutor de Direito Comercial da Faculdade de Direito da Universidade de São Paulo — USP. Advogado em São Paulo.

Fábio Cesar dos Santos Oliveira

Procurador Federal.

Guilherme de A. C. Abdalla

Advogado em São Paulo.

Haroldo Malheiros Duclerc Verçosa

Mestre e Doutor em Direito Comercial pela Universidade de São Paulo. Professor de Direito Comercial das Faculdades de Direito da USP e da FAAP. Membro do Centro de Mediação e Arbitragem da Câmara do Comércio Brasil-Canadá. Consultor.

Jean Carlos Fernandes

Mestre em Direito Comercial pela Universidade Federal de Minas Gerais — UFMG. Professor Titular de Direito Comercial da Faculdade de Direito do Centro Universitário Newton Paiva em Belo Horizonte. Advogado.

Jorge Lobo

Livre-Docente em Direito Comercial pela Universidade Estadual do Rio de Janeiro — UERJ. Advogado.

Marcel Gomes Bragança Retto

Mestre em Direito Comercial pela Universidade de São Paulo — USP. Advogado em São Paulo.

Maria Clara Villasbôas Maudonnet

Mestranda da Faculdade de Direito da Pontifícia Universidade Católica de São Paulo — PUC/SP.

Maria Paula Bertran

Graduanda da Faculdade de Direito da Universidade de São Paulo — USP.

Mauro Rodrigues Penteado

Mestre, Doutor e Livre-Docente. Professor Associado de Graduação e Pós-Graduação de Direito Comercial da Faculdade de Direito da Universidade de São Paulo — USP. Advogado em São Paulo.

Rachel Sztajn

Professora Associada da Faculdade de Direito da Universidade de São Paulo — USP.

Ricardo Guimarães Moreira

Mestrando da Universidade Federal de Minas Gerais — UFMG.

Doutrina

EXTERNALIDADES E CUSTOS DE TRANSAÇÃO: A REDISTRIBUIÇÃO DE DIREITOS NO NOVO CÓDIGO CIVIL

RACHEL SZTAJN

1. Externalidade, termo largamente empregado pelos economistas, ligado a benefícios ou custos nascidos e presos ao exercício de atividade que não são suportados pelo seu exercente, por quem lhes dá causa, mas recaem sobre terceiros "externos" à sua origem, pessoa, grupos de pessoas ou a sociedade. Externalidades são comuns na vida de relação e, muitas vezes, são desejadas e fomentadas.

Os efeitos, positivos ou negativos, decorrentes da ação de algum agente econômico, particular ou do Estado, podem recair ou afetar pessoas não acopladas a ela, atividade. Externalidade é, portanto, o efeito experimentado por alguém, mas que deriva de ato, fato ou ação de outrem.

Exemplo clássico de externalidade é o benefício que alguém aufere de serviços de vigilância contratada por vizinhos, sem contribuir para seu pagamento. É, no caso, externalidade positiva porque a pessoa tem o imóvel vigiado sem, entretanto, ter de suportar qualquer parcela do preço desse serviço; aufere o benefício sem custo. Nesse sentido são externalidades os serviços de segurança prestados pelo Estado a todos os cidadãos, contribuintes, ou não. Note-se que, quando alguém recebe serviços públicos de concessionárias sem ter de pagar por eles, notadamente quando fruto de decisões judiciais, o prestador acabará por transferir o custo resultante da decisão aos demais consumidores na medida em que, ou aumenta o preço unitário do serviço, ou haverá perda de qualidade. Em qualquer hipótese, transfere-se para os demais consumidores o ônus de arcar com essa benesse.

Outro exemplo de externalidade aparece quando se analisa a emissão de poluentes, sobretudo se ligada ao exercício de atividades econômicas. É que o agente emissor de poluentes não tem, ordinariamente, incentivos para promover o tratamento de resíduos uma vez que fazê-lo implica aumento do custo de produção (claro que há casos em que os resíduos, como subprodutos, servem para produzir outras utilidades, hipótese em que seu aproveitamento é efetivo).

Entretanto, quem reside nas proximidades do local em que a atividade é exercida ou em que os poluentes são lançados sofre os efeitos danosos decorrentes do exercício daquela atividade a par de ser onerado pelas despesas impostas por cuidados para evitar os efeitos (sejam eles pessoais ou materiais) causados pela emissão dos poluentes.

Vale dizer, como o benefício (não incorrer em custos com o tratamento) é apropriado pelo exercente da atividade e a coletividade sofre com os eventuais efeitos da poluição, suporta as despesas daí derivadas, tem-se uma externalidade negativa. Por isso que a imposição de normas relacionadas à preservação do meio ambiente, ao tratamento prévio de poluentes, deslocar os estabelecimentos em que a atividade é causa de poluição para outra área, é importante, mais do que desejável.

Os danos ambiental e pessoal são evitados quando o legislador impõe ao exercente da atividade o custo de prevenir danos que recaem sobre terceiros, com o que a externalidade desaparece transformando-se em *internalidade*.

É essa uma forma de promover a internalização da externalidade, em que se procura causar menos danos a terceiros. Também é lógico que o causador do perigo arque com as despesas necessárias para suprimi-lo ou minorá-lo já que se apropria dos benefícios (lucros) da atividade poluidora.

Se residentes na região em que ocorrem emissões de poluentes sofrem prejuízos em virtude do dano ambiental, arcam com despesas destinadas a minorar os efeitos da poluição sobre si e seus bens, ao agente emissor, quando não tenha de suportar os custos com indenizações, faltarão incentivos para deixar de poluir.

Considerando, para efeito de clareza de pensamento, que as pessoas atingidas negativamente pela emissão de poluentes contribuem, ainda que de forma indireta, para o aumento de benefícios do exercente da atividade, que se apropria inteiramente dos seus resultados, fácil perceber que muitas decisões individuais ou contratos, podem ser causa de efeitos experimentados por terceiros.

Muitas vezes se pensa o tema sob a perspectiva do risco de empresa, impondo-se ao exercente da atividade econômica deveres que aumentam custos ou reduzem lucros, como se próprios da atividade econômica organizada. Forma simplista de lidar com os fatos, mas há que agir com cautela porque a probabilidade de que tais custos, que vão além do que é, em termos estreitos, — risco de empresa —, acabem por ser repassados aos consumidores das utilidades postas no mercado com o que se leva à dispersão da internalização dos custos que termina por onerar a comunidade.

Externalidades podem resultar de atos de disposição de bens, de exercício de atividades, ou de normas. Como, em geral, o operador do direito considera que terceiros não são afetados por esses atos, que lhes são indiferentes, nem sempre é fácil explicar que as conseqüências de muitos deles, atos, sobre terceiros deve ser analisada, pensada, ponderada. Esta é área em que se expressa a solidariedade entre pessoas, porque o desconforto dos terceiros merece ser apreciado.

O emprego do termo *externalidade* neste estudo é deliberado porque nem só as ações das pessoas, mas, também, normas de direito positivo podem favorecer ou inibir condutas causadoras de externalidades.

Mister, portanto, avaliar em que medida uma norma, de direito positivo ou mesmo alguma norma institucional, pode levar alguém a agir de forma oportunista e beneficiar-se ou impor ônus a terceiros que se paute por aquela conduta facilitada ou não inibida pela norma.

Projetar essa noção em termos jurídicos assemelhar-se-ia ao abandono do princípio da relatividade dos contratos, isto é, à hipótese de que dado contrato, entre duas partes pudesse trazer benefícios ou danos a terceiros a ele não vinculados.

Identificar externalidades (ou possíveis indutores de externalidades) relevantes e encontrar os remédios para conter seus efeitos negativos cabe, também, aos operadores do direito.

Para os economistas, muitas externalidades resultam de elevados custos de transação, custos esses que aparecem na organização das operações em mercados e que podem alterar mecanismos de alocação de recursos, aumentar custos sociais. Externalidades são uma das formas de análise de fenômeno mais geral, que resulta de entender que cada ato ou ação, mesmo individual, pode ser inserido numa cadeia de causa e efeito e que é difícil determinar quando o ato seja inepto para produzir qualquer repercussão externa ao agente.

Por isso que, frente a externalidades negativas deve-se impor ao agente o custo correspondente ao valor das utilidades ou recursos de terceiros que sejam por ele atingidos ou consumidos. A escolha dos meios de imposição do ônus deve ser determinada mediante critérios específicos de forma a não ampliar custos de transação que se transformem em custos sociais. Oportunidades de ganhos extraordinários em virtude da percepção de externalidades quando não afetam terceiros podem ser aceitas.

2. Custo de transação é expressão que, também esta, vem da ciência econômica e cuja relevância, na tomada de decisões pelos agentes econômicos, demonstra-se crescente. Transação, no jargão dos economistas, é qualquer operação econômica, operação de circulação de riqueza entre agentes econômicos. Custos de transação são aqueles custos em que se incorre que, de alguma forma, oneram a operação, mesmo quando não representados por dispêndios financeiros feitos pelos agentes, mas que decorrem do conjunto de medidas tomadas para realizar uma transação.

Incluem-se nessa concepção de custo de transação o esforço com a procura de bens em mercados, a análise comparativa de preço e qualidade do bem desejado, a segurança do cumprimento das obrigações pela outra parte, isto é, do adimplemento certo, seguro e, a tempo, passa pelas garantias que o agente venha a requerer para caso de eventual inadimplemento ou adimplemento imperfeito, e abrange, até mesmo, o trabalho com a redação de instrumentos contratuais que reflitam todas essas tratativas, que desenhem com clareza os direitos, deveres e obrigações das partes; compreende, enfim, cuidados e o tempo despendido entre o início da busca pelo bem, a decisão de efetuar a operação ou transação — na linguagem dos economistas — e o cumprimento de todas as obrigações pelas partes contratantes.

Pode ser considerado custo de transação qualquer movimento posterior à operação que uma das partes deva fazer para a completa satisfação de seu crédito. Medidas judiciais, quando se as consideram inevitáveis para a satisfação da pretensão, por conta do recurso ao Judiciário, do tempo e esforços despendidos, entram no cômputo e, portanto, na estratégia de qualquer agente econômico, como fonte de custos de transação.

Claro que incertezas criam, representam custos de transação. Quanto maiores forem tais incertezas no que diz respeito ao bom resultado da operação (transação) visada pelos agentes, maiores serão os custos de transação que as partes a ela — incerteza ou insegurança — imputarão. Daí sua importância na análise de cada operação, de cada contrato, de cada alteração da lei. Ao longo do tempo essa noção de custo de transação que permeia a linguagem coloquial vem ganhando foros de cidadania e se faz presente no jargão jurídico, ao menos naquele utilizado por alguns dos operadores do direito, quando da análise do instrumental que reveste certas operações econômicas, notadamente aquelas empresariais, entre empresas e naquelas de consumo.

A aplicação dessa visão — da análise das operações sob a óptica dos custos de transação — explica vários fenômenos que vão da organização das empresas até negociações e alocação de riqueza entre particulares. A análise proposta por Coase começa com a discussão dos danos causados a um agricultor pelo gado pertencente a um criador quando ambos exerçam as respectivas atividades em áreas lindeiras.

Se o gado invadir a área plantada, suponha-se que com milho, haverá perda para o agricultor e ganho para o criador que deve indenizar aquele; se essa for a solução — o criador indenizar o agricultor —, o cálculo envolverá o preço dos dois bens, a carne (e o ganho da engorda) e o milho (e a perda de parte da colheita). Se o preço da carne for inferior ao valor a ser pago pelo criador ao agricultor, melhor cercar a área para evitar que o gado danifique a lavoura. Igual solução será adotada se o preço do milho superar o da carne.

Essa maneira de enfrentar o problema é a tradicional; está presente nas normas jurídicas quando se diz lucro cessante e dano emergente, por exemplo. Mas, quando o que se ganha é inferior ao valor a ser pago a título de indenização, o resultado é indesejável. Por isso Coase sugere que se procure outra forma de analisar o problema porque, se o exemplo anterior é simples, a questão se põe sob várias e diferentes formas. Muitas decisões judiciais, que garantem indenizações, provocam mudanças na alocação de recursos, mudanças essas que não ocorreriam se as operações, realizadas agora em mercados, não impusessem custos de transação. Pior, as indenizações impostas judicialmente, quando possível, passam a integrar o processo produtivo e são transferidas para a sociedade, o que é uma externalidade resultante de decisão judicial.

Ainda de acordo com Coase, considerando que empresas são uma das formas de reduzir custos de transação, não a única, pois a intervenção do Estado, que Coase vê como uma superempresa com características especiais, dá ao legislador meios de obter o mesmo efeito, reduzir custos de transação na medida em que pode impor que certas operações sejam feitas a custos menores do que os resultantes de uma organização privada, desejável que se tivesse presente essa alternativa no desenho das normas jurídicas.

É preciso abandonar a idéia de que a empresa é coisa física, material, para aceitá-la como conjunto de direitos organizados para exercer atividades econômicas voltadas para mercados. Se o legislador ou o juiz tem noção das implicações econômicas de suas decisões e, quando as levam em consideração, ao lado de outros fatores, o balanceamento entre o dano e o ganho, não individual, mas para a comunidade, ganha realce, porque se tenta reduzir sua transferência do causador do dano para a sociedade.

Partindo de texto clássico de Pigou — *A Economia do Bem-Estar* —, Coase enfrenta a questão da diferença entre ganho líquido social e privado explicando que a visão daquele economista fora distorcida e equivocada uma vez que a questão da responsabilidade civil estava mal posta. A divergência entre produtos sociais e privados centra a apreciação das alocações num sistema que tende a se auto-alimentar, sobretudo quando baseada em mudanças que podem produzir danos maiores do que as originais,[1] o que se evidencia com a delimitação de direitos e problema econômicos.

Continua o economista explicando que muitas das análises são fruto de comparação entre o liberalismo e algum mundo ideal, mas que melhor seria começar a análise de situações reais, concretas, para examinar os efeitos de uma proposta de mudança antes de decidir sobre a novidade que, no final, pode ser positiva, melhor do que a anterior, ou não.

Um sistema jurídico em que todos os direitos fossem absolutos, ilimitados — explica o economista —, levaria à constatação sobre não haver direitos a serem adquiridos. Assimilando fatores da produção a direitos, entendendo que são passíveis de apropriação e transmissão, é fácil compreender que o direito de provocar alguns inconvenientes é parte desses fatores de produção. Na escolha entre diferentes arranjos sociais, em que as pessoas tomam decisões, mudanças do sistema vigente que não

1. Ronald H. Coase, "The problem of social cost", em *The Firm, The Market and The Law*, The University of Chicago Press, 1988, pp. 95 e ss.; em especial p. 153 ("diverts attention from those other changes in the system which are inevitably associated with the corrective measure, changes which may well produce more harmthab the original deficiency. As Frank H. Knight has so often emphasized, problems of welfare economics must ultimately dissolve into a study of easthetics and morals").

levem em conta esses fatores, ao invés de gerar aperfeiçoamentos ou ganhos, podem levar a uma piora, explica o economista. Para Coase é preciso considerar os custos envolvidos na operação de vários arranjos sociais, bem como aqueles que resultam de se mudar de um para outro sistema. O efeito total é que deve servir de motor para a decisão.

É contra esse pano de fundo que se pretende analisar algumas disposições do novo Código Civil, porque sua promulgação e entrada em vigor ensejam indagar sobre a possibilidade de haver normas, naquela lei, que possam produzir esse efeito, isto é, normas que criem situações ou condições para que algumas pessoas, agindo oportunisticamente, aproveitem os altos custos de transação e, com isso, se beneficiem de alguma forma ou, igualmente, se altos custos de transação gerarão externalidades negativas com o que perderá a sociedade. Em que medida elevados custos de transação são causa, ou não, de ônus, vantagens ou benefícios? Para isso pretendo partir do texto de Coase denominado *The Problem of Social Cost*, que é conhecido como Teorema de Coase, de 1961.

3. Como o novo Código Civil — segundo palavras do Professor Miguel Reale, coordenador da Comissão encarregada de redigir o anteprojeto — pretendeu distanciar-se do Código de 1916 — personalista, fruto de visão liberal e individualista, centrado na propriedade (rural, de regra) —, o atual, fundado no princípio da socialidade,[2] centrado na pessoa humana, oportuno pensar em que medida as novas alocações ou atribuições de direitos servem para aperfeiçoar o bem-estar da sociedade, porque se afastando daquela concepção individualista que, segundo alguns, privilegia classes ou algumas pessoas, dá realce ao social, ou bem comum.

Antes que seja considerada iconoclasta ou acoimada de tresler o texto legal, fique claro que não duvido de que as intenções projetistas dos projetistas e congressistas ao elaborar e aprovar o Código terão sido as melhores. Questiono se os novos arranjos introduzidos cumprem uma função importante, que é aumentar o bem-estar social, ou, ainda, se eventual dispersão ou deslocamento dos custos de transação, cumprem igual ou semelhante função social.

Explica Reale que no Código os personagens são o proprietário, o contratante, o empresário, o pai de família e o testador, cujos direitos e deveres foram revistos de forma a situá-los no contexto de uma nova sociedade que, presume-se, seja a socialista, solidária. Tanto é que, apoiando-se no princípio da socialidade, explica que o conceito de posse se transforma, e, para isso, recorra-se ao usucapião de bem imóvel, com redução do prazo para a transferência da propriedade do antigo para o novo titular. Segundo Coase, o legislador faz, nessa situação, diferente alocação da propriedade imobiliária, com a qual pretende favorecer o ocupante que trabalhe a área e dela retire seu sustento. Indubitável que há aí redistribuição da riqueza, porém, é preciso anotar que, além disso, se dispõe sobre a criação de nova riqueza, a resultante do trabalho de quem ocupa o imóvel.

Os argumentos de Reale quanto à importância da função social da propriedade, quando recorre a exemplos como a morte da natureza por conta de desastres ecológicos provocados pelo uso nocivo da propriedade (desmatamentos, assoreamento de rios, edificação em áreas de mananciais, ou outras barbaridades perpetradas, seja a pretexto de ser titular da propriedade, seja porque faltam locais para edificar habitações), demandavam alterações da lei civil.

Cabe um reparo às explicações do Professor Reale porque quando se pensa em

2. *O Projeto do Novo Código Civil*, 2ª ed., reformulada e atualizada, Saraiva, 1999. O "sentido social" é uma das características mais marcantes do Projeto, em contraste com o sentido individualista que condiciona o Código Civil ainda em vigor. (...) Se não houve vitória do socialismo, houve o triunfo da "socialidade", fazendo prevalecer valores coletivos sobre os individuais, sem perda, porém, do valor fundante da pessoa humana (p. 7).

poluição, desmatamento, ou outros danos ambientais, a visão de Coase é de que há aí elevadíssimos custos de transação que só o Poder Público pode conter, além, por óbvio, de que é necessário pensar em quem suportará os efeitos desses danos no médio e longo prazos, aquelas futuras gerações, ainda não nascidas e que, portanto, não podem negociar.

Nessa linha de argumentação, o usucapião especial relativo à posse-trabalho, ou posse *pro labore* empregada no Estatuto da Terra, que, se protege o trabalhador rural (ou o posseiro de boa-fé) que tira da terra o sustento próprio e de familiares, de outro impõe aos proprietários a obrigação de dar à propriedade o uso que a sociedade (leia-se, o governo) considera adequado, quando não se lhe impõe suportar o custo de desapropriações. É a socialização do Direito em marcha que, com "perda dos valores particulares dos indivíduos e dos grupos", e com abandono de estrutura normativa fundada em valores formais e abstratos,[3] pode ser fonte de custos de transação.

Considerando que o direito de propriedade resulta da possibilidade de as pessoas se apropriarem de seu trabalho e dos bens produzidos, a definição da propriedade cabe à lei e é preciso que o Estado as faça valer, induza as pessoas a comportamentos que a respeitem. A cautela, nesse campo é lembrar que a aquisição da propriedade, como demonstra Harold Demsetz[4] ao estudar o aparecimento desse direito entre índios norte-americanos e sua diversa evolução entre os habitantes da península do Labrador e aqueles do sudoeste. É que a caça, e o comércio de peles, sem que houvesse definição clara das áreas pertencentes a cada grupo ou tribo, poderia levar à extinção dos animais por força da predação normal, o que inviabilizaria a atividade de todos.

Quanto mais seguro for o direito de propriedade maior será a facilidade para sua regular circulação; inversamente, quanto menos seguro for, quanto mais sujeito à apropriação, menor o incentivo para se esforçar para obtê-lo. Portanto, não basta o título de propriedade, é preciso que as normas garantam sua manutenção.

Assim, há que considerar a propriedade sob dois aspectos: a atribuição e a garantia de conservação. Conviria, talvez, analisar a propriedade como direito e sua função econômica. No plano do direito, a propriedade é compreendida como um feixe de poderes que vem acompanhado de algumas restrições. Os poderes — usar, gozar e dispor — desenham o que as pessoas podem, ou não, fazer com seus bens (recursos), como usá-los, transformá-los, transferir ou excluir outrem de sua propriedade. Regra é que os poderes são imutáveis ao longo de gerações, mas sempre servem para explicar como são estabelecidos, que bens podem ser objeto de apropriação privada, o que os proprietários podem fazer com seus bens e que remédios existem para casos de violação de um direito de propriedade.

É que a propriedade cria uma área de soberania exercida pelo proprietário que pode exercer sua autonomia sem ter que prestar constas a ninguém do que faça com seus bens. Essa a visão tradicional da doutrina civilista sobre a propriedade. Se o sistema jurídico define, desenha os poderes do titular, ficando ele livre para exercê-los, ou não, cabe-lhe, ainda, garantir a propriedade pelo que se determinam restrições que recaem sobre terceiros que, de alguma forma, possam tentar reduzir o exercício daqueles poderes pelo titular. As garantias e limites que devem ser observados por particulares e as autoridades públicas, potenciais transgressores, devem igualmente estar definidos em lei. Assim é que as transformações, melhor dito, as restrições impostas ao titular no exercício do direito de propriedade, são decisões de política legislativa e, parece-me, esse o espaço em que

3. Reale, ob. cit., p. 59.

4. "Toward a Theory of Property Rights", in *Foundations of the Economic Approach to Law, Interdisciplinary Readers in Law*, org. Avery Wiener Katz, Nova York/Oxford, Oxford University Press, 1998.

se há de inserir a função econômica da propriedade de forma a atender o interesse da comunidade.

Quanto a essa função parece-me ser necessário compatibilizar a visão tradicional do direito de propriedade com os diferentes graus de responsabilidade das pessoas, como, por exemplo, a solidariedade, a manutenção da oferta de produtos nos mercados, enfim, cooperação voltada para o aumento de bem-estar.

Nesse sentido é louvável a intenção do legislador de 1988 reproduzida nas normas de 2002, no facilitar a aquisição de propriedade imobiliária mediante a demonstração de ser utilizada para produção, no caso daquela agrária ou agrícola. Clara, aqui, a função social da propriedade: criar utilidades, riquezas.

Essa função social (ou sócio-econômica) da propriedade admite limitar-se, restringir o direito de uso do proprietário. Interferindo naquela área da soberania que permitia ao titular escolher produzir, ou não, edificar, ou não, serve, ainda, como instrumento para intervenção do Estado na alocação de bens. Ainda uma vez o ensinamento de Coase pode servir de base para a discussão da eficiência das medidas.

Mas, se há restrições ao poder de usar a propriedade, é importante garantir que isso não se destina a facilitar condutas oportunistas como invasões de áreas agricultáveis a pretexto de que são improdutivas, ou sob o argumento de que alguns têm o que falta a outros e que é preciso redistribuir os bens; aceitar poluição ou represamento de águas, mediante compensação aos prejudicados não produz externalidades negativas?

Se um dos princípios informadores do novo Código é a solidariedade, não seria de esperar que os proprietários das áreas a montante ou adjacentes se preocupassem com a vida e a utilização econômica das demais áreas próximas? Há solidariedade suportada por ato ilícito, imoral, e, por vezes, violência? Igual argumento poderia ser invocado no que tange à invasão de prédios urbanos, eventualmente fora do mercado de locações, sob o argumento da falta de moradias.

As normas jurídicas devem induzir o titular a dar à sua propriedade destinação que facilite a produção de riquezas porque, se isso não for feito, haverá custos para a sociedade resultantes das tensões criadas entre grupos que demandam direito de propriedade e aqueles que são já titulares e que se sentirão ameaçados com sua perda.

Para tanto, o cálculo levará à comparação entre o custo de protegê-la de invasões e o valor produzido pelo bem; aquele não deve ultrapassar este porque, se isso ocorrer, não se justificará o esforço. Portanto, caberá ao Poder Público garantir a propriedade para estimular seu uso produtivo, caso contrário, a insegurança provocada pelo desrespeito ao tal feixe de direitos, poderá desestimular a produção de riquezas e, talvez, as pessoas não desejarão ser proprietárias de qualquer bem. Como as coisas comuns são rapidamente consumidas, ou superutilizadas perdendo valor, a sociedade em que não haja direito de propriedade garantido tenderá a ser menos cuidadosa no uso dos bens, comprometendo a qualidade de vida de gerações futuras.

Os personagens descritos por Reale são agentes econômicos que, se supõe, são seres racionais, de admitir que agirão racionalmente, quer dizer, tomarão decisões considerando os efeitos — bons ou adversos — a serem por eles, agentes, suportados. Nesse plano é que cabe invocar a lição do economista quanto à propriedade, adequação, justiça das mudanças.

Além do princípio da socialidade (ou será socialismo no sentido de princípio que visa a reformar as relações típicas das sociedades capitalistas diminuindo as desigualdades sociais?), outro princípio que o novo Código adota é o da eticidade, que fundado na boa-fé e na eqüidade, deverá contribuir para a orientação do comportamento das pessoas, a observância de normas e valores presentes na sociedade. Diz

Reale, que a idéia é conferir aos juízes poder para resolver, onde e quando previsto, de conformidade com valores éticos se a norma for deficiente ou inajustável ao caso.[5]

Nesse sentido o art. 1.291 do Código Civil proibindo que o possuidor do imóvel a montante polua águas indispensáveis às primeiras necessidades da vida dos possuidores dos imóveis a jusante, parece-me imperfeito. Poluir águas compromete não apenas as primeiras necessidades, mas a qualidade de vida de quem as receba, portanto, a regra segue em direção inversa àquela de prescrição de condutas éticas.

Igualmente, à luz do princípio da eticidade, parece-me, o art. 1.292, deveria ser repensado. A construção de barragens, ou qualquer outra obra destinada ao represamento de águas, só deveria ser admitida quando não causasse prejuízos a titulares de áreas adjacentes ou próximas.

Em matéria de águas não se deve esquecer o problema das bacias hidrográficas que, no plano internacional, vem sendo causa de disputas entre países porque, tanto a construção de barragens a montante diminui, quando não impede que a água chegue às demais áreas, quanto desvios de cursos de água afetam pessoas e áreas anteriormente servidas. Creio, pois, que a construção de barragens e o represamento de águas mereceriam estudos mais aprofundados a fim de tornar a alocação ou realocação de direitos ética e, ao mesmo tempo, produtiva.

Terceiro e último dos novos princípios é o da operabilidade, isto é, de que os efeitos da norma devem ser os convenientes e não aqueles que a teoria preconiza. A redação de normas abertas, diz Reale, é importante para a operabilidade porque mudanças da atividade social levariam à alteração do conteúdo da norma jurídica.[6] Muito disso é novo para o operador do direito filiado ao sistema positivista, pois essa enunciação o põe diante de esquema similar ao dos sistemas anglo-norte-americano.

Como se discute normas indutoras de condutas, conviria analisar as instituições sociais, estruturas que induzem comportamentos. Sob esse aspecto, dada a reiterada remessa ao Judiciário, que assume o papel de guardião e avaliador de condutas socialmente tipificadas, a dúvida é quanto seus membros serão, ou não, aderentes aos valores e instituições sociais agindo como os juízes dos sistemas de *Common Law*? Atribuir aos juízes poder para arbitrar relações entre particulares, sem regras claras, a possibilidade de interpretações individuais distintas e o lapso temporal necessário para serem uniformizadas tornará as relações menos seguras do que desejável. Não deve espantar o temor de muitos operadores do direito com as novidades do novo Código, afinal, o desconhecido, tal como o escuro, faz medo.

Temor que aumenta em face dos princípios da socialidade e da operatividade informadores do novo Código Civil. É que, suas normas aplicam-se tanto a relações individuais, discretas, quanto disciplinam o exercício de atividades econômicas em relações continuadas e, talvez, por não terem sido pensadas todas tendo em vista atividades, podem levar ao aumento dos custos de transação e, portanto, a resultados piores para a sociedade do que supunha o legislador, resultados que, eventualmente, prejudicarão as pessoas, particularmente aquelas que, de forma especial, se propôs a tutelar, exatamente porque não terão como, prevenir e se defender desses custos.

4. Gigantesca confusão se estabelece no campo dos negócios associativos como se percebe de artigo assinado por Miguel Reale e publicado no jornal *O Estado de São Paulo*, de 15.2.2003. O título é "Invencionices sobre o Código Civil" em que procura demonstrar que há duas espécies de sociedades, as simples, de que "Exemplos corriqueiros são as numerosas sociedades que reúnem os que exercem a mesma profissão, tal como se dá com advogados, en-

5. Miguel Reale, ob. cit., p. 8.
6. Ob. cit., p. 11.

genheiros, médicos, etc., à vista do parágrafo único do art. 966, (...)",[7] enquanto as sociedades empresárias não são definidas pelo Código.

Importante doutrina italiana considera antiquada e, portanto, inapropriada a inserção das sociedades entre profissionais liberais no campo da sociedade simples que, não se sabe ao certo, a que atividades se destinam. Basta ler o parágrafo único citado dispondo que serão empresárias aquelas sociedades cujo exercício da atividade for elemento de empresa,[8] para se indagar o que significa elemento de empresa.

A falta de definição do que seja "elemento de empresa" — organização, economicidade, produção para mercado — leva a equívoco que me parece mais sério: é ter o legislador ignorado que há formas não societárias, conquanto associativas, de exercício da empresa. Essas formas são contratuais e aqui aumenta a aflição do operador do direito em face da regra da função social do contrato. Se os contratos são permitidos no limite e na razão de sua função social, não econômica, então será possível imaginar, como fazem alguns, que cada contrato deva ser analisado isoladamente para se determinar sua função social.

Supondo empresas organizadas sob forma contratual não societária, em que medida pode-se impedir, ou tornar ineficazes contratos se alguém argüir que por poderem alterar a estrutura do mercado descumprem a tal função social?

A prevalecer essa visão, em que medida as atividades econômicas serão afetadas é um enigma, sendo indubitável que o serão e, com isso, externalidades negativas, perda de eficiência, recairão sobre toda a sociedade.

Cuidado extraordinário deveria ter sido dedicado a essa matéria que, depois de 60 anos, tem sido objeto de muitas discussões na Itália, cujo ordenamento, em larga medida, está presente no Livro II do Código — Do Direito de Empresa. Sobretudo porque a vigência da Lei de Defesa do Consumidor, que incide sobre grande número de relações negociais, leva muitas pessoas verem empresários — à semelhança de patrões, nas relações de emprego — como vilãos.

A frustração do ideário de liberdade, igualdade e fraternidade, da Revolução Francesa de 1789, que não se materializou na prática, exige correções na forma de avaliação dos negócios, muitas das quais já foram feitas pela jurisprudência e doutrina ao longo dos mais de 80 anos de vigência do antigo Código Civil.

Supor que a atividade empresarial se funde apenas na especulação,[9] deixando de lado seu importante papel de criador de riqueza, tende a empurrar os exercentes dessa atividade, ao imputar-lhes condutas desleais, irregulares, prejudiciais, a criar barreiras, mecanismos de defesa que produzem custos de transação.

Esse viés na percepção do papel dos empresários esquece que ao facilitarem a circulação de mercadorias ou serviços, levado ao paroxismo no plano geral, da macroeconomia, prejudica toda a sociedade. Não se imagine que empresários sejam seres angelicais; o que não se deve é demonizá-los.

Se a idéia de igualdade entre pessoas, própria do Código de 1916, não se materia-

7. Reale, p. A-2.

8. Art. 966, parágrafo único: "Não se considera empresário quem exerce profissão intelectual, de natureza científica, literária ou artística, ainda com o concurso de auxiliares ou colaboradores, *salvo se o exercício da profissão constituir elemento de empresa*" (destaque meu).

9. Especulador não é aquele que visa a obter lucros excepcionais aproveitando-se da boa-fé de terceiros, mas aquele que visa a ganho atuando em mercados; o termo costuma ser empregado em sua conotação pejorativa, quando se refere a pessoa que age ou negocia de má-fé, enganando outrem ou tirando proveito de sua necessidade. A especulação é própria da atividade empresarial, mas não exclusiva dela. Quem adquire um bem pensando em revendê-lo em data futura também especula e pode não ser empresário.

liza, a desigualdade material encontrada é, muitas vezes, fruto da assimetria de informações. Nesse caso, a correção do desequilíbrio parece simples: impor que as informações sejam divulgadas. É um dos mecanismos adotados pela legislação consumerista e pela do mercado de valores mobiliários.

Ter informação é ter poder, poder esse que dá a quem o detém posição mais confortável, quase privilegiada, em negociações com outras pessoas; efeitos da denominada assimetria informacional são inúmeros. A iniqüidade dessa vantagem se elimina ou reduz com a divulgação. Bem jurídico, na medida em que satisfaz necessidades, a informação tem valor e merece tutela. A punição do *insider*, pessoa que negocia valores mobiliários em relação aos quais detém informações não divulgadas, privilegiadas, é emblemática dessa concepção de equilíbrio entre desiguais. Cabe ao legislador desenhar mecanismos para inibir seu abuso de forma que não se imponham perdas às pessoas desprovidas de informação que, de boa-fé, se vejam presas a astutos suportando, de modo perverso, os efeitos da assimetria informacional.

5. Essa a especulação nefasta e, por isso, o princípio da eticidade, valor social que se apóia no respeito aos direitos e à dignidade de cada um, no pautar condutas, merece destaque. A regra da boa-fé prevista no art. 422 do novo Código, entretanto, merece reparo, porque insuficiente para a completa disciplina do tráfico negocial. É que essa boa-fé deixa de fora do seu âmbito de incidência o período de negociações que antecede à contratação e aquele posterior à execução do contrato, segundo afirmam alguns juristas. A boa-fé deve abranger todo o procedimento negocial, pré e pós-contratação, mesmo depois de adimplidas as prestações das partes.

Se a boa-fé for valor social a ser observado pelas pessoas em todos os momentos, se a ética tiver caráter institucional, eventualmente o remanescente do *pathos* da "lei do Gerson" desapareceria das relações negociais, porque a honestidade — comportamento socialmente desejado e valorizado — seria estimulada, recompensada, inibindo ações oportunistas.

A prática do "levar vantagem em tudo", mesmo que não desapareça incontinente, será escoimada das negociações e o oportunismo — comportamento de quem procura sair-se bem aproveitando brechas ou inexperiência, quando a possibilidade existir, sem se preocupar em prejudicar outrem — será penalizado socialmente. Inibir o oportunismo é uma das funções que as normas exercem. Manifesto preocupação em relação às normas abertas encontradas no novo Código Civil que, por permitirem dose de subjetividade, poderão contribuir para gerar condutas oportunistas e, com isso, custos de transação.

É claro que a intenção do legislador com as mudanças introduzidas e os novos princípios adotados é a realocação de direitos em vários casos pelo que, pinçando alguns artigos do novo Código Civil, pode-se tentar avaliar em que medida essas mudanças na distribuição de direitos alteram, para melhor ou pior, as regras de equilíbrio predispostas anteriormente, criam ou reduzem custos de transação.

No plano do direito das obrigações e contratos, considerando o comportamento padrão das pessoas, imaginar-se-á se condutas oportunistas (*rent seeking*) ou externalidades são estimuladas e se isso gera custos de transação.

6. Para os economistas o contrato é um acordo entre partes que se fazem recíprocas (ou mútuas) promessas quanto aos comportamentos que observarão no futuro visando coordenar suas ações. Essa concepção de contrato não difere, substancialmente, da que está no art. 1.321, CC, e à qual recorrem os operadores do direito: contrato é o acordo entre duas ou mais pessoas visando a criar, regrar ou extinguir, entre elas, uma relação jurídica de conteúdo patrimonial. A área do contrato é a dos compromissos econômicos acordados e legalmente vinculantes, área estratégica em cada organização social, notadamente nas sociedades evoluídas.

Um dos componentes dessa definição é o acordo entre pessoas. Contrato é negócio consensual resultante da vontade declarada ou de alguma forma manifestada pelos agentes econômicos e que incide sobre um objeto. Qualquer que seja a concepção do instituto *contrato* (a jurídica, como negócio específico de conteúdo patrimonial; a econômica como troca de promessas que vinculam), é vital para manter, em economias descentralizadas ou de mercado, o sistema econômico de trocas voluntárias.

A noção de contrato tem profundas ligações com estruturas sociais elementares e serve para reger a coordenação entre pessoas na circulação de bens, porque a troca voluntária tem função instrumental na organização das relações privadas. Segundo Farnsworth,[10] estudos antropológicos demonstram que mesmo em sociedades de base individualista em que a troca tinha papel secundário, ou naquelas primitivas em que a distribuição dos recursos se fazia por divisão mais do que por trocas voluntárias, havia contratos. E que, atualmente, as sociedades têm no contrato, ainda que canalizado pelo Estado, o esquema de trocas. Lembrando Adam Smith, em trabalho de 1776, avança para dizer que as pessoas não podem depender da benevolência umas das outras, e por isso trocam bens entre si.

Em economias de mercado, e a brasileira é desse tipo, trocas voluntárias resultantes de processos negociais são a regra. Dessas, a mais primitiva é a permuta, a troca de bem por bem entre partes, tipo que evolui para a compra e venda com a introdução da moeda.

Esse esquema negocial pode ser constatado no antigo direito romano em que categorias de negócios eram fundadas em promessas. Assim, a *stipulatio*, os contratos reais e os consensuais. Dessas, a mais flexível, menos formal, é a dos contratos consensuais, com o reconhecimento dos tipos: compra e venda, sociedade e mandato.

Talvez o texto mais importante nessa matéria, seja o de Sir Henry Maine em *Ancient Law*, de 1861, em que afirma: "the movement of the progressive societies has hitherto been a movement *from Status to Contract*".[11] Entretanto, o desenvolvimento da teoria geral do contrato tal se o entende hoje foi lento. Até porque o contrato expressa interesse individual e requer uma estrutura de mercado na qual as partes possam negociar. Daí a liberdade de contratar como princípio informador do direito dos contratos.

De uma perspectiva utilitarista, a liberdade de contratar maximiza o bem-estar das partes e, portanto, interessa a toda a sociedade; mais, no que concerne à autodeterminação, essa liberdade significa o reconhecimento de uma esfera de influência dentro da qual as pessoas podem agir livremente. Claro que a liberdade de contratar não é absoluta, que há contratos dirigidos, outros obrigatórios, mas, também é certo que não se tolhe inteiramente a liberdade de contratar, isto é, de as pessoas, voluntariamente, assumirem obrigações em face umas das outras. Também é certo que o sistema admite, ao lado dos contratos tipificados os atípicos, cada um deles correspondendo a interesse específico.

Note-se, comerciantes sempre foram, e continuam sendo, criadores de tipos contratuais, o que se explica pelo dinamismo da atividade, por isso não se estranha a classificação dos contratos em empresarias e de consumo, por exemplo. Na tradição do direito europeu, a dicotomia entre direito comercial e direito civil ou comum, permitia que dentro do quadro geral do direito dos contratos se estabelecessem regras específicas aplicáveis aos contratos mercantis, sobretudo àqueles entre comerciantes ou empresários. E, aqui, sublinhe-se, a dis-

10. Ob. cit., pp. 6 e ss.

11. Farnsworth, ob. cit., pp. 20 e ss. (destaques do original).

ciplina dos contratos de longo prazo e execução continuada é fundamental.

Roppo explica que para gerar um contrato não se exige das partes clara e completa representação das obrigações que legalmente decorrem da relação e a específica manifestação de aceitá-las, basta a intenção empírica, para saber que haverá efeitos jurídicos resultantes para pôr em marcha mecanismos legais.[12] A doutrina é relevante no que concerne ao novo Código que, para tutelar certas pessoas, pode ter aberto portas para condutas oportunistas.

Um dos contratos importantes é o de sociedade, que foi alterado não apenas para extremá-las das associações, mas, sobretudo, creio, para desenhar a matriz do negócio de forma diferente da anterior. E, nesse caso, contra a posição de Reale em "Invencionices", parece-me haver nefasta realocação de direitos.

De um lado, a unificação da matéria elimina do ordenamento as sociedades civis regidas pelos arts. 1.353 e ss. do antigo Código Civil para classificar as sociedades em empresárias e simples (ou seja, empresárias e não-empresárias) e sobre esse aspecto já manifestei minha perplexidade anteriormente.

A sociedade simples, a matriz de todo o sistema de sociedades personificadas, não parece ser aquele contrato de cooperação ou coordenação de interesses diferentes em que as partes têm escopo ou finalidade comum. Ao revés, parece que a idéia de contraposição de posições ou de interesses é a que predomina na sua disciplina, porque as decisões são, em geral, pensadas como resultado da unanimidade dos membros! Isto é, dá-se a qualquer sócio, por menor que seja sua participação na sociedade, poder de veto em boa parte das matérias.

A sociedade simples, compreendida na visão do contrato como operação econômica, unidade operacional e instrumental, no que concerne a atividades negociais, apresenta travo de intervenção nas relações privadas, na medida em que a flexibilidade que caracterizava a sociedade civil antiga quase desaparece.

Sociedade é contrato de execução continuada e, por isso mesmo, um contrato que os economistas consideram incompleto. A regra da maioria nas deliberações societárias é forma de completamento do contrato. Porém, a disciplina da sociedade simples ignora totalmente o princípio e, no art. 999, requer unanimidade quando modificações do contrato tenham por objeto matérias referidas no art. 997. Como compatibilizar essa organização com o que se prevê no art. 170 da Constituição da República? Liberdade de iniciativa precisa de liberdade de organização, matéria escassa no Código Civil.

Veja-se o art. 997 que especifica as cláusulas obrigatórias dos contratos de sociedade:

A sociedade constitui-se mediante contrato escrito, particular ou público, que além das cláusulas estipuladas pelas partes mencionará:

I — nome, nacionalidade, estado civil, profissão e residência dos sócios, se pessoas naturais, e a firma ou a denominação, nacionalidade e sede dos sócios, se jurídicas;

II — denominação, objeto, sede e prazo da sociedade;

III — capital da sociedade, expresso em moeda corrente, podendo compreender qualquer espécie de bens, suscetíveis de avaliação pecuniária;

IV — a quota de cada sócio no capital social, e o modo de realizá-la;

V — as prestações a que se obriga o sócio, cuja contribuição consista em serviços;

VI — as pessoas naturais incumbidas da administração da sociedade e seus poderes e atribuições;

VII — a participação de cada sócio nos lucros e nas perdas;

12. Roppo, ob. cit., p. 11.

VIII — se os sócios respondem, ou não, subsidiariamente, pelas obrigações sociais.

Parágrafo único. É ineficaz em relação a terceiros qualquer pacto separado, contrário ao disposto no instrumento do contrato.

Trata-se de norma cogente pelo que alterar a atribuição de gerência, (inc. VI) depende de aprovação unânime dos sócios. Se o administrador é responsável pela condução dos negócios sociais, a impossibilidade de alterar a gerência por decisão da maioria dá aos minoritários poder que é de todo incomum em matéria de sociedades.

Outra redistribuição de poder está no art. 1.002 que, igualmente, impede a substituição de sócio que exerça função administrativa sem o consentimento de todos e a conseqüente alteração do contrato social!

E como distribuir lucros ao sócio cuja contribuição seja feita com prestação de serviço? Pode-se estipulá-la ou será fixada segundo a média do valor das quotas dos demais sócios? Imagine-se que a estimação do valor dos serviços corresponda a 5% do capital social; a distribuição de lucros para o sócio obedecerá, ou não, essa proporção? Suponha-se que são três sócios e as duas outras quotas perfazem 95% do capital social. Os lucros a serem atribuídos ao sócio de indústria, para empregar a antiga denominação do Código Comercial, serão calculados pela média do valor das quotas diz a lei. O que significa média do valor das quotas? Toma-se o valor do capital e divide-se pelo número de quotas, com o que se tem a média de seu valor, ou haverá ponderação, isto é, atribui-se peso às quotas? O que se pretende é distribuir desigualmente os resultados privilegiando o sócio que presta serviço? Admite-se a compensação dos lucros com eventuais pagamentos feitos a esse sócio a título de *pro labore*?

Mais curioso é que, embora se imponha no art. 997, VI, sejam indicadas as pessoas naturais a quem caiba a administração da sociedade, o art. 1.013 prevê que na falta dessa menção, que parecia cogente, todos os sócios serão, separadamente, administradores, caso em que, cada um pode impugnar operação pretendida por outro. Como contratar com uma sociedade sem que se tenha certeza de que não haverá impugnações? A regra do art. 1.015 é de que, nada dispondo o contrato a respeito de atribuições específicas aos administradores, ou a um ou alguns deles, podem praticar todos os atos pertinentes à gestão da sociedade!

Quanto de cautela será requerida na redação e exame de contratos sociais diante de tal disciplina? Dificilmente se imaginaria conjunto de regras que tornasse a realização de negócios uma operação de alto risco. As externalidades criadas por esses dispositivos são enormes gerando insegurança que, se esse tipo de sociedade aparecer (e, na Itália, parece que não há sociedades simples), aumentará os custos de transação, seja pela necessidade de maior precisão do clausulado contratual, seja pelas dificuldades para alterá-lo posteriormente e, sobretudo, para quem vier a contratar com a sociedade, pela necessidade de se assegurar que não haverá dificuldades no cumprimento do contrato.

7. Custos de transação existem na sociedade em comandita simples quando se impõe que o sócio comanditado seja pessoa natural. Na Alemanha é comum a organização de comanditas em que esse sócio é uma outra sociedade, em geral uma sociedade limitada. O que teria levado o legislador brasileiro a ignorar a prática bem sucedida naquele país?

Maiores discussões têm na sociedade limitada seu centro nevrálgico. O Código Civil alterou profundamente esse tipo societário e não foi na direção da jurisprudência consolidada ao longo dos anos ao apreciar questões na vigência do Decreto 3.708/1919. Nesse, a limitada aparece como modelo organizacional flexível, que se adapta a diferentes necessidades, em que o benefício da limitação da responsabilidade dos sócios pelas obrigações sociais não é acompanhado do peso burocrático de realização de assembléias e publicações de atas e demonstrações financeiras exigidas das anônimas.

Reale[13] afirma que as formalidades são dispensáveis "quando todos os sócios comparecerem ou declararem por escrito, cientes do local, data e ordem do dia", ou quando, de acordo com o § 3º do art. 1.072, for a reunião ou assembléia dispensada quando todos os sócios decidirem por escrito sobre a matéria. Unanimidade, declarações de todos, por escrito, não é burocracia? Essa a resposta do coordenador do Código a críticas de advogados que, segundo ele, treslendo, ou não lendo devidamente o novo Código, acabam afirmando que seriam criados graves embaraços às sociedades limitadas.

Abandonar a regra da maioria para adotar a unanimidade representa óbvio rearranjo de direitos de forma diversa da anterior, com o agravante de que se transfere o poder da maioria para a minoria. Medidas cautelares de proteção às minorias, nas palavras do jusfilósofo, visando a salvaguarda de seus direitos, não deveriam interferir, para quase suprimir os direitos dos demais sócios, no caso a maioria. A questão não é semântica, mas de criar espaço para oportunismos e incorrer em custos de transação.

Dúvida que tem afligido a alguns está no art. 1.053 quando remete a disciplina das limitadas, nas omissões do Capítulo IV do novo CC, supletivamente, à sociedade simples. Sociedade empresária regida por normas de sociedade não empresária? Pior é que há quem afirme que a norma do parágrafo único, que faculta a regência supletiva das limitadas pelas normas das anônimas, só se aplica, havendo previsão contratual, claro, quando não se haja, na disciplina da sociedade simples, para preencher eventual lacuna.

Ora, anônima e simples são modelos organizacionais diversos, o que implica conflito que, aparentemente, é insolúvel se a aplicação supletiva das normas for ademais seqüencial. Aquele entendimento me parece equivocado, mas, se prevalecer, ter-se-á aumento dos custos de transação na organização das limitadas que, já se dá quando, na constituição é preciso eleger a disciplina, ao menos no que se refere àquela prevista no art. 18 do Decreto de 1919.

Aspecto que gera dúvidas tem relação com o art. 1.054 quando dispõe que o contrato mencionará, no que couber, as indicações (não eram cláusulas obrigatórias?) do art. 997. Será permitido, nas limitadas, deixar de mencionar no instrumento de contrato algum requisito ali previsto? Claro que a contribuição para o capital com serviços não é admitida por incompatibilidade com a norma específica, daí ser inaplicável o inciso V daquele artigo; quanto aos demais, porém, parece-me serem todos compatíveis com o modelo da limitada e, portanto, devem constar do instrumento escrito. Entre eles a nomeação de administradores, ao menos uma pessoa natural.

Profunda mudança em relação ao revogado Decreto 3.708/1919 uma vez que não há, na disciplina das "novas" limitadas (art. 1.061), previsão para a delegação do poder de administração. A norma é expressa: designação de não sócio para exercer a administração da sociedade depende de aprovação unânime dos sócios enquanto não integralizado o capital social e de, pelo menos, 2/3 depois de integralizado.

Ainda no campo da administração das limitadas, qual será a interpretação do art. 1.060? O art. 997 atribui a administração da sociedade simples, matriz de todos os modelos societários, a pessoas naturais enquanto este, o art. 1.060, menciona simplesmente pessoas, sem especificar se naturais ou jurídicas; aplicado supletivamente, para efeito de completamento do texto, o art. 997, VI, a conclusão será de que administradores serão "pessoas naturais" porque é a elas que se defere o poder de administrar a sociedade simples; aplicada a lei das companhias, como diretores/administradores

13. "Invencionices...", cit.

também são pessoas naturais, o resultado será igual. Assim, parece que a nomeação de pessoas jurídicas para exercer função administrativa está totalmente descartada até por conta a inexistência de previsão para a delegação da função.

Por que terá sido suprimida a possibilidade de delegação de poderes nas limitadas? Intriga tal decisão que deve ser atribuída a opção de política legislativa, como, ademais a que veda que pessoas jurídicas possam ser sócias de sociedades em nome coletivo. Quanto à delegação, há profunda mudança em relação ao texto do antigo Decreto que regia as limitadas. Se a nova regra admite o heterorganicismo, por que não a delegação? Se visasse a reduzir custos de transação, impedir que qualquer sócio transfira a terceiro a competência para administrar a sociedade sem prévia consulta e aprovação dos demais, levará a resultado oposto. Em relação à sociedade em nome coletivo, o que terá levado o legislador a uma tal opção? Afinal, admite a participação de pessoas jurídicas, sujeitos de direito, em outros tipos de sociedades, mas proíbe nesta. Alguém via ilegalidades ou malefícios em qualquer das duas possibilidades?

A designação e destituição de administradores dependem, pela nova legislação, de aprovação de sócios representando 50% do capital social (art. 1.076, II), regra que conflita com a do art. 1.061 se o administrador for não sócios. A redução do *quorum*, assim, pode ser aplicada a administradores sócios, considerando-se, então, que o administrador não sócio pode ser eleito por maioria qualificada e ser demitido por outra, reduzida, qual a razão da perda de voz de alguns sócios? Ou a eleição e destituição desses administradores obedecem ao mesmo *quorum*, ou é provável que se estipule, em contrato, essa regra, o que aumenta custos de transação.

Em todas as hipóteses o legislador desenha dois esquemas disciplinando o mesmo negócio, a eleição de administradores, o que implica maiores custos de transação. A dualidade de regimes quanto à indicação de administradores, se teve por escopo dificultar a nomeação de não sócios, foi bem sucedida; se visava aperfeiçoar a qualidade da administração, que, na tendência atual, é a de ter administradores profissionais, não sócios, o resultado é inverso e perverso.

8. Preocupa, ainda, a proibição de contratação de sociedades entre cônjuges quando o regime de bens do casamento for o da comunhão universal ou o da separação obrigatória. Quanto ao regime de comunhão universal a proibição não tem a mais comezinha lógica. Se é certo que o patrimônio do casal é comum, não há modificação substancial do regime de bens se constituírem entre si uma sociedade; o que fazem é separar, do patrimônio geral, uma parcela para o exercício de atividade econômica.[14] Não se vê prejuízo para credores particulares ou da sociedade, salvo eventual benefício de ordem. O problema, entretanto, é saber o que fazer com as sociedades existentes. Devem ser dissolvidas e liquidadas? Deve ser admitido terceiro na sociedade? Pode ser filho ou filha do casal? Como será considerada a questão da preservação da empresa em face de eventualidade de não serem mais admitidas sociedades entre cônjuges existentes?

A proibição tem lógica quando o regime de bens do casamento for o da separação obrigatória, porque organizar uma sociedade entre cônjuges sujeitos a esse regi-

14. Há quem considere que a norma está perfeita dado que o Código não admitiu as sociedades unipessoais, como, por exemplo, o *Codice Civile* e o *Code Civil* francês e que, portanto, não se justificaria a separação de parte do patrimônio comum para afetá-lo a uma qualquer atividade econômica. A posição doutrinária, aqui referida, considera apenas um dos aspectos do problema — a eventual separação patrimonial obtida mediante a organização de uma sociedade personificada quando a unicidade deveria ser preservada. Mas, considerando-se a existência de muitas sociedades entre cônjuges cujo regime de bens é o da comunhão universal e, sobretudo, após longo debate doutrinário a respeito do tema, parece-me que é inevitável admitir que há uma realidade a ser considerada, nada obstante se reconheça certo prejuízo à lógica do sistema jurídico.

me legal de bens equivale a circundar norma legal. Aqui me parece há exceção ao princípio geral de exercício da autonomia privada e liberdade de associação previsto na Constituição de 1988 como direito individual.

9. O viés restritivo da autonomia privada — forma de interferência do Estado nas relações entre particulares que se manifesta na limitação do campo decisório em matéria de sociedades — cerceia a liberdade de iniciativa, em especial o poder de iniciativa econômica.

Sua incidência no plano dos contratos torna a questão mais aguda e delicada porque este instituto jurídico é, por excelência, a estrutura normativa de operações econômicas já que o acordo (a união de vontades, dizem alguns) é o estágio ou a etapa final de um programa negocial que, na maioria das vezes, se protrai no tempo em muitas espécies de contratos e o de sociedade é um deles, talvez o mais importante.

Por isso que, aumentar ou criar custos de transação, ainda quando não representem saídas de caixa, por onerarem sócios, credores e terceiros, são repassados a toda a sociedade, boa parte deles via preços dos bens ou serviços ofertados em mercados e, outra parte, no retardamento de operações. Portanto, a realocação de direitos, acima exposta de forma simplificada, é, segundo Coase, perversa, danosa para a comunidade.

Avançando em matéria de contratos de longa duração e execução continuada, o operador do direito se defronta com a regra do art. 478[15] do Código, que prevê a resolução do contrato por onerosidade excessiva.[16]

10. Há, nos contratos de longo prazo, dificuldade que parece insuperável, e que escapa ao controle da mais diligente das pessoas: é a impossibilidade da previsão de todos e quaisquer eventos que possam atingir as prestações, direitos e deveres das partes ao longo do período de execução do contrato. Refiro-me à questão da incompletude contratual, própria desses negócios e deles inafastável. A parcela de risco e imponderabilidade que atinge contratos de longo prazo precisa ser levado em conta na análise do programa contratual, por ser parte do processo decisório que leva, ou não, ao contrato. Pessoas avessas a risco não aceitam obrigações de longo prazo.

Além disso, imaginar-se cabível a previsão de todos e quaisquer eventos futuros significa supor que, ao longo do tempo, não haverá mudança de nenhum tipo que possa afetar a execução do programa contratual, que tudo permanecerá como estava no momento da contratação, o que, no mínimo, é irreal. Os "estados da natureza", como os denominam os economistas, mudam, seja por força do desenvolvimento da tecnologia, por razões políticas, internas ou externas, que atingem posições que se imaginavam consolidadas.

"Estados da natureza" não são permanentes, imutáveis. O desenvolvimento cien-

15. "Art. 478. Nos contratos de execução continuada ou diferida, se a prestação de uma das partes se tornar excessivamente onerosa, com extrema vantagem para a outra, em virtude de acontecimentos extraordinários e imprevisíveis, poderá o devedor pedir a resolução do contrato. Os efeitos da sentença que a decretar retroagirão à data da citação. Art. 479. A resolução poderá ser evitada, oferecendo-se o réu a modificar eqüitativamente as condições do contrato."

16. Barcellona entende que nos contratos de execução continuada ou periódica, além dos de execução diferida, a razão da resolução é a alteração do equilíbrio contratual em sentido subjetivo em face do que os contratantes teriam fixado no momento da sua conclusão. Alterado o valor entre as prestações de forma a que uma das partes sofra ônus econômico de tal modo excessivo em relação ao momento do contrato ou naquele momento razoavelmente previsível, sua posição é agravada frente à outra cuja prestação ficou igual. Daí a presunção de desvantagem para a parte. Ressalte-se que o ônus, para o civilista italiano, deve ser apurado subjetivamente, não utilizando parâmetros externos, pelo que não seria remediável o desequilíbrio originário; também não considera que o desequilíbrio decorrente de mutação superveniente das condições econômicas de uma das partes seja suficiente para acionar a aplicação da regra. Aduz que a lógica da autonomia privada está garantida pois a resolução está a seu serviço para controlar a correspondência, no tempo, entre os efeitos programados e os reais (ob. cit., p. 301).

tífico e tecnológico, o aumento da velocidade das comunicações, outros fatores, será utópico, portanto, imaginar-se que a tutela de certas posições deixe de ser invocada para melhorar a posição de alguém.

11. A resolução por onerosidade excessiva parte de uma relaçao entre duas prestações; a extrema vantagem de uma em face da outra, resultado de acontecimentos extraordinários e imprevisíveis. Como comparar prestações se uma das partes tiver cumprido a sua e a outra deverá fazê-lo ao longo do tempo? Se os estados da natureza não são estáveis, o que será acontecimento extraordinário: guerra, alguma hecatombe, perda do posto de trabalho, insolvência, falência, iliquidez?

Imagine-se a venda parcelada de um automóvel movido à gasolina que o adquirente pretende usar para prestar serviços de transporte. O aumento do preço do combustível somado à perda do poder de compra de usuários desse serviço dificultará o pagamento das parcelas. Deve o vendedor receber o veículo de volta ou reduzir o preço do bem?

Imprevisível é o fortuito, o aleatório, eventual que não pode ser antecipado, evento em relação ao qual não se pode adotar medidas preventivas. Imprevisível e extraordinário presos a um evento, se compreendidos restritivamente, limitam as hipóteses de resolução do contrato. Se esse fora o resultado visado pelo legislador, melhor não dispor a respeito. Se a leitura do artigo tomar a conjunção ***e*** não como aditiva e sim como adversativa, qualquer evento futuro que provoque desequilíbrio prestacional permitirá aplicar-se a regra da onerosidade excessiva até como mecanismo para renegociá-la. Não se estranhará, então, que credores, que poderão ficar à mercê dos devedores, busquem proteção contra esse argumento, o que implicará aumento dos custos de transação.

Se a resolução de contratos for declarada apenas quando o comportamento de uma das partes não corresponder ao modelo de conduta que a comunidade estimula, deseja, necessário e adequado para a estabilidade das relações privadas, oportunistas tentarão levar vantagem resultando em aumento dos custos de transação.

Suponha-se o negócio de mútuo bancário. Quem vai a uma instituição financeira em busca de recursos, disposto a pagar juros (não importa a taxa) para ter liquidez, está em estado de necessidade, embora não de perigo. A taxa de juros praticada pela instituição financeira leva em conta dois fatores: o preço da captação e cunha fiscal e a segurança de que, no termo final os recursos serão devolvidos acrescidos dos juros pactuados. Imagine-se, agora, que possa haver dúvidas quanto ao comportamento do devedor que, se presume, poderá aproveitar-se das novas regras e pretender a resolução do contrato ou redução das prestações que lhe cabem. Pressentida tal ameaça, mesmo que remota, a tendência é procurar mecanismos de defesa preventivos. A realocação de direitos prevista no Código Civil de 2002 pode criar situações curiosas. Em que medida essa defesa preventiva limitará ou onerará o poder de iniciativa econômica depende de como as normas forem interpretadas pelos Tribunais.

12. O contrato disciplina as relações entre partes sob perspectiva óptica de futuro, não se destina, em regra, a dispor quanto aos eventos que, futuramente, possam ocorrer e que, eventualmente, alcancem a relação. Como, do ponto de vista prático, supor seja possível redigir instrumentos que venham a refletir ajustes contratuais com tal precisão que, qualquer fato que venha a afetar o programa das partes, ou de uma delas, seja acompanhado de específica solução?

É pacífico que eventos futuros podem afetar relações negociais ou causar impactos importantes sobre as prestações ainda não adimplidas. Entretanto, se o negócio jurídico e a operação econômica que o estrutura forem associados, e como a vinculação entre partes é fruto das declarações feitas, o fundamento econômico do negócio é que deve balizar a avaliação dos pedidos fundados em onerosidade excessiva ou mesmo lesão. A baliza, em regra, será o mercado no momento da contratação e não o mercado no momento em que uma das partes reclame.

É possível que o custo do adimplemento aumente, ou diminua durante o prazo de vigência do contrato, por conta de mudanças nas relações de paridade da moeda, de alteração da taxa de juros, mudanças de preços relativos de bens em mercados, inovações tecnológicas, entre outros.

13. Em contratos de distribuição ou representação, por exemplo, as possibilidades de mudanças que afetem as perspectivas de ganho de uma das partes são concretas. Se for fácil e eficaz invocar ou o art. 478, ou o 157 do novo Código, que estímulos há para negociar a divisão dos riscos? Resolver o contrato, ou ameaçar fazê-lo, é estratégia dominante que põe a outra parte quase que contra a parede. Temor de ser confrontado por essa estratégia, externalidade legal, fará com que as partes procurem defender-se preventivamente com o que os custos de transação serão majorados e, talvez, a realocação de direitos será onerosa, pior do que a anterior.

O respeito à autonomia privada quando o negócio é de longo prazo e de execução continuada ou diferida, deveria produzir mecanismos indutores de respeito ao programa e, quando isso não fosse possível, haver mecanismos voltados para a revisão de sua execução, procurando-se manter a higidez dos vínculos negociais.

Por isso, interessa desenvolver modelos de cooperação e não facilitar a resolução de contratos, porque: a) o negócio subjacente, a operação econômica que determina a celebração do contrato, era de interesse das partes e, por isso, elas assumiram riscos de eventuais alterações conjunturais que pudessem favorecer uma ou outra em momento futuro, mas, sobretudo, porque nesses negócios de longo prazo o elemento especulativo integra o processo decisório; b) dar a uma das partes poder para pleitear a resolução do negócio é, sob o ângulo da teoria da decisão, provê-la de instrumento mediante o qual tem à disposição uma estratégia dominante, forte ou fraca, não interessa, porque dominante. Dar a uma das partes instrumento que a ponha em posição de superioridade estimula condutas oportunistas.

Barcellona afirma que o problema do equilíbrio contratual não é do legislador; que o contrato será válido desde que lícito e desejado pelas partes. A iniqüidade, ou não, de seus efeitos em relação ao modelo de justiça distributiva não é matéria que possa ser controlada pelo legislador. Contrato querido e lícito é contrato "justo", diz, e contrato justo é o querido e lícito. O controle de mérito pelo legislador de atos praticados pelos particulares gera uma reação a um ato não ilícito, mas que tem características de injustiça[17] que será corrigida. Contratos de longa duração — com prestações periódicas ou diferida — deveriam ser preservados mesmo quando eventos previsíveis, ou não, incidirem sobre as prestações de qualquer das partes.

Restringindo-se o problema da onerosidade excessiva às partes a transferência de custos entre dois particulares, a transferência de direitos se fecha nessa única relação; aplicada aos negócios interempresariais atingirá outras pessoas se der causa à cessação da atividade por um dos contratantes impossibilitado de receber aquilo que acreditava exigível ou sendo compelido a fazer concessões que oneram a atividade.

14. Talvez o legislador de 2002 não tivesse em mente, quando se referiu à onerosidade excessiva, operações interempresariais, ou abrangidas pela legislação consumerista em que há disciplina similar. Também não há de se ter dado conta (e bastaria indagar se há mercado para *leasing* de veículos automotores) dos prejuízos que recaem sobre a sociedade quando um dado negócio deixa de estar disponível porque

17. Ob. cit., pp. 291 e ss.

agentes econômicos se retraem diante da incerteza.

Lembre-se dos fatos de 1999, com a liberação da paridade predeterminada entre o dólar norte-americano e a moeda corrente nacional. Chamado o Judiciário a manifestar-se, vários julgados determinaram a correção dos contratos de *leasing* de veículos por índice que refletisse outra variação do valor da moeda, descasando as fontes de financiamento dos valores financiados; também desequilibraram a relação entre indexador e taxa de juros. Resultado de alegações quanto ao desconhecimento de possível variação abrupta da paridade cambial, as decisões judiciais que favoreceram maciçamente os consumidores — pobres ignorantes, que não liam periódicos nem prestavam atenção aos debates —, provocou uma reação das instituições financeiras: supressão desse tipo de "financiamento" para a aquisição de bens de consumo duráveis da linha de "produtos" ofertadas ao público.

A possibilidade de nova intervenção corretiva em contratos de longo prazo e execução continuada deveria considerar que os agentes, agindo preventivamente na defesa de suas posições, poderão criar óbices à realização de muitas operações negociais de interesse geral.

Miguel Reale explica que o contrato é conquista da civilização, fruto de longa evolução histórica que liga pessoas estabelecendo soluções que atendam aos seus respectivos interesses. A explicação continua para notar que a concepção de que o contrato faz lei entre partes, que não pode ser alterado mesmo quando sobrevenham mudanças não previstas pelos contratantes que alterem o cenário econômico ou tecnológico, não deve mais ser tomado como dogma. Por isso, a onerosidade excessiva, noção recolhida do *Codice Civile*, permite a revisão das cláusulas contratuais que, não aceita pelo outro contratante, leva à resolução do negócio.[18]

Ora, o contrato deve ser visto não de forma estática, mas sob óptica dinâmica, mecanismo de circulação voluntária, regular e legítima da riqueza em mercados. Se os sistemas jurídicos reconhecem a propriedade privada, o contrato é o instituto que permite sua transferência entre pessoas de forma pacífica. Sem contrato possivelmente a apropriação da riqueza dar-se-ia por meios violentos. Daí a relevância do respeito à autonomia privada na celebração de contratos, autonomia essa expressamente reconhecida pelo legislador italiano no art. 1.322 do CC, e que, no Código Brasileiro de 2002 parece-me, tem muito menor importância. Afinal, submeter o exercício da liberdade de contratar à razão e limites da função social do contrato é restringi-la, portanto, desautorizar contratos que alguém (quem?) dirá, não preencherem uma função social (qual?).

15. No contexto do *Codice Civile*, a regra da função social do contrato como instrumento apto a equacionar interesses individuais que merecem tutela é implícita na medida em que representa o poder dos particulares de criar regras para facilitar a circulação dos bens. Autonomia contratual privada, diz Pietro Barcellona, é o princípio que sanciona o poder de autodeterminação dos particulares; o contrato é o instrumento pelo qual tal poder é exercido.[19]

Já no direito brasileiro vigente os contratos atípicos devem subordinar-se ao princípio da função social predisposto no art. 421, com o que a criação de novos tipos contratuais deve perseguir interesses sociais, não mais apenas os interesses dos contratantes. A posição que Barcellona diz ser excepcional é que, o direito italiano, no recebimento da autonomia privada, reconhece que os particulares ocupam posição excepcional quase equivalente à prerrogativa

18. Ob. cit., pp. 149 e 150.

19. *Formazione e Svilupp del Diritto Privato Moderno*, Nápoles, Joven Editore, 1987: "Dunque, l'autonomia contrattuale privata è il principio che sancisce il potere di autodeterminazione dei privati; il contratto è lo strumento attraverso cui tale potere si esercita" (p. 274).

típica dos legisladores: a de contribuir para determinar o âmbito do que é juridicamente relevante.[20]

A autonomia privada tem função de solução de conflitos no compor interesses por meio do contrato que tem função autonormativa à qual se agrega a obrigatoriedade de sua observância pelas partes.

Para Barcellona, essa vinculação (*impegnatività*), que atua como programa, como auto-regramento privado, tem valor autônomo.[21] Adiante o autor explica que as normas de direito privado são as regras do jogo, na medida em que o ordenamento do Estado não contém decisão vinculativa sobre a alocação dos recursos, a atribuição dos bens e direitos que resultam das relações entre particulares, autores estes de sua circulação nos mercados. No plano da autonomia privada as regras do jogo estabelecem as condições de existência, validade e eficácia do contrato, instrumento mediante o qual os particulares atuam em mercados.[22]

Diante dessa explicação é possível recorrer ao ensinamento de Pareto sobre a circulação eficiente de bens na economia, de sorte que, partindo da idéia de que o contrato, qualquer contrato, promove ou visa a transferência de bens das pessoas que os valorizam menos para as que os valorizam mais, chegar-se-á ao máximo de eficiência na alocação dos bens quando todos estiverem melhor do que antes, com o que haverá aumento do bem-estar de todos, uns porque recebem o bem que desejam, outros porque recebem, em troca, outro bem (ou dinheiro), bem esse que prefere, àquele que detinham antes da troca econômica.

Reforçam-se, assim, as observações de Barcellona, bem como a importância do reconhecimento da autonomia privada no que concerne à liberdade de desenhar o conteúdo dos contratos, desenhar os vínculos específicos a que desejam ou aceitam submeter-se na medida em que promovem o aumento do bem-estar. É esse incremento que justifica os efeitos do programa a que as partes contratantes se prendem e a atribuição de riqueza que do contrato resulta.

Essa é uma função social do contrato que tem mantido o instituto vivo e pujante ao longo do tempo. O apreço da sociedade ao instituto em diferentes períodos históricos é patente. Mesmo quem pensou na morte do contrato, como Grant Gilmore, acabou por reconhecer que o instituto persiste, que novas formas de contratação, novos tipos contratuais diferentes dos tradicionais surgem e que não há limites precisos no emprego do contrato para essa função social de promoção da circulação da riqueza e que, no exercício da liberdade de contratar, podem os agentes determinar o efeito da circulação, as conseqüências jurídicas, no plano da atribuição de direitos e obrigações entre si, o que deve ser respeitado.

Roppo[23] nota uma certa ambigüidade na tendência a limitar o poder do contratante forte, assim como a que se encontra na despersonalização do contrato, que é, cada vez menos, autêntica expressão da autonomia individual, corroendo o espaço para efetiva liberdade e autodeterminação das pessoas, o que pode dificultar ou impedir que busquem, de forma eficaz, seus próprios interesses.

A posição teórica de Roppo, quanto à ambigüidade, pode representar importante meio de criação de externalidades em matéria de contratos. Um negócio intersubjetivo entre particulares, como o contrato, e não se fala apenas em contratos de organização, fica subordinado ao atendimento de uma função social que, parece-me, signifíca deva atender a interesses externos aos dos próprios contratantes?

20. "Infine, il riconsocimento dell'autonomia privata, quale potere di costruire *fattispecie giuridiche*, equivale in realtà al riconoscimento in capo ai soggetti privati di una prerogativa tipica del legislatore: quella di (contribuire a) determinare *l'ambito del giuridicamente rilevante*" (ob. cit., p. 275; os destaques são do original).

21. Ob. cit., p. 277.

22. Barcellona, ob. cit., p. 279.

23. Roppo, "Il contratto", cit., p. 47.

Essa novidade, a função social do contrato como parâmetro para sua validade e eficácia, essa inovação, creio, atinge o negócio jurídico *contrato* em dois de seus três planos. Existe o negócio, mas não é válido e, se for válido, poderá ser ineficaz se não preencher a exigência do art. 421.[24] Demais disso, o artigo atinge, de forma violenta, a autonomia privada na medida em que restringe a liberdade de contratar.

O princípio da autonomia contratual, isto é, a liberdade para escolher contratar, ou não, escolher a contraparte, a modalidade de formação do vínculo, o tipo e o conteúdo contratual, a lei aplicável e a modalidade de resolução de controvérsias, quando se trate de contratos individuais e personalizados, mesmo os legalmente tipificados, fica preso à existência de uma função social para o contrato.

Preocupação, no caso, resultante da mudança principiológica, especialmente quando ligada à socialidade do direito, vejo com limpidez naquela norma do novo Código Civil que se refere à função social do contrato. O que, precisamente, se há de entender por *função social do contrato*?

16. O legislador brasileiro, ao dispor sobre função social não parece ter adotado essa visão ao aplicá-la ao contrato, típica e própria dele; a visão adotada mais se aproxima da busca de fixação de critério para apreciar a um determinado e particular contrato, tipificado ou não, mas um contrato concreto. Conviria ter-se parâmetros que facilitassem a tomada de decisão pelas partes porque, tal como aparece na lei, a norma permite amplo grau de subjetividade dos Tribunais, gerando insegurança pela imprevisibilidade criada.

Reconhecendo a relevância dos interesses gerais, que devem prevalecer sobre os individuais, um Código regido pelo princípio da solidariedade, parece aqui bastante individualista. Extrair bem-estar de alguns nem sempre produz a redistribuição visada. Contrato, operação econômica, requer equacionamento de conflitos de interesse segundo critérios compatíveis com os interesses gerais de preservação de negócios.

Custos de transação elevados reduzem a eficácia alocativa de que resulta perda de bem-estar. Suponha-se, agora, que se pense em aplicar a regra do art. 157 a mútuos contratados com instituições financeiras. Intermediárias entre agentes superavitários e outros deficitários, os efeitos perversos de serem rés nessas ações seriam: os agentes superavitários demandarão maiores garantias e, portanto, a captação de recursos será mais difícil e onerosa; os intermediários tenderão a reduzir os volumes de recursos ofertados a quem deles necessita, o que igualmente favorece a elevação de custos de transação. Que ganhos terá a sociedade com essa realocação de direitos?

Se o devedor argüir a ocorrência de evento superveniente e extraordinário para resolver o contrato, e este for de execução continuada para ele, devedor, mas o credor já tiver adimplido sua obrigação? Por exemplo, mútuo com taxa de juros flutuante; a elevação brusca da taxa que leve à resolução do contrato condenará o mutuário a devolver, de imediato o principal? E se ele não dispuser dos recursos, ainda assim será o negócio resolvido? Sem a imediata restituição da quantia mutuada o devedor obtém ganhos econômico-financeiros que representam transferência de riqueza do credor.

Pelo princípio da vinculatividade das declarações, segundo o qual as partes não podem resilir do negócio salvo na ocorrência de situações específicas, o legislador introduz no sistema a noção de estado de necessidade. A realocação de direitos e deveres é evidente.[25] O art. 156 reproduz, em certa medida, o 1.447 do CC, que dispõe

24. "Art. 421. A liberdade de contratar será exercida em razão e nos limites da função social do contrato."

25. "Art. 156. Configura-se o estado de perigo quando alguém, premido da necessidade de salvar-se, ou à pessoa de sua família, de grave dano conhecido pela outra parte, assuma obrigação excessivamente onerosa. Parágrafo único: Tratando-se de pes-

sobre contratação em condições iníquas quando a contraparte visa salvar a si ou terceiro de perigo atual de dano grave à pessoa. O dano deve ser físico ou pode ser mental?

A doutrina entende que se configura estado de perigo quando uma pessoa se veja sob ameaça tal que possa atingir sua existência, sua integridade, física ou mental, e que esse perigo seja atual ou iminente, ou quando esteja submetida a mesmo tipo de risco pessoa da família. Se dano grave significar perigo de vida ou perda de qualidade de vida decorrente de evento atual e imprevisto o quadro é um, mas se incluir dano mental ele será significativamente alargado, com possibilidade de serem aplicados critérios subjetivos na sua apreciação. Incluir na concepção de estado de perigo a busca de recursos para suportar o custo de terapêuticas no caso de moléstias crônicas ou mesmo daquelas sem gravidade será ainda outro mecanismo que facilitará condutas oportunistas.

Se o perigo ou risco de dano pode turbar a percepção da pessoa quanto ao desequilíbrio prestacional resultante do negócio, também se pode supor que o argumento dá margem a condutas oportunistas. Sobretudo se houver intenção de, baseado em dano mental, incluir-se nesse quadro risco econômico-financeiro. Seqüestros, longos ou relâmpagos, por exemplo, poderiam ser motivo para afirmar-se estado de perigo quando se pretendesse liquidar ativos para fazer caixa.

No art. 157[26] o legislador trata da lesão por estado de necessidade ou inexperiência, afastando-se, outra vez da matriz italiana que, no art. 1.448 do CC considera haver lesão quando há estado de necessidade. A lei brasileira prevê duas hipóteses de incidência da regra da lesão: a) premente necessidade; e b) inexperiência. Inexperiência quer dizer que falte experiência, que pode ser entendida quer como falta de conhecimento abrangente, falta de sabedoria adquirida ao longo da vida, prática, quanto falta de conhecimento específico ou de perícia, adquiridos sistematicamente mediante aprendizado e que se aperfeiçoa, se aprimora, ao longo do tempo. É inexperiente em medicina quem não tenha adquirido conhecimentos em curso organizado para formar médicos, mas pode ser experiente na constatação de certos males por tê-los notado ao longo de algum tempo.

Necessidade é precisão; designa o que é imprescindível, mas, também, o que é útil e, portanto, desejável. Estado de necessidade pode ser tanto a situação de penúria, de miséria da pessoa, como exigência individual que visa a um determinado objetivo ou a satisfazer condições materiais e morais de vida. Os dois sentidos da expressão *estado de necessidade* são diversos, quase opostos.

Interessa saber qual deles prevalecerá na aplicação da norma pelos Tribunais. Se a idéia de miséria, penúria, os efeitos da nova alocação levará as pessoas a evitar abusar do semelhante menos favorecido. Se estado de necessidade abrigar o atendimento a um objetivo particular, o de satisfação de condições materiais e morais de vida, a criação de externalidades é provável porque pessoas ladinas, audaciosas, poderão se prevalecer da norma, e condutas oportunistas aparecerão. Satisfeitos os interesses individuais, como conter o oportunismo?

17. Difícil saber como os Tribunais avaliarão a inexperiência quando se argüir a anulação de um negócio por lesão. Critério será faixa etária, formação profissional, prática? A prevalecer a doutrina consumerista, cada vez que alguém agir como profissional, empresário, ou não, a tendência

soa não pertencente à família do declarante, o juiz decidirá segundo as circunstâncias."

26. "Art. 157. Ocorre lesão quando uma pessoa, sob premente necessidade, ou por inexperiência, se obriga a prestação manifestamente desproporcional ao valor da prestação oposta. § 1º. Aprecia-se a desproporção das prestações segundo os valores vigentes ao tempo em que foi celebrado o negócio jurídico. § 2º. Não se decretará a anulação do negócio, se for oferecido suplemento suficiente, ou se a parte favorecida concordar com a redução do proveito."

será ver no outro contratante a parte débil o que imporá maiores cuidados aos agentes profissionais para informar a contraparte com o conseqüente aumento dos custos de transação.

Ainda que se saiba que igualdade formal entre pessoas não se traduz em igualdade no plano material, a liberdade de contratar há de ser compreendida como emanação dos direitos de personalidade, fundada na dignidade da pessoa. Intervenção ou controle da liberdade de contratar indica invasão da esfera de manifestação dos direitos individuais da pessoa.

Convém lembrar que Coase explicou que é difícil saber se a distribuição de riqueza pela nova alocação de direitos é melhor, ou não, porque critérios diferentes de atribuição de propriedade parecem induzir a diferente distribuição de riqueza. Mas, quando há custos de transação envolvidos, é muito oneroso para os contratantes cobrir todas as contingências e possibilidades.

Se assim for, a distribuição de riqueza prevista pelo Código Civil poderá ser decepcionante se onerar os contratantes, porque poderá resultar em redução do bem-estar geral. Impedir ou inibir ações sem fundamento na boa-fé ou que limitem o exercício de poder de alguns agentes são positivas. Normas que favoreçam condutas oportunistas disfarçadas ou acobertadas por externalidades normativas devem ser descartadas. Facilitar estratégias dominantes é pior.

Prudente repensar a questão da incompletude contratual estudada pelos economistas e o que representam, em matéria de custos de transação, novidades como a lesão e a onerosidade excessiva. A dificuldade, quando não a impossibilidade, de se prever nos contratos de execução diferida ou continuada todas e quaisquer mudanças — econômicas, tecnológicas, informacionais, sociais, políticas, entre outras — que possam alterar o equilíbrio da relação inicial entre partes. Ainda quando se pudessem prever muitos desses eventos, o custo de negociar e redigir cláusulas que os reequilibrassem poderia ser de tal monta que acabaria por inibir a contratação.

Por derradeiro, quero manifestar minha preocupação com introdução da noção de função social do contrato no Código Civil. A concepção de função social de qualquer instituto jurídico tem servido para justificar, quando não determinar, a intervenção do Estado nas relações entre particulares. Nesse sentido, a função social da propriedade invocada para facilitar desde desapropriações até incremento nas alíquotas de tributos ou imposição de taxas quando se considere que o imóvel não atende à sua "função social".

Trata-se de forma de "punição" que recai sobre proprietários que utilizam de forma indesejável bens imóveis. Até o presente não se cogitou de recorrer a essa função social da propriedade para determinar que imóveis residenciais, de baixa ocupação em relação à área útil, devam ser redivididos para abrigar maior número de moradores, ou que obras de arte, obras literárias raras, ou outros bens móveis, de propriedade individual mas de interesse social, sejam postos à disposição da comunidade.

18. Alterar o paradigma de avaliação da validade e eficácia dos contratos sem boa explicação pode sugerir que se pretenda que a autonomia privada seja conformada pelo Estado e/ou o Judiciário. Socialidade ou socialismo? Liberdade ou dirigismo? Se o contrato é negócio entre particulares, e esse é o princípio de sua relatividade que vincula aos seus termos apenas os contratantes e não terceiros, o que significa deva ele, contrato, qualquer contrato, ter função social? Pensar a criação de utilidades como possível preenchimento da função social do contrato poderia, talvez, facilitar a caminhada a ser empreendida pelo intérprete e pelo aplicador da Lei. Caberia ao legislador, no interesse da convivência social pacífica, inibir litígios, fomentar modelos de cooperação para estimular a solidariedade e não facilitar a promoção de litígios. Quando há externalidades as condutas tendem ao oportunismo e, com isso, a sensação de que alguém leva vantagem facilita o descontentamento e, portanto, a busca de equilíbrios que, ao invés de trilharem o caminho da composição, da negociação, tenderão a ser resolvidos judicialmente, num processo circular que aumenta custos de transação.

Em relação à matéria obrigacional aduz o jurista que o Código confere aos juízes margem para recorrer à finalidade social do direito, determinar a equivalência das prestações, enfim, empregar conceitos éticos na integração dos negócios a eles submetidos. Para os economistas o Direito é um bem público extremamente valioso que, nos ordenamentos de base romano-germânica, além da função promocional de Bobbio, está assentado na certeza e segurança que a observância da norma traz. Essa certeza e segurança poderiam ficar comprometidas em razão desse arbítrio ou dessa margem que se dá aos juízes para, fundados na finalidade social do direito, determinar a resolução de contratos? O tempo dirá se teremos aqui fonte de custos de transação e se forem positivos a nova alocação será perversa.

É certo que as normas jurídicas importam e influem no comportamento das pessoas, assim como é igualmente certo que mudanças legislativas têm custo (ainda que muitos legisladores não tenham clara noção disso). Portanto, cabe ao legislador, na reforma das leis, propor regras que acarretem o menor custo ao mesmo tempo em que promovam o máximo de bem-estar possível para a sociedade atingida.

Se isso é tresler o Código, então aceito a invectiva, pois, me parece impossível afastar temores quanto ao novo, ao desconhecido e revisto proposto na nova lei civil que, nada obstante as boas intenções dos projetistas, espero, não venha a produzir efeitos deletérios onerando a sociedade ou parcelas expressivas dela, porque nesse caso, nem mesmo Kaldor-Hicks serviriam para justificar as inovações.

Para concluir, e ainda uma vez, explicar minha aflição, a falta de um suporte fático claro para atividades econômicas voltadas para mercados, a necessidade de estabilidade das relações contratuais, fica desamparada pela falta de previsão de mecanismos que induzam à cooperação, à negociação, para recompor relações que devem ser duradouras, embora não perenes, que levem a manter os negócios, sobretudo aqueles interempresariais.

Inserir no sistema de direito positivo a cláusula *rebus sic stantibus*, mesmo que de forma reelaborada, como está no art. 478 do Código, torna aquelas relações menos seguras, facilita a deserção, não estimula comportamentos cooperativos entre parceiros e, talvez, até, acabe por estimular condutas oportunistas uma vez que põe uma das partes em situação de dominação em relação à outra. Explico. Suponha-se que uma das partes tenha feito investimentos em ativos produtivos que não possam, facilmente e sem perda, ser redirecionados para outros usos ou fins. A resolução do contrato é, nesses casos, ruim de modo geral, nada obstante, em certas circunstâncias seja justificável.

Parece certo que, em tais hipóteses, a perda de bem-estar social não será facilmente recuperada, recomposta — por exemplo, perda de postos de trabalho, de utilidades —, com o que a função social do contrato pode ficar bastante comprometida. A realocação de direitos, ainda uma vez, parece tutelar a imprevidência e o oportunismo, contrariamente ao que se promete com a solidariedade e a eticidade.

Possível que as hipóteses levantadas não passem de quimeras que desaparecerão com as primeiras decisões judiciais. Coase demonstrou que magistrados, no sistema da *Common Law*, costumam ter presente o resultado econômico de suas decisões e, mais importante, que, também eles, além do mercado, fornecem informações aos agentes; que, se a resposta dos Tribunais for favorável ao desejo de levar vantagem, tão decantado em certo período não muito distante, a atividade econômica organizada na forma empresarial enfrentará dificuldades.

Se estiver, ainda que minimamente, certa ou no caminho correto, será preciso que nas decisões judiciais se tenha presente o potencial de se acentuarem as externalidades como resultado das sentenças que fiquem apenas no caso concreto sem considerar repercussões sobre a comunidade; se houver externalidades que elas não afetem as atividades econômicas gerando desnecessários custos sociais. A segurança e a previsibilidade do direito são vitais para garantir a todos acesso às utilidades produzidas pelo exercício das atividades econômicas, empresariais, ou não.

SOCIEDADE LIMITADA OU ANÔNIMA FECHADA?

O novo dilema dos empreendedores nacionais[1]

RICARDO GUIMARÃES MOREIRA

CAPÍTULO 1 — Elementos essenciais à escolha do tipo societário. CAPÍTULO 2 — Constituição das sociedades em exame. CAPÍTULO 3 — A divisão do capital. CAPÍTULO 4 — Convocação, instauração e deliberações em assembléias e reuniões: 4.1 Reuniões; 4.2 Assembléias dos sócios; 4.3 Convocação; 4.4 Instalação; 4.5 Deliberações; 4.6 Sociedade anônima — Assembléia geral; 4.7 Convocação; 4.8 Instalação; 4.9 Deliberações. CAPÍTULO 5 — A administração das sociedades e a responsabilidade dos administradores: 5.1 Da administração da sociedade por ações e da sociedade limitada: breves considerações; 5.2 Da responsabilidade dos administradores. CAPÍTULO 6 — Regras de "desinvestimento" — O direito de retirada. Conclusão. Referências bibliográficas.

Introdução

Em 10 de janeiro de 2002 foi publicado o novo Código Civil brasileiro, Lei 10.406/2002, cuja vigência iniciou-se em 11 de janeiro de 2003. A mídia em geral costuma denominar o Código Civil como o "Estatuto da Cidadania", na medida em que este diploma legal regula a predominância das relações sociais do cidadão comum, dispondo desde a aquisição de personalidade, através do nascimento, até sua morte, passando pelo casamento, a constituição de família e uma série de contratos que o sujeito irá firmar ao longo de sua existência, regendo seus bens.

Não obstante esse papel "tradicional" do Código Civil, desempenhado no país desde 1916 pelo diploma revogado, o novo Código Civil pretendeu unificar o direito privado nacional, trazendo para dentro de sua área de abrangência matérias consuetudinariamente afeitas ao direito comercial, como títulos de crédito[2] e, principalmente, o direito societário, com a inserção do Livro II — Do Direito de Empresa.

Apesar das críticas que podem ser dirigidas a essa tentativa de unificação, notadamente reputando-a de incompleta e desordenada,[3] não se pode negar que é com

1. O presente trabalho foi originalmente concebido como monografia para a disciplina "Direito Empresarial Comparado II" no Mestrado em Direito Empresarial da Universidade Federal de Minas Gerais, em curso pelo autor.

2. No que toca às suas regras gerais, agora previstas nos arts. 887 a 926 do novo Código.

3. A qualificação de "incompleta e desordenada", correndo o risco de ser taxada de demasiado severa, é, entretanto, ao nosso ver, pertinente, uma vez que o novo Código deixou de lado importantes

o novo diploma que se deve trabalhar doravante no que diz respeito ao direito de empresa em geral e, particularmente, com as sociedades limitadas, pelo menos enquanto estiverem em vigor as regras do Livro II,[4] sendo infrutíferas lamentações saudosistas.

O novo Código revogou expressamente a primeira parte do antigo Código Comercial brasileiro, que, dentre outros temas, regulava a constituição e funcionamento de diversos tipos de sociedades comerciais (arts. 300 a 353) e, tacitamente, o Decreto 3.708/1919, que disciplinava, em dezenove artigos, a sociedade por quotas de responsabilidade limitada.

Ao assim proceder, disciplinou a agora denominada sociedade limitada de forma extremamente mais minudente e complexa, perdendo, ao nosso ver, o que o texto do Decreto possuía de melhor: a extrema liberdade e informalidade para o comerciante (empresário, nos termos do novo Código) conduzir e reger seu negócio, estipulando no contrato social somente as disposições que entendesse pertinentes.

Com as novas disposições legais em vigor a respeito da sociedade limitada, tratando-a de forma muito mais complexa[5] que o texto revogado, e com a incerteza doutrinária e jurisprudencial que vigorará nos meios jurídicos pelos próximos anos a respeito desse tipo societário, a sociedade limitada já não pode ser mais considerada a "opção automática"[6] do pequeno, médio e, às vezes, do grande empresário para a regulação do seu empreendimento.

O empreendedor[7] deverá passar a considerar, quando da constituição de sua empresa, qual será verdadeiramente o melhor tipo societário para seu negócio, se a sociedade limitada ou o outro tipo societário mais comum no Brasil, a sociedade anônima de capital fechado,[8] sendo esta a que, nos termos do art. 4º da Lei 6.404/1976 (Lei das S/A — com as diversas alterações legislativas posteriores), não tem os valores mobiliários de sua emissão admitidos à negociação em bolsa ou no mercado de balcão.[9]

O escopo do presente trabalho é analisar quais os elementos jurídicos, presentes especialmente nas regras de constitui-

temas para uma completa unificação do direito privado, notadamente o direito falimentar.

4. Atualmente, tramitam no Congresso Nacional alguns projetos de lei visando regular separadamente o direito de empresa, com destaque para o Anteprojeto de Lei de Sociedades de Responsabilidade Limitada, elaborada por comissão sob a presidência do ilustre Professor Arnoldo Wald. A esse respeito, ver a reportagem do jornal *Gazeta Mercantil* de 13.3.2003, quinta-feira, p. A-8: "Dispositivos do novo Código ainda podem ser alterados".

5. Tem-se entendido que o novo texto aproximou significativamente as sociedades limitadas das sociedades por ações. Nesse sentido, v. *Gazeta Mercantil* de 25.1.2002, sexta-feira, e fim de semana, 26-27.1.2002, p. A-10: "Código Civil aproxima as limitadas das S/A".

6. Dados do DNRC — Departamento Nacional de Registro de Comércio apontam que mais de 90% das empresas brasileiras são constituídas sob a forma de sociedades limitadas, conforme se pode verificar no *site* do departamento: <www.dnrc.gov.br>, capturado em 23.6.2003.

7. O termo empreendedor é aqui usado em sentido técnico-jurídico, visando evitar confusão com "empresário". Como se sabe, o novo Código Civil apresentou definição desse termo em seu art. 966. Dessa forma, não se pode mais, sem prévia explicação, pelo menos, utilizar a expressão referida como sinônimo do titular da empresa (sócio). Sobre os diversos perfis da empresa, veja Alberto Asquini, "Profili dell'impresa", trad. Fábio Konder Comparato, *RDM* 104.

8. O presente trabalho levará em consideração especialmente a sociedade por ações de capital fechado, deixando de lado a de capital aberto, naquilo que lhe for particular, por entendermos que essa modalidade de S/A não é uma opção gerencial, propriamente dita, à sociedade limitada. A sociedade por ações de capital aberto é utilizada como o tipo societário das grandes empresas e empreendimentos, que necessitam de vultosas somas de recursos para a consecução de suas finalidades, captados junto ao público no mercado organizado de compra e venda de títulos.

9. "Art. 4º. Para os efeitos desta Lei, a companhia é aberta ou fechada conforme os valores mobiliários de sua emissão estejam ou não admitidos à negociação no mercado de valores mobiliários (*redação dada pela Lei 10.303, de 31.10.2001*)."

ção, administração, admissão e retirada de sócios, que levam, ou deveriam levar, os empreendedores nacionais a optar por uma das duas espécies para a formatação de seu empreendimento.

Obviamente, o presente trabalho não tem qualquer pretensão de esgotar o tema proposto, demasiado amplo e instigante, mas tão-somente pesquisá-lo à luz da doutrina e jurisprudência, ainda incipientes no que diz respeito ao novo Código, a fim de alcançar o objetivo proposto. Feitas essas considerações, passa-se ao exame do assunto, iniciando-se pela investigação de quais fatores são, ou devem ser, levados em consideração para a escolha de um determinado tipo societário. Em seguida, analisa-se cada um dos elementos apontados especificamente.

Capítulo 1 — Elementos essenciais à escolha do tipo societário

Em toda atividade econômica, o agente, ainda que de forma inconsciente, faz um cálculo de *risco e retorno* de sua ação.

Na constituição de sociedades não é diferente. O empreendedor analisa o objeto social que pretende desenvolver, levando em consideração os meios que necessitará para tanto (capital, trabalho etc.), as condições atuais e futuras do mercado, o custo de oportunidade de sua decisão,[10] dentre outros fatores, concluindo, daí, que obterá um *determinado* retorno de sua atividade. O empreendedor será tão melhor sucedido quanto for correta sua análise.

Na composição do binômio "risco *x* retorno" da criação de um novo empreendimento, o tipo societário tem papel de destaque, pois cada modalidade aloca de determinada forma os fatores de produção.

Para que se faça no presente trabalho uma correta investigação de qual é o melhor tipo societário para cada empreendimento,[11] é preciso primeiramente identificar, no texto legal, quais fatores atuam de forma determinante[12] na dialética acima identificada. É o que se pretende fazer neste Capítulo.

Certamente, os critérios utilizados na identificação de tais fatores traz carga considerável de subjetividade, variando, assim, ao sabor daqueles, os elementos que serão escolhidos para análise ao longo do trabalho.

Utilizar-se-á, como critério para definir o que merece ser estudado à frente, o que pode ser chamado de "*custo incorrido*". Por essa denominação pretende-se qualificar as regras jurídicas que implicam para o empreendedor um determinado custo financeiro, direto ou indireto, na escolha do tipo societário. Reitere-se que essa é apenas uma norma de escolha válida, dentre tantas outras, que poderiam servir para o mesmo fim. A mesma, no entanto, nos parece a melhor, dado que a primeira pergunta que vem à cabeça de um bom empreendedor, quando da tomada de uma decisão, é "quanto custa?".

Tomando o critério adotado e percorrendo a legislação pertinente, verifica-se que o primeiro fator que merece exame são as regras de constituição da sociedade, por corresponder, em essência, às normas que regulam a formação do investimento.

10. Custo de oportunidade é um conceito trazido para o Direito da Ciência Econômica. Em apertada síntese, pode ser caracterizado como o custo que o agente incorre ao optar por determinada conduta ao invés de outra. Por exemplo, se uma empresa resolve aplicar seu dinheiro a 20% ao ano em uma instituição financeira, ao invés de investir em um novo projeto que lhe renderia 50% ao ano, o custo de oportunidade será de 30% ao ano.

11. Levando-se sempre em consideração o objetivo proposto para o presente trabalho, de buscar nuances entre a sociedade limitada e a anônima de capital fechado; deixa-se de lado, portanto, todas as outras hipóteses de formatação jurídico-societária de atividades econômicas: *joint ventures*, consórcios, sociedades em conta de participação, sociedades simples e, especialmente, a sociedade anônima de capital aberto.

12. Evidentemente, toda e qualquer regra jurídica a respeito de sociedades reflete economicamente na mesma, ainda que de forma reduzida. Busca-se, aqui, os fatores com maior e marcante influência.

Em seguida, examina-se a divisão do capital das sociedades, por ser a maneira como o investimento se estrutura, para depois investigar-se sua administração, as responsabilidades dos administradores, bem como as regras de convocação e deliberação de assembléias e reuniões, que podem ser qualificadas, em síntese, como o "gerenciamento" do investimento.

Finalmente, pretende-se investigar as normas de "desinvestimento", ou seja, a forma de retirada da sociedade, com a apuração do que é devido ao sócio.

Capítulo 2 — Constituição das sociedades em exame

As alterações relativas às sociedades limitadas introduzidas pelo novo Código Civil aproximaram este tipo societário da sociedade anônima de capital fechado.

Apesar da proximidade criada entre esses dois tipos societários, sua forma de constituição tem peculiaridades.

A sociedade limitada se constitui através da elaboração pelos sócios de um contrato social, como bem asseveram Fábio Ulhoa Coelho: "a sociedade limitada se constitui por um contrato entre os sócios";[13] e Rubens Requião: "A sociedade se forma pela manifestação de vontade de duas ou mais pessoas, que se propõem unir os seus esforços e cabedais para a consecução de um fim comum".[14]

Por outro lado, a sociedade anônima de capital fechado será constituída por instrumento particular, consubstanciado na ata da assembléia geral, onde os subscritores do capital (fundadores) se reúnem, ou por escritura pública (art. 88, LSA).

O contrato social da Ltda., de acordo com o art. 1.054 do Código Civil, deverá mencionar, no que couber, as indicações do art. 997 do mesmo diploma:

> Art. 1.054. O contrato mencionará, no que couber, as indicações do art. 997, e, se for o caso, a firma social.
>
> Art. 997. A sociedade constitui-se mediante contrato escrito, particular ou público, que, além de cláusulas estipuladas pelas partes, mencionará:
>
> I — nome, nacionalidade, estado civil, profissão e residência dos sócios, se pessoas naturais, e a firma ou a denominação, nacionalidade e sede dos sócios, se jurídicas;
>
> II — denominação, objeto, sede e prazo da sociedade;
>
> III — capital da sociedade, expresso em moeda corrente, podendo compreender qualquer espécie de bens, suscetíveis de avaliação pecuniária;
>
> IV — a quota de cada sócio no capital social, e o modo de realizá-la;
>
> V — as prestações a que se obriga o sócio, cuja contribuição consista em serviços;
>
> VI — as pessoas naturais incumbidas da administração da sociedade, e seus poderes e atribuições;
>
> VII — a participação de cada sócio nos lucros e nas perdas;
>
> VIII — se os sócios respondem, ou não, subsidiariamente, pelas obrigações sociais.

Faz-se necessário consignar que o disposto no art. 997, V, é inaplicável às sociedades limitadas, por força do disposto no art. 1.055, § 2º, visto que esse tipo de sociedade não aceita a contribuição em serviços.

Além disso, o art. 1.053, em seu parágrafo único, dispõe que o contrato social poderá prever a regência supletiva da sociedade limitada pelas normas da sociedade anônima, ao invés das regras de sociedade simples, como está previsto no *caput* do mencionado dispositivo legal. Anteriormente, havia aplicação subsidiária imediata da LSA, nos termos do art. 18 do Decreto 3.708/1919.

13. Fábio Ulhoa Coelho, *Curso de Direito Comercial*, v. 2, 5ª ed. rev. e atual. de acordo com o novo Código Civil e alterações da LSA, p. 377.

14. Rubens Requião, *Curso de Direito Comercial*, v. 1.

Desta feita, passa a existir dois tipos de sociedade limitada: aquelas regidas supletivamente pela Lei das Sociedades Anônimas e outras pelas normas da sociedade simples. Nesse caso, caberá aos sócios fazer a escolha, no contrato social, de qual legislação as suas atividades estarão submetidas supletivamente.

No entanto, recomenda-se a aplicação subsidiária da Lei das Sociedades Anônimas, pois trará maior segurança jurídica às atividades desenvolvidas pela sociedade, visto que poderá ser aproveitada toda jurisprudência e doutrina já existentes antes da entrada em vigor do novo Código Civil.

Já no que toca a sociedade anônima de capital fechado, a mesma se constitui, como já ressaltado, não por meio de simples contrato social, mas por instrumento particular, representado pela ata da assembléia na qual os fundadores se reúnem, ou por escritura pública. Nesse caso, todos os subscritores são fundadores da sociedade.

Conforme bem assevera Fran Martins:

"Difere grandemente a constituição das sociedades anônimas da dos demais tipos societários. A lei determina a observação de requisitos preliminares, que deverão ser cumpridos obrigatoriamente, sem o que a sociedade não se constituirá.

"Dependendo a existência da sociedade da formação do capital, esta poderá verificar-se ou por apelo ao público ou por subscrição particular daqueles que desejam constituir a pessoa jurídica. Na subscrição do capital por apelo ao público, serão observadas várias fases, donde se chamar a constituição da sociedade com o capital formado desse modo de sucessiva; *formando-se a sociedade por subscrição particular do capital, dá-se a essa espécie de constituição o nome de simultânea.*"[15]

A constituição da sociedade anônima de capital fechada é simultânea, pois a subscrição de capital se procede particularmente, sem apelo ao público, devendo ser atendidos os seguintes requisitos preliminares, previstos nos arts. 80 e 81 da Lei 6.404/1976. *Verbis*:

Art. 80. A constituição da companhia depende do cumprimento dos seguintes requisitos preliminares:

I — subscrição, pelo menos por 2 (duas) pessoas, de todas as ações em que se divide o capital social fixado no estatuto;

II — realização, como entrada, de 10% (dez por cento), no mínimo, do preço de emissão das ações subscritas em dinheiro;

III — depósito, no Banco do Brasil S/A, ou em outro estabelecimento bancário autorizado pela Comissão de Valores Mobiliários, da parte do capital realizado em dinheiro.

Parágrafo único. O disposto no número II não se aplica às companhias para as quais a lei exige realização inicial de parte maior do capital social.

Depósito da Entrada

Art. 81. O depósito referido no número III do art. 80 deverá ser feito pelo fundador, no prazo de 5 (cinco) dias contados do recebimento das quantias, em nome do subscritor e a favor da sociedade em organização, que só poderá levantá-lo após haver adquirido personalidade jurídica.

Parágrafo único. Caso a companhia não se constitua dentro de 6 (seis) meses da data do depósito, o banco restituirá as quantias depositadas diretamente aos subscritores.

O capital deverá ser subscrito, totalmente, por, no mínimo, dois subscritores, que poderão ser pessoas físicas ou jurídicas. É necessário que o número inicial de pessoas que vão constituir a sociedade subscreva todo o capital social. Nas palavras de Fran Martins, "considera-se subscrição o compromisso que toma a pessoa de entrar para a sociedade com determinada importância, equivalente a um número certo de ações".[16] O subscritor desde que assumido o compro-

15. Fran Martins, *Curso de Direito Comercial*, 22ª ed., p. 340.

16. Idem, p. 341.

misso, se transforma em devedor à sociedade da importância subscrita.[17]

No tocante à realização da décima parte, no mínimo, do capital social, pelo pagamento de 10%, pelo menos, do preço de emissão de cada ação, isso significa que não apenas um décimo do capital social deva estar realizado, mas que esteja *efetivamente pago um décimo do preço de emissão de cada ação*, já que o preço de emissão da ação e a parcela que a mesma corresponde do capital social podem diferir. Nesse sentido é o entendimento de Fran Martins: "Se todos os subscritores do capital social pagarem apenas, antes de se constituir a sociedade, um décimo do valor de suas ações, tem-se que o mínimo de 10% do total do capital foi realizado; mas se apenas alguns dos subscritores efetuarem, no ato da subscrição, o pagamento integral de suas ações, dando esse montante importância igual ou superior a 10% do capital, ficando, porém, algumas ações sem que os seus subscritores tenham pagam os 10% exigidos pela lei, a sociedade não poderá ser constituída, apesar de terem sido pagas importâncias superiores a 10% do capital".[18]

Por último, exige a lei que as importâncias correspondentes às entradas iniciais, em dinheiro, dos sócios sejam depositadas pelos fundadores, em um estabelecimento bancário, e em nome da sociedade, só podendo ser devidamente levantadas por esta depois de constituída.

Preenchidos os requisitos preliminares, passa-se à questão da subscrição do capital, que, conforme já mencionado anteriormente, nas sociedades anônimas de capital fechado, é particular.

A subscrição particular do capital poderá ser feita de dois modos: ou por assembléia geral dos subscritores ou por escritura pública.

Escolhendo os fundadores a constituição por assembléia geral, deverão ser observados, em primeiro lugar, os requisitos preliminares já mencionados anteriormente (art. 80, LSA).

Por se tratar de subscrição particular, são dispensadas as publicações do projeto do estatuto e do prospecto, bem como não se faz o apelo ao público para a subscrição do capital. "Na realidade, trata-se de uma constituição de sociedade de maneira privada, nela tomando parte apenas as pessoas escolhidas pelos fundadores e que concorram com determinadas importâncias para a formação do capital social".[19]

Verificada a presença de todos os requisitos básicos pelos fundadores, será feita, mediante publicação na imprensa, a convocação dos subscritores para a assembléia de constituição, mencionando a data, local e hora onde será realizada. A convocação seguirá as normas estabelecidas para os casos de constituição por subscrição pública. Conforme entendimento de Rubens Requião: "Se a forma escolhida for a de assembléia geral, seguir-se-á o mesmo esquema de convocação e de realização de assembléia de constituição das sociedades constituídas por subscrição pública. Apenas o projeto de estatuto, assinado em duplicata por todos os subscritores do capital, e as listas ou boletins de subscrição de todas as ações deverão ser entregues à assembléia".[20]

Assim dispõe o art. 88, § 1º, da Lei 6.404/1976:

> Art. 88. A constituição da companhia por subscrição particular do capital pode fazer-se por deliberação dos subscritores em assembléia-geral ou por escritura pública, considerando-se fundadores todos os subscritores.
>
> § 1º. Se a forma escolhida for a de assembléia-geral, observar-se-á o disposto nos arts. 86 e 87 devendo ser entregues à assembléia o projeto do estatuto, assinado em duplicata por todos os subscrito-

17. Idem.
18. Idem.

19. Idem, p. 348.
20. Rubens Requião, *Curso de Direito Comercial*, v. 2, 20ª ed., p. 102.

res do capital, e as listas ou boletins de subscrição de todas as ações.

Desta feita, deverá ser seguida as normas previstas nos arts. 86 e 87 do diploma legal supracitado, que assim dispõem:

> Art. 86. Encerrada a subscrição e havendo sido subscrito todo o capital social, os fundadores convocarão a assembléia-geral que deverá:
>
> I — promover a avaliação dos bens, se for o caso (art. 8º);
>
> II — deliberar sobre a constituição da companhia.
>
> Parágrafo único. Os anúncios de convocação mencionarão hora, dia e local da reunião e serão inseridos nos jornais em que houver sido feita a publicidade da oferta de subscrição.
>
> Art. 87. A assembléia de constituição instalar-se-á, em primeira convocação, com a presença de subscritores que representem, no mínimo, metade do capital social, e, em segunda convocação, com qualquer número.
>
> § 1º. Na assembléia, presidida por um dos fundadores e secretariada por subscritor, será lido o recibo de depósito de que trata o número III do art. 80, bem como discutido e votado o projeto de estatuto.
>
> § 2º. Cada ação, independentemente de sua espécie ou classe, dá direito a um voto; a maioria não tem poder para alterar o projeto de estatuto.
>
> § 3º. Verificando-se que foram observadas as formalidades legais e não havendo oposição de subscritores que representem mais da metade do capital social, o presidente declarará constituída a companhia, procedendo-se, a seguir, à eleição dos administradores e fiscais.
>
> § 4º. A ata da reunião, lavrada em duplicata, depois de lida e aprovada pela assembléia, será assinada por todos os subscritores presentes, ou por quantos bastem à validade das deliberações; um exemplar ficará em poder da companhia e o outro será destinado ao registro do comércio.

A assembléia será presidida por um dos fundadores. Contudo, o projeto do estatuto deverá ser entregue à assembléia, em duplicata, já assinado por todos os subscritores do capital, não havendo, assim, discussão sobre o mesmo. Esse projeto de estatuto será acompanhado da lista ou boletim de subscrição, devidamente autenticada. Não será apresentado prospecto, haja vista sua desnecessidade nas anônimas fechadas, pois a finalidade daquele, como se sabe, é expor, de forma clara e precisa para o público, o objeto da sociedade e as possibilidades do seu êxito.

Instalada a assembléia, sob a presidência de um dos fundadores e secretariada por um subscritor, não havendo oposição de subscritores que representem mais da metade do capital, será a sociedade constituída. Procede-se, então, à eleição dos administradores e fiscais e uma ata será lavrada, em duplicata, ficando um exemplar em poder da sociedade, e outro, será levado a registro na Junta Comercial.

No entanto, caso optem os subscritores pela constituição por meio de escritura pública, deverão ser observados os requisitos previstos no art. 88, § 2º, da Lei 6.404/1976. Veja-se:

> Art. 88. A constituição da companhia por subscrição particular do capital pode fazer-se por deliberação dos subscritores em assembléia-geral ou por escritura pública, considerando-se fundadores todos os subscritores.
>
> (...)
>
> § 2º. Preferida a escritura pública, será ela assinada por todos os subscritores, e conterá:
>
> a) a qualificação dos subscritores, nos termos do art. 85;
>
> b) o estatuto da companhia;
>
> c) a relação das ações tomadas pelos subscritores e a importância das entradas pagas;
>
> d) a transcrição do recibo do depósito referido no número III do art. 80;

e) a transcrição do laudo de avaliação dos peritos, caso tenha havido subscrição do capital social em bens (art. 8º);

f) a nomeação dos primeiros administradores e, quando for o caso, dos fiscais.

Verifica-se que esse processo de constituição é mais simples, não se revestindo daquelas formalidades existentes nos demais modos de constituição das sociedades.

Em qualquer uma das formas adotadas, depois de registrado, o ato constitutivo será levado ao Registro de Comércio, após o que a sociedade passará a funcionar regularmente. Os administradores movimentarão a conta do depósito bancário, passando a gerir a sociedade em toda a sua plenitude.

Arquivados os documentos relativos à constituição da sociedade anônima, a Junta Comercial fornecerá cópia autêntica ou certidão dos documentos e do ato de arquivamento, a fim de serem publicados no *Diário Oficial da União*, ou do Estado, conforme o local da sede da sociedade, no prazo máximo de trinta dias. Um exemplar do órgão oficial onde for o documento publicado será arquivado no Registro do Comércio (art. 98, LSA). Fábio Ulhoa Coelho complementa a lição: "Arquivados os atos constitutivos, os primeiros administradores devem providenciar a sua publicação, no jornal oficial do local da sede, nos trinta dias seguintes, levando, depois, à Junta Comercial um exemplar dessa publicação, que também ficará arquivado. Somente após as formalidades de arquivamento e publicação dos atos constitutivos a sociedade anônima poderá entrar em funcionamento. Cabe mencionar aqui, também, que, para a plena regularidade da companhia, devem ser ainda atendidas as prescrições de direito tributário, previdenciário, trabalhista, ambiental e administrativo relacionadas à implantação e operação de novas atividades empresariais".[21]

21. Fábio Ulhoa Coelho, *Curso*..., cit., v. 2, 5ª ed., p. 187.

Verifica-se, assim, que a constituição de uma sociedade anônima envolve maiores formalidades que as sociedades limitadas, e, por conseqüência, maiores custos.

Capítulo 3 — A divisão do capital

O capital social da sociedade limitada é dividido em quotas (art. 1.055, NCC), enquanto nas sociedades por ações, como o nome já adianta, a fração é denominada de ação.

Mais do que mera questão terminológica, a distinção marcava, e em certo sentido ainda marca, o caráter predominante de sociedade de pessoas da sociedade limitada, enquanto a sociedade por ações era sempre caracterizada como sociedade de capital.[22]

Sociedade de pessoas é aquela em que os atributos pessoais do sócio são predominantes na sua aceitação ao quadro societário, em detrimento do aporte de capital por ele realizado. Nas sociedades de capital, ao inverso, as qualidades do sócio têm pouca ou nenhuma importância em sua aceitação como membro da sociedade. O que importa é sua contribuição para a formação do patrimônio societário. Confira-se a lição de Bertoldi:

"Existem sociedades que têm a sua razão de existir na confiança recíproca que cada sócio deposita nos demais, a sua constituição se dá *intuitu personae*, ou seja, são razões de ordem pessoal que fazem determinadas pessoas se reunirem para a criação da sociedade. Por isso, nessas sociedades, existem sérias restrições quanto à transferência das cotas sociais, justamente para evitar o ingresso de sócios que não contem com a aprovação dos demais.

"Ao contrário, as sociedades de capital são aquelas em que não existe nenhuma

22. Muito embora, em doutrina, se reconheça a existência de sociedades limitadas com caráter de capital e anônimas fechadas com caráter pessoal. Com o que não concorda Fábio Ulhoa Coelho, como será visto adiante.

restrição quanto ao ingresso de novos sócios, sendo vedada qualquer limitação a comercialização das cotas ou ações representativas do capital social. Neste tipo de sociedade o que importa é a contribuição financeira do sócio, não tendo nenhum significado suas características e aptidões pessoais."[23]

Essa distinção entre as sociedades aqui tratadas em sociedade de pessoas e de capital possuía maior sentido quando da edição do Decreto 3.708/1919, pois, àquela época, o Código Comercial disciplinava todas as sociedades de pessoas, enquanto as únicas sociedades tidas como de capital eram as sociedades por ações.[24] Com a edição do Decreto em questão, a doutrina nacional passou a considerar que a sociedade limitada possuía caráter misto: dependendo da configuração de seu contrato social, poderia ser caracterizada como "de pessoas" ou "de capital". Novamente a lição de Bertoldi: "A sociedade por quotas de responsabilidade limitada é um tipo misto, dependendo do que estabelecer seu contrato social. Se nele encontrarmos restrições quanto à transferência das quotas, tratar-se-á de sociedade de pessoas; por outro lado, se não houver nenhum óbice quanto ao ingresso de novos sócios na sociedade, podendo suas cotas serem comercializadas livremente a quem quer que seja, estaremos diante de uma típica sociedade de capital".[25]

A principal questão prática que advém da definição da sociedade como *intuitu personae* ou como de capital (*intuitu rei*), além da questão da livre transmissão,[26] é a penhora das quotas ou das ações por dívidas pessoais do sócio.

Caso o sócio possua ações ou quotas de uma sociedade de capital, seus credores poderão tranqüilamente penhorá-las e aliená-las para recuperar seu crédito. A questão torna-se tormentosa quando se trata de sociedade de pessoas. Nesse caso, a doutrina e a jurisprudência, após longo debate, vêm entendendo ser possível a penhora.

Rubens Requião, em seu clássico *Curso...*, doutrinava que: "A cota somente será penhorável, em nosso entender, se houver, no contrato social, cláusula pela qual possa ser cessível a terceiro, sem a anuência dos demais companheiros. A sociedade demonstraria, com isso, sua completa despreocupação e alheamento em relação à pessoa dos sócios, dando-lhe um nítido sabor de sociedade de capital. (...)".[27]

A jurisprudência do Superior Tribunal de Justiça inicialmente acolhia o entendimento do referido comercialista, como se pode verificar desses julgados:

> *Sociedade por cotas de responsabilidade limitada. Penhorabilidade das cotas do capital social.* O art. 591 do CPC, dispondo que o devedor responde, pelo cumprimento de suas obrigações, com todos os seus bens, ressalva as restrições estabelecidas em lei. Entre elas se compreende a resultante do disposto no art. 64, I, do mesmo Código que afirma impenhoráveis os bens inalienáveis. A proibição de alienar as cotas pode derivar do contrato, seja em virtude de proibição expressa, seja quando se possa concluir, de seu contexto, que a sociedade foi constituída *intuitu personae*. Hipótese em que o contrato veda a cessão a estranhos, salvo consentimento expresso de todos os demais sócios. Impenhorabilidade reconhecida.[28]

23. Marcelo M. Bertoldi, *Curso Avançado de Direito Comercial*, v. 1, *Teoria Geral do Direito Comercial, Direito Societário*, p. 193.

24. O que inclui a sociedade em comandita por ações, tipo societário sem qualquer utilidade prática no Brasil. Portanto, reitera-se aqui que qualquer menção a sociedade por ações não abrange essa sociedade.

25. Ibidem, loc. cit.

26. Essa questão será examinada em Capítulo próprio.

27. Rubens Requião, *Curso de Direito Comercial*, v. 1, 19ª ed., p. 349.

28. STJ, 3ª T., Rel. Ministro Eduardo Ribeiro, REsp 34.882-RS, j. 30.6.1993, *DJ* 9.8.1993, p. 15.230.

Sociedade de responsabilidade limitada. Dívida de sócio. Penhora de quotas. As quotas, em princípio, são penhoráveis. Havendo, entretanto, cláusula impediente, cumpre respeitar a vontade societária, preservando-se a *afectio societatis*, que restaria comprometida com a participação de um estranho não desejado. Recurso conhecido e provido.[29]

Mais recentemente, o Tribunal alterou seu entendimento, julgando legítima a penhora de quotas, o que prevalece até a atualidade:

(...)

Execução. Penhora. Quotas sociais. Sociedade de responsabilidade limitada. Execução contra sócio. É possível a penhora de quota social por dívida individual do sócio. A cláusula que garante a preferência aos outros sócios na alienação não impede a penhora.

Recurso não conhecido.[30]

Recurso especial. Processual civil e comercial. Penhora de quotas sociais de sociedade por cotas de responsabilidade limitada. Possibilidade.

I — É possível a penhora de cotas pertencentes a sócio de sociedade de responsabilidade limitada, por dívida particular deste, em razão de inexistir vedação legal. Tal possibilidade encontra sustentação, inclusive, no art. 591, CPC, segundo o qual "o devedor responde, para o cumprimento de suas obrigações, com todos os seus bens presentes e futuros, salvo as restrições estabelecidas em lei".

II — Os efeitos da penhora incidente sobre as cotas sociais devem ser determinados em levando em consideração os princípios societários. Destarte, havendo restrição ao ingresso do credor como sócio, deve-se facultar à sociedade, na qualidade de terceira interessada, remir a execução, remir o bem ou concedê-la e aos demais sócios a preferência na aquisição das cotas, a tanto por tanto (CPC, arts. 1.117, 1.118 e 1.119), assegurando-se ao credor, não ocorrendo solução satisfatória, o direito de requerer a dissolução total ou parcial da sociedade.[31]

A questão acabou sendo positivada, ainda que de forma tímida, no art. 1.026 e parágrafo único do novo Código Civil, permitindo-se plenamente a penhora das quotas:

Art. 1.026. O credor particular de sócio pode, na insuficiência de outros bens do devedor, fazer recair a execução sobre o que a este couber nos lucros da sociedade, ou da parte que lhe tocar em liquidação.

Parágrafo único. Se a sociedade não estiver dissolvida, pode o credor requerer a liquidação da quota do devedor, cujo valor, apurado na forma do art. 1.031, será depositado em dinheiro, no juízo da execução, até 90 (noventa) dias após aquela liquidação.

Assim, a natureza jurídica da sociedade assume dimensão de importância na escolha do tipo societário e na redação do contrato social.

Novidade introduzida pelo Código Civil de 2002 é a possibilidade das sociedades limitadas possuir quotas de valor desigual (art. 1.055), o que as aproxima do regime das sociedades por ações, onde existem as ações preferenciais (art. 17). A criação de quotas com valor desigual deve restar muito bem estipulada em contrato social, inclusive se terão ou não direitos e deveres diferenciados, uma vez que a lei é omissa nesse ponto.

A possibilidade de quotas desiguais abre novo leque de possibilidades aos em-

29. STJ, 3ª T., Rel. Ministro Carlos Alberto Menezes Direito, REsp 148.947-MG, j. 15.12.2000, *DJ* 29.4.2002, p. 241.

30. STJ, 4ª T., Rel. Ministro Ruy Rosado de Aguiar, REsp 327.687-SP, j. 21.2.2002, *DJ* 15.4.2002, p. 225.

31. STJ, 3ª T., Rela. Ministra Nancy Andrighi, REsp 221.625-SP, j. 7.12.2000, *DJ* 7.5.2001, p. 138. No mesmo sentido, com redação praticamente idêntica, a seguinte decisão da 4ª T., o que unifica o entendimento das Turmas de direito privado do Tribunal acerca do assunto: Rel. Ministro Sálvio de Figueiredo Teixeira, REsp 147.546-RS, j. 6.4.2000, *DJ* 7.8.2000, p. 109.

presários para definir as relações internas da sociedade, pois, nas S/A fechadas, há extensa regulação para as ações preferenciais. Não obstante tal fato, cumpre lembrar que, criadas quotas desiguais, as deliberações sociais são tomadas em razão não mais do número de quotas, mas sim do percentual do capital social que elas representam (art. 1.076).

O capital de ambas as sociedades é formado por bens e direitos destacados do patrimônio dos sócios em proveito da sociedade. É vedada a contribuição que consista em serviços (art. 1.055, § 2º, NCC; art. 7º, LSA). Infelizmente, o Código Civil não regulou de forma minuciosa, como faz a LSA — art. 8º — a avaliação dos bens que ingressarão no capital social, dando margem às comuns fraudes nesse campo. Estipula, tão-somente, a responsabilidade dos sócios pela exata estimação dos bens, por um prazo de cinco anos, o que nos parece insuficiente. Rubens Requião discorre sobre esse problema: "Somos levados a reconhecer que grande parte das fraudes cometidas nas sociedades de pessoas, inclusive nas sociedades anônimas, decorre da facilidade com que se permite a integralização da contribuição do sócio no capital social, em bens, sejam corpóreos ou incorpóreos. Os bens incorpóreos, como patentes de invenção, marcas etc., são difíceis de avaliar com exatidão. Deixada a critério dos sócios, nas sociedades de pessoas, a atribuição de valor aos bens, sejam móveis ou imóveis, com que ingressam, abre-se a oportunidade para que os mesmos abusem dessa facilidade, mencionando valores irreais, e, às vezes, fantásticos".[32]

Fraude bastante comum na constituição das sociedades limitadas é a estipulação de um capital fictício. Como não há qualquer necessidade de prova, os sócios simplesmente mencionam o valor do capital que desejam e afirmam que aquele valor foi integralizado. Uma forma bastante simples de coibir esse tipo de abuso, infelizmente não adotada pelo Código, é determinar que, para o Registro na Junta Comercial, deverá haver prova de depósito da quantia dita integralizada em instituição financeira.

Fator determinante para o sucesso histórico dos tipos societários aqui em estudo na preferência dos empresários, em detrimento dos antigos tipos societários previstos no Código Comercial, é a *limitação de responsabilidade dos sócios* (art. 1.052, NCC; art. 1º, LSA). De fato, é inegável que a atividade empreendedora envolve o risco do insucesso. Seria fator de extremo desestímulo ao empresário a circunstância de pôr em risco todo o seu patrimônio para desenvolver uma atividade econômica. Nesse sentido é a precisa lição de Fábio Ulhoa Coelho:

"À limitação da responsabilidade dos sócios, na limitada, corresponde a regra jurídica de estímulo à exploração das atividades econômicas. Seu beneficiário indireto e último é o próprio consumidor. De fato, poucas pessoas — ou nenhuma — dedicar-se-iam a organizar novas empresas se o insucesso da iniciativa pudesse redundar na perda de todo o patrimônio, amealhado ao longo de anos de trabalho e investimento, de uma ou mais gerações.

"A limitação da responsabilidade do empreendedor ao montante investido na empresa é condição jurídica indispensável, na ordem capitalista, à disciplina da atividade de produção e circulação de bens ou serviços. Sem essa proteção patrimonial, os empreendedores canalizariam seus esforços e capitais a empreendimentos já consolidados.

"Os novos produtos e serviços somente conseguiriam atrair o interesse dos capitalistas se acenassem com altíssima rentabilidade, compensatória do risco de perda de todos os bens. Isso significa, em outros termos, que o preço das inovações, para o consumidor, acabaria sendo muito maior do que costuma ser, sob a égide da regra da

32. Rubens Requião, *Curso de Direito Comercial*, v. 1, 19ª ed., p. 291.

limitação da responsabilidade dos sócios, já que esses preços deveriam cobrir custos e gerar lucros extraordinários, capazes de remunerar o risco de perda total do patrimônio, a que se expôs o empreendedor. A limitação da responsabilidade dos sócios pelas obrigações sociais é, em suma, direito-custo."[33]

Atentando para esse fato econômico, tanto a sociedade limitada quanto as sociedades anônimas possuem previsão expressa de que, tendo o sócio integralizado a parcela com a qual se obrigou para a formação da sociedade, nada mais pode lhe ser exigido, em caso de infortúnio da atividade desenvolvida pela empresa.

Entretanto, enquanto isso não ocorre, os sócios da sociedade limitada são *solidariamente* responsáveis pelo valor prometido ao capital social (art. 1.052, NCC), o que não ocorre nas sociedades anônimas. Essa é, inclusive, uma importante diferença a ser levada em consideração na escolha do tipo societário. Enquanto na Ltda. os sócios são *todos* responsáveis solidariamente pelo que falta para a integralização do capital, na S/A, o sócio só responde perante os credores e à sociedade pelo que ele, pessoalmente, prometeu. Confira-se novamente a lição de Fábio Ulhoa Coelho: "Entre os sócios da sociedade limitada, pode-se constatar, há solidariedade pela integralização do capital social. Essa é, a propósito, a diferença, em termos de repercussões econômicas, do limite da responsabilidade dos sócios na sociedade anônima e na limitada. Enquanto na anônima cada acionista responde no limite da *parte* do capital social, por ele subscrita e ainda não integralizada (esse é um outro modo de medir as prestações impagas do preço de emissão das ações subscritas), na limitada, os sócios são responsáveis pelo *total* do capital subscrito e não integralizado".[34]

33. Fábio Ulhoa Coelho, *A Sociedade Limitada no Novo Código Civil*, p. 4.

34. Idem, p. 7.

Caso chamado a integralizar o valor subscrito, não honre o sócio seu compromisso, será considerado remisso, podendo os demais sócios da sociedade limitada tomar as quotas para si ou transferi-las a terceiros, nos termos do art. 1.058 do NCC. Sendo a sociedade por ações, a companhia pode cobrar as quantias devidas por meio de processo de execução, ou seguir o procedimento previsto no inciso II do art. 107, qual seja, a venda das ações em bolsa de valores, *mesmo que a companhia seja fechada*.[35]

Finalmente, cumpre mencionar que em ambas as sociedades vige o princípio da *intangibilidade do capital social*. Intangibilidade significa que o capital social não pode ser "tocado", reduzido por distribuição aos sócios, sem que sejam respeitadas as regras legais para tanto. O capital social "é a soma representativa das contribuições dos sócios para a sociedade, constituindo o fundo inicial, o patrimônio originário, com o qual se tornará viável o início à vida econômica da sociedade".[36]

Uma vez sendo a responsabilidade dos sócios limitada ao valor prometido e pago à sociedade (arts. 1.052, NCC, e 1º, LSA), o capital social transforma-se, assim, na primeira informação que credores e parceiros comerciais necessitam obter sobre a sociedade, pois é aquele valor, pelos menos em tese, que servirá como demonstrativo ou indicador da capacidade da sociedade de honrar seus compromissos. *Em síntese, constitui o capital social uma garantia aos credores*.[37]

É certo que o termo "garantia" não deve ser entendido em sentido jurídico estrito, como o são a hipoteca, o penhor etc.

35. Nesse sentido: Modesto Carvalhosa, *Comentários à Lei de Sociedades Anônimas: Lei 6.404, de 15 de dezembro de 1976*, v. 2, p. 265.

36. Citação livre de Rubens Requião, ob. cit., pp. 290 e 293.

37. A noção de capital social como garantia aos credores vem sendo superada pela doutrina mais moderna, que dispõe ser o patrimônio líquido da sociedade a verdadeira garantia de seus débitos.

Toda pessoa, natural ou jurídica, responde por suas obrigações com seu *patrimônio*, que "é o conjunto de direitos reais e obrigacionais, ativos e passivos, pertencentes a uma pessoa".[38] O capital social não se confunde com o patrimônio da sociedade; eles se equivalem no exato momento da constituição da pessoa jurídica, variando, a partir daí, ao sabor da sorte do empreendimento: havendo lucro, o patrimônio cresce; do contrário, surgindo o infortúnio do prejuízo, o patrimônio decai. Ainda assim, permanecerá a expressão do capital social, constante no contrato ou estatuto social, inalterado. Rubens Requião discorre sobre as funções do capital social e sua intangibilidade: "Tem o capital social, expresso nominalmente em valor monetário, a precípua função de servir de base para aferimento dos resultados da exploração mercantil, dos lucros e prejuízos, em determinado período de tempo que se chama *exercício financeiro*; para cálculo de divisão proporcional dos lucros e prejuízos verificados; ou, ainda, para verificação dos resultados finais da sociedade, na dissolução e liquidação, com a partilha dos lucros líquidos verificados ou prejuízos sofridos. E ainda resta outra função, das mais importantes, como observa o Prof. Ferrer Correia, qual seja a de o capital constituir uma garantia para terceiros. 'Efetivamente', diz o professor português, 'o capital social representa em certos termos uma segurança para os credores da sociedade; precisamente na medida em que a lei não permite a distribuição pelos sócios de quantias ou valores necessários para manter intato esse fundo. O capital é intangível'".[39]

O capital social pode então ser denominado de garantia para os credores especialmente a título de informação de sua hipotética capacidade de assumir compromissos e honrá-los, sendo imprescindível a análise do balanço social para que se verifique a real[40] condição do patrimônio e solvência da sociedade.[41]

Por constituir o capital social garantia aos credores somente em termos informativos, o princípio de sua intangibilidade sofreu críticas da doutrina, que foram analisadas quando dos debates para a edição da Lei 6.404/1976. Apesar da autoridade de quem as perfilhavam, prevaleceu na Lei das Sociedades por ações também aquele princípio. É o que nos dá conta ainda Rubens Requião, citando o não menos ilustre Lamy Filho:

"O princípio da intangibilidade do capital, que dominava a doutrina, está perdendo sua predominância, sobretudo no que diz respeito às companhias. Em substanciosa conferência que proferiu, em 1971, sobre 'A Reforma da Lei de Sociedades Anônimas', o Prof. Lamy Filho, que mais tarde seria um dos autores do projeto da atual lei, enfrentava o tema, analisando as concepções modernas sobre o capital social. Como o assunto é, de fato, de alta relevância, acolhemos aqui a autorizada lição do eminente jurista: 'Doutrinariamente, o conceito de capital vem sofrendo, também de estudiosos europeus, sérias restrições. Nesse sentido, cumpre destacar, na matéria, o trabalho de Paulette Veaux-Fournerie. Mas é do eminente Prof. Bayles Maning a melhor demonstração sobre a imprestabilidade da noção de capital para a finalidade de garantia de credores. Em seu livro sobre *Legal Capital*, capítulo V, diz o Prof. Maning que se pode afirmar, com segurança, que a

38. Sílvio de Salvo Venosa, *Direito Civil*, v. 1, *Parte Geral*, 2ª ed., p. 301.

39. Ob. cit., p. 293.

40. Em tempos de escandalosas fraudes contábeis como a da Enron e da World Com, até mesmo a contabilidade deve ser posta sob suspeita.

41. Em nossa atuação profissional, tivemos oportunidade de representar um cliente que havia comprado maquinário no montante de R$ 140.000,00 (cento e quarenta mil reais). Surgido o litígio, quando fomos verificar o capital social da empresa vendedora, esse alcançava a irrisória quantia de R$ 1.000,00 (mil reais). Evidentemente, negociar máquinas nesse valor, com uma empresa de capital social tão diminuto, representa sério risco negocial que deve ser levado em conta, na medida em que era notória a incapacidade da vendedora de fazer face sequer à clausula penal do contrato.

maquinaria do capital social produz pouca ou nenhuma proteção aos credores, e eles, sabendo disso, buscam outras garantias. E as razões seriam muitas entre as quais aponta: a) a cifra que traduz, num balanço, o lucro, é fruto de um sem-número de prévias decisões contábeis, que, se houver interesse, serão facilmente fraudadas; b) os credores não são ouvidos sobre as decisões de alterar a cifra do capital social, e esta é sempre arbitrária e irrelevante; c) não há nenhuma lógica em tomar-se um número qualquer (o capital) e fazê-lo de medida para distribuição de dividendos e bonificações a acionistas; d) o sistema contábil não leva em conta a dimensão tempo, e não distingue entre um crédito a realizar-se em 20 anos e o realizável na próxima semana; e) uma contabilidade que pretendesse resolver esses problemas cairia em debates conceituais à pior maneira dos teólogos medievais etc. etc.' (in *Rev. Dir. Mer. Ind. Ec. Fin.* 7, Nova Série, 1972, p. 124).

"Expondo o pensamento do Prof. Maning, o autor do projeto da lei atual com ela entretanto, não concorda. Os argumentos desfiados são mais adequados à realidade americana que à do direito continental europeu, ao qual nos filiamos. E, contestando aqueles argumentos, conclui que provam demais: 'se a defesa dos credores é incompleta, nem por isso se deve destruí-la, mas antes reforçá-la; se as fraudes contábeis são possíveis, as normas e praxes se vêm aperfeiçoando, e não é tão fácil praticá-las porque há sempre o risco da responsabilidade criminal na falência; e, afinal, não nos parece possível prescindir da noção de capital, no estágio atual de nossos usos e práticas comerciais. Tal fato envolveria riscos econômicos sem maior proveito, pelo que, a nosso ver, deve ser desprezada a hipótese'.

"Venceu, e muito convenientemente, a tese da intangibilidade do capital social na atual lei, sobretudo em consideração ao direito dos credores da companhia."[42]

42. Rubens Requião, *Curso de Direito Comercial*, v. 2, 20ª ed., pp. 43-44.

Defendido arduamente em doutrina, o princípio da intangibilidade do capital social se encontra positivado pelos arts. 1.059 do NCC e 201 da LSA:

> Art. 1.059. Os sócios serão obrigados à reposição dos lucros e das quantias retiradas, a qualquer título, ainda que autorizados pelo contrato, quando tais lucros ou quantia se distribuírem com prejuízo do capital.
>
> Art. 201. A companhia somente pode pagar dividendos à conta de lucro líquido do exercício, de lucros acumulados e de reserva de lucros; e à conta de reserva de capital, no caso das ações preferenciais de que trata o § 5º do art. 17.
>
> § 1º. A distribuição de dividendos com inobservância do disposto neste artigo implica responsabilidade solidária dos administradores e fiscais, que deverão repor à caixa social a importância distribuída, sem prejuízo da ação penal que no caso couber.
>
> § 2º. Os acionistas não são obrigados a restituir os dividendos que em boa-fé tenham recebido. Presume-se a má-fé quando os dividendos forem distribuídos sem o levantamento do balanço ou em desacordo com os resultados deste.

Verifica-se pequena divergência na aplicação do princípio em cada tipo societário. Enquanto nas sociedades limitadas os sócios devem repor as quantias distribuídas em prejuízo ao capital social, nas sociedades por ações são os administradores e fiscais que a tanto estão obrigados, dispensando-se os acionistas dessa incumbência, salvo quando agindo de má-fé.

O princípio em análise, no entanto, não implica em imutabilidade eterna do capital social. Ele pode ser aumentado ou reduzido, desde que respeitadas as regras legais que têm por função resguardar o interesse dos credores sociais. Na sociedade limitada, tanto o aumento quanto a redução são realizados por modificação no contrato social e levado a Registro Público. A redução, por óbvio, é cercada de cautelas, encontrando-se prevista no art. 1.082 a 1.084:

Art. 1.082. Pode a sociedade reduzir o capital, mediante a correspondente modificação do contrato:

I — depois de integralizado, se houver perdas irreparáveis;

II — se excessivo em relação ao objeto da sociedade.

Art. 1.083. No caso do inciso I do artigo antecedente, a redução do capital será realizada com a diminuição proporcional do valor nominal das quotas, tornando-se efetiva a partir da averbação, no Registro Público de Empresas Mercantis, da ata da assembléia que a tenha aprovado.

Art. 1.084. No caso do inciso II do art. 1.082, a redução do capital será feita restituindo-se parte do valor das quotas aos sócios, ou dispensando-se as prestações ainda devidas, com diminuição proporcional, em ambos os casos, do valor nominal das quotas.

§ 1º. No prazo de noventa dias, contado da data da publicação da ata da assembléia que aprovar a redução, o credor quirografário, por título líquido anterior a essa data, poderá opor-se ao deliberado.

§ 2º. A redução somente se tornará eficaz se, no prazo estabelecido no parágrafo antecedente, não for impugnada, ou se provado o pagamento da dívida ou o depósito judicial do respectivo valor.

§ 3º. Satisfeitas as condições estabelecidas no parágrafo antecedente, proceder-se-á à averbação, no Registro Público de Empresas Mercantis, da ata que tenha aprovado a redução.

Interessante disposição é a do art. 1.082, I. Havendo perdas irreparáveis, o capital "pode" ser reduzido. Entendemos a previsão não como faculdade, mas sim como obrigação da sociedade, em homenagem ao princípio da boa-fé, privilegiando a segurança dos futuros credores, através da exata demonstração da realidade patrimonial. Importante mencionar que, nessa hipótese específica, o art. 1.084 não determina a ciência dos credores, como ocorre na redução em caso de abundância de capital em relação ao objeto social,[43] o que pode dar ensejo a fraudes de diversas ordens.

A respeito do aumento, é importante mencionar a regra de que os sócios têm direito de nele participar na proporção das quotas de que sejam titulares (art. 1.081, NCC). Referida disposição tem por escopo preservar inalterada a composição societária, evitando que um sócio se torne majoritário, sem o consentimento dos demais, via um abusivo aumento de capital.

Nas sociedades anônimas vigoram regras semelhantes, embora mais minuciosas. O capital social pode ser aumentado, por deliberação da assembléia geral, para correção de sua expressão monetária, por emissão de ações dentro do limite do capital autorizado ou por emissão de novas ações a serem subscritas. Pode ser aumentado ainda pela conversão em ações de outros títulos emitidos pela companhia, como debêntures, partes beneficiárias etc. (arts. 166 a 170, LSA). O acionista, como o sócio quotista, também goza de direito de preferência para a subscrição do aumento de capital, na proporção de suas ações (art. 171, LSA).

A redução do capital social, por sua vez, pode ser deliberada pela assembléia geral se houver perda, até o montante dos prejuízos acumulados, ou se esse órgão social julgá-lo excessivo, evidentemente em cotejo com o objeto social (art. 173, LSA). No prazo de sessenta dias, contados da publicação da ata da assembléia que tiver deliberado a redução, poderão credores quirografários por títulos anteriores à data dessa publicação se opor à redução, que só poderá ser arquivada com a prova do pagamento ao credor ou do depósito judicial da importância (art. 174, LSA).

A redução do capital social em desacordo com os dispositivos legais mencionados acarreta a responsabilidade dos ad-

43. Entendemos essa hipótese dificilmente ocorrerá na prática.

ministradores e sócios pelo dano causado, podendo ser obrigados a repor a quantia indevidamente desfalcada. Caso a desordem seja tamanha a ponto de existir uma confusão patrimonial entre os bens da sociedade e dos sócios, sendo incerto o limite das obrigações da sociedade e particulares dos sócios, pode ser determinada, especialmente na sociedade limitada,[44] a desconsideração da personalidade jurídica, conforme previsto no art. 50 do NCC, estendendo-se aos bens particulares dos sócios o dever de cumprir determinadas obrigações assumidas pela sociedade:

> Art. 50. Em caso de abuso da personalidade jurídica, caracterizado pelo desvio de finalidade, ou pela confusão patrimonial, pode o juiz decidir, a requerimento da parte, ou do Ministério Público quando lhe couber intervir no processo, que os efeitos de certas e determinadas relações de obrigações sejam estendidos aos bens particulares dos administradores ou sócios da pessoa jurídica.

Por ter o dispositivo entrado em vigor recentemente, não há, ainda, jurisprudência dos tribunais superiores a respeito desse artigo. No entanto, o Superior Tribunal de Justiça tem entendimento pacífico sobre a responsabilidade dos sócios em caso de dissolução irregular, onde se presume que o capital foi distribuído aos sócios em prejuízo aos credores (especialmente a Fazenda Pública), como se verifica do seguinte julgado:

> *Tributário. Execução fiscal. Embargos. Art. 135, III, CTN.*
>
> 1. Os bens do sócio de uma pessoa jurídica comercial não respondem, em caráter solidário, por dívidas fiscais assumidas pela sociedade.
>
> 2. A responsabilidade tributária imposta por sócio-gerente, administrador, diretor ou equivalente só se caracteriza quando há dissolução irregular da sociedade ou se comprova infração à lei praticada pelo dirigente.
>
> 3. Não é responsável por dívida tributária, no contexto do art. 135, III, CTN, o sócio que se afasta regularmente da sociedade comercial, transferindo suas quotas a terceiro, sem ocorrer extinção ilegal da empresa.
>
> 4. Empresa que continuou em atividade após a retirada do sócio. Dívida fiscal, embora contraída no período em que o sócio participava, de modo comum com os demais sócios, da administração da empresa, porém, só apurada e cobrada três anos depois do aditivo contratual que alterou a composição societária.
>
> 5. Inexistência de responsabilidade tributária do ex-sócio.
>
> 6. Recurso especial provido.[45]

Outro ponto que merece destaque é a possibilidade de a companhia emitir títulos de outras espécies, notadamente debêntures, captando assim recursos para sua atividade, o que não pode ser feito pelas sociedades limitadas, face à ausência de permissão legal. Esse é, aliás, outro fator que merece destaque na escolha do tipo societário a se adotar. Prevendo-se que, no futuro, a sociedade venha necessitar de recursos de terceiros para a consecução de sua finalidade social, e não desejando os sócios admitir outras pessoas naquela, o anonimato será a melhor opção, dada a maior gama de instrumentos jurídico-financeiros disponíveis para a obtenção de capital.

Esses são, ao nosso ver, os principais pontos de destaque no que toca à divisão do capital social das sociedades limitadas e anônimas. Verificou-se, dentre outros pontos, que a classificação da sociedade em sociedade de pessoas ou de capital terá significativa influência no exercício da atividade. Além disso, as regras de responsabilidade pela subscrição e integralização do

44. Isso se deve ao fato de que, nas sociedades anônimas, a responsabilidade é dos administradores, e já se encontra disciplinada na própria Lei dessas sociedades.

45. STJ, 1ª T., Rel. Ministro José Delgado, REsp 215.349-MG, j. 31.8.1999, *DJ* 11.10.1999, p. 45.

capital social são diferentes. Finalmente, constatou-se que a sociedade anônima é melhor instrumentalizada para obter recursos no mercado.

Capítulo 4 — *Convocação, instauração e deliberações em assembléias e reuniões*

A sociedade limitada e a sociedade anônima, como visto, possuem personalidade distinta da de seus membros, e expressam essa vontade própria através das deliberações dos sócios tomadas em reunião ou assembléia (sociedade limitada), ou somente essa última nas S/A.

Óbvio é, portanto, que a vontade expressa nesses momentos há de ser merecedora de maior importância para as atividades da sociedade, restando para os administradores deliberar no dia-a-dia da empresa sobre os demais temas concernentes ao melhor andamento dos negócios.

As deliberações dos sócios nas reuniões e assembléias norteiam a forma pela qual a sociedade será administrada, servindo ao mesmo tempo de guia e de vinculação da atividade do administrador.

Imperativo é, portanto, diferenciarmos com mais acuidade essas duas formas de deliberação societária.

4.1 Reuniões

Prevê o Código Civil de 2002 que deverão deliberar mediante reunião aquelas sociedades em que a quantidade de sócios não ultrapassar o número de 10 (dez). O Código dá liberdade para a disciplina das reuniões no próprio contrato social, o que em nosso entendimento constitui medida providencial para a funcionalidade das sociedades desse porte, pois impor a elas as formalidades previstas para uma assembléia seria totalmente desarrazoado.

Dessa forma, as normas a serem aplicadas para a convocação, instauração e deliberação nas reuniões serão aquelas estabelecidas no instrumento contratual, e sendo este omisso deverá se ater às disposições pertinentes às assembléias de sócios. Essa regra é de fundamental importância, pois, segundo Fábio Ulhoa Coelho: "A diferença entre a assembléia e a reunião não está apenas na designação dada ao encontro dos sócios. A lei contempla uma sutileza, escapável à primeira leitura. Em dois dispositivos (arts. 1.072, § 6º, e 1.079), o Código Civil estabelece que as regras sobre a assembléia dos sócios aplicam-se às reuniões, *nos casos de omissão do contrato social.* Quer dizer, o contrato social que admite deliberações em reunião de sócios pode também estabelecer regras *próprias* sobre sua periodicidade, convocação (competência e modo), *quorum* de instalação, curso e registro dos trabalhos. Como as normas legais atinentes a essas formalidades da assembléia são supletivas do contrato social, elas se aplicam apenas quando os sócios nada contrataram sobre ela".[46]

4.2 Assembléias dos sócios

É em relação às Assembléias que entendemos que o Código Civil de 2002 se afastou das características predominantes da absoluta maioria das sociedades limitadas.

Esse tipo societário se caracteriza geralmente por pequenos empreendimentos, formado por sócios de vida simples e despreocupados com formalismos legais e burocráticos. Pois bem, o novo Código institui um modelo altamente complexo e minucioso em relação à esse órgão que exprime a vontade as sociedade, esclarecendo a necessidade de convocação da assembléia nos primeiros quatro meses após o exercício social, a fim de apreciar as contas dos administradores e quaisquer outras matérias incluídas pelos sócios.

O que se pode inferir de uma análise do modelo das assembléias de sócios im-

46. Fábio Ulhoa Coelho, *A Sociedade...*, cit., p. 94.

plementado pelo Código Civil de 2002 é uma grande proximidade com a sistemática adotada para as assembléias gerais das companhias, desde a convocação até nos quóruns de instalação e deliberação. Senão vejamos.

4.3 Convocação

A convocação para a Assembléia deverá ser realizada primeiramente pelos administradores, e, subsidiariamente, pelos sócios ou pelo Conselho Fiscal, se houver. A convocação da assembléia pelos sócios individualmente pressupõe o retardamento da convocação pelos administradores por mais de dois meses. É também possível a convocação por sócios que representem mais de 20% do capital social, no caso de não atendimento, em oito dias, a pedido de convocação com a indicação das matérias a serem tratadas. Também poderá ser realizada pelo Conselho Fiscal nos casos em que a Diretoria retardar por mais de trinta dias a sua convocação anual, ou sempre que ocorram motivos graves e urgentes.

Reza a boa doutrina dever ser a convocação realizada de forma a dar ciência inequívoca aos sócios da data, hora, local e relação das matérias a serem tratadas, para que todos comparecem e façam exprimir a vontade real da sociedade. Dessa maneira, incorreu em grave erro o legislador, claramente inspirado no modelo adotado pela Lei 6.404/1976, ao determinar que a convocação para a assembléia se faça mediante publicação na imprensa (art. 1.152 do NCC). Ora, fato é que a mera publicação de convocação não leva o ato ao conhecimento do interessado, presumindo-se erroneamente a ciência deste sobre a realização da assembléia. O mais correto, no nosso inteligir, teria sido a adoção da convocação por via postal.

Não havendo a ciência escrita da realização da assembléia, deve haver a publicação, por três vezes, de editais na imprensa oficial e em jornal de grande circulação, com antecedência mínima de oito dias, contados da primeira publicação.

É criticável ainda a nova sistemática introduzida pelo novo Código, pois desconsidera a realidade econômica das sociedades limitadas, na medida em que cria um novo custo fixo para essas sociedades, que terão relevante despesa com a publicação de editais em jornais.

4.4 Instalação

Regularmente convocada, a assembléia deve ser instalada, ou seja, deve iniciar seus trabalhos, contando para tanto com a presença de titulares de três quartos do capital social, em primeira convocação (art. 1.074, *caput*).

Caso tal *quorum* não seja atingido, deverá existir uma segunda convocação, pelo mesmo modo, com antecedência mínima de cinco dias, contada da primeira publicação, podendo a assembléia funcionar com qualquer número de sócios.

Entrando em funcionamento, compete à assembléia deliberar sobre as matérias constantes da ordem-do-dia, devendo ser presidida por sócios escolhidos entre os presentes.

4.5 Deliberações

Como preceitua o art. 1.010 do NCC (aplicado às sociedades limitadas por disposição do art. 1.053), as deliberações serão tomadas pelos votos dos sócios contados de acordo com a participação no capital social.

No regime do Decreto 3.708/1919 foi estabelecido o critério majoritário (mais simples e condizente com as condições das Ltdas.) o qual não mais prevalece para o Código Civil de 2002, que estabelece *quorum* diversificado para uma série de deliberações (art. 1.076).

Assim, para a modificação do contrato social, a fusão, a incorporação da sociedade por outra, sua dissolução, ou a cessão do estado de liquidação, exige-se a aprovação de três quartos do capital social.

Para a nomeação, destituição ou fixação de remuneração dos administradores, bem como o pedido de concordata, exige-se mais da metade de todo o capital social.

Exige-se ainda a unanimidade para a designação de administrador não sócio, nomeado pelo contrato social, e para a nomeação de administrador não sócio, quando já estiver o capital totalmente integralizado.

Por fim, exige-se a maioria dos votos dos presentes na assembléia para os demais assuntos da ordem-do-dia, salvo *quorum* maior exigido pelo capital social.

Como já ressaltado, a extensa diferenciação de *quorum* para deliberação, trazida pelo Código de 2002 para as sociedades limitadas, complica desnecessariamente a gestão dessa sociedade tradicional e muito difundida até hoje exatamente por sua simplicidade.

4.6 Sociedade anônima — Assembléia geral

De forma semelhante ao que ocorre com as assembléias de sócios e as reuniões, previstas para as sociedades limitadas, possuem as sociedades por ações órgão deliberativo de onde emana sua vontade soberana. À esse órgão dá-se o nome de *Assembléia Geral.*

Com já mencionado, devido à complexidade adotada pelo Código Civil de 2002, no que se refere à disciplina adotada para a Assembléia de Sócios, muito se tem comentado entre as semelhanças agora existentes entre essa e a Assembléia Geral das S/A. Marlon Tomazette assim se posiciona: "Institui-se no âmbito das limitadas algo muito similar à assembléia geral ordinária da sociedade anônima".[47]

Assim como ocorre nas sociedades limitadas, a Assembléia tem competência para deliberar sobre os atos mais importantes para a companhia, quais sejam, aqueles que se encontram elencados no art. 122 da Lei das S/A (com redação determinada pela Lei 10.303/2001):

> Art. 122. Compete privativamente à assembléia-geral:
>
> I — reformar o estatuto social;
>
> II — eleger ou destituir, a qualquer tempo, os administradores e fiscais da companhia, ressalvado o disposto no inciso II do art. 142;
>
> III — tomar, anualmente, as contas dos administradores e deliberar sobre as demonstrações financeiras por eles apresentadas;
>
> IV — autorizar a emissão de debêntures, ressalvado o disposto no § 1º do art. 59;
>
> V — suspender o exercício dos direitos do acionista (art. 120);
>
> VI — deliberar sobre a avaliação de bens com que o acionista concorrer para a formação do capital social;
>
> VII — autorizar a emissão de partes beneficiárias;
>
> VIII — deliberar sobre transformação, fusão, incorporação e cisão da companhia, sua dissolução e liquidação, eleger e destituir liquidantes e julgar-lhes as contas; e
>
> IX — autorizar os administradores a confessar falência e pedir concordata.
>
> Parágrafo único. (...).

4.7 Convocação

Reza o art. 123 da LSA ser de competência originária do conselho administrativo a convocação da Assembléia Geral. Não sendo convocada pelos administradores, dá a lei a legitimidade para que o façam o Conselho Fiscal e os acionistas, possuindo o primeiro também legitimidade primária (art. 123, parágrafo único). Percebe-se aqui uma clara semelhança com as disposições adotadas para a convocação da assembléia de sócios na sociedade limitada (arts. 1.072

47. Marlon Tomazette, *Direito Societário*, p. 170.

e 1.073 do CC/2002) e que foram analisadas *supra*.

Nas companhias fechadas, a assembléia geral deve ser convocada por anúncios publicados, no mínimo três vezes, na imprensa oficial da União ou dos Estados em jornal de grande circulação, indicando local, hora, data e a ordem-do-dia (art. 289 da Lei 6.404/1976), com antecedência mínima de 8 dias, contada da primeira publicação. Não atendida a primeira convocação, haverá uma segunda, mediante novo anúncio, com antecedência de 5 dias.

Na companhia fechada, o acionista detentor de 5% (cinco por cento) ou mais do capital social será convocado por telegrama ou carta registrada, desde que tenha solicitado essa providência à companhia (art. 124, § 3º, LSA). Regra de bom senso[48] também é encontrada no art. 294 da LSA, que estipula ser lícito à companhia com menos de 20 acionistas e patrimônio inferior a R$ 1.000.000,00 (um milhão de reais) convocar assembléia geral por anúncio entregue a todos os acionistas, mediante recibo, com antecedência mínima de oito dias. Confira-se, a respeito, a lição de Fábio Ulhoa Coelho: "A lei autoriza às companhias fechadas o uso da convocação *epistolar*, em duas diferentes hipóteses. A primeira é destinada a facilitar o funcionamento da sociedade que possui menos de 20 sócios, e patrimônio líquido inferior a R$ 1.000.000,00. Dadas essas condições, a assembléia geral poderá ser convocada por anúncio entregue a todos os acionistas, contra recibo, dispensada a sua publicação. O anúncio entregue aos sócios deve atender aos mesmos requisitos do publicado, incluindo a antecedência relativamente à realização da reunião (LSA, art. 294, I). A sociedade fechada deve manter, em arquivo, os recibos de entrega do anúncio de convocação, assinados por todos os acionistas, pelo prazo do art. 286 da LSA, uma vez que a inobservância dos pressupostos legais dessa hipótese de convocação epistolar compromete a validade da assembléia".[49]

Pode-se notar a nítida semelhança entre o modelo de convocação utilizado pelas companhias e a sistemática adotada pelo Código Civil de 2002 para a convocação da assembléia de sócios. Ambas serão feitas através da imprensa, respeitando certo prazo mínimo para a primeira convocação e um prazo mais reduzido na segunda oportunidade. Restou clara, portanto, a fonte inspiradora do legislador no que tange à regulação das sociedades limitadas.

4.8 Instalação

Regularmente convocada, deverá ser a assembléia instalada no local designado pela convocação, que pode ser outro que não a sede da companhia, mas sempre na mesma localidade em que esta estiver estabelecida.

Para a instalação é necessária a presença de pelo menos um quarto do capital social votante da companhia, ressalvada a necessidade de *quorum* especial previsto na própria lei (art. 125).

Não atingindo o *quorum* de instalação exigido para a primeira convocação, será feita uma segunda, na qual qualquer número de ações com direito a voto será suficiente para a instalação da assembléia. Mais uma vez claro fica a semelhança com o modelo das sociedades limitadas, no qual há a necessidade de comparecimento de três quartos do capital social, na primeira convocação, para que se instale a assembléia (art. 1.074, NCC).

4.9 Deliberações

Regularmente convocada e instalada, deve a assembléia geral exercer sua função deliberando sobre as matérias constantes na ordem-do-dia.

48. Bom senso esse que acreditamos ter faltado nas regras de convocação das sociedades limitadas, pelos motivos já expostos.

49. Fábio Ulhoa Coelho, *Curso*..., cit., v. 2, 5ª ed., p. 202.

Em princípio, as deliberações devem ser aprovadas por maioria absoluta, como prevê o art. 129 da LSA. Algumas deliberações, contudo, requerem *quorum* qualificado para aprovação. Tratam-se das matérias constantes no art. 136, as quais devem ser aprovadas por, no mínimo, 50% do capital votante da companhia.

Além disso, existem matérias que devem ser apreciadas por assembléia especialmente convocada para esse fim. É o caso, por exemplo, da criação de ações preferenciais ou aumento da classe existente sem guardar proporção com as demais.

Em sendo absolutamente semelhantes os regimes de convocação, instalação e deliberação nas assembléias em ambas as sociedades estudadas, não se pode mais inferir nenhum benefício ou vantagem particular na adoção de uma dessas formas societárias, no que toca aos aspectos estudados nesse capítulo.

Capítulo 5 — *A administração das sociedades e a responsabilidade dos administradores*

5.1 Da administração da sociedade por ações e da sociedade limitada: breves considerações

Enquanto vigorou o Decreto 3.708/1919, a gerência da sociedade limitada era restrita apenas ao sócio.[50] É certo, porém, que as grandes sociedades limitadas, em razão da complexidade de sua administração, já utilizavam expedientes para contornar a restrição imposta pelo Decreto. Como explica Fábio Ulhoa Coelho, era comum atribuir-se reduzida participação societária ao profissional escolhido como administrador, mediante cessão de quota, com cláusula de retrocessão. Tendo que abandonar o cargo, o administrador perdia a qualidade de sócio.[51]

50. Permitia-se, apenas, a gerência delegada.

51. Fábio Ulhoa Coelho, *Curso*..., cit., v. 2, 4ª ed., p. 423.

Com a entrada em vigor do novo Código Civil, abriu-se a possibilidade de profissionais estranhos ao quadro de sócios participarem da gestão da empresa, nos termos dos arts. 1.060 e 1.061, como já acontece nas S/A, no que toca à Diretoria. Confira-se o texto legal:

> Art. 1.060. A sociedade limitada é administrada por uma ou mais pessoas designadas no contrato social ou em ato separado.
>
> Parágrafo único. A administração atribuída no contrato a todos os sócios não se estende de pleno direito aos que posteriormente adquiram essa qualidade.
>
> Art. 1.061. Se o contrato permitir administradores não sócios, a designação deles dependerá de aprovação da unanimidade dos sócios, enquanto o capital não estiver integralizado, e de 2/3 (dois terços), no mínimo, após a integralização.

Se nas sociedades limitadas o administrador não precisa ser sócio, na sociedade por ações é necessário que o membro do Conselho de Administração seja acionista, nos termos do art. 146 da LSA.

> Art. 146. Poderão ser eleitos para membros dos órgãos de administração pessoas naturais, *devendo os membros do conselho de administração ser acionistas* e os diretores residentes no país, acionistas ou não (destaque nosso).

Merece destaque também o fato de que a sociedade por ações é, em regra, administrada por dois órgãos, quais sejam, o Conselho de Administração e a Diretoria. Sem embargo, o art. 138, § 2º, da LSA estabelece a obrigatoriedade de as companhias aberta e de capital autorizado possuírem, além da Diretoria, Conselho de Administração. Já com relação às companhias fechadas, vale o *caput* do mencionado artigo, que permite seja a administração exercida somente pela Diretoria.

Em ambos os tipos societários os administradores deverão ser pessoas naturais, não havendo necessidade de serem residentes no país. E a investidura nos seus cargos se dá mediante assinatura de termo de posse no livro de atas do Conselho de Administração, se sociedade por ações, ou simplesmente no livro de atas da administração, se sociedade limitada. Cumpre frisar que, em ambos os casos, a lei fixa o prazo de trinta dias para a assinatura do termo, contados a partir da nomeação ou designação. Findo esse prazo, a nomeação ou designação tornar-se-á sem efeito, salvo justificação aceita pelo Conselho de Administração, ressalva que se aplica apenas para o administrador da sociedade por ações.[52] Nesse sentido, a lição de Modesto Carvalhosa: "O termo de posse constitui declaração afirmativa da pessoa quanto à assunção dos encargos legais e estatutários de administrador. Essa aceitação há de ser oportuna, sendo ineficaz se não for manifestada no prazo previsto na lei; desobriga-se a companhia a partir de então, tornando sem nenhum efeito o ato unilateral da eleição".[53]

O termo de posse, assinado, deve necessariamente ser averbado no Registro Público das Empresas Mercantis, observando-se os requisitos estabelecidos em lei. No caso das sociedades limitadas, deve-se mencionar o nome do administrador, sua nacionalidade, estado civil, residência, com exibição do documento de identidade, o ato e a data da nomeação e o prazo da gestão.[54] Em se tratando de sociedade por ações, além da qualificação e do prazo da gestão, para que o conselheiro tome posse é necessária a indicação de pelo menos um domicílio no qual receberá as citações e intimações em processos administrativos e judiciais relativos a atos de sua gestão.[55] E se o administrador for residente ou domiciliado no exterior, deverá constituir representante residente no país, como poderes para receber citação em ações contra ele propostas com base na legislação societária, mediante procuração cujo prazo de validade deverá estender-se por, no mínimo, três anos após o término do prazo de gestão do conselheiro.[56]

Uma vez aceito o cargo, tanto o administrador da sociedade por ações quanto o da sociedade limitada somente podem se afastar voluntariamente da função pela renúncia. Em ambos os casos, o administrador deverá comunicar à sociedade por escrito da sua renúncia e averbar e publicar no Registro Público das Empresas Mercantis, para que o ato também surta efeitos com relação a terceiros de boa-fé.

Caso o administrador não renuncie, o exercício de seu cargo cessa pelo término do prazo de sua gestão ou, ainda, pela destituição, que pode ocorrer a qualquer tempo.

Como bem explica Fábio Ulhoa Coelho, "o membro do Conselho de Administração exerce cargo de confiança e pode ser substituído ou destituído, pela assembléia geral, a qualquer tempo".[57] Igual regra vale para o administrador da sociedade limitada, que também terá o exercício do cargo interrompido, caso seja destituído.

Nas sociedades limitadas, é necessário que o administrador tenha poderes expressos para o uso da firma ou denominação social, consoante prescreve o art. 1.064 do NCC. Confira-se:

> Art. 1.064. O uso da firma ou denominação social é privativo dos administradores que tenham os necessários poderes.

Já nas sociedades por ações, a sua representação legal não pode ser atribuída a outro órgão societário, pois é de competência privativa da Diretoria, nos termos do § 1º do art. 138 da LSA.

> Art. 138. A administração da companhia competirá, conforme dispuser o estatuto, ao conselho de administração e à diretoria, ou somente à diretoria.
>
> § 1º. O conselho de administração é órgão de deliberação colegiada, *sendo a representação da companhia privativa dos diretores* (destaque nosso).

52. Art. 149, § 1º, da LSA.
53. Modesto Carvalhosa, *Comentários...*, cit., v. 3, p. 191.
54. Art. 1.062, § 2º.
55. Art. 149, § 2º.
56. Art. 146, § 2º.
57. Ob. cit., p. 225.

Em termos comparativos, verifica-se que a administração da sociedade limitada, mesmo com as inovações do NCC, é menos onerosa e complicada que a da S/A, sendo uma de suas vantagens. A respeito, confira-se a lição de Fábio Ulhoa Coelho: "Nada impede que a sociedade limitada adota uma estrutura administrativa complexa, semelhante à da anônima, dotada, por exemplo, de Conselho de Administração. Basta, para tanto, que a maioria societária o entenda conveniente ao bom desenvolvimento dos negócios sociais. Isso, contudo, não é muito usual, tendo em vista, inclusive, que uma das vantagens da limitada em relação à anônima são os menores custos de manutenção, derivados da maior informalidade da vida societária; isto é, na limitada inexistem dispêndios com a elaboração, registro, publicação e ordenação de documentos descritivos das reuniões de administradores,[58] exatamente porque sua estrutura e funcionamento são menos complexos do que os da anônima".[59]

5.2 Da responsabilidade dos administradores

Feitas essas considerações acerca da administração das sociedades limitada e por ações, procede-se a análise de questão bastante importante e objeto de polêmica na doutrina e jurisprudência: a responsabilidade dos administradores da sociedade por ações e da sociedade limitada.

O novo Código Civil pouco dispõe sobre os deveres e responsabilidades do gerente da sociedade limitada. Sabe-se, por outro lado, que no já revogado Decreto 3.708/1919 havia previsão de aplicação subsidiária da lei das sociedades anônimas (art. 19). E o art. 1.053 do NCC, em seu parágrafo único, também prescreve a regência supletiva da sociedade limitada pelas normas da sociedade anônima, mas agora desde que previsto no contrato social.

Entendemos, assim, que os mesmos deveres e responsabilidades a que estão sujeitos o administrador da sociedade anônima aplicam-se ao administrador da sociedade limitada. Nesse sentido, a lição de Fábio Ulhoa Coelho, cujo trecho transcrevemos a seguir:

"O gerente da limitada tem os mesmos deveres dos administradores da anônima: diligência e lealdade.

"Se descumprir seus deveres, e a sociedade, em razão disso, sofrer prejuízo, o gerente será responsável pelo ressarcimento dos danos."[60]

Com efeito, os deveres de diligência e lealdade acima referidos encontram-se previstos nos arts. 153 a 155 da LSA. Proceder-se-á, a seguir, à análise de cada um dos mencionados dispositivos legais.

5.2.1 Do dever de diligência

> Art. 153. O administrador da companhia deve empregar, no exercício de suas funções, o cuidado e diligência que todo homem ativo e probo costuma empregar na administração dos seus próprios negócios.

Ao comentar o dispositivo legal acima, críticas não foram poupadas pelo jurista Modesto Carvalhosa. Segundo o autor, "(...) a lei vigente com relação à matéria é inadequada, mostrando, ainda uma vez, seu servilismo formal ao direito norte-americano, quando inclui no preceito o *standar of care*".

Mais adiante, prossegue o renomado autor, afirmando que: "Não basta, em nosso direito, por sua inquestionável feição institucional, que o administrador atue como homem ativo e probo na condução de seus próprios negócios. São insuficientes os atri-

58. O autor deve estar se referindo às exceções (que na prática tornar-se-ão a regra) previstas no art. 1.072, §§ 2º e 3º, já que o NCC determina a publicação de uma série de atos das Ltdas.

59. Fábio Ulhoa Coelho, *A Sociedade...*, cit., p. 51.

60. Fábio Ulhoa Coelho, *Curso...*, cit., v. 2, 4ª ed., p. 425.

butos de diligência, honestidade e boa vontade para qualificar as pessoas como administradores. É necessário que se acrescente a competência profissional específica, traduzida por escolaridade ou experiência e, se possível, ambas".[61]

A verdade é que, pela grande fluidez dos conceitos apresentados, o artigo mencionado encontra dificuldade na sua aplicação, pois disciplina, de maneira subjetiva, o padrão de conduta que deve nortear o administrador. De qualquer maneira, é certo que não basta simplesmente a boa-fé, pois a lei exige que tenha ele agido com o devido cuidado e diligência. Segundo Fábio Ulhoa Coelho, o administrador cumpre esse dever quando: "Para cumprir o dever de diligência, o administrador deve observar, na condução dos negócios sociais, os preceitos da tecnologia da administração de empresas, fazendo o que esse conhecimento recomenda, e deixando de fazer o que ele desaconselha. O paradigma do administrador diligente é o administrador de competência profissional".

O administrador responde, ainda, pelos atos ilícitos ou ilegais de seus subordinados, a não ser que se demonstre que o subordinado ocultou inteiramente os atos fraudulentos por ele praticados.

Impende destacar, entretanto, que a obrigação do administrador na boa condução dos negócios é de meio, não de fim. Significa dizer que é preciso ser leal e diligente, buscar o lucro e observar o objeto social. Isso não significa necessariamente que os resultados que a sociedade vai ter serão positivos; tendo o administrador agido com a observância de todos esses preceitos, estará ele isento de qualquer responsabilidade pelos resultados adversos que a sociedade enfrentar.[62]

5.2.2 Do desvio de poder

Já o art. 154 da LSA, por sua vez, estabelece de maneira objetiva a conduta que o administrador deve ter ao exercer suas funções.

> Art. 154. O administrador deve exercer as atribuições que a lei e o estatuto lhe conferem para lograr os fins e no interesse da companhia, satisfeitas as exigências do bem público e da função social da empresa.

Muito embora o *caput* do artigo não discrimine objetivamente quais condutas o administrador deva observar, os §§ 1º e 2º cuidam de regular detalhadamente a atuação que se espera do administrador, para que não haja *desvio de poder*.

Em síntese, podemos afirmar que a lei veda a prática de ato de liberalidade à custa da companhia, a não ser os atos gratuitos razoáveis em favor dos empregados ou da comunidade de que participe a empresa. Por ato de liberalidade, entende-se aquele que implica em diminuição do patrimônio da sociedade sem qualquer contrapartida de natureza econômica. Poder-se-ia argumentar que os atos gratuitos também não trazem qualquer benefício para a sociedade. Mas tal afirmação não resiste a uma melhor análise, se considerados a função social cada vez mais relevante que deve desempenhar a empresa, o que, sem dúvida, reverte em benefício indireto para a sociedade. Modesto Carvalhosa e Nilton Latorraca expõem com proficiência a respeito do assunto:

"O desvio de poder — figura típica do direito público — aplica-se à análise da conduta objetiva do administrador, em face do caráter eminentemente institucional da companhia. Caracteriza-se esse fenômeno jurídico quando o administrador, embora

61. Modesto Carvalhosa, *Comentários*..., cit., v. 3, p. 228.

62. Essa é, aliás, uma das questões mais tormentosas para o direito societário moderno. A regra de responsabilização dos administradores vem sofrendo verdadeira afronta pelos operadores do Direito tributário, trabalhista e previdenciário, especialmente. Nessas searas, como será verificado adiante, a Fazenda Pública, o INSS e alguns juízes descompromissados com o verdadeiro Direito promovem a responsabilização de sócios sem qualquer comprovação de culpa ou dolo na atuação, ferindo, inclusive, princípios constitucionais basilares.

observando as formalidades legais e estatutárias, desvirtua as finalidades ao mesmo tempo econômicas e sociais da companhia.

"Também pode ser conceituado como o uso indevido que o administrador faz do poder que lhe é conferido, para atingir finalidade diversa daquela que a lei determina.

"O desvio de poder caracteriza-se pelo desvirtuamento da finalidade da própria lei societária e do estatuto da companhia, embora preservados os elementos formais da respectiva regra. Trata-se, portanto, de uma fraude à lei e ao estatuto, mediante a manipulação e aplicação deformada de suas regras, visando a lograr fins outros que não os da companhia ou, então, sem observância das exigências do bem público e da função social da empresa."[63]

A lei veda, ainda, que o administrador tome por empréstimo recursos ou bens da companhia, sem autorização estatutária ou da assembléia geral, ou os utilize em proveito próprio, de sociedade em que tenha interesse ou de terceiros. Também é vedado, sem autorização, receber de terceiros qualquer vantagem pessoal em decorrência do exercício de seu cargo.

O descumprimento dos deveres legais acima referidos implica em nulidade dos atos de liberalidade e reversão para a sociedade das vantagens pessoais obtidas sem autorização.[64]

5.2.3 Do dever de lealdade

Já o dever de lealdade é tratado fartamente pelo art. 155 da LSA. De acordo com esse dispositivo legal, os administradores devem buscar os interesses da sociedade, ao invés dos interesses pessoais. Infringem, assim, o dever de lealdade, os administradores que: não guardarem reserva sobre os negócios sociais; usarem em benefício próprio ou de outrem oportunidades que tenham conhecimento em razão de seu cargo, ainda que sem prejuízo para a sociedade; omitir-se na proteção dos direitos da companhia ou deixar de aproveitar oportunidades de negócio para a empresa; adquirirem, para revender com lucro, bem ou direito que saibam ser necessário à companhia ou que ela tenha interesse em adquirir. Trata-se de rol meramente exemplificativo. A norma é disposta especialmente como um princípio geral de atuação, sendo possível amoldar em seu bojo futuras condutas. Confira-se a lição de Modesto Carvalhosa:

"A Lei n. 6.404, de 1976, sendo praticamente uma transcrição das leis societárias e do mercado de capitais norte-americanos, traz para o nosso sistema jurídico o *standart of loyalty* que, naquele país, constitui um dos princípios da conduta dos administradores.

"Baseia-se o *standart of loyalty* no caráter fiduciário da atividade dos administradores. A regra é que não poderão os administradores buscar, em primeiro lugar, os seus interesses pessoais. Trata-se, como nos demais artigos precedentes (arts. 153 e 154), de padrão normativo de ampla aplicação aos casos concretos e de fácil ajustamento às situações novas de antijuridicidade, detectáveis na atividade da administração societária.

"Inclui-se no *standart of loyalty* a célebre regra 10-B-5 da *General Rules and Regulations under the Securities*, que reprime o *insider trading*. Tal norma é considerada por Bromberg 'the most potent and the most versatile instrument in the armamentarium of federal securities regulation'."[65]

Esses são deveres que os administradores devem observar na condução dos negócios da empresa. Como já dito, tanto na sociedade por ações quanto na sociedade limitada o administrador responde pelos prejuízos causados à sociedade em razão do descumprimento de seus deveres.

63. Modesto Carvalhosa, *Comentários...*, cit., v. 3, p. 236.

64. Art. 154, § 3º, LSA.

65. Ob. cit., p. 248.

5.2.4 Dos prejuízos causados pelo administrador

O art. 158 da sociedade por ações disciplina a responsabilidade do administrador em duas hipóteses: a primeira decorrente dos prejuízos causados por culpa ou dolo, ainda que sem exorbitância de poderes e atribuições; e a hipótese do inciso II, quando o prejuízo decorre de violação da lei ou do estatuto.

Se com relação ao primeiro inciso dúvida não há de que a responsabilidade civil é subjetiva do tipo clássico, quanto ao inciso II boa parte da doutrina diverge acerca da modalidade de responsabilidade civil. Modesto Carvalhosa, por exemplo, entende tratar-se de hipótese de aplicação de responsabilidade objetiva, que respondem tanto os diretores quanto o Conselho de Administração. Outros renomados doutrinadores, por sua vez, sustentam a tese da responsabilidade subjetiva com inversão do ônus da prova.[66] Já Fábio Ulhoa Coelho entende que, na hipótese do inciso II do art. 158, a responsabilidade também é subjetiva do tipo clássico, à semelhança do que ocorre no inciso I do mencionado artigo. Para o autor, as duas hipóteses elencadas pelo art. 158 se confundem, pois "a ação culposa ou dolosa é, forçosamente, ilícita, violadora da lei".[67] Por outro lado, não há nenhum dispositivo legal que excepcione a regra geral do art. 186 do NCC, segundo a qual todo aquele que violar direito e causar dano a outrem por ação ou omissão voluntária, negligência ou imprudência, comete ato ilícito. Prossegue o ilustre jurista, ainda, afirmando não haver fundamento racional para a imputação da responsabilidade objetiva. De acordo com o autor, o fundamento da responsabilidade objetiva não é o risco, mas a possibilidade de se distribuir o encargo entre as pessoas expostas ao dano ou beneficiárias do evento. O fornecedor, por exemplo, pode incluir no preço o custo correspondente às indenizações; o Estado já distribui o encargo entre seus contribuintes. Já o "administrador não ocupa posição econômica que lhe possibilite socializar perdas. Nos elementos componentes de sua remuneração, não se encontra parcela destinada à constituição de reservas e fundos próprios, para eventual indenização em favor da sociedade ou de terceiros prejudicados (...)".[68]

Entendemos, na esteira dos ensinamentos de Fábio Ulhoa Coelho, que para a responsabilização do administrador, seja da sociedade anônima, seja da sociedade limitada, necessário se faz provar o descumprimento de um dever legal e o dano causado em decorrência desse ato ilícito praticado pelo administrador.

Ainda sobre o art. 158, é salutar destacar a importância que o administrador da companhia fechada deve ter com a atuação de seus colegas. Isso porque o § 2º do artigo citado prescreve a responsabilidade solidária dos administradores pelos prejuízos causados, caso não tenham consignado em ata sua divergência (art. 158, § 1º, LSA). Trata-se, em verdade, de um dever legal de controlar a ação dos demais administradores. Importante destacar que na sociedade limitada não há tal solidariedade. O art. 1.080 determina que "as deliberações infringentes do contrato ou da lei tornam ilimitada a responsabilidade dos que expressamente as aprovaram". Somente aqueles que expressamente aprovaram o ato são responsabilizados. Entendemos que a omissão culposa ou dolosa do sócio que deveria saber do ato também deve dar ensejo à responsabilização.

Vale ressaltar também que a jurisprudência trabalhista entende que a condenação em processo nessa seara configura hipótese de descumprimento de lei, prevista no inciso II do art. 158, ensejando, assim, a

66. Nesse sentido, Miranda Valverde e Sampaio de Lacerda, entre outros.

67. Ob. cit., p. 256.

68. Fábio Ulhoa Coelho, *Curso...*, cit., v. 2, 4ª ed., p. 258.

responsabilidade pessoal do administrador de sociedade anônima.[69] Confira-se:

Administrador de sociedade anônima. Responsabilidade frente à condenação da companhia em processo trabalhista. O administrador de sociedade anônima responde pessoalmente pelos atos praticados em violação da lei (art. 158, inciso II, da Lei 6.404/1976). Assim, como a condenação da companhia no processo do trabalho, decorre invariavelmente de descumprimento de lei, normalmente de leis trabalhistas, os administradores sempre são pessoalmente coobrigados na satisfação dos créditos judiciais trabalhistas (TRT-4ª R., 3ª T., ap. 00012.305/94-4, Rel. p/o Ac. Juiz Otacílio Silveira Goulart Filho, j. 27.9.2000).

Sociedade anônima. Responsabilidade dos administradores, conselheiros e diretores. Lei 6.404/1976. Em se tratando de sociedades anônimas, a regra é a de que os administradores são responsáveis pelos prejuízos que causarem por dolo, culpa e violação da lei ou do estatuto (o que se extrai do art. 158 da Lei 6.404/1976), responsabilidade que, por expressa disposição legal, se estende aos conselheiros e diretores (art. 145 da Lei 6.404/1976). A inobservância dos preceitos trabalhistas configura hipótese de violação do contrato ou da Lei (TRT-2ª R., 8ª T., ap. 02970057764 (02970368450), Rela. Juíza Wilma Nogueira de Araújo Vaz da Silva, *DOESP* 7.8.1997).

Como se vê, o simples fato de a Companhia não pagar os direitos trabalhistas a que for condenada enseja a responsabilidade pessoal dos administradores. Conforme se demonstrará adiante, a responsabilidade trabalhista difere, nesse sentido, da responsabilidade tributária, pois o inadimplemento no pagamento de tributos não acarreta a responsabilidade pessoal dos administradores, a não ser que tenham agido dolosamente em desrespeito à lei ou ao contrato social. Não é o caso, por exemplo, da empresa que se encontra em dificuldade financeira.

5.2.5 Da ação de responsabilidade

O art. 159 da LSA estabelece duas hipóteses de ação de responsabilidade. A primeira, quando o prejuízo é causado ao patrimônio da companhia; e a hipótese em que o acionista ou terceiro são diretamente prejudicados por ato de administrador.

No primeiro caso, compete à companhia, mediante prévia deliberação da assembléia geral, promover a ação de responsabilidade contra o administrador ou administradores (art. 159, § 1º, LSA). É certo, todavia, que quando a companhia tem prejuízo, indiretamente o acionista sofre um dano. Por tal razão o mesmo artigo, em seu § 3º, confere ao acionista a faculdade de promover a ação competente, caso não seja ela proposta no prazo de três meses da deliberação da assembléia geral. É o que a doutrina chama de substituição derivada, decorrente da inércia da companhia que, mesmo tendo deliberado pela propositura da ação, deixou passar mais de três meses sem ajuizá-la. O mencionado artigo ainda prescreve, em seu § 2º, que o administrador ou administradores contra os quais a ação será proposta ficarão impedidos e deverão ser substituídos na mesma assembléia.

Situação diversa ocorre quando a assembléia geral decide não propor nenhuma ação. Nesse caso, a lei prevê a chamada modalidade de substituição originária, hipótese em que a ação poderá ser proposta por acionistas que representem ao menos cinco por cento do capital social (art. 159, § 4º, LSA). Trata-se, na opinião de Modesto Carvalhosa, de requisito bastante injusto, pois não confere oportunidade alguma aos acionistas minoritários de mover ação com o escopo de restaurar o prejuízo causado à companhia.[70] Importante frisar que

69. O que, no nosso sentir, é um dos maiores absurdos de nossa jurisprudência. A responsabilização também vale para as sociedades limitadas.

70. Ob. cit., p. 339.

os resultados dessa ação revertem-se em benefício da companhia, descontadas apenas as despesas em que o acionista tiver incorrido.

Há situações, porém, que o acionista, ainda que não detenha 5% das ações, é parte legítima para propor ação de responsabilidade contra o administrador. Tal hipótese se verifica quando um dos sócios detém, sozinho, mais de 95% do capital social e das ações com direito a voto. O objetivo, nesse caso, é evitar que o acionista minoritário não fique sem uma via legal para contestar as ações do acionista majoritário, uma vez que não seria possível alcançar o requisito de 5% das ações, como prescreve o art. 159, § 4º, da LSA.

Vale a pena, nesse sentido, conferir decisão do Superior Tribunal de Justiça, da lavra do Ministro Relator Sálvio de Figueiredo Teixeira:

> *Direito societário. Sociedade anônima. Ação de responsabilidade civil. Administrador. Sociedade controladora. Acionistas minoritários. Legitimidade ativa "ad causam". Prescrição. Prazo. Interrupção. Arts. 116, 117, 245 e 246 da Lei 6.404/1976.*
>
> I — Detendo a sociedade controladora mais de 95% do capital social e das ações com direito a voto da sociedade controlada, os acionistas minoritários desta têm legitimidade ativa extraordinária para, independentemente de prévia deliberação da assembléia geral, ajuizar mediante prestação de caução, ação de responsabilidade civil contra aquela e seu administrador, em figurando este simultaneamente como controlador indireto.[71]

Conforme dito acima, somente por danos diretos é que o acionista ou terceiros prejudicados podem mover ação contra o administrador. A mesma regra vale para a sociedade limitada, na qual apenas a sociedade tem legitimidade para intentar ação de responsabilidade contra o administrador, ainda que tenha havido dano indireto ao(s) sócio(s). E quando o sócio majoritário é o administrador da limitada, para que sua conduta danosa não fique impune, é facultado ao sócio minoritário ajuizar ação que vise ao ressarcimento dos prejuízos causados. Trata-se, aqui, da figura da substituição processual, decorrente de aplicação analógica do art. 159, § 4º, da LSA.

5.2.6 Da responsabilidade tributária

Nos termos do art. 135 do CTN, o administrador da sociedade limitada e da sociedade por ações responde pessoalmente pelas obrigações tributárias originadas de atos praticados com excesso de poderes ou infração à lei.

Muita confusão se criou a partir de leituras equivocadas do mencionado dispositivo legal.

Inicialmente, com relação às sociedade limitadas, é preciso frisar que aqueles sócios que não possuem poder de gerência não são "responsáveis nos termos da lei", de modo que são partes ilegítimas para figurar em qualquer execução fiscal de dívidas tributárias da sociedade.

O art. 135 permite apenas a responsabilização daquele sócio ou administrador que tem poder para agir, mas dolosamente o faz em desrespeito à lei ou ao contrato social. Não é, pois, a condição de sócio o pressuposto da responsabilidade, mas a violação da lei ou do contrato, em claro excesso de poder.

A boa doutrina e jurisprudência, por sua vez, não caracterizam como ofensa à lei o simples não recolhimento do tributo, mas a prática de ato civil ou comercial que, em desacordo com a lei ou contrato, desencadeia a incidência tributária. É o que explicam Sacha Calmon e Misabel Derzi, ambos amparando-se em precedente do STF:[72]

71. REsp 16.410-SP, 4ª T., Rel. Ministro Sálvio de Figueiredo Teixeira, recurso especial 1991/0023295-5, *DJ* 16.5.1994, p. 11.771.

72. RE 85.241 (*RTJ* 85/946).

"A responsabilidade executória por débito fiscal está, hoje, disciplinada pelo Código Tributário Nacional.

"Além do sujeito passivo da obrigação tributária, responsável primário, admite o Código a responsabilidade solidária de terceiros (art. 134) e a responsabilidade por substituição (art. 135).

"Na questão da responsabilidade dos sócios, por dívidas da sociedade, dispôs o Código que a solidariedade advém de sua intervenção nos atos ou pelas omissões de que forem responsáveis (art. 134) e que a substituição ocorre quando a obrigação tributária advém ou é resultante de atos praticados com excesso de poderes ou infração de lei, contrato social ou estatutos (art. 135).

"Pretende a terceira embargada que a responsabilidade dos sócios advém de infração à lei por não terem solvido a tempo a obrigação tributária; labora em equívoco: a infração à lei diz com a economia societária; a admitir-se o contrário, os sócios seriam sempre os responsáveis pelas dívidas da sociedade, que nas relações de Direito Público, quer nos negócios jurídicos de Direito Privado, pois o inadimplemento de qualquer obrigação constitui ofensa à lei (...)."

Evidente, portanto, que o simples não recolhimento do imposto não desencadeia a responsabilidade de que trata o art. 135 do CTN, devendo o Fisco demonstrar que dolosamente o sócio ou administrador praticou ato ilícito de que tenham resultado obrigações tributárias.

Na preciosa lição de Fábio Ulhoa Coelho, "O gerente é responsável tributário pelas obrigações da sociedade limitada quando esta possuía o dinheiro para o recolhimento do tributo, mas aquele o destinou a outra finalidade, como antecipação de lucro, pagamento de *pro labore* aos sócios, aplicações financeiras. Não haverá, porém, responsabilidade se o inadimplemento da obrigação tributária decorreu da inexistência de numerário no caixa da sociedade, por motivo não imputável à gerência".[73]

Em recente decisão, pronunciou-se novamente o STJ:

Recurso especial. Tributário. Execução fiscal. Embargos. Ex-sócia de sociedade limitada. Responsabilidade de sócio. Limites. Art. 135, inciso III, do Código Tributário Nacional. Dissídio jurisprudencial não caracterizado.

Já se encontra assente na doutrina e na jurisprudência que a responsabilidade do sócio que se retira da sociedade, em relação às dívidas fiscais contraídas por esta, somente se afirma se aquele, no exercício da gerência ou de outro cargo na empresa, abusou do poder ou infringiu a lei, o contrato social ou estatutos, a teor do que dispõe a lei tributária, ou, ainda, se a sociedade foi dissolvida irregularmente. É evidente que o não recolhimento dos tributos exigidos na execução fiscal em epígrafe, configura um ato contrário à lei, em razão de prejudicar o fim social a que se destina a arrecadação. Necessário, entretanto, é fixar-se os limites do que seja infração legal, porquanto a falta de pagamento do tributo ou não configura violação legal e é irrelevante falar-se em responsabilidade ou não constitui violação da lei e, conseqüentemente, sempre haveria responsabilidade.

O mero descumprimento da obrigação principal, desprovido de dolo ou fraude, é simples mora da sociedade-devedora contribuinte, inadimplemento que encontra nas normas tributárias adequadas as respectivas sanções; não se traduz, entretanto, em ato que, de per si, viole a lei, contrato ou estatuto social, a caracterizar a responsabilidade pretendida pela recorrente.[74]

Quando o sócio não detém poder de gerência, mais absurda ainda é a aplicação do mesmo art. 135 do CTN, uma vez que

73. Ob. cit., p. 427.

74. 2ª T., decisão unânime, Rel. Ministro Franciulli Netto, REsp 201.808-MG (1999/0006349-0), *DJ* 29.10.2001.

não detêm qualquer poder que lhes possibilite agir em nome da sociedade, seja deixando de recolher tributos, seja praticando atos civis ou comerciais em desacordo com a lei ou contrato social.

A jurisprudência pátria é unânime nesse sentido:

> *Processual. Execução fiscal. Sociedade por quotas de responsabilidade limitada. Dívida da sociedade. Penhora. Bens de sócio não gerente.*
>
> O quotista, sem função de gerência, não responde por dívida contraída pela sociedade de responsabilidade limitada. Seus bens não podem ser penhorados em processo de execução fiscal movida contra a pessoa jurídica.[75]

A conclusão, portanto, é de que ainda que se trate do administrador, "a responsabilidade tributária substituta prevista no art. 135, III, do CTN, imposta ao sócio gerente, ao administrador ou ao diretor de empresa comercial depende de prova, a cargo da Fazenda Estadual, da prática de atos de abuso de gestão ou de violação da lei ou do contrato e da incapacidade da sociedade de solver o débito fiscal".[76]

A questão, na verdade, é muito mais séria e profunda do que as Fazendas Públicas, o INSS e a Justiça do Trabalho[77] conseguem vislumbrar. Encontra-se em jogo o respeito a uma série de princípios constitucionais. Senão vejamos.

A Constituição Federal (art. 173) estabelece que o Estado somente exercerá *diretamente* atividade econômica quando tal for necessário para resguardar a segurança nacional ou houver em questão relevante interesse coletivo. Fora dessas hipóteses compete, por óbvio, à iniciativa privada o exercício das atividades econômicas, limitando-se o Estado a incentivar e fiscalizar essa última, sendo suas ações (expostas preferencialmente nos Planos Plurianuais, Diretrizes orçamentárias e orçamento anual — art. 165, CF/1988) *indicativas* para o setor privado (art. 174, CF/1988).

Ora, se à iniciativa privada compete ordinariamente o exercício das atividades econômicas, sendo certo ainda que essa última tem por fim "assegurar a todos existência digna" (art. 170 da CF/1988), o que a Constituição acaba por determinar é que será aquela a responsável pela obtenção desse objetivo constitucional. Dessa forma, qualquer ato (seja emanado do Poder Legislativo ou Judiciário) que amesquinhe a condução da ordem econômica pela iniciativa privada é inconstitucional.

A doutrina comercialista é unânime em afirmar e demonstrar que o desrespeito às regras de responsabilidade limitada restringe a livre condução das atividades econômicas, pois, caso negado ao empreendedor o que podemos chamar de "direito ao insucesso", pouquíssimas pessoas se aventurariam a criar empresas (com prejuízo à sociedade como um todo), e, quando o fizessem, a taxa de retorno deveria ser alta o bastante para compensar o risco de perda de todo o patrimônio do agente (novamente com prejuízo geral, especialmente para os consumidores).

A respeito do tema, confira-se a lição do amigo e advogado mineiro Flávio de Mendonça Campos. Pela importância do tema e pela qualidade dos argumentos, cita-se o trecho pertinente na íntegra, especialmente por não ter sido publicado:

"O que se quer enfatizar com tais observações é que a limitação da responsabilidade dos sócios, traço nuclear do regime

75. 1ª T., decisão unânime, Rel. Ministro Humberto Gomes de Barros, REsp 27.234-RJ (1992/0023166-7), *DJ* 21.2.1994.

76. 2ª T., Rela. Ministra Nancy Andrighi, AGA 246.475-DF (agravo regimental no agravo de instrumento), *DJ* 1.8.2000.

77. Vale lembrar que, para o INSS e para a jurisprudência trabalhista, o simples descumprimento da obrigação de pagar o tributo ou verba trabalhista configura descumprimento da lei, com a conseqüente responsabilização direta dos sócios. Conforme se demonstrará, esse entendimento configura o suprasumo da violação dos mais comezinhos princípios constitucionais que regem a Ordem Econômica Nacional.

jurídico das sociedades por quotas, não é mero acidente ou mesmo regra menor do Direito Positivo; corresponde, reversamente, ao *reconhecimento político-jurídico de uma necessidade social altamente relevante*, constituindo um *valor* em si e um *meio* para a realização de diversos *valores fundamentais* dos ordenamentos jurídicos contemporâneos.

"Discorrendo sobre o princípio da *autonomia patrimonial*, Fábio Ulhoa Coelho sintetiza com acuidade as razões de ordem ética, política, econômica e social que convergem para que o Direito prestigie a distinção entre o patrimônio da sociedade e o patrimônio dos sócios, de forma a que os riscos por estes assumidos se limitem, em princípio, aos *investimentos* feitos na sociedade, correndo por conta desta os riscos quanto aos prejuízos do empreendimento:

"'Claro está que muitos empreendedores poderiam ficar desmotivados em se lançar a novos e arriscados empreendimentos se pudessem perder todo o patrimônio pessoal caso o negócio não prosperasse. Não se pode esquecer que fatores relativamente imprevisíveis, sobre os quais os empresários não têm nenhum controle, podem, simplesmente sacrificar a empresa. A motivação jurídica se traduz pela limitação das perdas, que não devem ultrapassar as relacionadas com os recursos já aportados na atividade. Essa será a parte do prejuízo dos sócios da sociedade empresária falida; a parte excedente será suportada pelos credores, muitos deles empresários e também exercentes de atividades de risco. A limitação das perdas, em outros termos, é fator essencial para a disciplina da atividade econômica capitalista.

"'Um outro aspecto da questão diz respeito ao custo da atividade econômica, elemento que compõe o preço a ser pago pelos consumidores ao adquirirem produtos e serviços no mercado. Se o direito não dispuser de instrumentos de garantia para os empreendedores, no sentido de preservá-los da possibilidade de perda total, eles tenderão a buscar maior remuneração para os investimentos nas empresas. Em outros termos, apenas aplicariam seus capitais em negócios que pudessem dar lucro suficiente para construírem um patrimônio pessoal de tal grandeza que não poderia perder-se inteiramente na hipótese de futura e eventual responsabilização. Ora, para gerar lucro assim, a sociedade deve reduzir custos e praticar preço elevado. O princípio da autonomia patrimonial das pessoas jurídicas, observado em relação às sociedades empresárias, socializa as perdas decorrentes do insucesso da empresa entre seus sócios e credores, propiciando o cálculo empresarial relativo ao retorno dos investimentos.'[78]

"Por tais razões, a limitação da responsabilidade dos sócios ou, mais amplamente, a *autonomia patrimonial*, constitui, hoje, um dos pilares mestres do Direito de Empresa.[79] Muito embora tal abordagem não seja comum na doutrina, é possível mesmo divisá-lo como princípio, ainda que

78. Ob. cit., p. 38.

79. Nos dizeres de Fábio Ulhoa Coelho, um dos "fundamentos do direito societário". É indiscutível que "a velha sociedade coletiva, na qual se empenhavam ilimitadamente os sócios com suas pessoas e patrimônios, tornou-se obsoleta" (Nelson Abrão, ob. cit., p. 36). A manutenção, no novo Código Civil, de figuras como a *sociedade simples* (arts. 997 a 1.038) e a *sociedade em nome coletivo* (arts. 1.039 a 1.044) explica-se mais como apego à tradição do que por qualquer outra razão. À exceção da *sociedade em comum*, não personificada (a antiga "sociedade de fato"), cuja disciplina se revela útil num país com economia altamente marcada pela "informalidade", estas figuras (*sociedade em nome coletivo*, *sociedade simples*, mesmo a *sociedade em comandita*) são marcadas pela senilidade precoce; nascem fadadas ao desuso, em face da constatação de que praticamente a totalidade das sociedades empresariais personificadas no Brasil são sociedades por quotas de responsabilidade limitada (imensa maioria) ou anônimas. E é natural que assim o seja. A complexidade da atividade empresarial no contexto econômico contemporâneo não se compadece com um regime jurídico em que os sócios assumam integralmente os riscos de malogro da empresa. A própria idéia de sociedade personificada, dissociada da idéia de autonomia patrimonial, perde grandemente (senão totalmente) sua utilidade prática.

implícito, de matiz constitucional. Senão, vejamos.

"Constituição Federal, ainda que permeada de um sem número de normas e princípios de cunho socializante, fez uma clara opção pelo capitalismo, ao dispor que o exercício das atividades empresariais é reservado aos particulares; que tal exercício é *livre*, não sendo possível ao Estado *direcionar à força* o exercício das atividades empresariais, sendo seu planejamento econômico meramente indicativo para o setor privado; que, finalmente, o Estado só poderá atuar empresarialmente na economia em situações absolutamente excepcionais (CF/1988, arts. 170, 173 e 174). Como lembra Celso Antônio Bandeira de Mello:

"'Considerando-se panoramicamente a interferência do Estado na ordem econômica, percebe-se que esta pode ocorrer de três modos, a saber: (a) ora dar-se-á através de seu 'poder de polícia', isto é, mediante leis e atos administrativos para executá-las, como 'agente normativo e regulador da atividade econômica', caso no qual exercerá funções de 'fiscalização' e em que o planejamento que conceber será meramente 'indicativo para o setor privado' e 'determinante para o setor público', tudo conforme prevê o art. 174 [da CF/1988]; ora o fará (b) mediante incentivos à iniciativa privada (também supostos no art. 174), estimulando-a com favores fiscais; e ora (c) ele próprio, em casos excepcionais, como logo se dirá, atuará empresarialmente no setor, mediante pessoas que cria par tal fim.'[80]

"Ora bem, ao reconhecer na *iniciativa privada*, na *atividade empresarial privada*, a força motriz principal da ordem econômica, é evidente que a Constituição a reconhece não apenas como um *valor em si* (art. 3º, IV, expressão fundamental do direito à liberdade — CF/1988, arts. 3º, I, 5º, *caput*, e 170 — e da garantia fundamental da propriedade privada — CF/1988, art. 5º, XXII), mas também como o *meio* para realização dos objetivos fundamentais do Estado neste campo: reconhece, portanto, a Constituição considera que é (sobretudo e fundamentalmente) a atividade empresarial que propiciará o fim previsto no art. 170 ('assegurar a todos existência digna, conforme os ditames da justiça social') e, em larga medida (ao menos naquilo que tiver dependência do *econômico*) os objetivos fundamentais da República elencados no art. 3º ('construir uma sociedade livre, justa e solidária', 'garantir o desenvolvimento nacional', 'erradicar a pobreza e a marginalização e reduzir as desigualdades sociais', 'promover o bem de todos'). Em suma, a Constituição reconhece que a atividade empresarial gera importantíssimos e imprescindíveis *benefícios sociais*; que o exercício daquela atividade, quando bem sucedido, não beneficia apenas o *empresário*, mas *toda a sociedade*, através da geração de empregos, da criação de riquezas, do desenvolvimento sócio-econômico etc.

"Em sendo assim, e uma vez reconhecido que a autonomia patrimonial é condição fundamental para o exercício pleno e livre das atividades empresariais, é lícito dizer que a garantia desta autonomia constitui mesmo um princípio constitucional implícito. Tal assertiva pode ser confirmada tanto por inferência lógica quanto a partir de dispositivos específicos da Constituição Federal.

"No campo da inferência lógica, volta-se aos argumentos de Fábio Ulhoa Coelho.

"É induvidoso que a autonomia patrimonial constitui poderosíssimo incentivo à iniciativa empresarial privada. Sem ela dificilmente teríamos o pleno desenvolvimento econômico almejado pela Constituição (art. 3º, II) e os benefícios sociais que dele resultam (notadamente a geração de empregos, frustrando a erradicação da pobreza, a redução das desigualdades sociais e a garantia a todos de uma existência digna — CF/1988, arts. 3º, III, e 170, *caput*), uma vez que o nível de investimentos privados nas atividades empresariais diminuiria dras-

80. *Curso de Direito Administrativo*, 14ª ed., p. 619.

ticamente. Qualquer atividade de maior vulto econômico, que não excedesse à mera economia de subsistência do empresário e que por isso apresentasse risco significativo seria preterida, ou somente seria perseguida por quem tivesse segurança patrimonial suficiente para bancar o risco respectivo. O efeito de *concentração econômica* que adviria desta situação é evidente e contrário aos objetivos da *livre concorrência* (CF/1988, art. 170, IV). Inúmeras outras atividades simplesmente não seriam perseguidas, pela inexistência de investidores privados dispostos a assumir seus riscos (num sistema de sua sujeição integral a todo e qualquer prejuízo advindo do fracasso empresarial), forçando o Estado a ampliar desmesuradamente sua atuação como agente econômico direto (o que seria difícil ou quase impossível, uma vez que a principal fonte de receita do Estado é a tributação sobre a riqueza privada, gerada sobretudo pelas atividades empresariais). Com isso, frustrar-se-ia a intenção constitucional de dar à atuação empresarial do Estado caráter subsidiário e excepcionalíssimo (art. 173, CF/1988), intenção baseada na comprovação histórica da menor eficiência do Estado no campo empresarial em face da livre atuação da iniciativa privada. Além disso, a sujeição dos empresários ao risco de perdas superiores aos investimentos vertidos na atividade empresarial geraria um ambiente econômico insalubre: quem tem tudo a perder já não tem, por definição, nada a perder, no sentido de que estará disposto a tudo para evitar sua ruína total — inclusive e especialmente atuar de forma ilegal ou antiética, no que, aí sim, poderia se qualificado como 'capitalismo selvagem', antítese do ambiente econômico necessário à construção de uma sociedade 'justa, livre e solidária' (CF/1988, art. 3º, I).

"De outro lado, há dispositivos constitucionais específicos que reforçam tal conclusão.

"Veja-se, por exemplo, o disposto no art. 7º, XI, da CF/1988, que assegura aos empregados o direito à participação nos lucros ou resultados da empresa, desvinculados da remuneração. A desvinculação da remuneração se justifica porque há uma indiscutível diferença entre a posição jurídico-econômica do empregado e do empresário em face da empresa; o empresário, por definição, é quem assume o risco do empreendimento (CLT, art. 2º). Esta assunção de risco não pode mais, contudo, notadamente após a promulgação da Constituição, ser tida como *absoluta* ou *exclusiva*. A partir do momento em que o trabalhador *participa dos bônus da atividade empresarial*, dos seus *lucros ou resultados*, é indiscutível — até por uma questão de *isonomia* — que ele passa a participar, *também*, ainda que em menor medida, dos riscos do empreendimento.

"A lógica isonômica (que, antes de ser jurídica, como é, é também de cunho *moral*) presente neste raciocínio aplica-se, a rigor, a todos os demais credores da sociedade empresária. Fábio Ulhoa Coelho fala em 'socialização de prejuízos' como fator necessário ao cálculo empresarial do retorno dos investimentos. No entanto, a socialização dos prejuízos revela-se, juridicamente, como a *contrapartida necessária e indispensável à socialização dos benefícios resultantes da atividade empresarial*, socialização presente, *de jure et de facto*, não apenas na participação *stricto sensu* (participação jurídica, mediante direito de crédito) dos trabalhadores e, mais amplamente, de *toda a sociedade* (através da *tributação*,[81] principal fonte de receita para que o Estado possa desempenhar as atividades que lhe são próprias na busca do bem comum) nas riquezas geradas pela atividade empresarial, mas também na *participação econômica* da sociedade nos benefícios dela advindos (geração de empregos e riquezas,

81. Questão relevantíssima, inclusive para a adequada compreensão da extensão da responsabilidade dos sócios por débitos tributários, mormente num contexto econômico como o nosso, em que o Estado se apropria, pela via da tributação de 40% da totalidade da riqueza produzida no País (PIB).

desenvolvimento do conhecimento científico e tecnológico etc.).

"Por se tratar de uma lógica *isonômica*, e não igualitária, e por ter nossa Constituição admitido uma ordem econômica fundada no sistema capitalista, é evidente que esta repartição de riscos e benefícios se fará, juridicamente, em graus variados, correspondentes às peculiaridades do *status* jurídico-econômico dos agentes sociais (empresário, empresa, trabalhadores, credores negociais e extranegociais) envolvidos.

"É igualmente evidente que, por não ser um valor *único* ou absoluto, antes devendo ser compatibilizado com outros valores assegurados pelo ordenamento constitucional, a autonomia patrimonial será matizada e graduada, a fim de que possa atender aos fins legítimos a que se destina, evitando-se seu desvirtuamento para a frustração destes mesmos fins ou valores.

"De toda forma, as considerações anteriores são pertinentes e necessárias para que se tenha uma visão adequada da matéria, notadamente para que se perceba que a autonomia patrimonial não pode ser *eliminada*, pelo Legislador ou pelo Juiz, senão quando ela se revele obstáculo à sanção de *ilícitos empresariais*, dentre os quais não se inclui o puro e simples *fracasso* ou *insucesso* da empresa — tendência que, infelizmente, se verifica com relativa freqüência na produção legislativa e pretoriana de nosso país."[82]

Com relação às sociedades limitadas, outro cuidado ainda merece ser observado na elaboração do contrato social, a fim de se evitar a incidência do disposto no art. 134, VII, do CTN. Prescreve o dispositivo legal que:

> Art. 134. Nos casos de impossibilidade de exigência do cumprimento da obrigação principal pelo contribuinte, respondem solidariamente com este nos atos em que intervierem ou pelas omissões de que forem responsáveis:
>
> (...).
>
> VII — os sócios, no caso de liquidação de sociedade de pessoas.

Importante, dessa forma, na elaboração do contrato social da limitada, estar atento para a distinção entre sociedade de pessoas e sociedade de capital, pois é certo que quanto a esta não se aplica o disposto no art. 134, VII, do CTN.

E a elaboração do contrato social é importante, pois é justamente esse documento que disciplina a natureza da sociedade limitada, se de pessoas ou de capital. Com efeito, explica Fábio Ulhoa Coelho que para saber se uma sociedade limitada é de pessoas ou de capital, necessário se faz consultar o seu contrato social, conforme se vê do trecho que abaixo transcrevemos: "Ou seja, a definição da natureza de uma sociedade limitada em particular é feita pela consulta ao que os seus sócios contrataram sobre cessão de quotas, impenhorabilidade e repercussão da morte deles. Se, no contrato social, estabeleceu-se que a venda das quotas sociais depende da autorização de todos os sócios, foi intenção destes formar uma sociedade de pessoas; na hipótese contrária, prevendo o instrumento que a venda não fica condicionada à anuência dos demais componentes da sociedade, é esta de capital. Quando as quotas são gravadas pela cláusula de impenhorabilidade — hipótese, convenho, rara, mas possível —, a sociedade tem perfil personalístico. Por fim, se do contrato social consta a apuração dos haveres, se falecer qualquer dos sócios, foi ela contratada como sociedade de pessoas; se, em vez disso, consta a continuação da sociedade, mediante o ingresso do sucessor, a vontade dos sócios foi a de constituir uma limitada de capital".[83]

É certo que o art. 134 do CTN, ao falar em sócio, não se refere necessariamente ao administrador da sociedade limitada,

82. Flávio de Mendonça Campos, texto não publicado. A citação foi extraída de um Parecer gentilmente cedido ao autor. As notas de ns. 77 a 80 (inclusive) são do autor citado.

83. Ob. cit., p. 264.

sendo certo que o NCC abriu a possibilidade das sociedades limitadas serem administradas por não sócios. De qualquer maneira, é bastante freqüente o caso em que o sócio exerce a função de gerência, hipótese em que, pelo fato de ser sócio, o administrador estaria sujeito à aplicação do art. 134, VII, do CTN, juntamente com os demais sócios. Cabe, então, perquirir sobre a natureza da sociedade limitada, a fim de delimitar a responsabilidade dos sócios.

Em decisão sobre o tema, o Tribunal Regional Federal da 1ª Região apresenta a importância da distinção entre sociedade de pessoas e sociedade de capital, para a apuração da responsabilidade do sócio-cotista. Confira-se:

> *Tributário. Responsabilidade tributária do sócio cotista e do sócio-gerente. CTN, arts. 134 e 135.*
>
> I — Em face do art. 134 do CTN, a responsabilidade do sócio cotista é subsidiária e restrita aos atos em que intervier e omissão de que seja responsável, *só se afigurando na hipótese de liquidação de sociedade de pessoas.*
>
> II — De acordo com a orientação jurisprudencial do STF, as sociedades por quotas de responsabilidade limitada, de acordo com o contrato social, podem assumir a natureza de sociedade de pessoas ou sociedade de capital.
>
> III — O sócio-gerente, em conformidade com os ditames do art. 135 do CTN, só é responsável quando a conduta de infração à lei lhe é imputável.
>
> IV — A jurisprudência dominante consolidou-se, entrementes, em sentido mais amplo, atribuindo responsabilidade pessoal ao sócio-gerente mesmo nos casos de infração à lei pela pessoa jurídica. Precedentes deste Tribunal e do c. STJ.
>
> V — Remessa oficial improvida.[84]

No mesmo sentido, o Tribunal Regional Federal da 4ª Região, ao decidir pela não aplicação do art. 134, VII, do CTN, uma vez que no caso não se tratava de uma sociedade limitada de pessoas, mas sim de capital. Vejamos:

> *Tributário. Execução fiscal. Embargos.* Ao sócio de sociedade por quotas de responsabilidade limitada não se aplica o art. 134 do CTN-66, por não se tratar de sociedade de pessoas. A simples mora no cumprimento das obrigações fiscais não significa infração de lei, porque pode advir de causa justa como a falta de recursos financeiros, presumida no caso vertente (CTN-66, art. 135).[85]

A verdade é que são vários os motivos sopesados na escolha do tipo societário a ser adotado, isto é, ser uma sociedade limitada ou uma sociedade por ações com capital fechado (custo, maiores exigências legais para o funcionamento de uma S/A etc.). É certo, por outro lado, que a legislação brasileira prevê mais situações de responsabilização dos sócios e administradores da sociedade limitada do que da sociedade anônima e isso com certeza deve pesar na escolha do tipo societário a ser adotado. Sem embargo, além da discussão judicial sobre a aplicação do art. 134, VII, do CTN, especificamente para as sociedades limitadas, há também dispositivo legal que prescreve a responsabilidade dessas sociedades em caso de débitos previdenciários. É o que dispõe o art. 13, da Lei 8.620/1993:

> Art. 13. O titular da firma individual e *os sócios das empresas por cotas de responsabilidade limitada* respondem solidariamente, com seus bens pessoais, pelos débitos junto à Seguridade Social.
>
> Parágrafo único. Os acionistas controladores, os administradores, os gerentes e os diretores respondem solidariamente e subsidiariamente, com seus bens pessoais, quanto ao inadimplemento das obrigações para com a Seguridade Social, por dolo ou culpa (destaque nosso).

Impende destacar, entretanto, decisão do Tribunal Regional Federal da 4ª Região,

84. TRF-1ª R., 4ª T., Rel. Juiz Hilton Queiroz, processo 199801000624730-MG, j. 11.12.2000.

85. TRF-4ª R., 1ª T., Rel. Juiz Gilson Dipp, processo 9604423185-PR, j. 10.09.1996.

que entendeu pela inconstitucionalidade do referido dispositivo legal, conforme se depreende da decisão que colacionamos abaixo:

> *Empresas por cotas de responsabilidade Ltda. Sócios. Art. 13 da Lei 8.620/1993.* O Pleno desta Corte declarou, por maioria, a inconstitucionalidade da expressão "os sócios das empresas por cotas de responsabilidade limitada", contida no art. 13 da Lei 8.620/1993 (argüição de inconstitucionalidade em AI 1999.04.01.096481-9-SC, j. 28.6.2000).[86]

Com efeito, a jurisprudência vem entendendo que o disposto no art. 13 da Lei 8.620/1993 não tem o condão de indicar plena responsabilidade do sócio, pois, enquanto lei ordinária, estaria derrogando, de forma indevida, a regra geral prevista no art. 135, III, do CTN, recepcionado como lei complementar requisitada pelo art. 146, III, da CF.[87] E vale ressaltar que a inconstitucionalidade do mencionado dispositivo legal pode ser alegada em sede de exceção de pré-executividade, como bem decidiu o Tribunal Regional Federal da 4ª Região, em decisão cuja ementa transcrevemos a seguir:

> *Execução fiscal. Exceção de pré-executividade. Responsabilidade de sócio. CTN. Art. 13, da Lei 8.620/1993. Constitucionalidade. Ilegitimidade passiva. Prova. Honorários.* É inconstitucional o art. 13, da Lei 8.620/1993, na parte em que estabelece "e os sócios das empresas por cotas de responsabilidade limitada", por invadir área reservada à lei complementar, violando, dessa forma, o art. 146, III, *b*, da CF. Portanto, a responsabilidade dos sócios deve ser orientada pelas disposições do CTN. *Cabível a exclusão do sócio do pólo passivo da ação, mediante Exceção de Pré-executividade, sem a garantia do juízo, e posterior a interposição de Embargos, pois a ilegitimidade passiva foi cabalmente comprovada.* Embora não tenham sido opostos Embargos, o INSS deverá arcar com o ônus da sucumbência (TRF-4ª R., 1ª T., AI 2000.04.01.092525-9-RS, Rel. Juiz Amir Sarti, *DJU* 3.1.2001, p. 97) (destaques nosso).

Vale dizer, portanto, que o art. 13 da Lei 8.260/1993, somente pode ser interpretado em sintonia com o art. 135 do CTN, sob pena de afronta ao ordenamento jurídico vigente. E, em assim sendo, nada se inovou nesse, até mesmo porque, como dito, lei ordinária não pode invadir matéria reservada à Lei Complementar.

Analisado o regime de administração em ambos os tipos societários, verifica-se que os sócios-administradores das limitadas, ainda que indevidamente, estão sujeitos a maiores questionamentos judiciais acerca de débitos de credores não-negociais. A S/A, por conferir maior *disclosure*, acaba por resguardar melhor os administradores de tentativas de responsabilização pessoal, o que deve ser levado em consideração pelos empreendedores, quando da constituição de suas empresas.

Capítulo 6 — Regras de "desinvestimento" — O direito de retirada

Por maior que seja a perspectiva de rentabilidade de um investimento, ninguém, em sã consciência, nele ingressa sem ter a possibilidade de retirar seu dinheiro em algum momento. Uma impossibilidade material ou jurídica nesse sentido equivaleria à total imobilização do capital principal aplicado. Para a grande maioria dos investidores, a indisponibilidade, ou iliquidez absoluta, equivale, em última instância, à perda total do montante carreado inicialmente disponibilizado.

Com as sociedades não se passa nada diferente. Ainda que a maioria seja constituída por tempo indeterminado, o que pressupõe que o empreendedor espera lucros, e não almeja a devolução do capital inicial, a impossibilidade absoluta de se retirar de

86. TRF-4ª R., 1ª T., Rel. Juiz Amir Sarti, processo 199904010322925-SC, j. 3.8.2000.

87. Nesse sentido, ver decisão do TRF-3ª R., 1ª T., Rel. Juiz Carlos Loverra, processo 200103000255685-SP, j. 19.11.2002.

uma empresa,[88] com a conseqüente recuperação do valor investido, desestimularia sua criação.

Para fins da análise proposta no trabalho, faz-se necessário examinar as regras que permitem aos sócios "desinvestir" as quantias aplicadas nos tipos societários em questão e retirar-se da sociedade. É o que pretende esse derradeiro capítulo.

Na sociedade anônima de capital aberto, o sócio não encontra qualquer dificuldade em retirar-se da empresa.[89] Estando as ações admitidas à negociação no mercado de balcão ou na bolsa de valores, o acionista sempre encontrará compradores para seus papéis (pressupondo-se que a pessoa jurídica em questão não esteja com seus valores mobiliários ilíquidos, como no caso de fechamento "branco" do capital. Esse problema, entretanto, deve ser analisado caso a caso, e não diz respeito a sociedade anônima aberta como um todo, o que o torna estranho ao objeto desta monografia). O tema passa a ter maior importância quando se examina a sociedade anônima de capital fechado.

Nessa sociedade, o estatuto pode impor limitação à livre circulação das ações nominativas. Trata-se de mitigação do princípio da livre cessibilidade, que vige nas companhias abertas. É o que dispõe o art. 36 da LSA:

> Art. 36. O estatuto da companhia fechada pode impor limitações à circulação das ações nominativas, contanto que regule minuciosamente tais limitações e não impeça a negociação, nem sujeite o acionista ao arbítrio dos órgãos de administração da companhia ou da maioria dos acionistas.

A questão passa pela distinção entre sociedades de capital e de pessoas, já analisada no Capítulo 3. Enquanto a anônima aberta é a representante por excelência das sociedades de capital, a anônima fechada dá o primeiro passo em direção ao regime da pessoalidade, embora permaneça caracterizada como de capital. Nesse sentido é a lição de Fábio Ulhoa Coelho, discorrendo sobre as restrições à livre circulação das ações, enquanto negócio bilateral: "Da permissão legal para o estatuto da companhia fechada limitar a circulação das ações não cabe concluir a existência de sociedades anônimas *de pessoas*. Isto porque as limitações autorizadas por lei, para as fechadas, não validam dispositivo estatutário que condicione a venda da ação à concordância dos demais acionistas. As limitações abrangidas na autorização excepcional da lei dizem respeito, basicamente, à possibilidade de o estatuto assegurar o direito de preferência aos demais acionistas, em igualdade de condições, na alienação de ações a terceiros estranhos ao quadro de sócios. Ora, uma coisa é o direito de à preferência para adquirir ações; outra é o direito de negar autorização à negociação, inviabilizando-a. Na sociedade de pessoas, o sócio pode vetar a cessão da participação societária a terceiros, mas não está obrigado, nessa hipótese, a adquirir as quotas do sócio interessado em (e, por vezes, com necessidade de) vendê-las. Na de capitais, em nenhuma hipótese, a circulação da participação societária pode ficar condicionada à anuência dos demais sócios. Por essa razão, não é certo concluir, do disposto no art. 36 da LSA, a possibilidade de companhias fechadas com perfil personalístico no direito brasileiro. Todas as sociedades anônimas, abertas ou fechadas, são sempre de capital".[90]

A questão da cessibilidade ganha mesmo importância fundamental na sociedade limitada.

O novo Código Civil, ao tratar o tema em seu art. 1.057, trouxe regra que, a nosso ver, deixou livre aos sócios decidir o

88. Desconsidera-se aqui, para fins de análise, a garantia constitucional individual de que "ninguém poderá ser compelido a associar-se ou a permanecer associado" (art. 5º, XX, CF/1988).

89. Nessas sociedades vige o princípio da livre cessão das ações.

90. Fábio Ulhoa Coelho, *Curso*..., cit., v. 2, 4ª ed., p. 116.

caráter da sociedade, se de pessoas ou de capital, *com tendência para esse último*. É que somente se houver previsão no contrato social o sócio não poderá ceder livremente sua cota a outro sócio, ou a terceiro. Confira-se o dispositivo:

> Art. 1.057. Na omissão do contrato, o sócio pode ceder sua quota, total ou parcialmente, a quem seja sócio, independentemente de audiência dos outros, ou a estranho, se não houver oposição de titulares de mais de um quarto do capital social.

Vê-se que o contrato será o instrumento eficaz para a regência da cessibilidade das quotas. Sendo omisso, o sócio pode cedê-las a outro, sem a oitiva dos demais. A estranhos, poderá transferi-las se não houver oposição de um quarto do capital social. O dispositivo tem uma importante conseqüência. Se nada dispuser o contrato, o sócio pode transferir sua participação a outros, *sem que sejam respeitadas as regras de preferência e proporcionalidade, previstas para os casos de aumento de capital* (arts. 1.081 e 1.082 do NCC). O artigo em comento, dessa forma, confere maior liquidez à quota; em contrapartida, pode gerar alterações substanciais no regime de administração da sociedade e nas relações entre os sócios remanescentes. Cite-se, como exemplo, uma sociedade que tenha quatro sócios, cada um com 25% do capital. Sendo omisso o contrato, caso um sócio aliene a integralidade de suas quotas a somente um dos outros, este passará a deter, sozinho, 50% do capital social, aumentando, assim, enormemente seu poder na empresa.

Essa é a hipótese de retirada do sócio por acordo bilateral. Nessa, a sociedade permanece incólume, sem qualquer alteração no seu patrimônio. Há, ainda, a possibilidade de saída unilateral do sócio, recuperando os haveres investidos na sociedade. É o chamado *direito de retirada*.

Direito de retirada, nas palavras de Fábio Ulhoa Coelho, é "direito de o sócio se desligar dos vínculos que o unem aos demais sócios e à sociedade, por ato unilateral de vontade". Prossegue o comercialista afirmando que "trata-se de direito inerente à titularidade de quotas sociais, denominado também *recesso* ou *dissidência*. (...). Nessa hipótese, não há negociação. O sócio impõe à pessoa jurídica, por sua exclusiva vontade, a obrigação de lhe reembolsar o valor da participação societária".[91]

Nas sociedades limitadas, referido direito encontra-se expresso nos arts. 1.029 (aplicação subsidiária), 1.031 e 1.077 do diploma civil, que dispõem:

> Art. 1.029. Além dos casos previstos na lei ou no contrato, qualquer sócio pode retirar-se da sociedade; se de prazo indeterminado, mediante notificação aos demais sócios, com antecedência mínima de 60 (sessenta) dias; se de prazo determinado, provando judicialmente justa causa.
>
> (...).
>
> Art. 1.077. Quando houver modificação do contrato, fusão da sociedade, incorporação de outra, ou dela por outra, terá o sócio que dissentiu o direito de retirar-se da sociedade, nos trinta dias subseqüentes à reunião, aplicando-se, no silêncio do contrato social antes vigente, o disposto no art. 1.031.
>
> Art. 1.031. Nos casos em que a sociedade se resolver em relação a um sócio, o valor da sua quota, considerada pelo montante efetivamente realizado, liquidar-se-á, salvo disposição contratual em contrário, com base na situação patrimonial da sociedade, à data da resolução, verificada em balanço especialmente levantado.
>
> § 1º. O capital social sofrerá a correspondente redução, salvo se os demais sócios suprirem o valor da quota.
>
> § 2º. A quota liquidada será paga em dinheiro, no prazo de 90 (noventa) dias, a partir da liquidação, salvo acordo, ou estipulação contratual em contrário.

Assim, se verifica que, caso o contrato social não discipline a matéria, *qualquer divergência a respeito de sua alteração*, ou

91. Fábio Ulhoa Coelho, *A Sociedade...*, cit., p. 102.

mesmo a respeito da condução diária da sociedade,[92] dá direito ao recesso. Nas sociedades por prazo indeterminado, como ninguém pode ser compelido a permanecer associado, o sócio pode se retirar a qualquer momento, notificando a sociedade com antecedência de 60 dias. Na sociedade por prazo determinado, há que se provar, *judicialmente*, justa causa.

Resta claro, portanto, que a lei confere aos sócios a mais ampla liberdade para contratar o exercício do direito de retirada. Em nada contratando, ficam livres para, na primeira divergência, se retirar da sociedade. Nesse sentido é a lição de Fábio Ulhoa Coelho:[93] "Há duas formas de uma pessoa se desligar, por sua vontade, da sociedade empresária de que participa: a alienação da participação societária e o exercício do direito de retirada. No primeiro caso, a manifestação de vontade tem lugar na constituição de um negócio bilateral, enquanto no último tem a natureza de declaração unilateral. Quando a sociedade empresária é limitada, a primeira forma de desligamento pode ser disciplinada em cláusula contratual, de modo a restringir as hipóteses de sua verificação (CC/2002, art. 1.057), mas a segunda pode ocorrer a qualquer tempo, se o prazo de duração da sociedade é indeterminado (CC/2002, art. 1.029; CCom, art. 335, n. 5), ou sempre que houver alteração do contrato social, deliberada pela maioria, se determinado o prazo (CC/2002, art. 1.077; Decreto 3.708/1919, art. 15). *Há, portanto, nas sociedades limitadas, meios de dificultar o desligamento do sócio pela alienação da participação societária, aos quais se contrapõe a plena acessibilidade do sócio ao direito de retirada*".

O grande inconveniente da retirada unilateral é a divergência que quase sempre surge a respeito do valor a ser recebido pelo retirante. Ainda Fábio Ulhoa Coelho:[94] "O sócio retirante tem direito ao reembolso de sua participação societária, calculado com base no patrimônio líquido da sociedade. Não é raro, contudo, os sócios se desentenderem na apuração do valor devido. Em decorrência, muitas vezes a retirada dá ensejo a discussão judicial — não para definir se o sócio realmente pode desligar-se da sociedade, mas para mensurar seu crédito —, circunstância que, por certo, adia a solução da pendência".

Evidentemente, nas sociedades anônimas também é previsto o direito de retirada, como negócio unilateral de saída da sociedade. No entanto, em razão da natureza capitalista dessa sociedade e da predominância do princípio da livre cessibilidade ou circulação, a lei incentiva a saída do sócio mediante essa alternativa (negócio bilateral), restringindo as hipóteses de direito de dissidência. Essas estão espalhadas ao longo do texto da Lei 6.404/1976, podendo assim ser enumeradas:[95] 1. criação de ações preferenciais ou aumento de classes existentes, sem guardar proporção com as demais classes (arts. 136, I e 137); 2. alteração nas preferências, vantagens e condições de resgate ou amortização de uma ou mais classes de ações preferenciais ou criação de classe mais favorecida (arts. 136, II e 137); 3. redução do dividendo obrigatório (arts. 136, III e 137); 4. fusão da companhia, sua incorporação em outra ou a participação em grupo de sociedades (art. 136, IV e V); 5. mudança do objeto social da companhia (art. 136, VI); 6. cisão da companhia (arts. 136, IX, e 137, § 1º, II e III); 7. transformação da sociedade

92. A afirmação é tanto mais verdadeira quando se verifica que a grande maioria das decisões vitais para a continuidade da empresa passa ao largo de uma alteração contratual. Assim, a exploração de um novo mercado, o lançamento de um novo produto, a concessão de crédito a um novo e importante cliente etc., são deliberações que podem significar o sucesso ou a falência do negócio, e devem dar ao sócio dissidente o direito de recesso aqui tratado.

93. Fábio Ulhoa Coelho, *Curso*..., cit., v. 2, 4ª ed., p. 298.

94. Fábio Ulhoa Coelho, *A Sociedade*..., cit., p. 102.

95. A enumeração é baseada em Fábio Ulhoa Coelho, *Curso*..., cit., pp. 301 e ss.

anônima em limitada (art. 221); 8. operações de fechamento do capital (art. 223); 9. incorporação de ações (art. 252); 10. transferência de controle acionário para o Poder Público, em função de desapropriação (art. 236, parágrafo único).

É visível a diferença de regime entre as sociedades em estudo: na limitada, a lei permite o recesso amplamente; na anônima, tal direito é muito mais restrito. A esse respeito vale a citação de Fábio Ulhoa Coelho:[96] "Essa equação [alienação de participação *x* retirada] se inverte quando a sociedade empresária é anônima, porque, em relação a essa, se consagra a regra da ampla circulação das ações (LSA, art. 36), e se reduzem as hipóteses de exercício do direito de retirada. De fato, apenas nas sociedades fechadas são admitidas algumas restrições à transmissibilidade das ações, mesmo assim desde que não impeçam a sua negociação, nem condicionem o negócio à vontade da maioria ou da administração societária. Não é, por outro lado, qualquer alteração estatutária que autoriza o desligamento do acionista minoritário dissidente. Há, desse modo, na disciplina das sociedades anônimas, a facilidade da alienação da participação societária e a restrição da retirada, como meios de desligamento dos sócios por vontade própria. Aliás, se as ações da sociedade aberta têm liquidez ou dispersão (art. 137, II) — em outras palavras, se o acionista pode presumivelmente vendê-las sem dificuldades —, a lei suprime o direito de retirada, por dissidência da deliberação da assembléia geral sobre determinados temas (fusão da companhia, sua incorporação em outra ou formação de grupo). Em suma, abrem-se aos sócios duas vias para se desligarem, por manifestação de vontade, do vínculo societário: nas sociedades limitadas, eles são estimulados a se valerem de uma (o exercício do direito de retirada) e, nas anônimas, da outra (a alienação da participação societária)".

96. Idem, pp. 298 e 299.

Importante salientar ainda que o sócio retirante receberá valores potencialmente diferentes de acordo com a forma de retirada da sociedade. Caso obtenha um comprador para sua participação, seja sócio ou não, essa será alienada pelo seu *valor de mercado*. Por tratar-se de acordo bilateral para a aquisição, não tem o sócio desligante condições de impor o preço que deseja; esse é fixado de comum acordo entre as partes, levando-se em consideração o que bem entenderem, mas normalmente verificando-se as perspectivas futuras de rentabilidade, o fluxo de caixa, as dívidas existentes etc. Já quando do exercício do direito de retirada, a lei é taxativa: o sócio receberá o *valor patrimonial* de sua participação, se não houver na limitada previsão contratual em contrário (art. 1.031, CC/2002). Na anônima, o valor patrimonial só pode ser substituído pelo *valor econômico* da ação (art. 45, LSA).

O valor patrimonial, segundo a melhor doutrina, é encontrado pela "divisão do patrimônio líquido da companhia pelo número de ações emitidas. (...) o patrimônio líquido de determinado sujeito de direito é o seu ativo menos o passivo". Já o valor econômico é bem mais complexo, sendo o valor que um investidor racional provavelmente pagaria pela ação ou quota, levando-se em consideração a perspectiva futura de rentabilidade da empresa.

Assim, no caso concreto, o sócio retirante deve verificar se tem condições de optar pela alienação voluntária ou pelo direito de recesso, com a conseqüente determinação do método de avaliação de seus haveres.

Da análise das regras de "desinvestimento", pode-se concluir que a sociedade anônima atende melhor os interesses de um hipotético investidor, já que, na sociedade limitada, as possibilidades de restrição à circulação das cotas são maiores, podendo tornar o minoritário refém dos sócios remanescentes, ou de um irrisório valor patrimonial. Esse nem sempre correspondente ao real valor da empresa, obrigando o sócio retirante a ingressar em juízo, na busca da correta definição da importância a que faz jus.

Conclusão

O presente trabalho buscou traçar um paralelo entre a nova sociedade limitada e a sociedade anônima de capital fechado. Visou, com isso, auxiliar na resposta à nova e tormentosa questão doravante enfrentada pelos profissionais do direito, notadamente advogados de empresas, e, sobretudo, pelos empreendedores nacionais: qual modelo societário adotar?

O novo Código Civil aproximou bastante o regime da sociedade limitada ao das anônimas. Portanto, a antiga flexibilidade e baixos custos de administração daquela sociedade não podem mais ser o principal motivo de sua escolha, a menos que se considere um descumprimento generalizado das novas regras do diploma civil, o que, aliás, não é tão improvável, dado que a grande maioria de Ltdas. é de micro e pequenas empresas, sem muito conhecimento técnico e qualquer assistência jurídica especializada.

As principais mudanças surgidas nas sociedades limitadas, quais sejam, a previsão de *quorum* específico para a deliberação de uma série de matérias, bem com as novas responsabilidades dos administradores, podem forçar uma migração das limitadas mais complexas, onde existem realmente minoritários, alto faturamento e operações de maior envergadura, para o regime das sociedades anônimas de capital fechado.

Imagina-se a citada migração principalmente em razão da jurisprudência mais sedimentada existente a respeito das anônimas, afastando a insegurança jurídica, infelizmente endêmica nesse país, que permeará o regime das limitadas pelos próximos anos.

No entanto, pelo menos até a presente data, o mercado parece se encontrar em compasso de espera. Dados obtidos perante o Departamento Nacional de Registro de Comércio, e as Juntas Comerciais dos Estados de Minas Gerais e Rio de Janeiro, nos respectivos endereços eletrônicos,[97] demonstram que não houve ainda significativa alteração nos registros de constituição das sociedades estudadas. De janeiro a abril de 2002 foram criadas, em Minas Gerais, 8.484 sociedades limitadas e 28 sociedades anônimas. No mesmo período do presente ano, foram constituídas 7.247 limitadas e 42 S/A. Já, no Rio de Janeiro, nos mesmos períodos, foram constituídas 6.196 e 5.300 limitadas, e 40 e 23 anônimas, respectivamente. Daí se concluir pelo citado compasso de espera.

Os dados estatísticos não levam, ainda, a resultados seguros. Em Minas Gerais houve uma redução de 14,52% no número de limitadas constituídas e um aumento de 50% no número de sociedades anônimas. No Rio de Janeiro, houve queda generalizada: 14,46% nas limitadas e expressivos 42,5% nas S/A. De forma consolidada, verifica-se redução em 14,52% nas limitadas e 4,41% nas anônimas. Há que se esperar, portanto, mais tempo para conclusões definitivas amparadas nesses dados, até mesmo porque a retração econômica pela qual passa o país na atualidade pode contribuir para falsear as conclusões.

Outra hipótese é a de que os empreendedores pretendem manter suas sociedades como limitadas, adaptando-as às novas regras. Caso essa seja a opção correta, imagina-se que essa conduta dos meios empresariais seja mais decorrência de inércia, no sentido físico do termo, e desconhecimento das alterações promovidas pelo novo diploma civil, que uma decisão racional.

Apesar de dados estatísticos ainda inconclusivos, inércia e desinformação no meio empresarial, pensa-se que, a médio e longo prazos, a tendência é que os maiores

97. Disponível em <www.dnrc.gov.br>, <www.jucemg.mg.gov.br> e <www.jucerja.rj.gov.br>, acesso em 14.6.2003.

grupos econômicos nacionais, que ainda estejam constituídos sob a forma de sociedade limitada, transformem-se em anônimas, seja de capital fechado ou de capital aberto. Isso porque esse tipo societário se amolda melhor às empresas que, em razão do porte, do prazo de maturação dos investimentos e outras razões econômicas, ultrapassam a vida de seus fundadores. As crescentes necessidades de financiamento para a produção, decorrência do processo de abertura econômica e incremento nos níveis de concorrência, acabará por levar tais grupos para o anonimato, onde a captação de recursos é mais farta, notadamente no que se refere ao mercado de capitais.

A sociedade limitada é um tipo societário mais adequado àqueles empreendimentos cuja atuação pessoal do sócio tem fundamental importância para a realização do objeto social, enquanto a sociedade anônima é mais adequada para projetos onde um grande volume de capital é necessário. Nesse sentido são também as conclusões de Richard A. Posner:[98]

"The theory of the firm tell us why so much economic activity is organized in firms but not why most of those firms are corporations. A clue is that firms in which the inputs are primarily labor rather than capital often are partnerships or individual proprietorships rather than corporations. The corporation is primarily a method of solving problems encountered in raising substantial amounts of capital.

"(...)

"The problems of partnership that we have been discussing arise from the firm's need for more capital than the workers (the active partner, in our example) cam be expected do supply. A firm that doesn't need 'outside' capital is likely to be organized as a partnership or sole proprietorship rather than as a corporation, because the advantages of the corporate form lie primarily in overcoming the problems that a partnership or a proprietorship would encounter in trying to raise capital from investors.

"(...)

"The corporate form is the normal solution that the law and businesses practice have evolved to solve the financing and accountability problems discussed in the preceding section. The corporation's perpetual existence obviates the need for a special agreement limiting withdrawal or dissolution, although such an agreement may turn out to be necessary for other reasons to be discussed. The shareholder's liability for corporate debts is limited to the value of his shares (limited liability). Passive investment is further protected by (1) a complex of legal rights vis-à-vis management and any controlling group of shareholders, and (2) the fact that equity interests in a corporation are broken up into shares of relatively small value that can be, and in the case of the larger corporations are, traded in organized markets. The corporate form enables an investor to make small equity investments, to reduce risk through diversification, and to liquidate his investment quickly and cheaply. Without limited liability a shareholder would not even be allowed to sell his shares without the other shareholders' consent, if he sold them to someone poorer then he, the risk to the other shareholders would be increased."

Caberá assim ao empreendedor decidir o tipo societário que revestirá sua empresa levando em consideração a expectativa futura do negócio: em se tratando de negócio de menor monta, onde os recursos para a atividade são obtidos principalmente junto aos sócios e por meio de reinvestimento; onde inexiste expressivo grupo minoritário e o controle da sociedade é concentrado nas mãos de poucas pessoas; quando a expectativa de retorno do capital aplicado não é de longo prazo, a sociedade limitada parece ser mais o tipo mais aconselhável.

À medida que o número de sócios cresce, complica-se a gestão da empresa. Uma

98. Richard A. Posner, *Economic Analysis of Law*, 5ª ed., pp. 428 e ss.

sociedade limitada onde há sócios minoritários que realmente contribuíram para a formação do capital, em virtude das novas regras de *quorum* decisório, convocação e instalação de assembléias etc., trazidas pelo novo Código, estará exposta a um nível considerável de insegurança jurídica, enquanto não consolidada a jurisprudência a respeito de tais questões.

Além dos problemas inerentes à gestão, a sociedade estará cada vez mais sujeita a problemas sucessórios, bem como a dificuldades na resolução de desavenças entre os sócios, sempre com prejuízo à condução da atividade produtiva. Em ambos os casos, não sendo a pendenga resolvida amigavelmente, a sociedade será submetida a um desgastante processo para apuração de haveres ou exclusão de sócio. Na sociedade anônima, essas questões são muito mais fáceis de serem resolvidas, na medida em que a ação pode ser negociada mais facilmente que a cota, havendo, ainda, um regime protetivo ao minoritário muito mais detalhado.

Conclui-se, assim, que a definição do tipo societário a ser adotado nas empresas no Brasil não é somente uma questão jurídica, mas, também, econômica e administrativa-gerencial. Cabe, então, aos juristas envolvidos (advogados ou juízes), estar atentos a todas essas questões, para que possam aconselhar corretamente (ou julgar de forma justa) os empreendedores, sempre tendo em vista a preservação da empresa e o princípio da livre iniciativa (art. 170, CF/1988), garantindo o desenvolvimento nacional, um dos objetivos fundamentais da Nação, nos termos do art. 3º, II, da Carta Magna.

Belo Horizonte, 23 de junho de 2003.

Referências bibliográficas

ASCARELLI, Tullio. *Problemas das Sociedades Anônimas e Direito Comparado*. Campinas, Bookseller, 1999.

ALMEIDA, Amador Paes de. *Manual das Sociedades Comerciais*. São Paulo, Saraiva, 1999.

ANDRADE JÚNIOR, Attila de Souza Leão. *O Novo Direito Societário Brasileiro*. Brasília, Brasília Jurídica, 1999.

BATALHA, Wilson de Souza Campos. *Comentários à Lei das Sociedades Anônimas*. Rio de Janeiro, Forense, 1977.

BERTOLDI, Marcelo M. *Curso Avançado de Direito Comercial*. São Paulo, Ed. RT, 2001.

BORBA, José Edwaldo Tavares. *Direito Societário*. Rio de Janeiro, Renovar, 2003.

BORGES, João Eunápio. *Curso de Direito Comercial Terrestre*. Rio de Janeiro, Forense, 1991.

BULGARELLI, Waldirio. *Manual das Sociedades Anônimas, com as Novas Alterações da Lei das Sociedades por Ações*. São Paulo, Atlas, 1999.

______. *Sociedades Comerciais*. São Paulo, Atlas, 2000.

______. *Regime Jurídico da Proteção às Minorias nas S/A*. Rio de Janeiro, Renovar, 1998.

______. *Comentários à Lei das Sociedades Anônimas*. São Paulo, Saraiva, 1978.

BUSSADA, Wilson. *Sociedade Anônima Interpretada pelos Tribunais*. Rio de Janeiro, Liber Júris, s/d.

CANTIDIANO, Luiz Leonardo. *Estudos de Direito Societário*. Rio de Janeiro, Renovar, 1999.

CARNEIRO, Dionísio Dias. "Crescimento de longo prazo e a Lei das Sociedades Anônimas", *Diário do Comércio*, Belo Horizonte, sábado, 16 a segunda–feira, 18.2.2002, Caderno de Legislação, p. 15.

CARVALHOSA, Modesto. *Comentários à Lei de Sociedades Anônimas: Lei 6.404, de 15 de Dezembro de 1976, com as Modificações das Leis 9.457, de 5 de Maio de 1997, e 10.303, de 31 de Outubro de 2001*. São Paulo, Saraiva, 2003.

______. *A Nova Lei das Sociedades Anônimas, seu Modelo Econômico*. 2ª ed., Rio de Janeiro, Paz e Terra, 1977.

_______. "Depoimento proferido na Câmara dos Deputados acerca do Projeto de Lei 3.115/1997", *Revista de Direito Bancário, do Mercado de Capitais e da Arbitragem* 10, São Paulo, Ed. RT, ano 3, out.-dez. 2000.

COELHO, Fábio Ulhoa. *Curso de Direito Comercial*. v. 2, 4ª ed., São Paulo, Saraiva, 2001, p. 423.

_______. *A Sociedade Limitada no Novo Código Civil*. São Paulo, Saraiva, 2003.

COMPARATO, Fábio Konder. "Controle conjunto, abuso no exercício do voto acionário e alienação direta de controle empresarial", *Direito Empresarial: Estudos e Pareceres*. São Paulo, Saraiva, 1995.

_______. *O Poder de Controle na Sociedade Anônima*. 2ª ed., São Paulo, Ed. RT, 1977.

_______. *Direito Empresarial*. São Paulo, Saraiva, 1990.

_______. *Ensaios e Pareceres de Direito Empresarial*. Rio de Janeiro, Forense, 1978.

CORRÊA LIMA, Osmar Brina. *Sociedades Anônimas*. Belo Horizonte, Del Rey, 1994.

_______. *A Reforma da Lei das Sociedades Anônimas (Lei 9.457, de 5 de Maio de 1997)*. Belo Horizonte, Del Rey, 1997.

_______. *Curso de Direito Comercial*. v. 2, *Sociedade Anônima*. Belo Horizonte, Del Rey, 1995.

_______. *O Acionista Minoritário no Direito Brasileiro*. Rio de Janeiro, Forense, 1994.

COSTA MARSHALL, Carla Izolda Fiuza. "Temas polêmicos da sociedade por quotas — Posição da jurisprudência. Cessão de quotas, responsabilidade e exclusão de sócios", *RDM* 102/94-108, São Paulo, 1997.

CUNHA PEIXOTO, Carlos Fulgêncio da. *Sociedades por Ações*. São Paulo, Saraiva, 1972-1973.

CUNHA PEREIRA, Guilherme Döring. *Alienação do Poder de Controle Acionário*. São Paulo, Saraiva, 1995.

EIZIRIK, Nelson. *Sociedades Anônimas — Jurisprudência*. Rio de Janeiro, Renovar, 1998.

_______. *Reforma das S/A & do Mercado de Capitais*. Rio de Janeiro, Renovar, 1997.

FERREIRA, Waldemar. *Tratado das Sociedades Mercantis*. Rio de Janeiro, Ed. Nacional de Direito, 1958.

FRANÇA, Erasmo Valladão Azevedo e Novaes. *Invalidade das Deliberações de Assembléia das S/A*. São Paulo, Malheiros Editores, 1999.

_______. *Conflito de Interesses nas Assembléias de S/A*. São Paulo, Malheiros Editores, 1993.

FURTADO, Clarissa. "Código Civil aproxima as limitadas das S/A", *Gazeta Mercantil*, São Paulo, sexta-feira, 25, e fim de semana, 26 e 27.1.2002, p. A-10.

HENTZ, Luiz Antonio Soares. *Direito de Empresa no Código Civil de 2002: Teoria do Direito Comercial de Acordo com a Lei n. 10.406, de 10.1.2002*. São Paulo, Ed. Juarez de Oliveira, 2003.

LAMY FILHO, Alfredo e BULHÕES PEDREIRA, José Luiz. *A Lei das S/A — Pressupostos — Elaboração — Aplicação*. 2 vs. Rio de Janeiro, Renovar, 1995.

_______. "A empresa, os minoritários e o mercado de capitais", *Revista de Direito Bancário, do Mercado de Capitais e da Arbitragem* 9, São Paulo, Ed. RT, jul.-set. 2000.

LEÃES, Luiz Gastão Paes de Barros. *Comentários à Lei das Sociedades Anônimas*. São Paulo, Saraiva, 1980.

_______. *Poder de Controle. Estudos e Pareceres sobre Sociedades Anônimas*. São Paulo, Ed. RT, 1989.

LOBO, Jorge (coord.). *Reforma da Lei das Sociedades Anônimas: Inovações e Questões Controvertidas da Lei 10.303, de 31.10.2001*. Rio de Janeiro, Forense, 2002.

LODI, João Bosco. *Governança Corporativa — O Governo da Empresa e o Conselho de Administração*. Rio de Janeiro, Campus, 2000.

MARTINS, Fran. *Comentários à Lei das Sociedades Anônimas, Lei 6.404, de 15 de Dezembro de 1976*. Rio de Janeiro, Forense, 1978.

_______. *Curso de Direito Comercial*. 22ª ed., Rio de Janeiro, Forense, 1998.

MIRANDA JÚNIOR, Darcy Arruda. *Dicionário Jurisprudencial da Sociedade por Ações*. São Paulo, Saraiva, 1990.

MORAES, Luiza Rangel de. "Considerações sobre o regime jurídico da administração nas sociedades simples, limitadas e anônimas", *Revista de Direito Bancário, do Mercado de Capitais e da Arbitragem* 18/41-57, São Paulo, out.-dez. 2002.

MOSQUERA. Roberto Quiroga (coord.). *Aspectos Atuais do Direito do Mercado Financeiro e de Capitais*. São Paulo, Dialética, 1999.

MUNHOZ, Eduardo Secchi. *Empresa Contemporânea e Direito Societário: Poder de Controle e Grupo de Sociedades*. São Paulo, Ed. Juarez de Oliveira, 2002.

PAIS, Paulo Roberto Tavares. *Manual das Sociedades Anônimas*. São Paulo, Ed. RT, 1981.

PAZ, Alessandra. "Dispositivos do novo Código Civil ainda podem ser alterados. Projetos de lei prevendo mudanças dividem o meio jurídico", *Gazeta Mercantil*, São Paulo, quinta-feira, 13.3.2003, p. A-8.

______ e, SERRANO, Adriana. "Código Civil muda a vida das limitadas", *Gazeta Mercantil*, São Paulo, segunda-feira, 7.4.2003, pp. A-1 e A-7.

POSNER, Richard A. *Economic Analysis of Law*. 5ª ed., Nova York, Aspen Publishers, Inc., 1997.

REQUIÃO, Rubens. *Aspectos Modernos de Direito Comercial*. São Paulo, Saraiva, 1980.

______. *Curso de Direito Comercial*. São Paulo, Saraiva, 1995.

SALOMÃO FILHO, Calixto. *O Novo Direito Societário*. São Paulo, Malheiros Editores, 1998.

______. "Sociedade anônima: interesse público e privado", *RDM* 127/7-20, São Paulo, jul.-set. 2002.

SANTOS, Jurandir dos. *Manual das Assembléias Gerais nas Sociedades Anônimas*. São Paulo, Saraiva, 1994.

SILVEIRA LOBO, C. A. "As alterações da Lei de Sociedades Anônimas ora em discussão no Congresso Nacional", *Revista de Direito Bancário, do Mercado de Capitais e da Arbitragem* 9, São Paulo, Ed. RT, ano 3, jul.–set. 2000.

TEIXEIRA, Egberto Lacerda, e TAVARES GUERREIRO, José Alexandre. *Das Sociedades Anônimas no Direito Brasileiro*. São Paulo, José Bushatsky, 1979.

TOMAZETTE, Marlon. *Direito Societário*. 1ª ed., São Paulo, Ed. Juarez de Oliveira. 2003.

VALVERDE, Trajano de Miranda. *Sociedades por Ações*. Rio de Janeiro, Forense, 1959.

VENOSA, Sílvio de Salvo. *Direito Civil*. v. 1, *Parte Geral*, 2ª ed., São Paulo, Atlas, 2002, p. 301.

WALD, Arnoldo. "O governo das empresas", *Revista de Direito Bancário, do Mercado de Capitais e da Arbitragem* 15/53-78, São Paulo, jan.-mar. 2002.

WEYLAND VIEIRA, Paulo Abert, e CARVALHO REIS, Ana Paula de. "As sociedades limitadas no novo Código Civil — A limitação do direito de contratar", *RDM* 127/30-51, São Paulo, jul.-set. 2002.

DO EXERCÍCIO DO DIREITO DE VOTO DAS AÇÕES PREFERENCIAIS COM DIVIDENDO DIFERENCIADO

JORGE LOBO

1. A doutrina, no *regimem* do Decreto-lei 2.627, de 1940, ensinou, sem voz discrepante, que os titulares de ações preferenciais de ***todas*** as classes adquiriam, por força do art. 81, parágrafo único,[1] *direito de voto se a companhia deixasse de pagar dividendos por três exercícios consecutivos*, conforme se constata em Trajano de Miranda Valverde[2] e Cunha Peixoto,[3] por ser o art. 81, parágrafo único, preceito de ordem pública.

2. Por igual, ao interpretar o art. 111, § 1º, da Lei 6.404, de 1976,[4] cuja redação era idêntica à do art. 81, parágrafo único, do Decreto-lei 2.627/1940, apenas acrescentando ao texto original a palavra "mínimo", sempre se entendeu que *os preferencialistas, se a companhia deixasse de pagar dividendos por três exercícios consecutivos, adquiriam direito de voto*, consoante se verifica em Fran Martins,[5] Wilson de Souza Campos Batalha,[6] Luiz Gastão Paes de Barros Leães,[7] Arnoldo Wald[8] e do Parecer CVM/SJU 129/1983, porque, neste caso, os preferencialistas, para todos os efeitos, passavam a ser acionistas ordinários com direito de voto.

3. No exterior, essa orientação é uniforme e pacífica:

3.1 na Alemanha: "O direito ao dividendo privilegiado (...) é cumulativo (cfr. § 140 Abs. 2) e se não for pago, total ou parcialmente, num ano e (ou) no ano seguinte, permite aos acionistas privilegiados recuperarem o direito de voto, até que lhe sejam satisfeitas essas quantias (§ 140 Abs. 2 Satz *in fine*)";[9]

1. Parágrafo único do art. 81: "As ações preferenciais adquirirão o direito de voto, de que não gozarem em virtude dos estatutos, quando, pelo prazo neles fixado, que não será superior a três anos, *deixarem de ser pagos os respectivos dividendos* ***fixos***, direito que conservarão até o pagamento, se tais dividendos não forem cumulativos, ou até que sejam pagos os cumulativos em atraso".

2. Trajano de Miranda Valverde, *Sociedades por Ações*, v. II, Rio de Janeiro, Forense, 1959, p. 65.

3. Carlos Fulgência da Cunha Peixoto, *Sociedades por Ações*, 2º v., São Paulo, Saraiva, 1972, p. 359.

4. § 1º, do art. 111: "As ações preferenciais sem direito de voto adquirirão o exercício desse direito se a companhia, pelo prazo previsto no estatuto, não superior a três exercícios consecutivos, *deixar de pagar os dividendos* ***fixos*** *ou* ***mínimos*** a que fizerem jus, direito que conservarão até o pagamento, se tais dividendos não forem cumulativos, ou até que sejam pagos os cumulativos em atraso".

5. Fran Martins, *Comentários à Lei de Sociedades Anônimas*, v. 2, t. I, 2ª ed. revista, Rio de Janeiro, Forense, 1984, p. 54.

6. Wilson de Souza Campos Batalha, *Comentários à Lei das Sociedades Anônimas*, v. 2, Rio de Janeiro, 1977, p. 552.

7. Luiz Gastão Paes de Barros Leães, *Comentários à Lei das Sociedades Anônimas*, 2º v., São Paulo, Saraiva, 1980, p. 236.

8. Arnoldo Wald, "Do direito de voto dos titulares de ações preferenciais após o decurso de três exercícios sem pagamento de dividendos", RT 634/10, 1988.

9. Paulo Miguel Olavo de Pitta e Cunha, *Os Direitos Especiais nas Sociedades Anónimas: as Acções Privilegiadas*, Coimbra, Livraria Almedina, 1993, p. 56.

3.2 na Espanha: "(...) son aquellas (as preferenciais) que están desprovitas del derecho de voto y conceden a sus titulares ciertos privilegios de carácter patrimonial como contrapartida a la privación de aquel derecho";[10]

3.3 na Itália: "In contrapartida della privazione di alcuni importanti diritti amministrativi (in specie del diritto di voto), il legislatore ha voluto riconoscere agli azionista di risparmio una posizione patrimoniale privilegiata";[11]

3.4 na França: "La privation du droit de vote est conditionnelle, et le droit de vote à l'assemblée générale réapparaît si le dividende prioritaire n'est pas versé pendant un certain temps".[12]

4. Após a promulgação da Lei 9.457, de 1997, que alterou a redação do art. 17, da Lei 6.404, de 1976, sem, entretanto, modificar o § 1º, do art. 111, os estudiosos continuaram a proclamar que *os preferencialistas, se a companhia deixar de pagar dividendos por três exercícios consecutivos, adquirem o direito de voto*, conforme enfatizam Modesto Carvalhosa[13] e Nelson Eizirik,[14] por constituir-se o "preceito legal" (o do § 1º, do art. 111) o meio mais eficaz de "evitar uma das formas mais iníquas de domínio dos controladores".[15]

5. Anote-se que o legislador, ao modificar a redação do art. 17, para criar o dividendo diferenciado em seu inciso I, e ao não alterar o § 1º, do art. 111, para inserir o vocábulo diferenciado, não suprimiu a regra de que os preferencialistas adquirem o direito de voto caso a companhia não distribua dividendos por três exercícios consecutivos: primeiro, porque assim sempre entenderam e doutrinaram os mais autorizados especialistas do Direito Societário brasileiro desde 1940 até os nossos dias; segundo, em virtude da própria natureza das ações preferenciais; terceiro, pelo fato inconteste de que, não havendo rateio dos lucros e, em conseqüência, tendo sido frustrada a expectativa de obter vantagens e benefícios pecuniários em contrapartida da suspensão do exercício do direito de voto, os preferencialistas adquirem o direito político de votar, eis que "se não existe vantagem patrimonial não há como caracterizar a ação como preferencial; terá que ser considerada ordinária e terá direito de voto".[16]

6. Esta a lição de Alfredo Lamy Filho, que, com a incontestável autoridade de ínclito autor do Anteprojeto de LSA, em notável Parecer, extraído dos autos da ação ordinária 951/2000, em trâmite perante a 1ª VC da Comarca de Mirassol/SP, em que se discute se as ações preferenciais com

10. Carmen Alborch Bataller, *El Derecho de Voto del Accionista*, 1ª ed., Madri, Ed. Tecnos, 1977, p. 346.

11. Paola Balzarini, *Le Azioni senza Diritto di Voto*, Milão, EGEA, 1992, p. 32.

12. Georges Ripert, *Traité Élementaire de Droit Comercial*, t. I, 12ª ed. por René Roblot, Paris, LGDJ, 1980, p. 766.

13. "(...) as preferenciais com dividendo calculado sobre o lucro do exercício obrigatoriamente terão o direito de receber o diferencial de 10% sobre o valor pago às ordinárias. Conseqüentemente, poderá o estatuto suprimir total ou parcialmente o direito de voto (arts. 111 e 19). Às ações com dividendo fixo ou mínimo, somente poderá ser restringido o direito de voto se o estatuto previr a suplementação do dividendo, 10% maior do que o valor pago às ações ordinárias. (...) A simples acumulação das vantagens (dividendos e reembolso), sem a previsão de suplemento a maior, torna inaplicável o art. 111, não podendo haver qualquer restrição ao direito de voto. (...) *Se a promessa estatutária de dividendo preferencial não se cumprir, surge o direito de voto do acionista preferencial*" (Modesto Carvalhosa, *Comentários à Lei de Sociedades Anônimas*, v. 1, 2ª ed., São Paulo, Saraiva, 1998, pp. 144-145 e v. 2, p. 357).

14. "A partir da reforma instituída pela Lei 9.457/1997, as vantagens atribuídas aos titulares de ações preferenciais passam a ser *efetivas*; devem eles receber *sempre* um dividendo superior ao distribuído às ações com direito de voto; *se assim não proceder a companhia, os preferencialistas adquirem direito de voto, posto que desaparece o fundamento legal para a sua supressão*" (Nelson Eizirik, *Reforma das S/A e do Mercado de Capitais*, Rio de Janeiro, Renovar, 1997, pp. 44-45).

15. Carvalhosa, ob. e v. cits., p. 357.

16. Alfredo Lamy Filho e José Luiz Bulhões Pedreira, *A Lei das S/A*, v. II, Rio de Janeiro, Renovar, 1996, p. 148.

dividendo diferenciado têm ou não direito de voto, pontifica:

> *Toda ação preferencial* — excluída do direito de voto em troca de uma vantagem patrimonial — *readquire o exercício desse direito se a sociedade, gerida pelos acionistas ordinários, não realiza a finalidade para a qual foi constituída, de gerar lucros e distribuir dividendos.*

7. A seu turno, Arnoldo Wald, em excelente Parecer, entranhado nos mesmos autos, afirma:

> A interpretação lógica e sistemática dos arts. 17 e 111 da Lei 6.404/1976, bem como a investigação da finalidade econômica das mencionadas normas legais, levam a concluir que *a aquisição do direito de voto, prevista no § 1º do art. 111, **é dirigida a todo acionista preferencial, independentemente da forma de preferência estatutariamente conferida***, inclusive dividendos fixos e mínimos.

8. A sua vez, Modesto Carvalhosa, em Parecer lapidar, que também instrui a citada ação ordinária, assegura:

> (...) *As ações preferenciais sem direito de voto adquirirão o exercício desse direito se a companhia, pelo prazo não superior a três exercícios consecutivos, deixar de pagar os dividendos que por lei ou pelo Estatuto lhes são prioritariamente assegurados, **sejam*** eles dividendos mínimos obrigatórios (art. 222), sejam dividendos fixos, dividendos mínimos, ou ainda, ***dividendos sobre os lucros do exercício***.
>
> (...) *Excluir do exercício do direito de voto, previsto no § 1º do art. 111, as ações preferenciais* com prioridade no reembolso ou então *com dividendos sobre os lucros no exercício seria enormemente discriminatório, **não comportando a lei tal iniqüidade***.

9. Portanto, a despeito de não ter sido modificada a redação do § 1º do art. 111, sua interpretação deve ser consentânea com o espírito do "microssistema" societário, que, repita-se, à exaustão, visa garantir efetiva vantagem patrimonial aos acionistas preferencialistas privados do direito de voto, conforme doutrina Carmem Alborch Bataller, nas palavras de Fran Martins "uma das maiores autoridades européias sobre o direito de voto dos acionistas":[17] "(...) se a sociedade não obteve lucros e, portanto, não pode distribuí-los e satisfazer aos interesses dos acionistas privilegiados, de alguma forma deve intentar compensar ditos acionistas. O reconhecimento do direito de voto atua, nesse sentido, concedendo oportunidade aos acionistas para que intervenham nas assembléias gerais, podendo, inclusive, se bem que de fato não o façam, intervir na adoção de acordos, evitando, em última instância, presumíveis abusos por parte dos acionistas ordinários ou também exigir responsabilidades dos administradores".[18]

10. Por fim, atente-se que, no julgamento de recurso da Plascar Participações Industriais S/A (processo RJ 2002/2941), dirigido ao Colegiado da CVM, a Profa. Norma Jonssen Parente, em notável voto, assentou:

> Efetivamente, seria iníquo para o acionista, que tem como contrapartida da exclusão de seu voto o recebimento de um dividendo privilegiado, assistir amordaçado o desenrolar da decadência da sociedade sem poder interferir. É irrazoável admitir-se que fique à frente da sociedade quem deu margem aos prejuízos, sob o risco de se atingir a total desvalorização do patrimônio social. Evidentemente não foi esse desígnio antidemocrático que movimentou o legislador. O espírito é permitir o exercício do poder de controle pelos acionistas prejudicados, ao menos, até que a sociedade retorne a seu rumo.
>
> Já é questionável, em termos de boa Governança Corporativa, a existência de ações sem direito de voto, quiçá admitir-se que tais ações também fiquem indiscriminadamente privadas de participar dos lucros, direitos intangível dos acionistas.

17. "Direito de voto de ações preferenciais", in *Novos Estudos de Direito Societário*, São Paulo, Saraiva, 1988, p. 94.

18. *El Derecho de Voto del Accionista*, Madri, Technos, 1977, *apud* Fran Martins, art. cit., p. 94.

O direito de participar dos lucros sociais tem caráter periódico (anual). Assim, a cada ano em que não se pagam os dividendos está se impedindo um direito essencial do acionista. A contrapartida para essa obstrução só pode ser o direito de votar para tentar sustar a infração continuada. Trata-se de direito individual do acionista, *ope legis*, insuscetível de modificação, nem mesmo pela Assembléia Geral.

Assim, a única conclusão lídima acerca do pleito é de que todos os preferencialistas adquirem o direito de voto após a inadimplência contínua da companhia, em razão da própria natureza das ações preferenciais.

11. Com apoio na abalizada opinião desses renomados mestres, podemos afirmar que as ações preferenciais de qualquer espécie e, por conseguinte, as ações preferenciais com dividendo diferenciado, adquirem o exercício do direito de voto se a companhia deixar de pagar dividendos pelo prazo previsto no estatuto social, não superior a três exercícios consecutivos, com a devida vênia dos doutos Fábio Ulhoa Coelho,[19] Luiz Leonardo Cantidiano,[20] Paulo César Aragão,[21] Paulo Afonso de Sampaio Aragão[22] e Leslie Amendolara,[23] que defendem ponto de vista contrário.

19. Parecer também entranhado nos autos do processo 951/2000.

20. *Revista ABAMEC-RJ*, out. 1997.

21. *A Reforma da Lei das S/A*, Jorge Lobo (coord.), Atlas, pp. 158-169.

22. *S/A — Como Era e como Ficou após a Lei 9.457/1997*, Ed. Oliveira Mendes.

23. "O direito dos acionistas minoritários", p. 55.

A INFLUÊNCIA DA ESTRUTURA DE GOVERNANÇA CORPORATIVA NO VALOR, ALAVANCAGEM E POLÍTICA DE DIVIDENDOS DAS EMPRESAS BRASILEIRAS DE CAPITAL ABERTO*

André Carvalhal

1. Introdução. 2. Referencial teórico: 2.1 Estrutura de controle/propriedade e valor das empresas; 2.2 Estrutura de controle/propriedade e alavancagem financeira; 2.3 Estrutura de controle/propriedade e política de dividendos. 3. Dados e metodologia. 4. Análise dos resultados. 5. Conclusão. 6. Referências bibliográficas.

1. Introdução

O conceito de governança corporativa existe há mais de 50 anos. No entanto, embora a governança corporativa não seja um tema relativamente novo, somente nos últimos anos vem se transformando em uma preocupação importante em diversos países, sejam mercados desenvolvidos ou emergentes. Nesse sentido foram realizadas várias pesquisas a partir dos anos 1980 nos Estados Unidos, Europa, Japão e mercados emergentes para examinar os modelos de governança corporativa e suas conseqüências sobre o desempenho, estrutura de capital e política de dividendos das empresas.

No Brasil, o debate em torno da governança corporativa se intensificou bastante na última década, na medida em que as relações entre acionistas e administradores e entre acionistas majoritários e minoritários estão mudando com a reestruturação societária provocada pelas privatizações e a entrada de novos sócios nas empresas do setor privado, principalmente estrangeiros e investidores institucionais.

Portanto, a abertura da economia brasileira, o aumento dos investimentos estrangeiros no país, o processo de privatização de empresas estatais e o crescente número de empresas brasileiras acessando os mercados internacionais têm estimulado e tornado essencial o esforço em busca das boas práticas de governança corporativa. Entre as principais iniciativas de estímulo e aperfeiçoamento do modelo de governança das empresas no país destacam-se: criação do Novo Mercado da Bolsa de Valores de São Paulo, a nova Lei das S/A (Lei 10.303/2001), a regulamentação dos fundos de pensão (Resolução CMN 2.829/2001), atuação do BNDES no mercado de capitais, o Código de Boas Práticas de Governança Corporativa do IBGC e as recomendações da CVM sobre Governança Corporativa.

A governança corporativa é um tema bastante abrangente. Embora ela possa ocorrer em diversas dimensões, a análise pode ser centrada na estrutura de controle e propriedade das empresas, levando-se em con-

* Prêmio IBGC de Governança Corporativa.

ta que essa dimensão está intimamente ligada com as demais. Portanto, a governança corporativa pode ser analisada do ponto de vista da dissociação entre propriedade e controle. Shleifer e Vishny (1997) argumentam que a estrutura de controle e propriedade é, junto com a proteção legal, um dos dois determinantes da governança corporativa.

A compreensão da estrutura de controle e propriedade é de fundamental importância uma vez que ela influencia diretamente a eficiência do mercado por controle corporativo. Primeiramente, ela mostra o grau de diversificação de risco dos acionistas. Outro ponto importante é que ela demonstra um potencial problema de agência na direção da firma. Pode haver um problema de agência entre a administração e os acionistas, pois a primeira pode não estar maximizando o valor para os últimos. Quando há um agente que pode influenciar o controle de uma companhia, um novo problema de agência pode surgir, desta vez entre os acionistas controladores e os acionistas minoritários.

O presente trabalho dá continuidade a uma série de pesquisas sobre estruturas de controle e propriedade de companhias brasileiras (Valadares e Leal (2000), Leal, Carvalhal da Silva e Valadares (2002)). Esse estudo também dá continuidade à literatura a respeito dos efeitos das estruturas de controle e propriedade sobre a avaliação das empresas pelo mercado, sobre as decisões de estrutura de capital e de política de dividendos.

Os direitos de fluxo de caixa (propriedade) e voto (controle) podem ser bastantes diferentes devido ao uso de ações não votantes (ações preferenciais), pirâmides, estrutura cruzadas (*cross-holdings*), além de acordos para exercício do direito a voto, ou do poder de controle. No presente estudo, são calculadas as estruturas direta e indireta de controle e propriedade, além de considerar a presença de acordos de acionistas, o que não foi analisado em estudos anteriores sobre estrutura de controle e propriedade realizados no Brasil.

A grande dificuldade na determinação da composição acionária das empresas refere-se ao cálculo das participações na estrutura indireta de controle e propriedade. As medidas da estrutura indireta de controle e propriedade usadas em estudos no Brasil (Valadares (1998), Valadares e Leal (2000) e Leal, Carvalhal da Silva e Valadares (2002)) não permitem analisar e computar apropriadamente a separação entre propriedade e controle na estrutura indireta, uma vez que tendem a subestimar o controle dos acionistas majoritários.

Por outro lado, as medidas utilizadas geralmente na literatura internacional podem levar a imprecisões quando existem mais de um acionista indireto, uma vez que pode ocorrer que o somatório dos direitos de voto ultrapasse 100%. O problema já havia sido detectado por Claessens *et al* (2000a, 2000b), La Porta *et al* (1998, 2000a, 2002) e Faccio e Lang (2001), mas, como esses autores só analisaram o controle do maior acionista, geralmente, os resultados não eram afetados por essas circunstâncias.

Esse estudo utiliza uma nova metodologia de cálculo de participação indireta na estrutura de controle e propriedade, visando superar as dificuldades e imprecisões das metodologias atualmente empregadas na literatura internacional e brasileira. Nesse contexto, construiu-se um banco de dados da estrutura direta e indireta das empresas brasileiras, levando em conta a presença de acordo de acionistas e usando uma metodologia que não subestima o controle dos acionistas majoritários.

O objetivo é analisar os efeitos da estrutura de controle e propriedade no valor de mercado, estrutura de capital e política de distribuição de dividendos de empresas no Brasil. Para tanto, é realizada uma análise detalhada dos principais estudos empíricos na literatura nacional e internacional, visando formular as principais hipóteses sobre as relações entre estrutura de controle e propriedade e valor de mercado, alavancagem e *payout* das companhias.

O trabalho está assim estruturado. A Seção 2 apresenta o referencial teórico, com os principais estudos da literatura nacional e internacional e as hipóteses a serem testadas. A Seção 3 descreve a amostra de dados e a metodologia utilizada nos testes, incluindo a construção das variáveis de propriedade e controle. A Seção 4 apresenta os resultados do cálculo da estrutura de composição acionária direta e indireta das companhias brasileiras e suas relações com o valor de mercado, estrutura de capital e *payout*. A Seção 5 conclui o estudo e traz sugestões para pesquisas futuras relacionadas ao tema.

2. *Referencial teórico*

As discussões envolvendo governança corporativa e a evolução dessas práticas tem se intensificado na última década. O conceito já está bastante desenvolvido em países ricos e vem ganhando força nos mercados emergentes. Tradicionalmente, a governança corporativa se preocupou em resolver conflitos de interesse entre administradores e acionistas. No entanto, os conflitos de interesse ocorrem entre uma gama mais ampla de agentes, os *stakeholders*: acionistas minoritários, acionistas majoritários, credores, gerentes, empregados, consumidores, governo e a comunidade como um todo.

A governança corporativa é um tema bastante abrangente. Embora a governança corporativa ocorra em diversas dimensões, a análise pode ser centrada na estrutura de controle e propriedade das empresas, levando-se em conta que essa dimensão está intimamente ligada com as demais. Portanto, a governança corporativa pode ser analisada do ponto de vista da dissociação entre propriedade e controle.

Um dos aspectos mais relevantes da governança corporativa é a estrutura de controle e propriedade. Shleifer e Vishny (1997) argumentam que a estrutura de controle e propriedade é, junto com a proteção legal, um dos dois determinantes de governança corporativa. Algumas razões para tal são apontadas por Thomsen e Pedersen (1997): (i) a concentração da propriedade por parte de grandes acionistas irá icentivá-los a tomar uma posição ativa, com interesse no desempenho da firma; (ii) a separação entre controle e propriedade pode incentivar a expropriação dos acionistas minoritários; (iii) a identidade e a origem do capital dos proprietários (estrangeiro, familiar, estatal, institucional) são indicativos de suas estratégias e prioridades; (iv) a liquidez da propriedade irá afetar a preferência temporal dos proprietários e o comportamento dos investimentos das corporações; (v) os acionistas que possuem carteiras diversificadas não serão avessos a uma postura de maior risco da firma, ao passo que os proprietários com parcela significativa de sua riqueza em uma única firma tendem a propor estratégias corporativas de baixo risco.

A presente Seção visa apresentar os principais estudos empíricos envolvendo estrutura de controle e propriedade e suas relações com valor, estrutura de capital e política de distribuição de dividendos de empresas no Brasil e no mundo. A análise dos principais trabalhos nos permitirá elaborar as principais hipóteses a serem testadas na parte empírica do trabalho.

2.1 Estrutura de controle/propriedade e valor das empresas

Grande parte da literatura que estudou o problema de separação entre propriedade e controle o fez dentro de um ambiente onde a propriedade é difusa, ou seja, em um ambiente marcado por um grande número de pequenos acionistas, cada um com uma parcela muito pequena do capital. Berle e Means (1932), ao analisarem a estrutura de propriedade das empresas nos Estados Unidos, observaram a prevalência de empresas de capital aberto com propriedade diluída entre vários pequenos acionistas minoritários. Esta idéia foi amplamente adotada como o modelo de corporação nas economias modernas.

Entretanto, estudos recentes concluíram que poucos são os países que se caracterizam por empresas com propriedade difusa. Esta estrutura de propriedade ocorre basicamente em grandes corporações de países anglo-saxões. Ao contrário dos países anglo-saxões, países como França, Itália e Alemanha, entre outros, caracterizam-se por uma forte concentração de propriedade e controle.

Jensen e Meckling (1976) e Morck *et al* (1988) produziram importantes contribuições à pesquisa sobre estrutura de propriedade e avaliação corporativa. Jensen e Meckling concluíram que a concentração de propriedade é benéfica para a avaliação das corporações, porque grandes investidores monitoram melhor os administradores. Morck *et al* distinguiram efeitos positivos e negativos. Eles sugerem que a ausência de separação entre propriedade e controle reduz os conflitos de interesse e, conseqüentemente, aumentam o valor para o acionista.

La Porta *et al* (2000a) apresentam evidências de que, em 27 países desenvolvidos, o que se observa é uma grande concentração do controle e da propriedade das empresas nas mãos de famílias e do Estado, ao invés da propriedade difusa proposta por Berle e Means (1932). Quanto à manutenção do controle, é possível, em alguns casos, observar um distanciamento da idéia de uma ação equivalente a um voto. Há, nestes casos, uma distinção entre os direitos de propriedade dos fluxos de caixa e os direitos de voto. Os proprietários finais podem desejar abrir o capital de uma empresa, mas não correr o risco de perder o controle sobre a mesma. Firmas com um proprietário final (um indivíduo ou um grupo) se utilizam de três formas principais de reduzir a sua propriedade abaixo do seu controle, isto é, abrir mão do primeiro sem abrir mão do segundo.

Os proprietários das empresas podem decidir lançar ações com direitos inferiores de voto, mantendo para si as ações com direitos superiores, não correndo, portanto, o risco de perder o controle. Podem ainda se utilizar mecanismos de participação cruzada, isto é, fazer com que uma empresa controlada por outra possua ações de sua controladora. Os empresários podem montar uma estrutura de pirâmide, que consiste em se manter controlador de uma empresa de capital aberto que seja a controladora de outra empresa de capital aberto. Desta forma, o controle pode ser mantido com menos do que os 50% mais um voto do tradicional sistema uma-ação-um-voto. Além desses mecanismos, os acordos de acionistas sobre exercício do direito a voto ou do poder de controle também são uma forma de aumentar o controle.

La Porta *et al* (1998) mostram uma correlação fortemente negativa entre concentração de propriedade e qualidade de proteção legal aos investidores em um determinado país. Em países onde a lei não protege os investidores, eles devem ser grandes o suficiente para exercerem o monitoramento dos gerentes da companhia. O Brasil pertence à tradição do direito francês, que oferece a menor proteção legal aos investidores. Portanto, é de se esperar uma alta concentração de capital nas empresas, principalmente no que se refere a capital votante.

A identidade dos acionistas também tem influência no desempenho das empresas. McConnel e Servaes (1990) concluíram que empresas controladas por investidores institucionais tendem a apresentar desempenho superior quando comparadas com outras empresas. Além disso, existem evidências de que empresas privadas têm desempenho superior ao de empresas controladas pelo governo. Gibson (1999) e Wiwattanakantang (2001) concluíram que empresas com controladores estrangeiros tendem a apresentar um valor de mercado superior em relação às empresas com acionistas locais, pois os primeiros possuem meios mais eficazes de monitoramento e tecnologia.

Pesquisas recentes sugerem que maiores direitos sobre fluxo de caixa estão associados com melhor avaliação das companhias. Em contraste, a concentração de direitos de controle e a separação dos direitos de voto dos de fluxo de caixa têm um efeito negativo no valor das firmas. Shleifer e Vishny (1997), La Porta *et al* (1998) e Morck *et al* (1988) estudam os conflitos de interesse entre os grandes acionistas e os minoritários. Quando grandes investidores controlam uma corporação, suas políticas podem resultar em expropriação dos acionistas minoritários. Estas empresas não são atraentes para os pequenos acionistas e o valor de suas ações é reduzido.

As evidências de Claesens *et al* (2000a, 2000b) de que maior controle afeta negativamente a avaliação das ações enquanto a propriedade sobre o fluxo de caixa a afeta positivamente são coerentes com Morck *et al* (1988), Shleifer e Vishny (1997) e Jensen e Meckling (1976). Eles concluem que o risco de expropriação é o principal problema para o acionista das corporações do Sudeste Asiático.

A literatura brasileira sobre governança corporativa concentra-se principalmente nos estudos realizados a partir da década de 1990. Procianoy e Comerlato (1994) questionam se na possibilidade de existência de conflito de agência no mercado brasileiro, os investidores estariam conscientes deste conflito. Uma vez conhecendo o conflito, estariam eles avaliando menos as ações dessas companhias pertencentes a esse grupo econômico, fazendo com que o preço das ações refletisse o custo desse conflito? Os autores afirmam que o custo dessa relação de agência seria a diferença do valor da ação, isto é, o valor que o minoritário estaria disposto a pagar a menos pela companhia que é prejudicada.

Procianoy (2001) estuda a estrutura dos grupos econômicos de empresas brasileiras, identificando as principais características e classificando-as em três modelos: teia (*web*), cascata (*cascade*) e ventilador (*fan*). O autor conclui que a alavancagem via ações (*equity leverage*) é a razão para a formação de grupos econômicos, independente de qual estrutura seja utilizada, uma vez que permite a manutenção do controle da companhia utilizando uma menor parcela do capital total.

Valadares (1998) analisou a estrutura de propriedade e controle das empresas brasileiras, observando a alta concentração da propriedade e controle e também a dinâmica das transações com ações ordinárias ocorridas no período de 1993-1996 de blocos que representavam controle, avaliando o valor de controle verificado nestas transações, que é associado a possíveis benefícios privados. O prêmio médio das transações envolvendo blocos de ações votantes foi de 252,16%, medido sobre o valor de mercado das ações preferenciais. Os resultados indicam também que apenas 65% do valor da firma é distribuído igualmente entre os acionistas, com o restante representando benefícios privados de controle. A autora também estudou o efeito da composição acionária sobre um leilão de privatização. Os resultados indicam diferenças entre as transações que envolveram venda de controle (ágio médio de 31,3%) e as que representaram somente participações minoritárias (ágio médio de 2,8%).

Valadares e Leal (2000) e Leal, Carvalhal da Silva e Valadares (2002) analisaram as estruturas direta e indireta de controle e encontraram um alto grau de concentração de controle nas empresas brasileiras. A concentração ocorre principalmente com a violação da regra uma ação — um voto através da utilização de ações sem direito a voto. Eles sugerem que a estrutura em forma de pirâmide, embora ampla, parece não ter como objetivo principal a separação de controle e propriedade. Os acionistas controladores investem em média muito mais do que o mínimo necessário para manter o controle das suas companhias. Esta concentração tem levado historicamente à identificação da propriedade das empresas com sua gestão e à existência de um controlador, que é, ao mesmo tempo, executivo principal e presidente do conselho de administração.

Portanto, diversas pesquisas (Shleifer e Vishny (1997), La Porta *et al* (1998,

2000a, 2002), Morck *et al* (1988) e Claessens *et al* (2000a, 2000b)) sugerem que a concentração de direitos de votos nas mãos dos acionistas controladores pode ser associada com um maior grau de expropriação dos minoritários, uma vez que grandes acionistas preferem auferir benefícios privados do controle, que não são divididos com os minoritários. Sendo assim, uma maior concentração dos direitos de voto pelos acionistas controladores estaria associada com uma maior expropriação dos acionistas minoritários. La Porta *et al* (1999) encontram evidências de valores mais elevados para firmas em países onde há um maior grau de proteção dos minoritários. Eles afirmam que empresas onde a expropriação é significativa são menos atrativas para os pequenos acionistas, logo, suas ações sofrem um desconto em relação a seus pares. Logo, uma maior expropriação dos acionistas minoritários estaria associada com menor valor das empresas. Conjugando os argumentos acima, a primeira hipótese a ser testada é:

H1: Uma maior concentração dos direitos de voto nas mãos do acionista controlador é associada com um menor valor das empresas.

A primeira hipótese está relacionada com uma associação inversa entre concentração de direito de voto e valor de mercado, ou seja, quanto mais concentrado o direito de voto, menor o valor da empresa ou, alternativamente, quanto menos concentrado o direito de voto, maior o valor da empresa.

Jensen e Meckling (1976) concluem que a concentração de propriedade é benéfica para as corporações porque grandes investidores são mais eficientes no monitoramento dos administradores de uma companhia. Morck *et al* (1988) sugerem que a ausência de separação entre propriedade e controle reduz os conflitos de interesse. La Porta *et al* (1999) sugerem que o poder dos controladores de expropriar os *outsiders* é limitado pelo incentivo financeiro de não fazê-lo. Uma fonte importante de tais incentivos seria a propriedade de direitos sobre os fluxos de caixa pelo acionista controlador. Claessens *et al* (2000a, 2000b) argumentam que uma maior propriedade de direitos sobre fluxos de caixa por parte dos controladores afeta positivamente a avaliação das empresas pelo mercado, o que é consistente com os achados de Jensen e Meckling (1976). Dessa forma, uma maior concentração dos direitos sobre fluxo de caixa com o controlador estaria associada a uma menor expropriação do minoritário. A segunda e a terceira hipótese derivam dos argumentos acima em relação a valor de mercado e potencial expropriação dos acionistas minoritários.

H2: Quanto maior a concentração dos direitos de fluxo de caixa com o controlador, maior o valor da empresa.

H3: Quanto maior a razão entre a concentração dos direitos de voto e direitos de fluxo de caixa dos controladores, menor o valor da empresa.

2.2 Estrutura de controle/propriedade e alavancagem financeira

Uma vertente na literatura sobre governança corporativa concentra-se na questão da minimização do custo de capital, intimamente relacionada com a estrutura de capital das empresas. Com a separação entre propriedade e controle, o financiamento interno (geração própria de caixa) é menos arriscado e, conseqüentemente, menos oneroso do que o financiamento externo (tanto por emissão de ações quanto de dívidas). Quando a governança corporativa é ineficiente, o risco de expropriação é maior e as empresas dependem basicamente do financiamento interno.

A relação entre estrutura de propriedade/controle e estrutura de capital é um tema de pesquisa relevante atualmente, havendo dois padrões. O modelo anglo-saxônico se caracteriza pela baixa alavancagem, uma vez que o capital próprio predomina como fonte de financiamento devido à maior proteção legal aos acionistas. Por sua vez, o modelo nipo-germânico se caracteriza pelo financiamento via dívidas. Nos mercados emergentes, notadamente na América Latina, a decisão da estrutura de capital é afetada pelas práticas ineficazes de governança corporativa e pelo cenário de volatilidade e instabilidade econômica.

Além disso, o *mix* de ações-dívida é afetado pelo sistema tributário, uma vez que diferenças na tributação sobre ganhos de capital, dividendos e pagamentos de juros afetam a carga tributária das empresas, fazendo com que alguns tipos de financiamento sejam mais atraentes do que outros. Na ausência de mercados de capital eficientes, a participação acionária é uma fonte de financiamento externo menos atraente do que o financiamento por endividamento. Mercados pequenos ou sem liquidez tornam onerosas a administração de risco e a diversificação de carteira, e ainda desestimulam a coleta e o monitoramento de informações pelo mercado.

A escolha entre o financiamento por ações e endividamento depende da proteção legal dos acionistas, já que as regras legais e sua execução determinam a boa vontade dos investidores em financiar as empresas. Os acionistas tendem a exigir uma proteção maior do que as outras partes interessadas porque são os últimos a receber em caso de quebra da empresa e pelo fato de os contratos de dívida serem mais facilmente executáveis. Quando o risco de expropriação percebido pelos acionistas e credores diminui, as empresas se beneficiam do acesso a fontes externas de financiamento mais diversificadas e menos onerosas.

A literatura internacional e brasileira é vasta sobre os fatores determinantes da estrutura de capital. No entanto, muito pouco tem se dito sobre a influência da estrutura de controle e propriedade nas decisões de estrutura de capital (Stulz (1988), Harris e Raviv (1988), Friend e Lang (1988), Novaes e Zingales (1995), Brailsford, Oliver e Pua (2000), Procianoy (1994), Procianoy e Kraemer (2001)).

Os estudos sobre estrutura de capital realizados no Brasil sugerem que quanto maior a lucratividade da empresa, menor será a utilização de recursos de terceiros. Os indícios encontrados por Soares e Procianoy (2000), embora sem significância estatística, indicaram que as empresas brasileiras seguem uma ordem predeterminada nas decisões de estrutura de capital, condizente com a abordagem de *pecking order*. Eid Jr. (1996) encontra resultados semelhantes, confirmando a teoria do *pecking order*.

Harris e Raviv (1990) concluíram que quanto maior for o tamanho de uma empresa maior será seu financiamento por dívidas. Por outro lado, a variável lucratividade é inversamente proporcional ao grau de endividamento de uma empresa.

Schnorrenberger e Procianoy (2002) analisaram a relação da estrutura de controle e estrutura de capital nas companhias brasileiras listadas na Bovespa no período de 1995 a 2000. Os resultados indicam que existe uma influência estatisticamente significativa da estrutura de controle acionário sobre as decisões de estrutura de capital. Além do controle acionário, o modelo utilizado testou a influência de variáveis relativas ao setor, ano, tamanho e lucratividade da empresa como determinantes das decisões de estrutura de capital. Os autores concluem que: (a) quanto mais concentrado o controle acionário menor será o nível de endividamento; (b) quanto maior for a lucratividade da empresa, menor será o nível de endividamento; e (c) quanto maior o tamanho da empresa, maior será o grau de endividamento.

As teorias e os estudos empíricos geralmente sugerem os seguintes fatores determinantes da estrutura de capital: estrutura dos ativos da empresa, outros benefícios fiscais que não os gerados pelo endividamento, tamanho da empresa, lucratividade e risco. O primeiro parâmetro é a estrutura dos ativos da empresa. As teorias de informações assimétricas, dos custos de agência e dos custos de falência sugerem que empresas com maior volume de ativos tangíveis (que podem ser dados em garantia como colaterais) tendem a ser mais endividadas.

O segundo parâmetro é composto de outros benefícios fiscais que não os gerados pelo endividamento. Neste contexto, as empresas que contam com benefícios fiscais advindos da depreciação e com subsídios deveriam ter menos incentivo ao endividamento. O terceiro parâmetro é o tamanho da empresa. Empresas maiores são naturalmente mais diversificadas e, portanto, têm menos riscos do que empresas menores. Além disso, empresas maiores geralmente recebem avaliação de crédito melhor do que empresas menores, possuindo um menor custo de capital de terceiros e sendo mais propensas ao endividamento.

O quarto parâmetro é lucratividade ou oportunidades de crescimento. As empresas com alta lucratividade deveriam ser menos endividadas, pois tendem a obter financiamento obedecendo a seguinte ordem de preferência: lucros retidos, endividamento e emissões. O quinto parâmetro é o risco. Pela teoria dos custos de falência, empresas com maior risco têm maior probabilidade de se tornarem insolventes. Portanto, as empresas que apresentam menor volatilidade em seus resultados operacionais têm um incentivo maior ao endividamento, pois obtêm menores taxas.

Gomes e Leal (2001) realizaram um vasto estudo sobre os determinantes da estrutura de capital das companhias brasileiras. Os autores concluíram que a lucratividade, o tamanho e as oportunidades de crescimento apresentam relação negativa com a captação via dívida, enquanto que a composição dos ativos e o risco possuem relação positiva. Portanto, as teorias do custo de insolvência, da hierarquia das fontes (*pecking order*), da assimetria de informação e dos custos de agência são confirmadas pelos parâmetros lucratividade, composição dos ativos e oportunidade de crescimento. No entanto, o tamanho, com relação negativa, e o risco, com relação positiva, contradizem as expectativas.

Harvey, Lins e Roper (2001) estudaram empresas em mercados emergentes, incluindo o Brasil, e encontram evidências de que a alavancagem aumenta o valor das empresas onde exista uma elevada separação entre os direitos de fluxo de caixa e de controle. Os resultados são consistentes com a idéia de que o aumento de dívidas provoca um maior monitoramento da firma, reduzindo os potenciais custos de agência.

A literatura sobre estrutura de capital traz evidências de que emissões de dívidas criam direta ou indiretamene valor para as empresas (Mikkelson e Partch (1986), Kim e Stulz (1988), James (1988), Lummer e McConnell (1989), Chaplinsky e Ramchand (2000), e Miller e Puthenpurackal (2001)). McConnell e Servaes (1995) concluem que a alavancagem é correlacionada positivamente com o valor da empresa, indicando que as dívidas proporcionam meios de governança e reduzem conflitos de agência.

Nascimento (2000) analisou o efeito das variáveis de governança corporativa na determinação da estrutura de capital das empresas brasileiras. Os resultados apresentam diferenças quando comparados aos de Gomes e Leal (2001). O autor conclui que a lucratividade, as oportunidades de crescimento, o risco e a composição dos ativos apresentam relação negativa com a captação via dívida, enquanto que o tamanho da empresa possui relação positiva. Portanto, praticamente todas as variáveis, à exceção da proporção de ativos fixos, são consistentes com o que é previsto pela teoria.

A inclusão das variáveis de governança corporativa apresentou melhora na determinação da alavancagem financeira. Embora nenhuma das variáveis de governança tenha apresentado significância estatística, os sinais dos coeficientes confirmam o previsto pela teoria: (i) a concentração dos direitos de voto tem relação positiva com a alavancagem financeira; (ii) a concentração dos direitos de fluxo de caixa tem relação negativa com a alavancagem financeira; e (iii) a separação entre a concentração dos direitos de voto e fluxo de caixa dos controladores tem relação positiva com a alavancagem financeira.

Uma vez que a concentração do controle tende a diminuir o valor da empresa em virtude da possibilidade de expropriação dos acionistas minoritários, podemos esperar que as empresas com grande concentração de controle tenham um alto nível de endividamento, já que o acionista exigirá retornos elevados devido à possibilidade de expropriação e, portanto, o financiamento através da emissão de dívidas torna-se uma fonte mais barata para financiar os investimentos. Portanto, a quarta hipótese a ser testada é a seguinte:

H4: Empresas com grande concentração dos direitos de voto têm alto nível de alavancagem.

Por outro lado, um aumento da concentração dos direitos de fluxo de caixa está associado com um maior valor da empresa, tornando o custo de capital próprio mais barato, estimulando o financiamento via emissão de ações. Assim podemos esperar que empresas com alta concentração dos direitos de fluxo de caixa tenham baixo nível de alavancagem. A quinta hipótese a ser testada é:

H5: Empresas com grande concentração dos direitos de fluxo de caixa têm baixo nível de alavancagem.

Conjungando os argumentos acima, podemos esperar que as empresas com alta separação entre direitos de voto e fluxo de caixa dos controladores têm alto nível de endividamento, uma vez que o acionista exigirá retornos elevados devido à possibilidade de expropriação, e, portanto, o financiamento via emissão de dívidas torna-se uma fonte mais barata quando comparada com capital próprio. A sexta hipótese a ser testada é:

H6: Empresas com grande separação entre direitos de voto e fluxo de caixa nas mãos dos controladores têm alto nível de alavancagem.

2.3 Estrutura de controle/propriedade e política de dividendos

Nos últimos anos, vem crescendo o interesse dos meios acadêmico e empresarial sobre as relações entre a governança corporativa e a política de distribuição de lucros aos acionistas. La Porta *et al* (2000b) reportam que companhias situadas em países com maior proteção legal aos acionistas minoritários (baseados no *common law*) pagam dividendos superiores quando comparados com países onde as proteções legais são menos rígidas (*civil law*).

Johnson e Shleifer (2001) consideram o pagamento de um *payout* maior de dividendos um meio de estabelecer uma reputação para tratar os acionistas minoritários adequadamente. Bohren e Odegaard (2001) verificaram que a estrutura de controle e propriedade influencia no desempenho econômico de empresas norueguesas. Uma maior concentração de controle e a utilização de ações não votantes estão relacionadas com uma perda de valor de mercado. Além disso, os autores encontraram evidência de que firmas onde o acionista majoritário tem grande participação na empresa tendem a distribuir maiores dividendos.

Um dos primeiros estudos brasileiros relacionando política de dividendos e conflito de agência foi o realizado por Procianoy (1995), que analisou os conflitos de agência entre controladores e minoritários nas empresas negociadas na Bolsa de Valores de São Paulo, através do comportamento da política de dividendos após as modificações tributárias ocorridas entre 1988-1989. O pagamento de dividendos, além de estar relacionado com a estrutura de controle e propriedade, funciona como um mecanismo de governança. Dessa forma, as empresas que adotam práticas de governança corporativa costumam ter boas políticas de remuneração a seus acionistas, pagando percentuais elevados de dividendos anualmente.

Procianoy e Snider (1995) sugerem que o pagamento de dividendos no Brasil é usado pelos gestores controladores para limitar seu risco pessoal e aumentar sua riqueza individual. Rozeff (1982) encontra evidências de uma relação significativa entre *payout* e diversas variáveis relacionadas a custo de agência em empresas americanas. Crutchley e Hansen (1989) demonstram que a politica de dividendos atua como um mecanismo de controle e monitoramento, intimamente relacionado com a estrutura de propriedade e com a alavancagem da empresa.

Farinha (2002) analisou a política de distribuição de dividendos no Reino Unido e verificou que existe uma relação do *payout* com a estrutura de controle e propriedade, uma vez que o pagamento de dividendos contribui para a redução dos conflitos de agência na firma, consistente com Easterbrook (1984) e Jensen (1986). Farinha encontra uma relação positiva entre *payout* e concentração de propriedade acima de 30%.

Estudos recentes de Fluck (1998) e Myers (2000) apresentam modelos de pagamento de dividendos relacionados com a teoria da agência, concluindo que a administração da empresa paga dividendos visando evitar ações de monitoramento por parte dos acionistas. Além disso, Jensen (1986) considera o pagamento de dividendos como uma forma de dar destino ao caixa da companhia, evitando o investimento em projetos que não maximizam valor à empresa.

As variáveis usualmente encontradas na literatura sobre dividendos são: alavancagem, risco, disponibilidade financeira, tamanho e lucratividade da empresa. A alavancagem tem um papel importante na redução dos conflitos de agência. Jensen e Meckling (1976), Jensen (1986) e Stulz (1988) argumentam que alavancagem e pagamento de dividendos podem ser mecanismos complementares ou substitutos na redução de conflitos de agência. Além disso, o aumento de dívidas pode estar relacionado com a imposição de restrições (*covenants*) quanto ao pagamento de dividendos. Portanto, espera-se uma relação negativa entre alavancagem e *payout*.

A variância dos retornos das ações também é uma variável usada na literatura como uma *proxy* de risco, influenciando a política de dividendos. O aumento da variabilidade dos resultados da empresa tende a ter uma relação negativa com o *payout*. Além disso, a distribuição de dividendos está relacionada positivamente com o caixa e disponibilidades financeiras da empresa. O tamanho da empresa também é uma variável determinante do pagamento de dividendos, sendo que as evidências geralmente indicam que empresas maiores tendem a possuir maiores problemas de agência, apresentando um maior *payout*. De acordo com a teoria da sinalização, maiores *payouts* estão associados positivamente com uma medida de rentabilidade. Jensen *et al* (1992) encontram evidências de uma relação positiva entre retorno sobre ativos (ROA) e *payout*.

Pesquisas no mercado euroupeu indicam que boas práticas de governança corporativa, medidas pela adesão ao Código de Cadbury, estão associadas de forma significativa com maiores *payouts*. Esse resultado é consistente com a idéia de que empresas com boas práticas de governança tendem a distribuir maiores dividendos.

Uma vez que a concentração do controle tende a diminuir o valor da empresa em virtude da possibilidade de expropriação dos acionistas minoritários, podemos esperar que as empresas com grande concentração de controle tenham um baixo *payout*, já que o acionista controlador tenderá a distribuir pequena (ou nenhuma) parcela dos lucros sob a forma de dividendos, expropriando os acionistas minoritários. Portanto, a sétima hipótese a ser testada é a seguinte:

H7: Empresas com grande concentração dos direitos de voto nas mãos do controlador têm baixo "payout".

Por outro lado, um aumento da concentração dos direitos de fluxo de caixa está associado com um maior valor da empresa, em virtude do alinhamento de interesses entre controlador e minoritários. Assim podemos esperar que empresas com alta concentração dos direitos de fluxo de caixa nas mãos do controlador distribuam maiores parcelas de lucros sob a forma de dividendos, formulando nossa oitava hipótese:

H8: Empresas com grande concentração dos direitos de fluxo de caixa nas mãos do controlador têm alto "payout".

Conjungando os argumentos acima, podemos esperar que empresas com grande separação entre direitos de voto e fluxo de caixa dos controladores têm baixo *payout*, já que o acionista controlador tenderá a distribuir pequena (ou nenhuma) parcela dos lucros sob a forma de dividendos, expropriando os acionistas minoritários. A última hipótese a ser testada é:

H9: Empresas com grande separação entre direitos de voto e fluxo de caixa nas mãos do controlador têm baixo "payout".

3. Dados e metodologia

A amostra abrange 225 companhias listadas na Bolsa de Valores de São Paulo (Bovespa). Foram coletadas informações sobre a composição acionária das empresas no banco de dados do Infoinvest (*Bowne Global Solutions*). As companhias de capital aberto têm por obrigação emitir o Informativo Anual para a CVM antes do final do primeiro semestre, relativo ao ano fiscal anterior. Este relatório deve fornecer, entre outras informações, a composição do capital da empresa.

O período escolhido para análise foi o ano de 2000, em virtude de dois fatores: (i) existem pesquisas brasileiras anteriores estudando a estrutura de controle/propriedade nos anos de 1996 e 1998 (Valadares e Leal (2000) e Leal, Carvalhal da Silva e Valadares (2002), respectivamente); e (ii) o ano de 2000 permite analisar as mudanças na estrutura de controle/propriedade de grande parte das privatizações brasileiras, em especial do setor de telecomunicações. Visando minimizar os efeitos de uma análise estática da estrutura de controle e propriedade para somente um ano, foi realizada uma comparação com os estudos anteriores realizados no Brasil para detectar mudanças na composição acionária. No entanto, essa comparação apresenta limitações, uma vez que são empregadas diferentes metodologias na análise da estrutura indireta.

Para calcular a estrutura de controle/propriedade, foram utilizados os Informativos Anuais enviados no primeiro semestre de 2001, relativos ao ano de 2000. A amostra não incluiu instituições financeiras nem empresas sem informações disponíveis ou completas; com patrimônio líquido ou lucro líquido negativo; e cujas ações não foram negociadas na Bovespa durante o mês de dezembro de 2000. Estas restrições são justificadas, uma vez que impactam no cálculo das medidas de valor, alavancagem e *payout* das companhias. No caso de instituições financeiras, muitas variáveis assumem padrões peculiares do setor, não sendo viável a comparação com empresas de outros segmentos.

No ano de 2000, existiam 495 empresas listadas na Bovespa, das quais 420 possuíam dados disponíveis no Economática. Dessas 420, 31 eram do setor financeiro, 135 não apresentaram negociação em bolsa no mês de dezembro e 29 apresentavam patrimônio líquido ou lucro líquido negativo. Dessa forma, a amostra final consistiu de 225 firmas, que representavam 45% do número de companhias registradas na Bovespa e aproximadamente 70% da capitalização de mercado total da Bovespa. Um possível viéis da presente análise é que, embora a amostra seja representativa em termos de capitalização de mercado, pode não representar fielmente a estrutura de controle e propriedade das demais empresas brasileiras de capital aberto, em especial das pequenas e médias companhias e das empresas sem liquidez.

O estudo das questões acerca da propriedade das empresas não deve ficar restrito à propriedade direta, mas sim se aprofundar nas questões de quem é o controlador final das empresas. Se as ações de uma empresa forem de propriedade de outra empresa, deve-se procurar identificar os acionistas desta segunda empresa, e assim por diante. Neste caso, o que se está estudando denomina-se propriedade indireta.

Dessa forma, foram analisadas duas formas de composição acionária: a direta e a indireta. Acionistas diretos são aqueles que possuem ações da própria companhia considerada. Serão considerados todos os acionistas com mais de 5% do capital votante, uma vez que este é o limite para identificação obrigatória dos acionistas no Brasil. Composição indireta diz respeito a acionistas que detêm a propriedade da empresa em última instância. Por exemplo, se um acionista é controlador da companhia A, que, por sua vez, é controladora da companhia B, podemos dizer que o acionista é controlador direto da companhia A e controlador indireto da companhia B.

Tendo em vista que as companhias brasileiras possuem ações com direito e sem direito a voto, foram consideradas duas formas de concentração de propriedade: uma medida pela participação do maior acionista no total das ações da empresa e outra medida pela participação do maior acionista no total das ações com direito a voto da empresa.

A grande dificuldade na determinação da composição acionária das empresas refere-se ao cálculo das participações na estrutura indireta de controle e propriedade. As medidas da estrutura indireta de propriedade e controle usada em estudos no Brasil (Valadares (1998), Valadares e Leal (2000) e Leal, Carvalhal da Silva e Valadares (2002)) não nos permitem analisar e computar apropriadamente a separação entre propriedade e controle na estrutura indireta. Por outro lado, as medidas utilizadas geralmente na literatura internacional (Claessens *et al* (2000a, 2000b), La Porta *et al* (1998, 2000a, 2002), Faccio e Lang (2001)) podem levar a imprecisões quando existem mais de um acionista indireto.

O presente trabalho utiliza uma nova metodologia de cálculo de participação indireta na estrutura de controle e propriedade, visando superar as dificuldades e imprecisões das metodologias atualmente empregadas na literatura internacional e brasileira. Vamos ilustrar com quatro exemplos o cálculo das participações indiretas utilizando as três metodologias. Para fins de simplificação, não se fará a distinção entre ações ordinárias e preferenciais, mas a metodologia é a mesma caso exista diferença entre capital votante e capital total.

Suponha que um acionista possui 60% da firma A, que possui 51% da firma B (Figura 1). A metodologia utilizada na literatura nacional nos daria os seguintes resultados: esse acionista possui 30,60% da propriedade e do controle da firma B (o produto das duas participações na cadeia de direitos de fluxo de caixa e de voto, ou seja, 60%*51%). A metodologia utilizada na literatura internacional nos daria os seguintes resultados: esse acionista possui 30,60% da propriedade da firma B (o produto das duas participações na cadeia de direitos de fluxo de caixa, ou seja, 60%*51%) e controla 51% da firma B (o menor valor na cadeia de direitos de voto). Portanto, os resultados da propriedade são idênticos, mas os resultados do controle são diferentes, sendo que a metodologia usada na literatura nacional subestima o controle, ao afirmar que o acionista detém 30,60%, quando na realidade ele detém 51% do controle. Nesse caso, como estamos analisando somente um acionista, a metodologia usada no presente trabalho coincide com a utilizada na literatura internacional.

Figura 1
1º EXEMPLO DE ESTRUTURA ACIONÁRIA INDIRETA

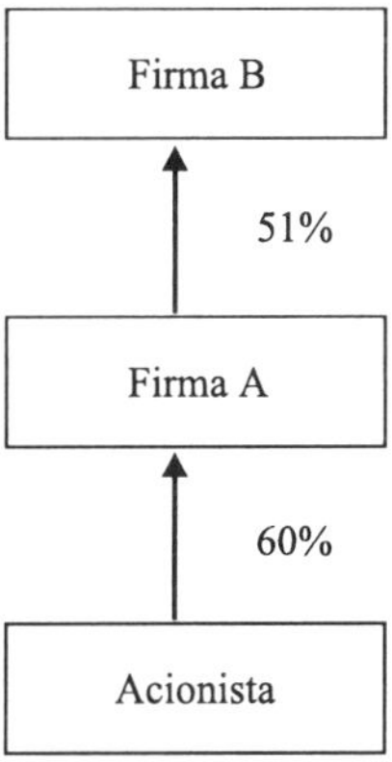

Vamos para um segundo exemplo. Suponha que um acionista possui 60% da firma A, que possui 51% da firma B (Figura 2). Além disso, o mesmo acionista possui diretamente 7% da firma B. Pela metodologia utilizada na literatura nacional, o acionista possuiria 37,60% (60%*51%+7%) da propriedade e do controle da firma B (o somatório do produto das participações na cadeia de direitos de fluxo de caixa e de voto). A metodologia utilizada na literatura internacional nos dá os seguintes resultados: esse acionista possui 37,60% (60%*51%+7%) da propriedade da firma B (o somatório do produto das participações na cadeia de direitos de fluxo de caixa) e controla 58% (min(60%,51%)+7%) da firma B (o somatório dos menores valores na cadeia de direitos de voto). Portanto, os resultados da propriedade são idênticos, mas os resultados do controle são diferentes, sendo que a metodologia usada na literatura nacional subestima o controle, ao afirmar que o acionista detém 37,60%, quando na realidade ele detém 58% do controle. Nesse caso, como estamos analisando somente um acionista, a metodologia usada nesse trabalho também coincide com a utilizada na literatura internacional.

Figura 2
2º EXEMPLO DE ESTRUTURA ACIONÁRIA INDIRETA

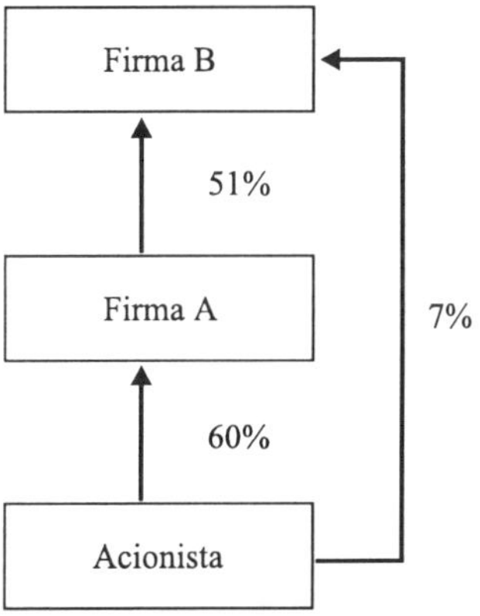

Analisaremos agora um exemplo mais complexo. Suponha que o acionista X possui 60% da firma A, enquanto o acionista Y possui os 40% restantes (Figura 3). A firma A, por sua vez, possui 51% da firma B, enquanto o acionista Z possui os 49% restantes. Pela metodologia utilizada na literatura nacional, o acionista X possui 30,60% (60%*51%) da propriedade e do controle da firma B; o acionista Y possui 20,40% (40%*51%) da propriedade e do controle da firma B; e o acionista Z possui diretamente 49% da propriedade e do controle da firma B. A metodologia utilizada na literatura internacional nos dá os seguintes resultados: o acionista X possui 30,60% (60%*51%) da propriedade e controla 51% (min(60%,51%)) da firma B; o acionista Y possui 20,40% (40%*51%) da propriedade e controla 40% (min(40%,51%)) da firma B; e o acionista Z possui diretamente

49% da propriedade e do controle da firma B.

Figura 3

3º EXEMPLO DE ESTRUTURA ACIONÁRIA INDIRETA

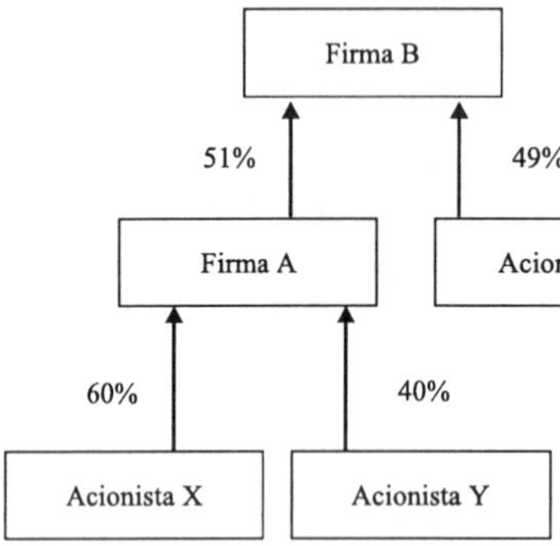

Portanto, os resultados da propriedade são idênticos, mas os resultados do controle são diferentes, sendo que a metodologia usada na literatura nacional subestima o controle. No entanto, agora estamos diante de um problema na metodologia da literatura internacional. Se somarmos o total de controle da firma B detido pelos três acionistas, temos um total de 140% (51% de X + 40% de Y + 49% de Z), o que não faz sentido econômico e societário. Esse inconveniente no cálculo de controle utilizando o mínimo da cadeia pode existir quando estamos interessados em mapear não somente o acionista controlador, mas os *n* maiores acionistas. A mais comum medida de concentração encontrada na literatura é a participação acionária dos *n* maiores acionistas, com *n* variando normalmente entre 1 e 5. O problema já havia sido detectado por Claessens *et al* (2000a, 2000b), La Porta *et al* (1998, 2000a, 2002) e Faccio e Lang (2001), mas, como esses autores só analisaram o maior acionista, geralmente os resultados não eram afetados por essas circunstâncias. No entanto, quando analisamos mais de um acionista, pode ocorrer que o somatório dos direitos de voto ultrapasse 100%.

A metodologia aqui utilizada visa superar esse problema. O cálculo do direito de propriedade é idêntico às duas metodologias anteriores, ou seja, o produto das participações na cadeia de direitos de fluxo de caixa. No caso de controle, foi utilizado um sistema híbrido da literatura nacional e internacional. Para cálculo do direito de controle, continuaremos usando o critério do menor valor na cadeia de direitos de voto, porém o somatório dos menores valores está limitado à participação *direta* na cadeia dos direitos de voto.

No exemplo anterior, a metodologia usada nesse trabalho nos leva aos seguintes resultados: o acionista X possui 30,60% (60%*51%) da propriedade e controla 51% (min(60%,51%)) da firma B; o acionista Y possui 20,40% (40%*51%) da propriedade e controla 0% da firma B; e o acionista Z possui diretamente 49% da propriedade e do controle da firma B. Portanto, se somarmos o total de controle da firma B detido pelos três acionistas, temos um total de 100% (51% de X + 0% de Y + 49% de Z). Nesse caso, B possui 0% de controle sobre a firma B, uma vez que os 51% de controle detidos pela firma A sobre a firma B estão nas mãos do acionista X, que possui 60% do controle da firma A. Dessa forma, os acionistas X e Y juntos podem ter no máximo 51% do controle da firma B (que é igual ao controle direto da firma A sobre B). Portanto, esses 51% devem ser alocados aos acionistas X e Y. Como o acionista X detém mais de 50% da firma A, os 51% ficam alocados para ele, ao passo que o acionista Y fica com 0% de controle.

Finalmente, suponha que o acionista X possui 51% da firma A; o acionista Y possui 40%; e o acionista W possui os 9% restantes (Figura 4). A firma A, por sua vez, possui 70% da firma B, enquanto o acionista Z possui os 30% restantes. Pela metodologia utilizada na literatura nacional, o acionista X possui 35,70% (70%*51%) da propriedade e do controle da firma B; o acionista Y possui 28,00% (70%*40%) da propriedade e do controle da firma B; o acionista W possui 6,30% (70%*9%) da propriedade e do controle da firma B e o acionista Z possui diretamente 30% da propriedade e do controle da firma B.

A metodologia utilizada na literatura internacional nos dá os seguintes resultados: o acionista X possui 35,70% (70%*51%) da propriedade e controla 51% (min(70%,51%)) da firma B; o acionista Y possui 28,00% (70%*40%) da propriedade e controla 40% (min(70%,40%)) da firma B; o acionista W possui 6,30% (70%*9%) da propriedade e controla 9% (min(70%,9%)) da firma B e o acionista Z possui diretamente 30% da propriedade e do controle da firma B. Portanto, os resultados da propriedade são idênticos, mas os resultados do controle são diferentes, sendo que a metodologia usada na literatura nacional subestima o controle. O total de controle da firma B detido pelos quatro acionistas é de 130% (51% de X + 40% de Y + 9% de W + 30% de Z).

Figura 4
4º EXEMPLO DE ESTRUTURA ACIONÁRIA INDIRETA

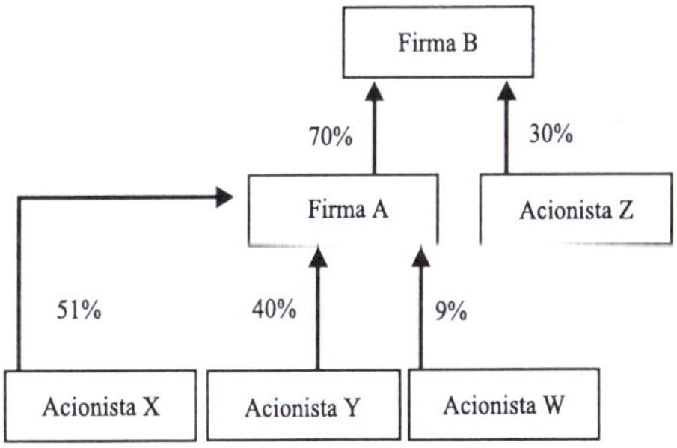

A metodologia desse trabalho produz os seguintes resultados: o acionista X tem 35,70% (70%*51%) da propriedade e controla 70% da firma B; o acionista Y tem 28,00% (70%*40%) da propriedade e controla 0% da firma B; o acionista W tem 6,30% (70%*9%) da propriedade e controla 0% da firma B e o acionista Z possui diretamente 30% da propriedade e do controle da firma B. Agora, o total de controle da firma B detido pelos quatro acionistas é de 100% (70% de X + 0% de Y + 0% de W + 30% de Z). O controle de X, Y e W foi calculado de forma similar ao exemplo 3. A firma A detém 70% do controle da firma B. Destes 70%, a maioria (51%) está nas mãos do acionista X, o que lhe garante o controle da firma A e, automaticamente, da firma B, sendo que os acionsitas Y e W ficam com 0% de controle.

A análise da estrutura indireta foi possível uma vez que o Informativo Anual da CVM também apresenta a composição acionária das companhias *holding*. Desta forma, a composição acionária foi sendo analisada para trás até que fosse possível classificar os verdadeiros proprietários em um dos seguintes grupos: (i) indivíduos ou famílias; (ii) investidores estrangeiros (tanto indivíduos como instituições); (iii) governo; (iv) investidores institucionais (bancos, companhias de seguros, fundos de pensão, fundações ou fundos de investimento).

Em muitos casos, os acionistas controladores eram empresas, sendo que nesses casos, identificaram-se seus proprietários na estrutura indireta até determinar o controlador verdadeiro. Se o acionista controlador fosse uma sociedade de quotas de responsabilidade limitada sem dados disponíveis sobre a composição do capital social, considerou-se que era controlada por um grupo familiar. Não se distinguiu entre membros da mesma família, considerando o grupo familiar como uma unidade de análise, uma vez que geralmente eles votam em conjunto. Membros de uma família significam aqueles que têm o mesmo sobrenome. Embora em alguns casos possa haver brigas de controle entre membros da família, não foram levados em consideração esses casos.

Foram analisadas as estruturas direta e indireta de controle (capital votante, representado pelas ações ordinárias) e de propriedade (capital total, representado por ações ordinárias e preferenciais). Os direitos de fluxo de caixa e voto podem ser bastante diferentes devido ao uso de ações não votantes, pirâmides e estruturas cruzadas (*cross-holdings*). Uma pirâmide é uma estrutura onde uma entidade controla uma empresa, que, por usa vez, controla outras empresas e assim por diante. A estrutura cruzada ocorre quando uma companhia tem um acionista controlador e possui ações do próprio controlador ou de uma firma que pertence a seu próprio canal de controle. Uma vez que no Brasil a formação de estruturas cruzadas é proibida por lei, as estruturas indiretas são basicamente formadas por pirâmides de diversas tipologias. Portanto, para efeitos de simplificação, no presente estudo usaremos o termo "pirâmide" como sinônimo de estrutura indireta.

Além desses mecanismos, os acordos de acionistas sobre a compra e venda de suas ações, preferência para adquiri-las, exercício do direito a voto, ou do poder de controle também são uma forma de aumentar o controle. Por isso, nesse trabalho, considerou-se a presença de acordos de acionistas. Portanto, se existir na companhia um acordo de acionista regulando o direito de voto em conjunto entre mais de um acionista, considerou-se esse grupo como uma unidade de análise, ou seja, o grupo de acionistas com acordo de voto é considerado um acionista só agindo em bloco. A análise dos acordos de acionistas foi possível, uma vez que o banco de dados do Infoinvest (*Bowne Global Solutions*) identifica a presença de acordo de acionistas nas companhias, e classifica se o acordo refere-se a exercício do direito de voto ou do poder de controle.

As 225 empresas da amostra foram divididas em dois grupos principais: firmas com um acionista majoritário e firmas sem um acionista majoritário. Uma empresa tem um acionista majoritário quando um único acionista possui diretamente mais de 50% do capital votante. Para a composição acionária direta e indireta foram computados o capital votante e o capital total que o maior acionista, os três maiores e os cinco maiores possuíam de cada companhia. Em seguida, foram calculadas as médias e medianas do capital votante e total que o maior, os três maiores e os cinco maiores acionistas detinham para os dois grupos.

Posteriormente, as empresas foram classificadas em subgrupos de acordo com a estrutura indireta de controle e propriedade. A Figura 5 apresenta a divisão da amostra nos diversos grupos de análise utilizados. Primeiramente, as companhias com um acionista controlador foram separadas entre aquelas que apresentam uma estrutura indireta de controle e as que não apresentam uma estrutura indireta de controle. As companhias que possuem um acionista controlador indireto foram classificadas em três categorias. A primeira é composta por companhias onde o controle não é mantido indiretamente. Para estas companhias, o controle não é mantido pelo mesmo acionista em algum nível da pirâmide, isto é, não há um acionista com mais de 50% dos votos em todos os níveis.

Figura 5
GRUPOS DE ANÁLISE DAS COMPANHIAS BRASILEIRAS ABERTAS

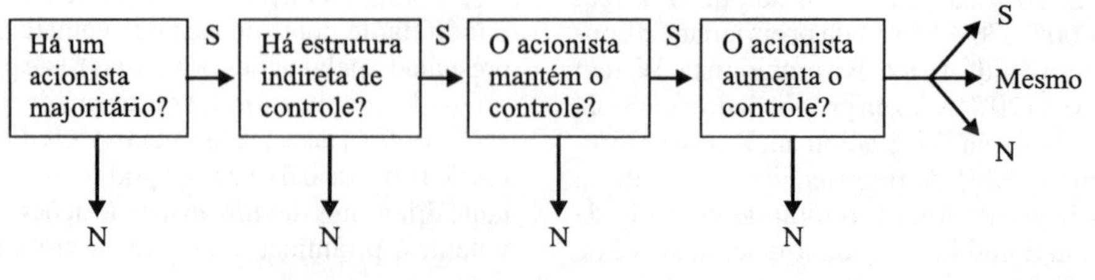

A segunda categoria refere-se a companhias nas quais se observa a ocorrência de pirâmide com manutenção de controle — em todos os níveis há um acionista com mais de 50% do capital votante que pode exercer o controle sozinho. Estas empresas são, então, divididas em três subgrupos: com concentração de capital (a participação indireta do acionista controlador é maior do que sua participação direta), com manutenção de participação (acionista controlador mantém a mesma participação direta e indiretamente) e, por fim, com redução da participação do capital (a participação indireta do acionista controlador é menor do que sua participação direta). A última categoria é composta por companhias que não utilizam estruturas de pirâmide.

Uma vez que a governança corporativa está relacionada com o controle das corporações, é fundamental identificar a estrutura de controle e propriedade. As categorias de controle e propriedade diferenciam-se quanto à concentração da propriedade e origem do capital (estrangeiro, estatal, familiar e institucional). Portanto, a propriedade tem duas dimensões principais: (i) a identidade do maior proprietário; e (b) a concentração da propriedade por ele possuída. Nesse contexto, realizou-se uma outra classificação das empresas brasileiras baseada na identificação dos proprietários. Assim, as empresas foram divididas em dois grupos: firmas com um acionista majoritário e firmas sem um acionista majoritário. As empresas com acionistas majoritários foram divididas de acordo com a origem do capital (familiar, estatal, estrangeiro e investidor institucional).

O objetivo da classificação das empresas de acordo com a identidade do maior proprietário e com a concentração da propriedade por ele possuída é verificar se existe diferença significativa entre as empresas no que se refere ao valor de mercado, estrutura de capital e política de dividendos. Para medir o valor de mercado, utilizou-se o Q de Tobin, que representa o valor de mercado dos ativos dividido pelo custo de reposição dos mesmos. Diversos autores (Morck *et al* (1988), Barclay e Holderness (1989), McConnel e Servaes (1990), Zingales (1994), La Porta *et al* (2000a, 2002)) utilizaram o Q de Tobin para medir o desconto no valor de mercado das empresas resultante de expropriação.

O numerador do Q de Tobin é o valor de mercado dos ativos da companhia. Nosso numerador do Q de Tobin, portanto, corresponde ao valor dos ativos subtraído do valor patrimonial das ações e acrescido do valor de mercado das ações. O denominador do Q de Tobin é o valor de reposição dos ativos. Nós utilizamos o valor dos ativos para representar essa variável. O valor de mercado das ações é necessário para o cálculo do numerador do Q de Tobin. Isto determina a inclusão na amostra apenas de empresas cujas ações foram negociadas na Bovespa durante o mês de dezembro de 2000. Para determinar o valor de mercado das ações, multiplica-se a cotação média do último dia em que houve negócios com aquela ação naquele mês pela quantidade de ações existentes. A estrutura de capital foi calculada pela razão entre passivo exigível financeiro e ativo total, ou seja, a alavancagem financeira é medida pela proporção de dívida no ativo total da empresa. O *payout* foi calculado como o percentual do lucro líquido de 2.000 distribuídos sob a forma de dividendos.

Não foram computados os Q's de Tobin, alavancagem financeira e *payout* de empresas cujas informações estavam incompletas ou indisponíveis, bem como para aquelas que apresentavam patrimônio ou lucro líquido negativo em 2000. Empresas com *payout* superior a 1 ou negativo foram excluídas devido à falta de significado econômico desses valores. A informação relativa aos balanços e dados de mercado das companhias foram obtidas no banco de dados Economática.

A primeira análise realizada foi um teste paramétrico de comparação de médias, visando verificar se existe diferença entre o valor de mercado, a alavancagem financeira e o *payout* das empresas classificadas nos grupos de acordo com a origem do capital (estrangeiro, estatal, familiar e institucional) e com a concentração de controle e propriedade.

Posteriormente, foi conduzida uma análise mais rigorosa contemplando os procedimentos estatísticos de regressão linear múltipla. A técnica de regressão linear múltipla justifica-se no presente trabalho pelo fato de objetivar-se estudar como as variáveis independentes, especialmente a estrutura direta e indireta de controle e propriedade, influenciam o valor de mercado, a estrutura de capital e o *payout* das empresas brasileiras. Portanto, assume-se uma relação de causalidade entre as variáveis, de modo que a variável dependente utilizada seja explicada pelas variáveis independentes. Na regressão múltipla, supõe-se que a verdadeira relação entre a variável independente seja dada pela equação abaixo, onde e é uma variável aleatória normal, com média 0 e variância desconhecida:

$$Y = a_1X_1 + a_2X_2 + a_3X_3 + \ldots + a_{N-1}X_{N-1} + a_NX_N + e$$

Consideradas as variáveis previamente selecionadas e identificadas, o modelo sugerido para o estudo do valor de mercado possui as seguintes variáveis:

Y = Q de Tobin

X_1 = capital votante do maior, três maiores e cinco maiores acionistas;

X_2 = capital total do maior, três maiores e cinco maiores acionistas;

X_3 = razão capital votante/capital total do maior, três e cinco maiores acionistas;

X_4 = alavancagem (passivo exigível/ passivo total);

X_5 = tamanho da empresa (log dos ativos);

X_6 = retorno sobre os ativos (ROA), medido pela razão EBITDA/Ativo;

X_7 = (capital votante do maior, três maiores e cinco maiores acionistas);^{2}

X_8 = (capital total do maior, três maiores e cinco maiores acionistas);^{2}

X_9 = (razão capital votante/total do maior, três e cinco maiores acionistas);^{2}

X_{10} = variável *dummy* indicando se o controlador é estrangeiro;

X_{11} = variável *dummy* indicando se o controlador é estatal;

X_{12} = variável *dummy* indicando se o controlador é um investidor institucional.

Foram testadas seis especificações de modelos: duas para o maior acionista, duas para os três maiores acionistas e duas para os cinco maiores acionistas. As três primeiras especificações incluem as seguintes variáveis: capital votante, capital total, razão capital votante/capital total, alavancagem, tamanho e ROA. Realizou-se uma especificação para o maior acionista, outra para os três maiores e mais uma para os cinco maiores acionistas.

As três últimas especificações incluem, além das variáveis anteriores, o (capital votante)^2, (capital total);^{2} (razão capital votante/total)^2 e as *dummy* indicando a origem do controlador. A inclusão de variáveis quadráticas está coerente com a conclusão de uma relação curvilinear entre desempenho das empresas e estrutura de controle/propriedade (Morck, Shleifer e Vishny (1988), e McConnel e Servaes (1990)). Novamente, realizou-se uma especificação para o maior acionista, outra para os três maiores e mais uma para os cinco maiores acionistas.

Seguindo a mesma linha de raciocínio e considerando as variáveis previamente selecionadas e identificadas, o modelo sugerido para o estudo da alavancagem possui as seguintes variáveis:

Y = alavancagem (passivo exigível/ passivo total);

X_1 = capital votante do maior, três maiores e cinco maiores acionistas;

X_2 = capital total do maior, três maiores e cinco maiores acionistas;

X_3 = razão capital votante/capital total do maior, três e cinco maiores acionistas;

X_4 = proporção de ativos fixos sobre ativo total;

X_5 = tamanho da empresa (log dos ativos);

X_6 = retorno sobre os ativos (ROA), medido pela razão EBITDA/Ativo;

X_7 = (capital votante do maior, três maiores e cinco maiores acionistas)^2;

X_8 = (capital total do maior, três maiores e cinco maiores acionistas)^2;

X_9 = (razão capital votante/total do maior, três e cinco maiores acionistas)^2;

X_{10} = variável *dummy* indicando se o controlador é estrangeiro;

X_{11} = variável *dummy* indicando se o controlador é estatal;

X_{12} = variável *dummy* indicando se o controlador é um investidor institucional.

Foram testadas seis especificações de modelos: duas para o maior acionista, duas para os três maiores acionistas e duas para os cinco maiores acionistas. As três primeiras especificações incluem as seguintes variáveis: capital votante, capital total, razão capital votante/capital total, proporção de ativos fixos sobre ativo total, tamanho e ROA. Realizou-se uma especificação para o maior acionista, outra para os três maiores e mais uma para os cinco maiores acionistas.

As três últimas especificações incluem, além das variáveis anteriores, o (capital votante)^2, (capital total)^2, (razão capital votante/total)^2 e as *dummy* indicando a origem do controlador. Novamente, realizou-se uma especificação para o maior acionista, outra para os três maiores e mais uma para os cinco maiores acionistas.

O modelo sugerido para o estudo do *payout* considera as seguines variáveis, previamente selecionadas e identificadas na literatura:

Y = *payout* (razão dividendos/lucro líquido);

X_1 = capital votante do maior, três maiores e cinco maiores acionistas;

X_2 = capital total do maior, três maiores e cinco maiores acionistas;

X_3 = razão capital votante/capital total do maior, três e cinco maiores acionistas;

X_4 = alavancagem (passivo exigível/passivo total);

X_5 = proporção de disponibilidades financeiras sobre ativo total;

X_6 = tamanho da empresa (log dos ativos);

X_7 = retorno sobre os ativos (ROA), medido pela razão EBITDA/Ativo;

X_8 = volatilidade do preço da ação;

X_9 = (capital votante do maior, três maiores e cinco maiores acionistas)^2;

X_{10} = (capital total do maior, três maiores e cinco maiores acionistas)^2;

X_{11} = (razão capital votante/total do maior, três e cinco maiores acionistas)^2;

X_{12} = variável *dummy* indicando se o controlador é estrangeiro;

X_{13} = variável *dummy* indicando se o controlador é estatal;

X_{14} = variável *dummy* indicando se o controlador é um investidor institucional.

Foram testadas seis especificações de modelos: duas para o maior acionista, duas para os três maiores acionistas e duas para os cinco maiores acionistas. As três primeiras especificações incluem as seguintes variáveis: capital votante, capital total, razão capital votante/capital total, alavancagem, proporção de disponibildades financeiras sobre ativo total, tamanho, ROA e volatilidade. Realizou-se uma especificação para o maior acionista, outra para os três maiores e mais uma para os cinco maiores acionistas.

As três últimas especificações incluem, além das variáveis anteriores, o (capital votante)^2, (capital total)^2, (razão capital votante/total)^2 e as *dummy* indicando a origem do controlador. Novamente, realizou-se uma especificação para o maior acionista, outra para os três maiores e mais uma para os cinco maiores acionistas.

O *payout* é uma medida indicativa dos níveis de diluição dos acionistas, ou da intenção da firma em redistribuir recursos aos acionistas minoritários. Pode existir um viés na medida de *payout*. Como a extração de benefícios privados deve ocorrer antes da apuração dos lucros das firmas, empresas de pior governança teriam seu *payout* superestimado. Isso tenderia a viesar os resultados para que empresas de pior governança tivessem uma *payout* maior, uma vez que parte do lucro existente já teria sido desviada. No entanto, se constatarmos o resultado oposto, estaremos encontrando evidência ainda mais forte sobre a relação entre governança corporativa e diluição dos acionistas minoritários.

Vale lembrar que em todas as 18 especificações (6 para Q de Tobin, 6 para alavancagem e 6 para *payout*), foram inseridas variáveis *dummy* setoriais, para controlar as características de setores específicos da economia. A idéia por trás deste ajuste é que cada setor industrial pode estar num estágio diverso de maturidade, crescimento e apresentar peculiaridades que determinam a avaliação, estrutura de capital e a política de dividendos de suas companhias. A definição dos setores das atividades econômicas seguiu a classificação do banco de dados Economática.

4. Análise dos resultados

A Tabela 1 mostra a estrutura direta de controle e propriedade das empresas brasileiras em 2000. Os resultados apresentados são muito semelhantes aos encontrados por Valadares e Leal (2000) e Leal, Carvalhal da Silva e Valadares (2002) para os anos de 1996 e 1998, respectivamente. Das 225 empresas, 203 (90%) têm um único acionista que possui mais de 50% do capital votante. Esse acionista possui uma média de 76% (mediana de 75%) do capital votante. Dentre as companhias onde o controle não está nas mãos de um único acionista (22), o maior acionista possui, em média, 37% do capital votante, com mediana de 40%. Isso demonstra que, mesmo quando um único acionista não tem a maioria dos votos, o maior acionista possui uma parcela considerável deles. Considerando a amostra como um todo, o maior acionista, os três maiores e os cinco maiores possuem, respectivamente, 72%, 85% e 87% do capital votante.

Os resultados mostram um alto grau de concentração do capital votante. Mesmo quando não existe um acionista majoritário, o maior acionista possui uma parcela significativa do capital votante. A empresa é controlada, na média, por seus três maiores acionistas. Além disso, 87% do capital votante das empresas estão nas mãos dos cinco maiores acionistas.

Tabela 1

COMPOSIÇÃO ACIONÁRIA DIRETA DAS COMPANHIAS BRASILEIRAS EM 2000

Composição acionária direta média (mediana) de 225 companhias brasileiras listadas na Bovespa. Uma companhia com um acionista majoritário é aquela na qual um acionista possui mais de 50% do capital votante.
Os dados são coletados de Informativos Anuais referentes ao final de 2000

	Companhias com um acionista majoritário (203)		Companhias sem um acionista majoritário (22)		Total da amostra (225)	
Acionista	Capital Votante	Capital Total	Capital Votante	Capital Total	Capital Votante	Capital Total
Maior	76% (75%)	54% (50%)	37% (40%)	23% (18%)	72% (71%)	51% (48%)

continua ...

	Companhias com um acionista majoritário (203)		Companhias sem um acionista majoritário (22)		Total da amostra (225)	
Acionista	Capital Votante	Capital Total	Capital Votante	Capital Total	Capital Votante	Capital Total
3 Maiores	88% (91%)	65% (67%)	62% (62%)	41% (40%)	85% (90%)	62% (62%)
5 Maiores	89% (92%)	65% (67%)	66% (69%)	44% (40%)	87% (91%)	63% (63%)

Também podemos notar uma diferença razoável entre o percentual de votos e de capital total nas mãos dos grandes acionistas. No Brasil, a legislação anterior permitia que empresas emitissem ações sem direito a voto (ações preferenciais) em uma proporção de até dois terços do total das ações. Essa regra ainda é válida para as companhias abertas já existentes, uma vez que a nova Lei das S.A (Lei 10.303/01) mudou a proporção de ações ordinárias e preferenciais de 2/3 para 50% somente para as empresas fechadas que decidirem abrir seu capital e para as novas companhias abertas. As empresas que já eram abertas antes da lei podem manter sua atual composição do capital, inclusive em novas emissões.

Dessa forma, a legislação permite que empresas abertas emitam ações sem abrir mão do controle e é, portanto, um meio de separar propriedade e controle. Esse mecanismo parece ser usado pelos grandes acionistas para manter o controle da empresa sem ter que possuir 50% do capital total. Em empresas com um único acionista majoritário, este possui uma média de 76% do capital votante, mas apenas 54% do capital total. Considerando a amostra inteira, os cinco maiores acionistas possuem 87% do capital votante, mas apenas 63% do capital total. Conforme ressaltado por Valadares e Leal (2000) e Leal, Carvalhal da Silva e Valadares (2002), se existe alguma diluição na propriedade da empresa, isso ocorre através de ações sem direito a voto. A emissão de ações sem direito a voto permite a manutenção do controle com uma participação menor no capital da empresa levando à separação entre propriedade e controle.

A Tabela 2 mostra a estrutura indireta de controle e propriedade das empresas brasileiras em 2000. Os resultados da estrutura de propriedade são parecidos com aqueles encontrados por Valadares e Leal (2000) e Leal, Carvalhal da Silva e Valadares (2002) para os anos de 1996 e 1998. No entanto, os resultados da estrutura de controle apresentam diferenças razoáveis, uma vez que são aplicadas diferentes metodologias no cálculo do controle indireto. Conforme explicado anteriormente, a metodologia usada por Valadares e Leal (2000) e Leal, Carvalhal da Silva e Valadares (2002) tende a subestimar o controle dos acionistas majoritários. Portanto, os resultados da estrutura indireta de controle para o ano de 2000 revelam participações maiores referentes a direito de voto dos controladores quando comparados com os estudos anteriores.

No caso de empresas onde o maior acionista possui mais de 50% do capital votante diretamente, a propriedade indireta é mais diluída. Na forma direta, o acionista majoritário possui, em média, 76% do capital votante e 54% do total, enquanto que indiretamente as participações são de, respectivamente, 69% e 40%. Por outro lado, essa redução na participação do maior acionista não ocorre em empresas onde não existe um acionista majoritário. Pelo contrário, os dados mostram um pequeno aumento no capital investido para esses casos. Na forma direta, o maior acionista possui, em média, 37% do capital votante e 23% do total, enquanto que indiretamente as participações são de, respectivamente, 40% e 24%.

Tabela 2

COMPOSIÇÃO ACIONÁRIA INDIRETA DAS COMPANHIAS BRASILEIRAS EM 2000

Composição acionária indireta média (mediana) de 225 companhias brasileiras listadas na Bovespa. A composição indireta mostra a participação indireta dos acionistas. Tal participação foi analisada até que o acionista efetivo se revelasse como sendo de um dos seguintes grupos: indivíduos, investidores institucionais, investidores estrangeiros e governo. Uma companhia com um acionista majoritário é aquela na qual um acionista possui mais de 50% do capital votante diretamente.
Os dados são coletados de Informativos Anuais referentes ao final de 2000

	Companhias com um acionista majoritário (203)		Companhias sem um acionista majoritário (22)		Total da amostra (225)	
Acionista	Capital Votante	Capital Total	Capital Votante	Capital Total	Capital Votante	Capital Total
Maior Acionista	69% (70%)	40% (34%)	40% (34%)	24% (15%)	66% (66%)	38% (32%)
3 Maiores	83% (89%)	51% (48%)	61% (56%)	39% (29%)	81% (87%)	50% (47%)
5 Maiores	85% (90%)	54% (51%)	64% (69%)	41% (35%)	83% (88%)	52% (50%)

Esse fato pode indicar a utilização de estruturas piramidais para manter o controle com investimento reduzido na empresa. Se essa estrutura piramidal ocorre em alguns níveis, a separação entre propriedade e controle e também o afastamento da regra uma ação — um voto torna-se ainda maior. Como fizeram Valadares e Leal (2000) e Leal, Carvalhal da Silva e Valadares (2002), analisaram-se as empresas com um acionista controlador, comparando a propriedade direta e indireta.

Nós classificamos as 203 empresas nas quais existia um acionista controlador segundo os grupos mostrados na Tabela 3. O primeiro grupo é formado por empresas onde o controle não é mantido indiretamente, ou seja, não existe um único acionista com mais de 50% do capital votante. Das 203 empresas, 35 estão nesse grupo (17%). Em 140 empresas (69%), observamos pirâmides com manutenção do controle — em todos os níveis, existe um acionista com mais de 50% do capital votante. Dividimos essas companhias em três subgrupos: aquelas onde há concentração de capital, com 37 empresas (18%), aquelas onde a participação no capital é mantida, com 91 empresas (45%) e aquelas onde a participação no capital é reduzida, com 12 empresas (6%). Por fim, o último grupo é formado por empresas onde as participações direta e indireta são idênticas — mesma participação e mesmo acionista. Essas são empresas que não utilizam estrutura piramidal. Existem 28 empresas nesse grupo (14%).

Os dados na Tabela 3 parecem indicar que a utilização de pirâmide como um mecanismo de manutenção de controle de empresas a um custo menor, ou seja, com um investimento menor no capital total, não é muito comum. Das 175 empresas onde existe estrutura piramidal e onde as participações direta e indireta são diferentes, apenas 12 têm um acionista que mantém o controle com redução no percentual de capital investido. Na média, enquanto o acionista majoritário garante o controle com 65% do capital total da empresa, indiretamente a participação média no capital é de

31%. Em 35 empresas, o acionista majoritário não mantém o controle indiretamente. Nossos resultados são similares aos encontrados por Valadares e Leal (2000) e Leal, Carvalhal da Silva e Valadares (2002) para os anos de 1996 e 1998.

A utilização de estrutura piramidal não parece ser um esforço para evitar a regra uma ação — um voto em empresas brasileiras. A legislação brasileira permite que se tenha o controle direto da companhia com 17% do capital total direto. Indiretamente, esse número poderia ser ainda menor. Não é isso o que a Tabela 3 mostra. A participação indireta no capital total do acionista controlador em média é de 43% quando ele mantém o controle indiretamente e de 16% mesmo quando ele não mantém o controle. A participação no capital votante também é bem mais alta que 50% na maioria dos casos, mesmo indiretamente.

Tabela 3

PARTICIPAÇÃO DIRETA E INDIRETA DOS ACIONISTAS CONTROLADORES EM 2000

As companhias que possuem um acionista controlador (com mais de 50% do capital votante) foram identificadas e a composição acionária direta e indireta de cada uma foi analisada. Para isto, as companhias foram classificadas em cinco grupos: (i) companhias em que o controlador não mantém o controle indiretamente; (ii) controlador mantém o controle e aumenta sua participação na companhia; (iii) controlador mantém a mesma participação; (iv) controlador mantém o controle, mas reduz sua participação no capital total; e (v) não há mudança de controlador nem da participação indireta.
Os dados foram coletados dos Informativos Anuais referentes ao final de 2000

		Participação direta do acionista controlador		Participação indireta do acionista controlador	
Há estrutura indireta?	Acionista mantém o controle?	Capital Votante	Capital Total	Capital Votante	Capital Total
Sim (175)	Não (35)	78%	59%	31%	16%
	Sim — Concentração (37)	67%	49%	85%	56%
	Sim — Manutenção (91)	75%	50%	75%	39%
	Sim — Diversificação (12)	90%	65%	60%	31%
	Sim — Todos (140)	74%	51%	76%	43%
	Média "Sim" e "Não"	75%	53%	67%	37%
Não (28)	Mesma composição	80%	57%	80%	57%

Posteriormente, as 203 empresas com acionista controlador foram classificadas de acordo com a origem do capital.

A Tabela 4 mostra a estrutura direta e indireta de controle e propriedade das empresas de acordo com a identidade do acionista controlador (estrangeiro, estatal, familiar e institucional). Das 203 empresas, 108 são controladas por grupos familiares, 60 por investidores estrangeiros, 19 por investidores institucionais e 16 pelo governo. Na média, os investidores institucionais possuem diretamente 80% do capital votante, enquanto os estrangeiros, o governo e as famílias possuem, respectivamente, 79%, 75% e 73%.

Na estrutura indireta, a participação dos investidores institucionais no capital votante cai para 64%, enquanto os investidores estrangeiros, o governo e as famílias possuem, respectivamente, 74%, 77% e 66% dos direitos de voto.

Tabela 4

PARTICIPAÇÃO ACIONÁRIA DOS DIVERSOS GRUPOS CONTROLADORES EM 2000

As companhias que possuem um acionista controlador (com mais de 50% do capital votante) foram identificadas e classificadas de acordo com a origem do capital (estrangeiro, estatal, familiar e institucional) e a composição acionária direta e indireta de cada uma foi analisada. Os dados foram coletados dos Informativos Anuais referentes ao final de 2000

		N. Firmas	% de Firmas	Participação Direta		Participação Indireta	
				Capital Votante	Capital Total	Capital Votante	Capital Total
Amostra Total		225	100%	72%	51%	66%	38%
Firmas com acionista controlador	Família	108	48%	73%	46%	66%	31%
	Governo	16	7%	75%	57%	77%	51%
	Estrangeiro	60	27%	79%	62%	74%	56%
	Institucional	19	8%	80%	66%	64%	33%
	Total	203	90%	76%	54%	69%	40%
Firmas sem acionista controlador		22	10%	37%	23%	40%	24%

A Tabela 5 mostra a presença de acordos de acionistas, estruturas de pirâmides e o percentual de ações ordinárias no capital total da empresa. Esses três mecanismos estão intimamente ligados com a estrutura de controle/propriedade e com a possibilidade de expropriação de acionistas minoritários, uma vez que podem aumentar a separação entre direito de voto e fluxo de caixa.

Os acordos de acionistas estão presentes em 27% das empresas controladas por famílias, contrastando com os 6% de empresas estatais que possuem esses acordos. De uma forma geral, 23% das empresas brasileiras possuem acordos de acionistas, influenciando a governança empresarial, na medida em que os acordos de acionistas sobre exercício do direito de voto ou do poder de controle são uma forma de aumentar o controle.

A maior parte das empresas (86%) possuem estruturas de pirâmides, sendo que estas tendem a ser menos utilizadas em empresas estatais (63%) e mais utilizadas em empresas familiares (91%) e estrangeiras (87%). A emissão de ações preferenciais é comum no Brasil, sendo que as ações ordinárias representam, na média, 53% do capital total das companhias. O percentual de ações ordinárias no capital total é menor nas empresas controladas por famílias (49%) e investidores institucionais (51%), aumentando a separação entre controle e propriedade. Por outro lado, as empresas estatais são as que mais possuem ações ordinárias em relação ao capital total (64%).

A Tabela 6 mostra o valor (Q de Tobin), a alavancagem financeira e o *payout* das empresas brasileiras de acordo com a identidade do acionista controlador (estrangeiro, estatal, familiar e institucional). As firmas sem acionista controlador apresentam um Q de Tobin mais elevado (1,19) do que as firmas com acionista controlador (1,07). Como nessa análise estamos nos focando em direito de voto (controle), essa evidência parece comprovar a hipótese 1, ou seja, uma maior concentração dos direitos de voto nas mãos do acionista controlador é associada com um menor valor das empresas. Portanto, embora as diferenças não sejam estatisticamente significativas, existe evidência da relação inversa entre concentração de controle e valor de mercado. Além disso, existe evidência estatística de que empresas controladas pelo governo tendem a ser menos valorizadas (Q=0,76) do que as empresas controladas por famílias (Q=1,09), estrangeiros (Q=1,10) e investidores institucionais (Q=1,16).

Tabela 5

MECANISMOS DE SEPARAÇÃO ENTRE CONTROLE E PROPRIEDADE NO BRASIL

As companhias que possuem um acionista controlador (com mais de 50% do capital votante) foram identificadas e classificadas de acordo com a origem do capital (estrangeiro, estatal, familiar e institucional) e foi analisada a presença de três mecanismos de separação entre controle e propriedade: acordo de acionistas, estruturas de pirâmides e o percentual de ações ordinárias no capital total da empresa.
Os dados foram coletados dos Informativos Anuais de 2000

		% Empresas com Acordo de Acionistas	% Empresas com Pirâmide	% de Ações ON no Capital Total
Amostra Total		23%	86%	53%
Firmas com acionista controlador	Família	27%	91%	49%
	Governo	6%	63%	64%
	Estrangeiro	20%	87%	56%
	Institucional	21%	79%	51%
	Total	23%	86%	53%
Firmas sem acionista controlador		27%	82%	59%

Tabela 6

VALOR, ALAVANCAGEM E *PAYOUT* DAS EMPRESAS BRASILEIRAS EM 2000

As companhias que possuem um acionista controlador (com mais de 50% do capital votante) foram identificadas e classificadas de acordo com a origem do capital (estrangeiro, estatal, familiar e institucional) e foi realizada uma comparação entre valor (Q de Tobin), alavancagem (razão entre passivo exigível/passivo total) e *payout* (razão dividendos/lucro líquido) para os diversos grupos de empresas.
Os dados foram coletados dos Informativos Anuais referentes ao final de 2000

		Q de Tobin	Alavancagem	*Payout*
Amostra Total		1,08	66%	32%
Firmas com acionista controlador	Família	1,09	72%	28%
	Governo	0,76*	47%*	36%
	Estrangeiro	1,10	62%	35%
	Institucional	1,16	61%	34%
	Total	1,07	66%	31%
Firmas sem acionista controlador		1,19	67%	35%

* Indica diferença de média estatisticamente significativa a 1% entre o Q de Tobin e a alavancagem de empresas do Governo e empresas com outros ou sem acionista controlador.

Em relação à estrutura de capital, não existe diferença significativa entre a alavancagem das firmas sem acionista controlador (67%) e com acionista controlador (66%). Existe evidência estatística de que empresas controladas pelo governo tendem a ser menos alavancadas (47%) do que as empresas controladas por investidores institucionais (61%), estrangeiros (62%) e famílias (72%).

Não existe diferença estatisticamente significativa entre o *payout* médio das firmas sem acionista controlador (35%) e com acionista controlador (31%). Embora não haja significância estatística, as empresas controladas pelo governo tendem a ter um *payout* maior (36%) do que as empresas controladas por famílias (28%), investidores institucionais (34%) e estrangeiros (35%).

Em seguida, foi conduzida uma análise mais rigorosa contemplando os procedimentos estatísticos de regressão linear múltipla.

A Tabela 7 mostra os resultados das 6 especificações de modelos para o estudo do valor de mercado das empresas brasileiras, considerando a estrutura direta de controle e propriedade. Embora nenhuma das variáveis de estrutura de controle e propriedade tenha apresentado significância estatística, os sinais dos coeficientes confirmam o previsto pela teoria.

O coeficiente negativo do capital votante confirma a hipótese 1, ou seja, uma maior concentração dos direitos de voto nas mãos do acionista controlador é associada com um menor valor das empresas. O coeficiente positivo do capital total confirma a hipótese 2, isto é, quanto maior a concentração dos direitos de fluxo de caixa com o controlador, maior o valor da empresa. Finalmente, o coeficiente negativo da razão capital votante/capital total confirma a hipótese 3, ou seja, quanto maior a razão entre a concentração dos direitos de voto e direitos de fluxo de caixa dos controladores, menor o valor da empresa.

Existe diferença estatisticamente significativa a 10% entre o valor de mercado das empresas em função da origem do capital.

Empresas com acionistas majoritários estrangeiros tendem a apresentar um valor superior quando comparadas com empresas familiares. Por sua vez, embora não exista significância estatística, empresas estatais tendem a ser as menos valorizadas de todas.

Uma possível explicação é que nas empresas do governo, a governança é mais complexa pela presença de mais um agente: os políticos. Nesse contexto, os direitos de controle (nas mãos do governo) estão totalmente dissociados do fluxo de caixa ou dos direitos de propriedade, já que a propriedade está pulverizada entre os contribuintes, detentores em última análise das empresas estatais.

As variáveis quadráticas (capital votante, capital total e razão capital votante/total) não apresentaram coeficientes estatisticamente significativos. A alavancagem, o ROA e o tamanho apresentam uma relação positiva com o valor das empresas, conforme o previsto pela teoria.

A Tabela 8 mostra os resultados das seis especificações de modelos para o estudo do valor de mercado das empresas brasileiras, só que considerando a estrutura indireta de controle e propriedade. Os resultados são substancialmente os mesmos da estrutura direta, sendo que, na estrutura indireta, os valores-p (*p-values*) das variáveis relacionadas à governança corporativa tendem a ser menores do que na estrutura direta, significando que as variáveis da estrutura indireta têm maior poder explicativo.

Nesse sentido, a relação negativa entre concentração de capital votante do maior acionista e valor de mercado passa a ser estatisticamente significativa a 10% na estrutura indireta.

Tabela 7

EFEITO DA ESTRUTURA DIRETA DE CONTROLE/PROPRIEDADE NO VALOR DAS EMPRESAS

Análise de regressão linear múltipla para estudar o efeito da estrutura direta de controle e propriedade no valor de mercado de 225 empresas brasileiras em 2000. A variável dependente é o Q de Tobin e as variáveis independentes são: capital votante; capital total; razão capital votante/capital total; alavancagem; tamanho da empresa (log dos ativos); retorno sobre os ativos (ROA); (capital votante)^2; (capital total)^2; (razão capital votante/capital total)^2; e *dummy* indicando a origem do capital do controlador. Foram testadas seis especificações de modelos: duas para o maior acionista, duas para os 3 maiores acionistas e duas para os 5 maiores acionistas. Em todas as especificações, foram inseridas *dummy* setoriais (coeficientes não apresentados). Os valores-p do teste t são reportados em parênteses

	Maior Acionista		3 Maiores Acionistas		5 Maiores Acionistas	
	(1)	(2)	(3)	(4)	(5)	(6)
Constante	0,22 (0,50)	-0,11 (0,74)	0,30 (0,42)	-0,30 (0,51)	0,27 (0,48)	-0,25 (0,65)
Alavancagem	1,06* (0,00)	1,06* (0,00)	1,06* (0,00)	1,06* (0,00)	1,06* (0,00)	1,06* (0,00)
Ln (Ativo)	0,01 (0,47)	0,01 (0,50)	0,01 (0,51)	0,00 (0,81)	0,01 (0,47)	0,01 (0,65)
ROA	1,10* (0,00)	0,82** (0,02)	1,11* (0,00)	0,85* (0,01)	1,09* (0,00)	0,89* (0,01)
Capital Votante	-0,21 (0,47)	-0,55 (0,41)	-0,35 (0,25)	-1,31 (0,29)	-0,19 (0,54)	-0,86 (0,51)
Capital Total	0,10 (0,79)	0,50 (0,46)	0,14 (0,71)	0,40 (0,71)	0,03 (0,95)	0,58 (0,68)
Capital Votante/Total	-0,02 (0,83)	-0,01 (0,44)	-0,00 (0,99)	-0,04 (0,62)	-0,03 (0,81)	-0,05 (0,72)
(Capital Votante)^2		-0,69 (0,16)		-1,17 (0,14)		-0,86 (0,28)
(Capital Total)^2		0,33 (0,55)		0,23 (0,77)		0,41 (0,65)
(Capital Votante/Total)^2		-0,00 (0,43)		-0,00 (0,72)		-0,00 (0,70)
Majoritário Estrangeiro		0,12*** (0,10)		0,14*** (0,07)		0,14*** (0,06)
Majoritário Governo		-0,05 (0,65)		-0,02 (0,85)		-0,03 (0,78)
Majoritário Institucional		0,12 (0,23)		0,13 (0,19)		0,15 (0,12)
R^2 ajustado	0,80	0,80	0,80	0,80	0,80	0,80

*, ** e *** indicam diferença estatisticamente significativa a 1%, 5% e 10%, respectivamente.

Tabela 8

EFEITO DA ESTRUTURA INDIRETA DE CONTROLE/PROPRIEDADE NO VALOR

Análise de regressão linear múltipla para estudar o efeito da estrutura indireta de controle e propriedade no valor de mercado de 225 empresas brasileiras em 2000. A variável dependente é o Q de Tobin e as variáveis independentes são: capital votante; capital total; razão capital votante/capital total; alavancagem; tamanho da empresa (log dos ativos); retorno sobre os ativos (ROA); (capital votante)^2; (capital total)^2; (razão capital votante/capital total)^2; e *dummy* indicando a origem do capital do controlador. Foram testadas seis especificações de modelos: duas para o maior acionista, duas para os 3 maiores acionistas e duas para os 5 maiores acionistas. Em todas as especificações, foram inseridas *dummy* setoriais (coeficientes não apresentados). Os valores-p do teste t são reportados em parênteses

	Maior Acionista		3 Maiores Acionistas		5 Maiores Acionistas	
	(1)	(2)	(3)	(4)	(5)	(6)
Constante	0,21 (0,38)	-0,15 (0,89)	0,27 (0,32)	-0,86 (0,58)	0,30 (0,28)	-1,16 (0,47)
Alavancagem	1,06* (0,00)	1,06* (0,00)	1,06* (0,00)	1,06* (0,00)	1,06* (0,00)	1,06* (0,00)
Ln (Ativo)	0,01 (0,48)	0,01 (0,58)	0,01 (0,61)	0,01 (0,58)	0,01 (0,48)	0,01 (0,56)
ROA	1,03* (0,00)	0,85* (0,01)	1,08* (0,00)	0,87* (0,01)	1,11* (0,00)	0,84* (0,01)
Capital Votante	-0,25*** (0,10)	-2,82 (0,13)	-0,30 (0,11)	-4,22 (0,12)	-0,26 (0,20)	-2,51 (0,36)
Capital Total	0,11 (0,44)	1,61 (0,54)	0,15 (0,35)	2,10 (0,58)	0,03 (0,87)	0,59 (0,88)
Capital Votante/Total	-0,00 (0,89)	-0,09 (0,91)	-0,01 (0,49)	-0,33 (0,78)	-0,01 (0,72)	-0,72 (0,54)
(Capital Votante)^2		-1,91** (0,03)		-2,83** (0,02)		-1,88 (0,12)
(Capital Total)^2		1,00 (0,46)		1,46 (0,42)		0,65** (0,72)
(Capital Votante/Total)^2		-0,02 (0,87)		-0,13 (0,48)		-0,19 (0,31)
Majoritário Estrangeiro		0,12*** (0,08)		0,11 (0,13)		0,11 (0,13)
Majoritário Governo		-0,07 (0,52)		-0,06 (0,60)		-0,07 (0,56)
Majoritário Institucional		0,16 (0,11)		0,14 (0,15)		0,15 (0,13)
R^2 ajustado	0,80	0,81	0,80	0,81	0,80	0,80

*, ** e *** indicam diferença estatisticamente significativa a 1%, 5% e 10%, respectivamente.

A Tabela 9 mostra os resultados das 6 especificações de modelos para o estudo da alavancagem das empresas brasileiras, considerando a estrutura direta de controle e propriedade. Embora nenhuma das variáveis de estrutura de controle e propriedade tenha apresentado significância estatística, os sinais dos coeficientes confirmam o previsto pela teoria.

O coeficiente positivo do capital votante confirma a hipótese 4, ou seja, empresas com grande concentração dos direitos de voto têm alto nível de alavancagem. O coeficiente negativo do capital total confirma a hipótese 5, isto é, empresas com grande concentração dos direitos de fluxo de caixa têm baixo nível de alavancagem. Finalmente, o coeficiente positivo da razão capital votante/capital total confirma a hipótese 6, ou seja, empresas com grande separação entre direitos de voto e fluxo de caixa nas mãos dos controladores têm alto nível de alavancagem.

Não existe diferença estatisticamente significativa entre alavancagem das empresas em função da origem do capital. Empresas com acionistas majoritários familiares tendem a apresentar maior alavancagem quando comparadas com as demais, sendo que as empresas estatais tendem a ser as menos alavancadas de todas. Conforme o previsto pela teoria, o percentual de ativos fixos sobre ativo total apresenta coeficiente positivo estatisticamente significativo a 1%, o tamanho e o ROA apresentam coeficiente negativo estatisticamente significativo a 1% ou 5%, dependendo da especificação. As variáveis quadráticas (capital votante, capital total e razão capital votante/total) não apresentaram coeficientes estatisticamente significativos.

Tabela 9

EFEITO DA ESTRUTURA DIRETA DE CONTROLE/PROPRIEDADE NA ALAVANCAGEM

Análise de regressão linear múltipla para estudar o efeito da estrutura direta de controle e propriedade na alavancagem de 225 empresas brasileiras em 2000. A variável dependente é a alavancagem e as variáveis independentes são: capital votante; capital total; razão capital votante/capital total; proporção de ativos fixos sobre ativo total; tamanho da empresa (log dos ativos); retorno sobre os ativos (ROA); (capital votante)^2; (capital total)^2; (razão capital votante/capital total)^2; e *dummy* indicando a origem do capital do controlador. Foram testadas seis especificações de modelos: duas para o maior acionista, duas para os 3 maiores acionistas e duas para os 5 maiores acionistas. Em todas as especificações, foram inseridas *dummy* setoriais (coeficientes não apresentados). Os valores-p do teste t são reportados em parênteses

	Maior Acionista		3 Maiores Acionistas		5 Maiores Acionistas	
	(1)	(2)	(3)	(4)	(5)	(6)
Constante	2,14* (0,00)	1,85* (0,00)	2,07* (0,00)	2,41* (0,00)	2,13* (0,00)	2,76* (0,01)
Ativo Fixo/Ativo Total	0,82* (0,00)	0,89* (0,00)	0,81* (0,00)	0,93* (0,00)	0,82* (0,00)	0,93* (0,00)
Ln (Ativo)	-0,12* (0,00)	-0,10* (0,00)	-0,12* (0,00)	-0,10* (0,00)	-0,12* (0,00)	-0,11* (0,00)
ROA	-1,36** (0,02)	-1,57* (0,01)	-1,35** (0,02)	-1,50** (0,02)	-1,34** (0,02)	-1,49** (0,02)
Capital Votante	0,02 (0,95)	1,09 (0,38)	0,04 (0,91)	1,07 (0,64)	0,15 (0,68)	0,83 (0,73)

continua ...

	Maior Acionista		3 Maiores Acionistas		5 Maiores Acionistas	
	(1)	(2)	(3)	(4)	(5)	(6)
Capital Total	-0,26 (0,34)	-1,44 (0,24)	-0,04 (0,89)	-0,86 (0,67)	-0,05 (0,88)	-1,73 (0,50)
Capital Votante/Total	0,00 (0,54)	0,04 (0,21)	0,00 (0,98)	0,06 (0,65)	0,01 (0,85)	0,16 (0,54)
(Capital Votante)^2		0,68 (0,46)		0,90 (0,54)		0,78 (0,60)
(Capital Total)^2		-0,92 (0,37)		-0,54 (0,70)		-1,10 (0,51)
(Capital Votante/Total)^2		0,00 (0,27)		0,00 (0,69)		0,01 (0,58)
Majoritário Estrangeiro		-0,01 (0,92)		-0,03 (0,81)		-0,04 (0,78)
Majoritário Governo		-0,31 (0,16)		-0,33 (0,13)		-0,32 (0,14)
Majoritário Institucional		-0,03 (0,88)		-0,01 (0,98)		-0,01 (0,96)
R^2 ajustado	0,12	0,11	0,12	0,10	0,12	0,11

*, ** e *** indicam diferença estatisticamente significativa a 1%, 5% e 10%, respectivamente.

A Tabela 10 mostra os resultados das 6 especificações de modelos para o estudo da alavancagem das empresas brasileiras, só que considerando a estrutura indireta de controle e propriedade. Os resultados são substancialmente os mesmos da estrutura direta, sendo que, na estrutura indireta, os valores-p (*p-values*) das variáveis relacionadas à governança corporativa tendem a ser menores do que na estrutura direta, significando que as variáveis da estrutura indireta têm maior poder explicativo. Nesse sentido, a relação entre alavancagem e concentração de capital votante, capital total e a separação entre capital votante e capital total passa a ser estatisticamente significativa a 5% na estrutura indireta, quando consideramos os 3 e 5 maiores acionistas.

A Tabela 11 mostra os resultados das 6 especificações de modelos para o estudo do *payout* das empresas brasileiras, considerando a estrutura direta de controle e propriedade. A maioria das variáveis de estrutura de controle e propriedade apresenta significância estatística, com os sinais dos coeficientes de acordo com o previsto pela teoria.

O coeficiente negativo do capital votante, estatisticamente significativo a 1%, dependendo da especificação, confirma a hipótese 7, ou seja, empresas com grande concentração dos direitos de voto nas mãos do controlador têm baixo *payout*. O coeficiente positivo do capital total, estatisticamente significativo a 5% ou 10%, dependendo da especificação, confirma a hipótese 8, isto é, empresas com grande concentração dos direitos de fluxo de caixa nas mãos do controlador têm alto *payout*. Finalmente, embora sem significância estatística, o coeficiente negativo da razão capital votante/capital total, confirma a hipótese 9, ou seja, empresas com grande separação entre direitos de voto e fluxo de caixa nas mãos do controlador têm baixo *payout*. As variáveis quadráticas (capital votante, capital total e razão capital votante/total) não apresentaram coeficientes estatisticamente significativos.

Tabela 10

EFEITO DA ESTRUTURA INDIRETA DE CONTROLE/PROPRIEDADE NA ALAVANCAGEM

Análise de regressão linear múltipla para estudar o efeito da estrutura indireta de controle e propriedade na alavancagem de 225 empresas brasileiras em 2000. A variável dependente é a alavancagem e as variáveis independentes são: capital votante; capital total; razão capital votante/total; proporção de ativos fixos/ativo total; tamanho da empresa (log dos ativos); retorno sobre os ativos (ROA); (capital votante)^2; (capital total)^2; (razão capital votante/total)^2; e *dummy* indicando a origem do capital do controlador. Foram testadas seis especificações de modelos: duas para o maior acionista, duas para os 3 maiores acionistas e duas para os 5 maiores acionistas. Em todas as especificações, foram inseridas *dummy* setoriais (coeficientes não apresentados). Os valores-p do teste t são reportados em parênteses

	Maior Acionista		3 Maiores Acionistas		5 Maiores Acionistas	
	(1)	(2)	(3)	(4)	(5)	(6)
Constante	2,33* (0,00)	1,34 (0,48)	1,15*** (0,09)	2,12 (0,46)	1,12*** (0,10)	1,63 (0,57)
Ativo Fixo/Ativo Total	0,83* (0,00)	0,91* (0,00)	0,79* (0,00)	0,89* (0,00)	0,79* (0,00)	0,89* (0,00)
Ln (Ativo)	-0,12* (0,00)	-0,11* (0,00)	-0,12* (0,00)	-0,10* (0,00)	-0,12* (0,00)	-0,11* (0,00)
ROA	-1,14** (0,05)	-1,33** (0,03)	-1,18** (0,04)	-1,32** (0,03)	-1,16** (0,05)	-1,30** (0,03)
Capital Votante	0,70 (0,17)	4,75 (0,16)	1,18** (0,03)	1,34 (0,79)	1,26** (0,02)	0,06 (0,99)
Capital Total	-0,25 (0,70)	-4,44 (0,36)	-1,60** (0,02)	-3,81 (0,58)	-1,70** (0,02)	-2,16 (0,76)
Capital Votante/Total	0,07 (0,71)	1,04 (0,48)	0,56** (0,02)	0,20 (0,93)	0,60* (0,01)	0,66 (0,76)
(Capital Votante)^2		2,07 (0,19)		0,77 (0,73)		0,28 (0,90)
(Capital Total)^2		-2,25 (0,37)		-3,07 (0,36)		-2,31 (0,49)
(Capital Votante/Total)^2		0,13 (0,59)		0,06 (0,87)		0,11 (0,74)
Majoritário Estrangeiro		-0,02 (0,88)		-0,08 (0,52)		-0,08 (0,55)
Majoritário Governo		-0,26 (0,21)		-0,31 (0,13)		-0,30 (0,15)
Majoritário Institucional		-0,03 (0,89)		-0,07 (0,69)		-0,06 (0,73)
R^2 ajustado	0,14	0,13	0,14	0,13	0,14	0,14

*, ** e *** indicam diferença estatisticamente significativa a 1%, 5% e 10%, respectivamente.

Tabela 11

EFEITO DA ESTRUTURA DIRETA DE CONTROLE/PROPRIEDADE NO *PAYOUT*

Análise de regressão linear múltipla para estudar o efeito da estrutura direta de controle e propriedade no *payout* de 225 empresas brasileiras em 2000. A variável dependente é o *payout* e as variáveis independentes são: capital votante; capital total; razão capital votante/total; alavancagem; proporção de disponibilidades financeiras sobre ativo total; tamanho da empresa (log dos ativos); retorno sobre os ativos (ROA); volatilidade do preço da ação; (capital votante)^2; (capital total)^2; (razão capital votante/capital total)^2; e *dummy* indicando a origem do capital do controlador. Foram testadas seis especificações de modelos: duas para o maior acionista, duas para os 3 maiores acionistas e duas para os 5 maiores acionistas. Em todas as especificações, foram inseridas *dummy* setoriais (coeficientes não apresentados). Os valores-p do teste t são reportados em parênteses

	Maior Acionista		3 Maiores Acionistas		5 Maiores Acionistas	
	(1)	(2)	(3)	(4)	(5)	(6)
Constante	0,02 (0,90)	-0,04 (0,86)	0,17 (0,39)	-0,35 (0,30)	0,17 (0,40)	-0,31 (0,44)
Alavancagem	-0,03 (0,21)	-0,04 (0,19)	-0,03 (0,21)	-0,03 (0,22)	-0,03 (0,20)	-0,03 (0,20)
At. Disponível/At. Total	0,11 (0,54)	0,13 (0,46)	0,12 (0,48)	0,14 (0,44)	0,11 (0,52)	0,13 (0,46)
Ln (Ativo)	0,03* (0,00)	0,04* (0,01)	0,03* (0,01)	0,03** (0,02)	0,03* (0,01)	0,03* (0,01)
ROA	0,35 (0,13)	0,36 (0,14)	0,39*** (0,09)	0,39 (0,11)	0,42** (0,07)	0,43*** (0,08)
Volatilidade	-0,11* (0,00)	-0,11* (0,00)	-0,11* (0,00)	-0,11* (0,00)	-0,11* (0,00)	-0,11* (0,00)
Capital Votante	-0,26* (0,01)	-0,21 (0,67)	-0,42* (0,00)	-0,57 (0,51)	-0,46* (0,00)	-0,46 (0,62)
Capital Total	0,18*** (0,10)	0,27 (0,57)	0,22** (0,05)	0,55 (0,48)	0,26** (0,05)	0,49 (0,63)
Capital Votante/Total	-0,00 (0,62)	-0,00 (0,94)	-0,01 (0,46)	-0,07 (0,15)	-0,02 (0,43)	-0,07 (0,47)
(Capital Votante)^2		-0,35 (0,33)		-0,78 (0,16)		-0,69 (0,22)
(Capital Total)^2		0,46 (0,25)		0,07 (0,90)		0,05 (0,93)
(Capital Votante/Total)^2		-0,00 (0,97)		-0,00 (0,13)		-0,00 (0,49)
Majoritário Estrangeiro		0,02 (0,78)		0,02 (0,73)		0,02 (0,70)
Majoritário Governo		0,03 (0,72)		0,02 (0,82)		0,02 (0,77)

continua ...

	Maior Acionista		3 Maiores Acionistas		5 Maiores Acionistas	
	(1)	(2)	(3)	(4)	(5)	(6)
Majoritário Institucional		0,01 (0,88)		0,02 (0,75)		0,00 (1,00)
R^2 ajustado	0,19	0,17	0,20	0,20	0,20	0,19

*, ** e *** indicam diferença estatisticamente significativa a 1%, 5% e 10%, respectivamente.

Não existe diferença estatisticamente significativa entre o *payout* das empresas em função da origem do capital. Empresas com acionistas majoritários familiares tendem a apresentar menor *payout* quando comparadas com as demais, sendo que as empresas estatais tendem a apresentar os maiores *payouts*.

Conforme o previsto pela teoria, o percentual de disponibilidades financeiras sobre ativo total apresenta coeficiente positivo, embora não estatisticamente significativo. O tamanho e o ROA apresentam coeficientes positivos, estatisticamente significativos a 1%, 5% ou 10%, dependendo da especificação. A volatilidade e a alavancagem têm coeficiente negativo, sendo que o primeiro é estatisticamente significativo a 1%.

A Tabela 12 mostra os resultados das 6 especificações de modelos para o estudo do *payout* das empresas brasileiras, só que considerando a estrutura indireta de controle e propriedade. Os resultados são semelhantes aos da estrutura direta, sendo que, na estrutura indireta, os valores-p (*p-values*) das variáveis relacionadas à governança corporativa tendem a ser menores do que na estrutura direta, significando que as variáveis da estrutura indireta têm maior poder explicativo. Nesse sentido, a relação entre *payout* e concentração de capital votante, capital total e a separação entre capital votante e capital total passa a ser estatisticamente significativa a 1%, 5% ou 10% na estrutura indireta, dependendo da especificação do modelo.

Tabela 12

EFEITO DA ESTRUTURA INDIRETA DE CONTROLE/PROPRIEDADE NO *PAYOUT*

Análise de regressão linear múltipla para estudar o efeito da estrutura indireta de controle e propriedade no *payout* de 225 empresas brasileiras em 2000. A variável dependente é o *payout* e as variáveis independentes são: capital votante; capital total; razão capital votante/total; alavancagem; proporção de disponibilidades financeiras sobre ativo total; tamanho da empresa (log dos ativos); retorno sobre os ativos (ROA); volatilidade do preço da ação; (capital votante)^2; (capital total)^2; (razão capital votante/capital total)^2; e *dummy* indicando a origem do capital do controlador. Foram testadas seis especificações de modelos: duas para o maior acionista, duas para os 3 maiores acionistas e duas para os 5 maiores acionistas. Em todas as especificações, foram inseridas *dummy* setoriais (coeficientes não apresentados). Os valores-p do teste t são reportados em parênteses

	Maior Acionista		3 Maiores Acionistas		5 Maiores Acionistas	
	(1)	(2)	(3)	(4)	(5)	(6)
Constante	-0,29 (0,21)	-0,11 (0,89)	0,10 (0,71)	-0,70 (0,54)	0,20 (0,45)	-0,50 (0,66)
Alavancagem	-0,04 (0,18)	-0,04 (0,19)	-0,04 (0,14)	-0,04 (0,15)	-0,04 (0,14)	-0,04 (0,15)

continua ...

	Maior Acionista		3 Maiores Acionistas		5 Maiores Acionistas	
	(1)	(2)	(3)	(4)	(5)	(6)
At. Disponível/At. Total	0,06 (0,71)	0,09 (0,63)	0,09 (0,60)	0,11 (0,53)	0,09 (0,59)	0,12 (0,51)
Ln (Ativo)	0,04* (0,00)	0,04* (0,00)	0,03* (0,01)	0,03* (0,01)	0,03* (0,01)	0,03* (0,01)
ROA	0,44*** (0,06)	0,44*** (0,08)	0,44*** (0,06)	0,44*** (0,07)	0,45** (0,05)	0,45*** (0,07)
Volatilidade	-0,12* (0,00)	-0,12* (0,00)	-0,11* (0,00)	-0,10* (0,01)	-0,11* (0,00)	-0,10* (0,01)
Capital Votante	-0,56* (0,01)	-0,15 (0,91)	-0,62* (0,00)	1,62 (0,41)	-0,63* (0,00)	-0,74* (0,70)
Capital Total	0,72* (0,01)	0,16 (0,93)	0,43 (0,12)	3,01 (0,27)	0,36 (0,21)	2,24 (0,41)
Capital Votante/Total	-0,14** (0,04)	-0,08 (0,89)	-0,07 (0,42)	-0,38 (0,65)	-0,05 (0,60)	-0,15 (0,86)
$(\text{Capital Votante})^2$		-0,33 (0,60)		-0,23 (0,80)		-0,24 (0,78)
$(\text{Capital Total})^2$		0,47 (0,63)		1,39 (0,29)		1,07 (0,41)
$(\text{Capital Votante/Total})^2$		-0,03 (0,74)		-0,00 (0,97)		-0,03 (0,85)
Majoritário Estrangeiro		0,02 (0,68)		0,01 (0,92)		0,00 (0,93)
Majoritário Governo		0,06 (0,46)		0,03 (0,72)		0,03 (0,67)
Majoritário Institucional		0,03 (0,71)		0,01 (0,91)		0,01 (0,88)
R^2 ajustado	0,20	0,18	0,20	0,19	0,21	0,20

*, ** e *** indicam diferença estatisticamente significativa a 1%, 5% e 10%, respectivamente.

5. *Conclusão*

O conceito de governança corporativa, embora não tivesse sido contemplado com uma nomenclatura própria, existe há mais de 50 anos. No entanto, o termo "governança corporativa" só começou a ser utilizado na década de 90. Apesar de inúmeras definições, a governança corporativa pode ser descrita como um conjunto de princípios e práticas que procuram minimizar os potenciais conflitos de interesse entre os diferentes agentes da companhia (*stakehoders*), com o objetivo de maximizar o valor da empresa e, conseqüentemente, aumentar o retorno para seus acionistas.

Embora a governança corporativa não seja tema relativamente novo, somente nos últimos anos vem se transformando em uma preocupação importante em diversos países, sejam mercados desenvolvidos ou emergentes. O presente trabalho dá continuidade a uma série de estudos sobre estruturas de controle e propriedade de companhias brasileiras e sobre os efeitos das estruturas de controle e propriedade no valor, alavancagem e *payout* das empresas.

No Brasil, o debate em torno da governança corporativa se intensificou bastante na última década, na medida em que as relações entre acionistas e administradores e entre acionistas majoritários e minoritários estão mudando com a reestruturação societária provocada pelas privatizações e a entrada de novos sócios nas empresas do setor privado, principalmente estrangeiros e investidores institucionais.

Embora tenha se desenvolvido bastante, o movimento de governança corporativa no Brasil é ainda reflexo do desenvolvimento do mercado de capitais e da consolidação econômica dos últimos anos. Nesse contexto, o país ainda carece de uma cultura de mercado de capitais, ficando evidente no baixo investimento de recursos em ativos de renda variável. O controle corporativo não é disperso, permanecendo forte a presença do acionista controlador.

A governança corporativa é um tema bastante abrangente. Embora ela ocorra em diversas dimensões, a análise pode ser centrada na estrutura de controle e propriedade das empresas, levando-se em conta que essa dimensão está intimamente ligada com as demais. Portanto, a governança corporativa pode ser analisada do ponto de vista da dissociação entre propriedade e controle.

Existem diversos mecanismos para separar os direitos de controle e propriedade, entre eles, emissão de ações não votantes, utilização de estruturas indiretas (pirâmides) e acordos para exercício do direito de voto ou do poder de controle. No presente estudo, foram calculadas as estruturas direta e indireta de controle e propriedade, além de considerar a presença de acordos de acionistas, o que não foi analisado em trabalhos anteriores sobre estrutura de controle e propriedade realizados no Brasil.

A grande dificuldade na determinação da composição acionária das empresas refere-se ao cálculo das participações na estrutura indireta de controle e propriedade. As medidas da estrutura indireta de propriedade e controle usadas em estudos no Brasil não permitem analisar e computar apropriadamente a separação entre propriedade e controle na estrutura indireta, uma vez que tendem a subestimar o controle dos acionistas majoritários. Por outro lado, as medidas utilizadas geralmente na literatura internacional podem levar a imprecisões quando existem mais de um acionista indireto.

O presente estudo utiliza uma nova metodologia de cálculo de participação indireta na estrutura de controle, visando superar as dificuldades e imprecisões das metodologias atualmente empregadas na literatura internacional e brasileira. Nesse contexto, ele está baseado em um banco de dados da estrutura direta e indireta das empresas brasileiras, levando em conta a presença de acordo de acionistas e usando uma metodologia que não subestima o controle dos acionistas majoritários.

Os resultados mostram um alto grau de concentração do capital votante. Mesmo quando não existe um acionista majoritário, o maior acionista possui uma parcela significativa do capital votante. A empresa é controlada, na média, por seus três maiores acionistas. Também se pode notar uma diferença razoável entre o percentual de votos e de capital total nas mãos dos grandes acionistas. Esse mecanismo parece ser usado pelos acionistas majoritários para manter o controle da empresa sem ter que possuir 50% do capital total.

A utilização de pirâmide como um mecanismo de manutenção de controle de empresas a um custo menor, ou seja, com um investimento menor no capital total, não é muito comum. A utilização de estrutura piramidal não parece ser um esforço para evitar a regra uma ação — um voto em empresas brasileiras. Portanto, se existe alguma diluição na propriedade da empresa, isso ocorre mais através de ações sem direito a voto do que pela utilização de pirâmides. A emissão de ações sem direito a voto permite a manutenção do controle com uma participação menor no capital da empresa levando à separação entre propriedade e controle.

A maior parte das empresas é controlada por grupos familiares, em seguida por investidores estrangeiros, e, em menor porte, por investidores institucionais e pelo governo. Os acordos de acionistas estão presentes em 27% das empresas controladas por famílias, contrastando com os 6% de empresas estatais que possuem esses acordos. De uma forma geral, 23% das empresas brasileiras possuem acordos de acionistas, influenciando a governança empresarial, na medida em que os acordos de acionistas sobre exercício do direito de voto ou do poder de controle são uma forma de aumentar o controle.

A maior parte das empresas possuem estrutura de pirâmide, sendo que esta tende a ser menos utilizada em empresas estatais e mais utilizada em empresas familiares e estrangeiras. A emissão de ações preferenciais é comum no Brasil, sendo que as ações ordinárias representam, na média, 53% do capital total das companhias. O percentual de ações ordinárias no capital total é menor nas empresas controladas por famílias e investidores institucionais, sendo que as empresas estatais são as que mais possuem ações ordinárias em relação ao capital total.

Os resultados dos testes revelam que existe uma relação entre estrutura de controle/propriedade e valor de mercado das empresas brasileiras. Embora sem significância estatística, os coeficientes das variáveis indicam que, conforme o previsto pela teoria: (i) uma maior concentração dos direitos de voto nas mãos do acionista controlador é associada com um menor valor das empresas; (ii) quanto maior a concentração dos direitos de fluxo de caixa com o controlador, maior o valor da empresa; e (iii) quanto maior a razão entre a concentração dos direitos de voto e direitos de fluxo de caixa dos controladores, menor o valor da empresa.

Existe uma relação estatisticamente significativa entre estrutura de controle/propriedade e estrutura de capital das empresas brasileiras. Conforme o previsto pela teoria, os resultados indicam que: (i) empresas com grande concentração dos direitos de voto têm alto nível de alavancagem; (ii) empresas com grande concentração dos direitos de fluxo de caixa têm baixo nível de alavancagem; (iii) e empresas com grande separação entre direitos de voto e fluxo de caixa nas mãos dos controladores têm alto nível de alavancagem.

Em relação à política de dividendos, existe uma relação estatisticamente significativa entre estrutura de controle/propriedade e *payout* das empresas brasileiras. Conforme o previsto pela teoria, os resultados indicam que: (i) empresas com grande concentração dos direitos de voto nas mãos do controlador têm baixo *payout*; (ii) empresas com grande concentração dos direitos de fluxo de caixa nas mãos do controlador têm alto *payout*; e (iii) empresas com grande separação entre direitos de voto e fluxo de caixa nas mãos do controlador têm baixo *payout*.

Os resultados utilizando a estrutura indireta de controle são substancialmente os mesmos da estrutura direta, sendo que, na estrutura indireta, os valores-p (*p-values*) das variáveis relacionadas à governança corporativa tendem a ser menores do que na estrutura direta, significando que as variáveis da estrutura indireta têm maior poder explicativo do que as variáveis da estrutura direta. Uma possível explicação para a melhoria dos resultados estatísticos é que as variáveis da estrutura indireta realmente medem quem é o dono em última instância das empresas.

Portanto, o estudo das questões acerca da propriedade das empresas não deve ficar restrito à propriedade direta, mas se aprofundar nas questões de quem é o controlador final das empresas. Se as ações de uma empresa forem de propriedade de outra empresa, deve-se procurar identificar os acionistas desta segunda empresa, e assim por diante.

Como sugestões para pesquisas futuras relacionadas ao tema, seria interessante realizar uma análise dinâmica para diversos anos (por exemplo, a partir do Plano Real), visando avaliar as estruturas de controle e propriedade e seus efeitos no valor de mercado, estrutura de capital e *payout* das companhias brasileiras. Dessa forma, o estudo seria estendido para um maior número de empresas e para uma maior número de anos.

Além disso, poderia ser avaliado o impacto de outras variáveis de goverança corporativa (composição e estrutura do conselho de administração e conselho fiscal, listagem de ADRs e GDRs, listagem nos níveis diferenciados de governança corporativa da Bovespa, auditoria independente, *free float*, entre outros parâmetros) no valor de mercado, estrutura de capital e *payout* das companhias brasileiras, bem como em outras variáveis (volatilidade, beta, EBITDA e outras medidas de desempenho operacional e financeiro).

6. Referências bibliográficas

BARCLAY, M.; HOLDERNESS, C. (1989). "Private benefits from control of public corporations", *Journal of Financial Economics* 25/371-95.

BERLE, A.; MEANS, G. (1932). *The Modern Corporation and Private Property*. Nova York, MacMillan.

BOHREN, O.; ODEGAARD, A. (2001). "Corporate governance and economic performance: a closer look", *Norwegian School of Management Working Paper*.

BRAILSFORD, T.; OLIVER, B.; PUA, S. (2000). "Theory and evidence on the relationship between ownership structure and capital structure", *Australian National University Working Paper*.

CHAPLINSKY, S.; RAMCHAND, L. (2000). "The impact of SEC Rule 144A on corporate debt issuance by foreign firms", *University of Virginia Working Paper*.

CLAESSENS, S.; DJANKOV, S.; LANG, L. (2000a). "The separation of ownership and control in East Asian corporations", *Journal of Financial Economics* 58/81-112.

CLAESSENS, S.; DJANKOV, S.; FAN, J.; LANG, L. (2000b). "Expropriation of minority shareholders: evidence from East Asia", *World Bank Policy Research Paper* 2088, Washington, DC.

CRUTCHLEY, C.; HANSEN, R. (1989). "A test of the agency theory of managerial ownership, corporate leverage and corporate dividends", *Financial Management* 18/36-76.

EASTERBROOK, F. (1984). "Two agency-cost explanations of dividends", *American Economic Review* 74/650-659.

EID JR., W. (1996). "Custo e estrutura de capital: o comportamento das empresas brasileiras", *Revista de Administração de Empresas* 4/51-59, v. 36.

FACCIO, M.; LANG, L. (2001). "The ultimate ownership of Western European Corporations", *University of Notre Dame Working Paper* 398.

FARINHA, J. (2002). "Dividend policy, corporate governance and the managerial entrenchment hypothesis: an empirical analysis", in *EFMA Conference*, Londres.

FLUCK, Z. (1998). "Optimal financial contracting: debt *versus* outside equity", *Review of Financial Studies* 11/383-418.

FRIEND, I.; LANG, H. (1988). "An empirical test of the impact of managerial self-interest on corporate capital structure", *Journal of Finance* 43/271-281.

GIBSON, M. (1999). "Is corporate governance ineffective in emerging markets?", *Federal Reserve Board Working Paper*.

GOMES. G.; LEAL, R. (2001). "Determinantes da estrutura de capitais das empresas brasileiras com ações negociadas em bolsas de valores", in LEAL, R.;

COSTA JR., N.; LEMGRUBER, E. *Finanças Corporativas*. São Paulo, Atlas.

HARRIS, M.; RAVIV, A. (1988). "Corporate control contests and capital structure", *Journal of Financial Economics* 20/55-86.

_______ (1990). "The theory of capital structure", *Journal of Finance* 2/321-349, v. 45.

HARVEY, C.; LINS, K.; ROPER, A. (2001). "The effect of capital structure when expected agency costs are extreme", *NBER Working Paper* 8.452.

JAMES, C. (1988). "Some evidence on the uniqueness of bank loans", *Journal of Financial Economics* 19/217-235.

JENSEN, M. (1986). "Agency costs of free cash flow, corporate finance and takeovers", *American Economic Review* 76/323-329.

JENSEN, M.; MECKLING, W. (1976). "Theory of the firm: managerial behavior, agency costs, and ownership structure", *Journal of Financial Economics* 11/5-50.

JENSEN, G.; SOLBERG, D.; ZORN, T. (1992). "Simultaneous determination of insider ownership, debt and dividend policies", *Journal of Financial and Quantitative Analysis* 27/247-263.

JOHNSON, S.; SHLEIFER, A. (2001). "Privatization and corporate governance", in *12th Annual East Asian Seminar on Economics*.

KIM, Y., STULZ, R. (1988). "The Eurobond market and corporate financial policy: a test of the clientele hypothesis", *Journal of Financial Economics* 22/189-205.

LA PORTA, R.; LOPEZ-DE-SILANES, F.; SHLEIFER, A.; VISHNY, R. (1997). "Legal determinants of external finance", *Journal of Finance* 3/1.131-1.150, v. 52.

_______ (1998). "Law and finance", *Journal of Political Economy* 106/1.113-1.155.

_______ (1999). "Corporate ownership around the world", *Journal of Finance* 54/471-518.

_______ (2000a). "Investor protection and corporate governance", *Journal of Financial Economics* 58/3-28.

_______ (2000b). "Agency problems and dividend policies around the world", *Journal of Finance* 55/1-33.

_______ (2002). "Investor protection and corporate valuation", *Journal of Finance* 3, v. 53.

LEAL, R.; CARVALHAL DA SILVA, A.; VALADARES, S. (2002). "Estrutura de controle das companhias brasileiras de capital aberto", *Revista de Administração Contemporânea* 1/7-18, v. 6.

LUMMER, S.; McCONNELL, J. (1989). "Further evidence on the bank lending process and the capital market response to bank loan agreements", *Journal of Financial Economics* 25/99-122.

McCONNEL, J.; SERVAES, H. (1990). "Additional evidence on equity ownership and corporate value", *Journal of Financial Economics* 27/595-612.

_______ (1995). "Equity ownership and the two faces of debt", *Journal of Financial Economics* 39/131-157.

MIKKELSON, W.; PARTCH, M. (1986). "Valuation effects of security offerings and the issuance process", *Journal of Financial Economics* 15/31-60.

MILLER, D.; PUTHENPURACKAL, J. (2001). "The costs, determinants, and wealth effects of public yankee bond offerings", *Indiana University Working Paper*.

MORCK, R.; SHLEIFER, A.; VISHNY, R. (1988). "Management ownership and market valuation: an empirical analysis", *Journal of Financial Economics* 20/293-315.

MYERS, S. (2000). "Outside equity", *Journal of Finance* 55/1.005-1.037.

NASCIMENTO, G. (2000). *Estrutura de Capitais e Estrutura de Propriedade e Controle nas Empresas Brasileiras*. Dissertação de Mestrado em Administração, Universidade Federal do Rio de Janeiro, Instituto Coppead de Administração.

NOVAES, W.; ZINGALES, L. (1995). "Capital structure choice when managers are in control: entrenchment *versus* efficiency", *NBER Working Paper Series* W5384.

PROCIANOY, J. (1995). "Os conflitos de agência entre controladores e minoritários nas empresas negociadas na bolsa de valores de São Paulo: evidências através do comportamento da política de dividendos após as modificações tributárias ocorridas entre 1988-1989", in *19º Encontro Nacional da ANPAD*.

PROCIANOY, J. L. (1994). "O processo sucessório e a abertura de capital nas empresas brasileiras: objetivos conflitantes", *Revista de Administração de Empresas* 4/74-84, v. 34.

______ (2001). "Brazil: Company partnership models", *International Review of Financial Analysis* 10/307-322.

PROCIANOY, J.; COMERLATO, G. (1994). "A transferência de resultados entre empresas de capital aberto de um mesmo grupo", *Revista de Administração* 29.

PROCIANOY, J.; KRAEMER, R. (2001). "Estrutura de capital: um enfoque sobre a capacidade máxima de utilização de recursos de terceiros das empresas negociadas na Bolsa de Valores de São Paulo", in LEAL, R.; COSTA JR., N.; LEMGRUBER, E. *Finanças Corporativas*. São Paulo, Atlas.

PROCIANOY, J.; SNIDER, H. (1995). "Tax changes and dividend payouts: is shareholders wealth maximized in Brazil?", *New York University Working Paper*.

ROZEFF, M. (1982). "Growth, beta and agency costs as determinants of dividend payout ratios", *Journal of Financial Research* 5/249-259.

SCHNORRENBERGER, A.; PROCIANOY, J. (2002). "A influência da estrutura de controle nas decisões de estrutura de capital das companhias brasileiras", in *2º Encontro Brasileiro de Finanças*, Rio de Janeiro.

SHLEIFER, A.; VISHNY, R. (1997). "A survey of corporate governance", *Journal of Finance* 52/737-783.

SOARES, K.; PROCIANOY, J. (2000). "O perfil do endividamento das empresas negociadas na Bolsa de Valores de São Paulo após o Plano Real", in *24º Encontro Nacional da ANPAD*, Florianópolis.

STULZ, R. (1988). "Managerial control of voting rights: financing policies and the market for corporate control", *Journal of Financial Economics* 20/25-54.

THOMSEN, S.; PEDERSEN, T. (1997). "European ownership concentration: causes and consequences", *Institute of International Economics and Management Working Paper*, Copenhagen Business School.

VALADARES, S. (1998).*Três Ensaios sobre o Mercado por Controle Corporativo no Brasil*. Tese de Doutorado em Economia. Departamento de Economia da Pontifícia Universidade Católica do Rio de Janeiro.

VALADARES, S.; LEAL, R. (2000). "Ownership and control structure of Brazilian companies", *Revista Abante* 1, v. 3.

WIWATTANAKANTANG, Y. (2001). "Controlling shareholders and corporate value: evidence from Thailand", *Pacific-Basin Finance Journal* 9/323-362.

ZINGALES, L. (1994). "The value of the voting right: a study of the Milan stock exchange experience", *Review of Financial Studies* 7/125-148.

Anexo 1

Estatística Descritiva das Variáveis Utilizadas

Estatística descritiva das variáveis utilizadas para estudar o efeito da estrutura de controle e propriedade no valor de mercado, estrutura de capital e *payout* de 225 empresas brasileiras em 2000. As variáveis incluídas são: valor de mercado (Q Tobin), alavancagem (Alavanc), proporção de ativos fixos sobre ativos totais (AFixo/At), tamanho da empresa (Ln Ativo), retorno sobre ativo (ROA), parcela dos lucros distribuída como dividendos (*payout*), volatilidade (Volat), proporção das disponibilidades financeiras sobre ativo total (Disp/At), capital votante direto do maior acionista (1VDIR), capital total direto do maior acionista (1TDIR), capital votante direto dos 3 maiores acionistas (3VDIR), capital total direto dos 3 maiores acionistas (3TDIR), capital votante direto dos 5 maiores acionistas (5VDIR), capital total direto dos 5 maiores acionistas (5TDIR), capital votante indireto do maior acionista (1VIND), capital total indireto do maior acionista (1TIND), capital votante indireto dos 3 maiores acionistas (3VIND), capital total indireto dos 3 maiores acionistas (3TIND), capital votante indireto dos 5 maiores acionistas (5VIND), capital total indireto dos 5 maiores acionistas (5TIND)

	Média	Desvio padrão	Mínimo	Quartil 25	Mediana	Quartil 75	Máximo	Curtose	Assimetria
Q Tobin	1,08	0,90	0,15	0,74	0,92	1,10	5,38	82,9	7,9
Alavanc	68%	78%	1%	42%	58%	77%	90%	90,4	8,6
AFixo/At	51%	22%	0%	34%	52%	67%	100%	-0,6	-0,2
Ln Ativo	13,5	1,8	8,7	12,3	13,7	14,7	18,3	-0,1	-0,1
ROA	11%	9%	0%	6%	11%	16%	34%	4,6	-1,0
Pay Out	32%	32%	0%	0%	27%	47%	98%	2,4	1,2
Volat	75%	64%	20%	40%	50%	80%	560%	20,5	3,9
Disp/At	8%	11%	0%	1%	4%	11%	67%	6,3	2,3
1VDIR	72%	21%	12%	56%	71%	91%	100%	-0,7	-0,3
1TDIR	51%	25%	7%	31%	48%	71%	100%	-0,9	0,4
3VDIR	85%	16%	23%	79%	90%	98%	100%	2,2	-1,5
3TDIR	62%	24%	12%	43%	62%	84%	100%	-1,1	-0,1
5VDIR	87%	15%	23%	82%	91%	99%	100%	2,9	-1,7
5TDIR	63%	24%	12%	43%	63%	85%	100%	-1,1	-0,2
1VIND	66%	25%	12%	50%	66%	89%	100%	-0,9	-0,3
1TIND	38%	27%	1%	17%	32%	57%	100%	-0,7	0,6
3VIND	81%	19%	23%	68%	87%	97%	100%	0,5	-1,1
3TIND	50%	26%	2%	30%	47%	72%	100%	-0,9	0,2
5VIND	83%	18%	23%	73%	88%	98%	100%	1,4	-1,3
5TIND	52%	25%	5%	32%	50%	74%	100%	-0,9	0,2

EVOLUÇÃO LEGISLATIVA DAS AÇÕES PREFERENCIAIS NO BRASIL E OS INSTITUTOS A ELAS RELACIONADOS

MARCEL GOMES BRAGANÇA RETTO

1. O surgimento das ações preferenciais e sua evolução: A. Conceito e origem; B. Direito de voto e ações preferenciais; C. Evolução legislativa. 2. As ações preferenciais no direito comparado: A. Vantagens das ações preferenciais: a. Itália; b. França; c. Estados Unidos. 3. O novo tratamento dado às preferenciais pela Lei 9.457/1997: A. Dividendo majorado: controvérsias doutrinárias e a interpretação do § 1º do art. 111. 4. O novo tratamento conferido pela Lei 10.303/2001: A. Diminuição da proporção de ações preferenciais emitidas sem direito de voto ou com voto restrito e as novas vantagens conferidas a essa espécie de ação; B. Novas vantagens das ações preferenciais e interpretação do § 3º do art. 8º da Lei de 2001. Referências bibliográficas.

1. O surgimento das ações preferenciais e sua evolução

A. Conceito e origem

Ações de prioridade, ações privilegiadas ou ações preferenciais são denominações atribuídas às ações que conferem a seus possuidores certos direitos e vantagens não outorgadas a todos os acionistas.[1] "Ora, em primeiro lugar" — diz Waldemar Ferreira — "as ações serão preferenciais relativamente às ações ordinárias. Preferência é o ato de preferir; e preferir é antepor, dar a primazia, o primeiro lugar; estimular mais, avantajar uma coisa de outra".[2]

Baseados no conceito estabelecido de ações de prioridade podem ser exemplificados os privilégios conferidos a essas ações. Pode-se conferir vantagens de ordem patrimonial ou política. Entre as vantagens de ordem patrimonial elencam-se: prioridade na distribuição de dividendos; direito a um percentual maior nos dividendos; prioridade no reembolso do capital, e assim por diante. Entre as vantagens de ordem política, principalmente: privilégio de voto nas assembléias.[3]

1. Ernesto Leme, *Das Acções Preferenciais nas Sociedades Anonymas*, p. 23. Spencer Vampré define ações preferenciais como as que conferem aos acionistas mais direitos ou vantagens do que as demais (*Tratado Elementar de Direito Commercial*, v. II, p. 130). Carvalho de Mendonça define as ações de prioridade como as que conferem aos possuidores o direito de preferência sobre os lucros, ou sobre o patrimônio social por ocasião da partilha, ou sobre ambos. Elucida o mestre que os possuidores de ações preferenciais colocam-se em grau superior ao dos outros acionistas (*Tratado de Direito Commercial*, p. 415). Philomeno J. da Costa define ação preferencial como aquela que, tendo vantagens financeiras ou econômicas, não possui, via de regra, a faculdade de direção da anônima. Este autor repele a denominação "ação privilegiada" sob o argumento de que o art. 17 da Lei admite apenas prioridades e não efetivos privilégios (*Anotações às Companhias*, v. I, pp. 269 e 295, nota 15). V., ainda, Oscar Barreto Filho, *Das Sociedades de Investimento*, p. 117.

2. *Tratado de Direito Comercial*, 4º v., p. 239.

3. Quanto às formas de privilégio de voto, obtempera Pierre Chesnelong: "L'avantage de l'ac-

Quanto à denominação, como é cediço, no Brasil pacificou-se o uso das expressões ações ordinárias e ações preferenciais. As primeiras, conhecidas também como ações comuns, perante o direito brasileiro, conforme será visto, passaram a ser verdadeiras ações privilegiadas em relação aos direitos políticos.

Tratamento diverso é dado por cada ordenamento a essa espécie de ação. Uns conferem vantagens políticas às ações preferenciais, conferindo-lhes privilégio de voto. Outros restringem os privilégios a vantagens patrimoniais, retirando-lhes o direito de voto.

As ações privilegiadas foram introduzidas no ordenamento brasileiro pelo Decreto 21.536, de 15 de junho de 1932. Até então, do ponto de vista legal, só havia ações comuns (ordinárias).[4] A despeito disso, nos dá conta Ernesto Leme que, mesmo sem disposição legal expressa, a doutrina majoritária já admitia a emissão dessas ações, conforme pareceres de Visconde de Ouro Preto e Rui Barbosa conferidos, respectivamente, aos 15 de dezembro de 1898 e de 7 de janeiro de 1899.[5]

A questão voltou a ser debatida quando a Caixa de Liquidação de São Paulo, no intuito de aumentar o capital que deveria ser integralmente tomado pelos credores, dirigiu consulta a Carvalho de Mendonça, Francisco Morato, Gama Cerqueira, Spencer Vampré[6] e Waldemar Ferreira. Instaurada a discussão a respeito da legalidade ou não da emissão de ações preferenciais, saiu vencedor o entendimento que a admitia. Portanto, mesmo antes da promulgação do Decreto 21.536/1932 já havia o entendimento de que as ações preferenciais podiam ser emitidas, pois não contrariavam o Decreto 434, de 4 de julho de 1891.[7] E, realmente, a prática já consagrara a emissão de ações preferenciais. Tanto procede a afirmação que o Decreto 21.536/1932, em seu art. 14, dispunha que: "As acções preferenciaes, emittidas antes do presente decreto, deverão conformar-se aos seus dispositivos, sem que estes, porém, as invalidem, nem as deliberações e os actos praticados na conformidade das leis que os regulavam".

tion privilégiée peut être assuré de plusieurs manières. Il peut consister simplement en l'attribution d'un nombre supérieur de voix. Les actions sont de deux sortes: actions A et B. Les premières donnent droit à dix voix, les secondes à une voix, alors d'ailleurs que leur valeur nominale est la même, et que les unes et les autres ont des droits égaux sur les bénéfices ou sur l'actif social. Le nombre de voix de chaque groupe peut aussi être fixé en proportion du nombre d'actions de l'autre groupe, présentes ou représentées à l'assemblée. Il est ainsi éminemment variable, mais de nature à assurer toujours la prépondérance d'un groupe par rapporte à l'autre (...)" (*Le Droit de Vote dans les Assemblées Générales des Sociétés par Actions*, p. 96). Com a Lei 10.303/2001, vale acrescer, pacifica-se a utilização da *golden share*.

4. Miranda Valverde aduz: "Até o ano de 1932, quando foi publicado o Decr. 21.536, de 15 de junho, não reconhecia, expressamente o nosso direito outra espécie de ação senão a ordinária ou comum. País de economia escassa, sem capitais acumulados e disponíveis para inverter na exploração dos grandes ramos da indústria ou em operações de alta finança bancária, não podiam deixar de ser, como ainda são, na sua quase totalidade, as sociedades anônimas brasileiras, mofinas, rotineiras. As grandes organizações que operam no nosso território são desdobramentos de instituições estrangeiras, sociedades anônimas autorizadas a funcionar no país, suas agências ou sucursais, sociedades-filhas. A grande maioria das concessões de serviços públicos continua nas mãos do estrangeiro" (*Sociedades por Ações*, pp. 85-86). Existem, ainda, ações desconhecidas pelo ordenamento pátrio. São exemplos: as ações de trabalho, conferidas ao corpo de empregados. Foram previstas na Lei francesa de 28 de abril de 1917 e no Código Civil italiano de 1942, art. 2.349; ações de numerário e ações *d'apport*, também originárias da experiência francesa; ações industriais, emitidas em favor de pessoas que prestam serviços à empresa, adotadas pela Lei mexicana de 1934; ações de favor ou prêmio e etc. V. Cunha Peixoto, *Sociedades por Ações*, 1º v., p. 117; Miranda Valverde, *Sociedades*..., cit., 1º v., p. 87; Philomeno J. da Costa, *Anotações*..., cit., v. I, p. 268.

5. Ob. cit., pp. 90-91. Para consulta a trechos dos pareceres remetemos o leitor à obra referida, páginas citadas. V., tb., Pontes de Miranda, *Tratado de Direito Privado*, t. L, pp. 53-54.

6. Carvalho de Mendonça entendia ser duvidosa a possibilidade de emissão de ações preferenciais perante o Decreto 434, de 1891 (ob. cit., III, p. 416). Spencer Vampré, entretanto, entendia ser plenamente possível a emissão de ações preferenciais (*Tratado*..., cit., p. 130).

7. Ernesto Leme, ob. cit., pp. 90-101.

O art. 1º, § 1º, especificava as preferências a serem estabelecidas a favor dos acionistas. Consistiam elas em prioridade na distribuição dos dividendos, mesmo fixos e cumulativos; prioridade no reembolso do capital e prioridade na distribuição dos dividendos e no reembolso do capital. Permitia o Decreto, ainda, a criação de ações preferenciais de mais de uma classe. Podia-se, assim, estabelecer diversos privilégios. Exemplo: classe A, com prioridade na distribuição de dividendos. Classe B, com prioridade no reembolso do capital, entre outros. O § 3º do Decreto permitia ao estatuto deixar de conferir às ações preferenciais algum ou alguns dos direitos reconhecidos às ações ordinárias, inclusive o de voto, ou de conferi-los com restrições. O § 4º vedava, expressamente, a adoção do voto plural. O art. 3º dispunha que o acionista titular de ação preferencial adquiriria o direito de voto sempre que, pelo prazo nos estatutos fixado e nunca superior a três anos, deixasse de ser pago o dividendo fixo, direito esse que seria conservado até que o dividendo fosse efetivamente pago.

Com isso, como bem defendeu certa doutrina, deixaram de existir ações comuns. Todas eram privilegiadas. As ordinárias, pois foram transformadas em ações de comando, com privilégio de voto, já que os estatutos podiam privar as ações preferenciais desse direito. As preferenciais, pois gozavam de vantagens patrimoniais em relação às ordinárias.[8]

Cumpre ressaltar que o Decreto 21.536/1932 não limitou o total de ações preferenciais sem voto ou com voto restrito a ser emitido. Essa preocupação está presente no Decreto-lei 2.627/1940, na Lei 6.404/1976 e na Lei 10.303/2001. Como leciona Miranda Valverde, a omissão do Decreto 21.536/1932 propiciou a constituição de algumas sociedades com o capital representado por 90% (noventa por cento) de ações preferenciais sem direito de voto, concentrando o poder nas mãos de poucos acionistas.[9]

B. Direito de voto e ações preferenciais

A evolução das ações preferenciais sempre carregou consigo uma questão que até hoje agita o espírito dos doutos. Trata-se da questão do voto. Será ele um direito essencial do acionista? O absenteísmo que caracteriza as assembléias seria fator suficiente para suprimi-lo? Ou, ao contrário, acaba-se por estimular ainda mais o desinteresse do acionista? Transformou-se o titular de ações preferenciais em verdadeiro credor? Essas são algumas questões que envolvem as preferenciais e sua sistemática e, por certo, não comportam respostas irrefutáveis e definitivas.

Mas é importante ressaltar que as companhias, em sua origem, eram marcadas por profundo caráter oligárquico. Nos dá conta Pontes de Miranda que o estatuto do Banco do Brasil, criado via alvará de 12 de outubro de 1808 pelo príncipe regente, concedia um voto a cada cinco ações.[10] A assembléia, segundo o art. 9º dos estatutos, deveria ser composta pelos quarenta maiores capitalistas da companhia.[11] E assim ocorria com as outras companhias em que a administração, geralmente nomeada pelo Estado, era preenchida por acionistas detentores de grande número de ações.[12]

A partir de 1789, os ideários da Revolução Francesa acabaram por influenciar a estrutura da sociedade anônima. A idéia de democratização do poder traz ínsita a influência da Revolução burguesa. Livrou-se o comércio das amarras de uma sociedade estratificada, entre clero e nobreza, com a

8. Ernesto Leme, ob. cit., pp. 125-126; Miranda Valverde, ob. cit., p. 88; Cunha Peixoto, *Sociedades por Ações*, p. 120. Ascarelli pontificou que o fato de as ações preferenciais serem geralmente destituídas de voto faz com que as ações ordinárias cumpram função análoga àquela desempenhada pelas ações de voto plural (v. *Problemas das Sociedades Anônimas e Direito Comparado*, p. 32 e nota 27).

9. Ob. cit., p. 90.

10. Ob. cit., t. L, p. 11.

11. Miranda Valverde, ob. cit., p. 414.

12. A respeito, Luiz G. P. de B. Leães, *Do Direito do Acionista ao Dividendo*, p. 256.

ascensão de uma classe cujo único diferencial era o poder econômico.[13]

Os debates em assembléia restaram influenciados por esse ideário. O voto tomado em assembléia não poderia consistir meramente na escolha de determinada alternativa. A deliberação era elemento intrínseco a esse processo.[14] Daí a verdadeira aversão de parte da doutrina em relação ao acordo de votos e ao voto por correspondência[15] que, sob esse foco, transformam a assembléia em mero órgão alegórico, pois as decisões já são tomadas em momento anterior e eliminam a fase de deliberação.

O gigantismo da anônima e a dispersão da base acionária, contudo, justificam tanto o acordo de votos como o voto por correspondência. Quanto ao primeiro, faz com que haja constância do controle, eliminando as mazelas que uma alternância reiterada pode acarretar. Quanto ao segundo, democratiza a votação, fazendo com que acionistas que não possam comparecer e não queiram outorgar procuração para tanto, possam votar.

B.1 Direito de voto como direito não essencial

Perante o Decreto 434, de 1891, o voto era um direito estatutário.[16] Dispunha o art. 141: "Nos estatutos se determinará a ordem que se há de guardar nas reuniões da assembléa geral, o numero minimo de acções, que é necessario aos accionistas para serem admittidos a votar em assembléa geral, e o numero de votos que compete a cada um na razão do numero de acções que possuir".

O estatuto podia estabelecer o número mínimo de ações necessário para que o acionista pudesse votar. Podia o estatuto,

13. Assim leciona Luiz G. P. de B. Leães: "Nessa ordem de idéias, fácil é compreender porque a revolução de 1789, e, sobretudo, o liberalismo político e econômico do século XIX modularam uma sociedade anônima em função do sistema democrático implantado, com a finalidade de atender as crescentes necessidades da estrutura econômica então vigente. Sem desprezar a longa herança deixada pelo antigo regime, plasmou-se uma sociedade anônima à imagem e semelhança do Estado liberal burguês. Assim a teoria da vontade popular se transplantou para a anônima, fazendo prevalecer a soberania da assembléia-geral dos acionistas, órgão supremo daí por diante, governada pelo princípio da maioria, ou seja, pelo sufrágio universal em têrmos de sociedade. Outrossim, aplicou-se a teoria da divisão dos podêres a êsse tipo social, de tal sorte que, ao lado do poder legislativo da assembléia, se organizava um poder executivo representado pela administração, subordinada à assembléia de acionistas, obrigada a lhe prestar contas, e por ela nomeada e destituída (...)" (ob. cit., pp. 257-258).

14. Segundo aresto da Câmara Civil da Corte Suprema francesa, de 30.4.1894: "On ne saurait considérer comme indifférente la présence d'un actionnaire, qui, d'après les statuts, n'avait pas sa place à l'assemblée, la part prise par lui à la discussion, l'influence aussi exercée sur le résultat du vote; délibération et vote, c'est un ensemble qu'on ne doit pas séparer; qui prend part à l'une prend part à l'autre et vicie le tout, s'il n'est pas de ceux que la loi appelle à délibérer et à voter". V. Pierre Chesnelong, ob. cit., pp. 208-209. Pontes de Miranda aduz: "Se se exige a unanimidade, de certo modo se prescinde da assembléia geral, porque a assembléia geral supõe a discussão e a deliberação (...). Mediante as deliberações da assembléia geral evita-se o absolutismo governativo das diretorias. Tanto isso é certo que, sob os governos totalitários italiano e alemão, se procurou diminuir o poder das assembléias gerais e se coordenou o poder dos diretores, digamos a burocracia autoritária" (ob. cit., t. L, p. 251). Waldemar Ferreira já asseverava que o voto não é direito de exercício monossilábico. O direito de voto compreende: o ingresso e presença na assembléia geral; o direito de palavra; o de proposição; o de protesto; o de pedido de informação à mesa da assembléia, por via de questões de ordem, ou à diretoria sobre a matéria da ordem do dia; o de expressão do voto, verbalmente ou por escrito (*Tratado*..., cit., p. 310).

15. Dominique Schmidt obtempera: "(...) Mais n'est-ce pas de son intérêt et de celui de la société que de l'obliger à porter la contradiction en assemblée? Une opposition donnée par écrit ne représente qu'une unité supplémentaire dans le décompte des votes hostiles. Mais une opposition défendue en assemblée représente un poids sans commune mesure avec celui de la participation détenue, qui será évalué d'après le pouvoir de conviction et la justesse des arguments de l'opposant. La société dont les intérêts ne sont pas seulement ceux des majoritaires bénéficie également de cette intervention (...)" (*Les Droits de la Minorité dans la Société Anonyme*, p. 81; v. tb., Vivante, *Trattato di Diritto Commerciale*, v. II, pp. 231-232).

16. Spencer Vampré, ob. cit., p. 178.

também, limitar o número total de votos do acionista em assembléia. Ademais, o art. 132 dispunha que as deliberações da assembléia geral seriam tomadas pela maioria dos sócios presentes e não das ações.[17]

O Decreto-lei 2.627/1940 agasalhou o Decreto 21.536/1932, com pequenas alterações. O art. 81 conferia ao estatuto a possibilidade de emissão de ações preferenciais sem voto ou com voto restrito. O direito de voto do titular de ações preferenciais continuava, aos olhos do Decreto-lei de 1940, a ser um direito passível de supressão via estatuto. Esse diploma inovou, entretanto, no que corresponde à amplitude da limitação que se conferia ao voto. Perante o Decreto 434, de 1891, como dito, podia o estatuto estabelecer o número mínimo de ações para que o acionista participasse da assembléia. Da mesma forma, podia limitar o máximo de votos do acionista, independentemente do número de ações de que fosse titular. O diploma de 1940, em seu art. 80, estabelecia que a cada ação comum (ordinária) corresponderia um voto nas deliberações da assembléia geral, podendo o estatuto limitar o número de votos dos acionistas. Inovou o Decreto-lei de 1940, ao impedir que o estatuto estabelecesse um limite mínimo de ações para admitir o acionista à votação em assembléia. Dessa forma, o voto, perante esse diploma legal, passou a ser conferido por lei.

A Lei 6.404/1976 cuida do voto do acionista preferencial no art. 111. Diz o artigo que o estatuto poderá deixar de conferir às ações preferenciais algum ou alguns dos direitos reconhecidos às ações ordinárias, inclusive o de voto, ou conferi-lo com restrições, embora, nesse caso, seja assegurado ao acionista titular de preferenciais sem voto o direito de comparecer à assembléia e discutir a matéria submetida à deliberação (art. 125, parágrafo único).

Conclui-se, portanto, que o direito de voto das ações preferenciais é e sempre foi, perante o direito brasileiro, direito não essencial. Pode-se mesmo dizer que o voto não era um dever, mas um ônus, no sentido de que não estava e ainda não está o acionista obrigado a exercê-lo.[18] Desse raciocínio, entretanto, não decorre a afirmação de que o voto podia ou pode ser usado da forma como bem quiser o acionista. Com a Lei de 1976 e o reconhecimento da importância da individualização do controle, a concepção do voto ganha contornos mais nítidos, pois esse direito passa a ser visto como verdadeiro direito-função ou poder-dever.[19] O voto vem a ser, assim, um poder

17. Waldemar Ferreira, *Tratado...*, cit., 4º v., p. 406.

18. Nesse sentido, Pontes de Miranda: "Os acionistas podem comparecer ou não comparecer à assembléia geral, ordinária ou extraordinária, comparecer e discutir ou não discutir, comparecer e votar ou não votar. As conseqüências da omissão consistem em não terem dado número para a reunião, ou não terem concorrido para isso, ou terem deixado de convencer, com os seus argumentos, os outros acionistas presentes, ou não terem contribuído para que vencesse aquilo a favor de que teriam votado. Não há *dever*, há *ônus*" (*Tratado...*, t. L, p. 219. V., ainda, Carvalhosa, *Comentários à Lei das Sociedades Anônimas*, 2º v., p. 333).

19. Diz Pierre Coppens: "(...) le droit de vote apparait tout à la fois comme un moyen de défense du patrimoine de l'actionnaire et comme un procédé de gestion de la société. Aussi lorsque la majorité impose sa volonté, elle exerce simultanément une prérogative et une fonction. Une prérogative, dans la mesure où son vote vise à imprimer une orientation aux capitaux personnels des majoritaires. Une véritable fonction, par le fait que ce même vote règle le sort de actions appartenant à la minorité dissidente et aux absents souvent nombreux" (*L'Abus de Majorité dans les Sociétés Anonymes*, p. 83). Para D. Schmidt, o direito de voto pode ser concebido como instrumento de formação da vontade social, entendido assim como direito social e como meio de defesa dos interesses privados dos acionistas, direito próprio. Entretanto, na medida em que o acionista não pode tirar nenhum proveito direto do exercício do direito de voto, a concepção desse direito como direito social deve prevalecer. Apenas via reflexa o direito de voto deve ser considerado como direito próprio (ob. cit., p. 39). Com propriedade aduz Comparato: "Bem se vê que o voto exercido pelo controlador em assembléias gerais não é a manifestação de uma prerrogativa atribuída pela lei no interesse do próprio votante — como no caso dos não controladores — mas um autêntico poder-dever. É óbvio, nessas circunstâncias, que esse voto se submete a um juízo muito mais severo do que o exerci-

jurídico e, como tal, possibilita o exercício de influência na esfera jurídica de outrem.[20]

C. Evolução legislativa

O Decreto-lei 2.627/1940 tratou da matéria no art. 9º e ss. Dispunha o art. 9º que as ações, consoante a natureza dos direitos ou vantagens conferidos aos titulares, seriam comuns ou ordinárias, preferenciais, de gozo ou fruição. Quanto às preferenciais, poderiam ser de uma ou mais classes. O parágrafo único do dispositivo trouxe inovação. Limitou o total de ações preferenciais sem voto a metade do capital da companhia. Isso, contudo, não impedia a emissão de ações preferenciais sem voto até o limite de 50% (cinqüenta por cento) do capital da companhia e a emissão de ações preferenciais com voto ou com voto restrito além do limite legal. Frise-se, o limite cingia-se, apenas, às ações preferenciais sem direito de voto.[21]

Nos termos do art. 10 do diploma de 1940 as preferências eram: prioridade na distribuição de dividendos, mesmo fixos e cumulativos; prioridade no reembolso do capital, com prêmio ou sem ele; e acumulação das vantagens supra. Dispunha o parágrafo único que os dividendos, mesmo que fixos ou cumulativos, não poderiam ser distribuídos com prejuízo do capital social, salvo quando, em caso de liquidação da companhia, essa vantagem fosse expressamente assegurada. Esse artigo reproduzia o disposto nos §§ 1º e 2º do art. 1º do Decreto 21.536/1932.

O direito societário brasileiro sempre procurou, ainda que formalmente, sopesar valores. Estabelece a possibilidade de subtração do voto tendo em vista a concessão de vantagens patrimoniais. Mas, em verdade, a despeito das vantagens conferidas pelo Decreto-lei de 1940, os titulares de ações preferenciais não estavam protegidos de se verem privados do voto e, em compensação, receberem uma remuneração irrisória. Ante esse perigo, dispõe Valverde: "O acionista preferencial corre o risco de ver atribuído às suas ações um pequeno dividendo. Êste, a nosso ver, não deverá ser nunca inferior a 6% do valor nominal das ações pois essa é a taxa legal de juros. Isso, é claro, na hipótese de permitirem os lucros a distribuição de um dividendo maior".[22]

Ainda que a afirmação do mestre pudesse encontrar supedâneo econômico, na medida em que a concessão de um dividendo pago a taxa menor do que a legal influenciaria a decisão do investidor em aplicar seu dinheiro no mercado de capitais ou de crédito, por exemplo, a verdade é que não havia, na lei, nenhum resguardo ao acionista titular de ações preferenciais quanto

do em relação aos não controladores, devendo-se perquirir a natureza egoísta ou altruísta da finalidade visada pelo votante" ("Controle conjunto, abuso no exercício de voto acionário...", *Direito Empresarial*, p. 93).

20. Gasperoni define direito de voto como o poder conferido à pessoa, em decorrência do *status* de sócio, a ser exercido no interesse social (*Le Azioni di Società*, p. 213). Como bem pondera Jaeger, do contrato de sociedade nasce o princípio de colaboração entre os sócios (daí a denominação de contrato de colaboração). Quando vota, o acionista dá execução ao contrato de sociedade, de forma que seu ato é verdadeira prestação que deve ser exercida de boa-fé (*L'Interesse Sociale*, pp. 127 e 193). Há, ainda, os que entendem o voto como uma prerrogativa de caráter individual e não uma verdadeira função, como, entre nós, Carvalhosa (*Comentários...*, cit., 2º v., p. 333). Asquini adota posição intermediária ao dizer: "Continuo a considerare quindi il diritto di voto un diritto di doppia faccia, da un lato diritto soggettivo (al voto) a tutela di un interesse individuale del'azionista e dall'altro potere concesso all'azionista nell'interesse sociale (droit-fonction), analogo ai diritti pubblici soggettivi, come ha detto Carnelutti" ("I battelli del Reno", *Rivista delle Società* 4/631). Para maior análise do assunto, remetemos o leitor à obra de Erasmo Valladão A. Novaes e França, *Conflito de Interesses nas Assembléias de S/A*, pp. 41-45, em que é analisada pormenorizadamente a corrente que encara o voto como poder, bem como aquela que o entende como direito subjetivo.

21. A respeito, Cunha Peixoto, ob. cit., 1º v., p. 122.

22. Ob. cit., p. 92.

ao mínimo a ser recebido.[23] A prioridade na distribuição de dividendos passou a significar na prática, simplesmente, o recebimento antecipado de parte dos dividendos. A prioridade no reembolso do capital também não implicava em efetiva vantagem patrimonial, já que, como reconhecido pela doutrina, a existência das sociedades anônimas supera, a maioria das vezes, a dos próprios acionistas.

Dizia mais o Decreto-lei. Os dividendos podiam ser fixos ou cumulativos. Aqui, realmente, não se pode desconhecer a vantagem conferida aos titulares de ações preferenciais considerando o princípio contábil segundo o qual são os exercícios independentes. Isso significa que a companhia pode produzir lucros em determinado exercício e nem por isso está obrigada a distribuir dividendos em relação a exercícios anteriores infrutíferos. A possibilidade de se atribuir ao titular de ações preferenciais um dividendo cumulativo garante ao acionista o recebimento de dividendos em exercícios futuros em compensação a exercícios passados em que não houve ou não foi distribuído lucro.

Como exposto, o art. 81 do Decreto-lei 2.627/1940 conferia, aos estatutos, em relação às ações preferenciais, a possibilidade de subtração de algum ou alguns dos direitos reconhecidos às ações comuns, inclusive o de voto, ou conferi los com restrições. O parágrafo único dispunha que as preferenciais adquiririam o direito a voto quando, pelo prazo fixado nos estatutos, não superior a três anos, não fosse pago o dividendo fixo, direito esse conservado até o pagamento e, se cumulativos os dividendos, até que fossem pagos os em atraso.

A primeira pergunta que surge é a seguinte: quais os direitos, exceto o de voto, que podem ser subtraídos das preferenciais? Como bem exemplifica Valverde, o direito à amortização, ou ao resgate, podiam ser negados às ações preferenciais, ou conferidos com restrições.[24]

A segunda indagação consiste em saber quais restrições ao direito de voto podem ser aplicadas às preferenciais? Cunha Peixoto, forte em Valverde, aduz que as restrições podem consistir em: estabelecer número de ações preferenciais para a obtenção de um voto em assembléia; restrição do voto às deliberações sobre emissão de debêntures, criação de partes beneficiárias e assim por diante.[25]

A terceira indagação consiste em saber qual a solução a ser dada se o estatuto for omisso quanto à fixação do prazo necessário para que o acionista adquira o direito de voto no caso de não haver a distribuição de dividendos. Nesse caso, o acionista titular de ações preferenciais adquire o direito de voto assim que os dividendos deixarem de ser pagos. A condição resolutória da cláusula supressiva do direito de voto é, exatamente, a falta de pagamento dos dividendos.[26]

23. Perfilhamos da opinião de Cunha Peixoto, que assevera: "Miranda Valverde e Aloysio Lopes Pontes entendem que, na omissão do valor do dividendo, este não pode ser inferior a seis por cento por ser esta a taxa legal de juros. Não perfilhamos a tese. Os acionistas preferenciais não são credores, mas sócios simplesmente. Conseqüentemente, são apenas detentores de crédito condicional para com a sociedade pelos dividendos e capital. Estão sujeitos ao deliberado pela assembléia geral, que por ser soberana, assenta livremente, o *quantum* do dividendo a ser distribuído aos acionistas, tanto aos preferenciais, como aos ordinários" (ob. cit., 1º v., p. 129).

24. Ob. cit., p. 402. Modesto Carvalhosa, entretanto, entende que o único direito que pode ser suprimido das ações preferenciais é o de voto. Diz o mestre: "A amortização ou o resgate, mencionados pela doutrina como passíveis de restrição estatutária, não se compadecem com a natureza das ações preferenciais. Isto porque a elas se devem atribuir privilégios patrimoniais em troca de restrição ou supressão de direito político. Ora, a amortização ou o resgate (art. 44) constituem vantagens nitidamente patrimoniais, que não podem ser negadas juntamente com a retirada ou diminuição do direito de voto. Seria, com efeito, ilegal a sobreposição de restrições, em vez de sua compensação" (ob. cit., 2º v., p. 349).

25. Ob. cit., 2º v., p. 358.

26. A questão foi respondida por Philomeno J. da Costa: "Devemo-nos lembrar de que a retirada do direito de voto é contrapartida da satisfação dos dividendos preferenciais. A lei enseja, apesar de tudo,

C.1 O papel das ações preferenciais no âmbito da Lei 6.404/1976: breve relato histórico

Cumpre fazer pequena digressão quanto as transformações econômicas ocorridas no Brasil, para que se entenda o papel das ações preferenciais, tendo em vista a preocupação do governo em desenvolver o mercado de capitais e, ao mesmo tempo, elaborar um modelo societário que fosse compatível com a mentalidade e realidade empresarial brasileiras.

A partir de 1930, o País adentrou em nova fase de seu desenvolvimento econômico com a expansão do setor secundário. As companhias surgidas encontraram, no Decreto 21.536/1932, importante instrumento de captação com a possibilidade de emissão de ações preferenciais sem voto, conferindo ao empresariado a possibilidade de crescimento sem pôr em perigo o controle da empresa.

Instalada a Revolução de 1964, o primeiro governo militar empenhou-se em desenvolver o mercado de capitais. Instrumentos relevantes para tanto foram os benefícios fiscais, utilizados em três vertentes. A primeira, no intuito de estimular o desenvolvimento de certas regiões do Brasil. A segunda, tendo em vista o estímulo às exportações. E a última, para estimular o mercado de capitais. Três foram os estímulos nessa direção: a) Decreto-lei 157, de 1967, que instituiu a possibilidade de abatimento da renda bruta de pessoas físicas para aplicação no mercado, e os estímulos às então sociedades anônimas de capital aberto;[27] b) podiam as pessoas físicas abater do imposto de renda 50% (cinqüenta por cento) das quantias aplicadas na subscrição de ações do Banco do Nordeste e do Banco da Amazônia, devendo ser respeitado o limite de 25% (vinte e cinco por cento) do imposto; e c) as sociedades de capital aberto gozavam das seguintes vantagens fiscais: não incidência do imposto à alíquota de 5% (cinco por cento) sobre os dividendos distribuídos; isenção do recolhimento na fonte do imposto à alíquota de 15% (quinze por cento) sobre os dividendos pagos a outras pessoas jurídicas; optando as pessoas físicas pelo recolhimento do imposto na fonte, a alíquota aplicada era de 10% (dez por cento) em vez de 25% (vinte e cinco por cento); a parcela dos lucros distribuídos, compreendida entre 25% (vinte e cinco por cento) e 50% (cinqüenta por cento) do lucro total da empresa, não estava sujeita à incidência do imposto de renda da pessoa jurídica; as pessoas físicas podiam abater 30% (trinta por cento) das quantias aplicadas na subscrição de novas ações nominativas ou endossáveis, da renda bruta, desde que essas ações não fossem negociadas durante dois anos.[28]

que exista um prazo, para que o direito de voto se estenda às ações preferenciais. Ela propicia-o, contudo pelo prazo que os estatutos fixarem e não superior a um triênio. Se, não obstante, eles não fixam prazo algum, não há prazo para ser respeitado. Resulta que o prazo válido, inferior a três anos, é aquele prescrito pelos estatutos. Se são omissos, não podemos inferir que se instituiu a tolerância do triênio. Iríamos alongar por presunção uma exceção; esta consistiria na recusa do direito do voto a quem teve já contra si o não pagamento do seu dividendo preferencial. Isto seria contrário à hermenêutica que admitisse inteligência extensiva em matéria excepcional" ("Sociedade anônima. Direito de acionista preferencial", *RT* 478/41-42).

27. O Decreto-lei 157 cuidou de interessante mecanismo. Conferia ao contribuinte a possibilidade de utilizar parte do imposto de renda devido na subscrição de quotas de fundos. O contribuinte nada tinha a perder, ou seja, em vez de pagar o imposto aplicava o dinheiro no mercado de capitais. Essas quotas podiam ser resgatadas no final de quatro anos. E o mecanismo, não se pode negar, foi demais engenhoso. A um mercado de capitais incipiente, que pouca confiança passava, nada mais criativo do que estimular o emprego de uma parte da verba do contribuinte que, caso não optasse pelo investimento, iria, de qualquer forma, para o erário.

28. A respeito, Mário H. Simonsen e Roberto Campos, *A Nova Economia Brasileira*, pp. 143 e ss. Não se pode deixar de consignar que essa realidade de incentivo à criação de um mercado de capitais e, em conseqüência, à abertura de capital das empresas, acarretou uma distorção no perfil das sociedades anônimas nacionais, muitas delas meramente formais, surgidas em virtude dos incentivos concedidos.

Paralelamente ao esforço de criação de um mercado de capitais solidificado e em consonância à realidade de então, marcada pela necessidade de se buscar instrumentos capazes de direcionar a poupança interna, a predominância das sociedades anônimas familiares (fechadas) e a aversão ao "minoritarismo", foi promulgada a Lei 6.404/1976 que trouxe importantes alterações no que concerne às ações preferenciais.[29]

C.2 Ações preferenciais perante a Lei 6.404/1976

A primeira inovação trazida pela Lei a ser analisada consta do § 2º do art. 15. Dizia o dispositivo, antes da Lei de 2001, que o número de ações preferenciais sem direito de voto, ou sujeito a restrição no exercício desse direito, não podia ultrapassar dois terços do total das ações emitidas. Dava-se total segurança ao empresário para que pudesse se capitalizar sem perder o controle de "sua empresa". As ações preferenciais foram alçadas a efetivas ações de mercado.

O dispositivo fala em "ações emitidas", ou seja, aquelas validamente criadas pela sociedade, enquanto não inutilizadas legalmente. Não se confundem as ações emitidas com as em circulação, já que a companhia pode manter parte delas em tesouraria. Também não se confundem as ações emitidas com as ações subscritas, porquanto estas representam as ações do capital que já encontraram tomadores.[30]

Antes de criticar o dispositivo sob o ponto de vista teórico, cumpre dar à questão o enfoque pragmático que merece. A elevação da possibilidade de emissão das ações preferenciais sem voto ou com voto restrito à fração de 2/3 (dois terços) do total das ações emitidas deve ser considerada segundo a realidade exposta, eis que, sem essa regra, dificilmente diversas empresas teriam se tornado companhias abertas. De nada adiantaria incentivar o investimento se o investidor não pudesse contar com um mercado apto a acolhê-lo.

Ponderado o necessário, mister enfrentar a discussão que envolveu esse dispositivo.

Quando da tramitação do anteprojeto que seria convertido na Lei 6.404, o § 2º do art. 15 foi alterado na Câmara dos Deputados, estabelecido o percentual de 50% (cinqüenta por cento) do capital da companhia. No Senado, entretanto, os 2/3 (dois terços) foram restabelecidos, assim permanecendo.[31]

A inovação trazida no § 2º do art. 15 mereceu severas críticas doutrinárias. É que tornou possível o controle da sociedade por quem é titular de ações ordinárias representando apenas 16,7% (dezesseis inteiros e sete décimos por cento) das ações que compõem o capital. E esse quadro era mais impressionante antes da Lei 8.021, de 12.4.1990, quando as ações podiam ser emitidas sob a forma ao portador, às quais a Lei não reconhecia o direito de voto.

No que tange às formas de controle, pode-se dizer que a Lei de 1976 estimulava e ainda estimula, expressamente, o con-

29. Em defesa dessa espécie de ação, assim se manifestaram Lamy Filho e Bulhões Pedreira: "A lei vigente cuidou de criar um sistema específico de garantias para o acionista preferencial, que poderá comparecer às assembléias gerais, discutir as matérias, terá sempre direito de eleger um membro do Conselho Fiscal (qualquer que seja a proporção que represente no capital social), e está defendido — pela barreira intransponível da pena de nulidade — contra qualquer alteração que os acionistas votantes, vale dizer, a assembléia geral, pretendam introduzir em seus direitos. Para o acionista minoritário — cujo voto é impotente ante o do controlador — essa é, geralmente, a posição melhor, e, por isso, preferida pelo investidor de mercado: seus direitos patrimoniais são intocáveis, assegurados prioritariamente, e equipara-se ao acionista ordinário em todos os demais direitos — inclusive quanto à circulabilidade — não confundir com liquidez — dos títulos, que podem ser nominativos, à ordem ou ao portador" (*A Lei das S/A*, v. I, p. 189).

30. V. Philomeno J. da Costa, *Anotações...*, cit., v. I, p. 278.

31. Egberto L. Teixeira e José Alexandre T. Guerreiro, *Das Sociedades Anônimas no Direito Brasileiro*, p. 189.

trole minoritário por meio de um mecanismo legal (emissão de ações sem voto ou com voto restrito até dois terços do total das ações emitidas).[32] A separação entre controle e propriedade ocorre, do ponto de vista legal, por meio desse mecanismo e não por meio da dispersão da base acionária. Como resultado prático dessa realidade, não se pode deixar de reconhecer que, sob o ponto de vista legal, as ações ordinárias tornaram-se verdadeiras ações de controle, conferindo às preferenciais a categoria de ações de mercado.[33]

Mas as críticas à regra introduzida no § 2º do art. 15 da Lei não se restringiram ao aspecto meramente societário. Calixto Salomão Filho analisou o dispositivo sob a óptica do direito concorrencial, partindo da premissa de que esse ramo do direito tem preferência pelo crescimento interno da empresa sob a justificativa de que somente nesse caso tem-se certeza de que os ganhos de eficiência foram repartidos com os consumidores. Ocorre que, como pondera a doutrina, o incentivo ao "crescimento externo" da empresa foi sempre realidade no Brasil, por meio de processos de reorganização societária. A própria legislação sempre funcionou como estimuladora dessas operações.[34]

Para o autor, a Lei 6.404/1976, ao propiciar a extrema concentração de poder nas mãos do controlador não procurou sopesar essa realidade com um efetivo sistema de proteção à minoria, pois a participação política desta no âmbito da companhia é ínfima.[35] A Lei societária brasileira, segundo essa doutrina, não é neutra, do ponto de vista concorrencial, pois não atribui à minoria os poderes necessários para equilibrar a onipotência do controlador, o que traduz o baixo custo de aquisição do controle das empresas.

A norma do art. 15, § 2º da Lei, entretanto, deve ser analisada segundo o intento exposto, ou seja, de incentivar o surgimento de companhias abertas para a aplicação da poupança formada pelos diversos incentivos argutamente arquitetados. Para isso, exigência primeira consiste em assegurar ao empresário o controle da empresa. Mas se à época fazia sentido essa norma, não se pode aceitá-la se o intento for o de democratizar não só o capital (até porque o capital, sem dúvida, foi democratizado tendo em vista a proliferação de ações preferenciais no mercado), mas também o poder, em um mercado de certa forma já amadurecido. A estrutura de capital das companhias brasileiras, devido ao art. 15, § 2º da Lei, permitia e ainda permite que práticas desonestas do controlador não sejam coibidas de forma tão eficiente como seriam caso todas ou boa parte das ações gozasse de voto. Tentativas de tomada de controle são problemáticas, pois o poder de contro-

32. A respeito, Calixto Salomão Filho, *O Novo Direito Societário*, pp. 162-163.

33. Os autores do anteprojeto, Alfredo Lamy Filho e José L. Bulhões Pedreira, assim se manifestaram a respeito da inovação introduzida no § 2º do art. 15: "O Decreto n. 21.536, de 1932, a exemplo de outros modelos estrangeiros, não fixava limites; o Decreto-lei n. 2.627, numa conjuntura diversa, criou o limite de 50% do capital social; entre as duas soluções o Anteprojeto preferiu o meio termo, fugindo à ilimitação e à restrição demasiada (...). Repita-se o que foi dito na primeira parte deste artigo: o Anteprojeto visa a dar suporte e incentivo à criação e funcionamento da grande empresa privada nacional, capaz de concorrer com as multinacionais e o Estado na nova escala de nossa economia; para isso cria uma enorme gama de títulos e opções para o empresário-empreendedor, e fixa as regras de seu procedimento, em termos estritos, de forma a que o público investidor possa confiar nos títulos que lhe forem oferecidos. As ações preferenciais são um deles, talvez o mais dúctil e adequado para isso. Cumpre favorecer sua emissão, não restringi-la" (*A Lei das S/A*, v. I, ob. cit., p. 193).

34. *Direito Concorrencial — As estruturas*, pp. 234-235.

35. Vale as ponderações de Philomeno J. da Costa: "O direito de voto pode ser cataléptico, mas a faculdade do seu despertar tem a valia da rebelião dos muitos poucos distantes sobre os poucos muitos próximos em divergência. O aumento para dois terços do total das ações emitidas como limite de uma privação do direito de voto representou confessadamente um propósito oligárquico" (*Anotações...*, cit., v. I, p. 274).

le é muito concentrado. Isso implica em garantir ao controlador, ainda que esteja se valendo de política predatória, a certeza de que não sofrerá represálias, seja pelo próprio mercado, seja internamente, por meio do voto.[36]

Quanto às vantagens pecuniárias atribuídas às preferenciais, a Lei 6.404/1976 praticamente não inovou. Manteve a prioridade na distribuição do dividendo; prioridade no reembolso de capital e a acumulação dessas vantagens. O parágrafo único do art. 10 do Decreto-lei 2.627/1940 passou a ser o § 1º do art. 17 da Lei. No § 2º a Lei inovou. Com efeito, introduziu o legislador de 1976 o dividendo mínimo que não era versado no diploma de 1940. Dizia o § 2º (atual § 4º após a Lei 10.303/2001) que, salvo disposição em contrário do estatuto, o dividendo prioritário não é cumulativo, a ação com dividendo fixo não participa dos lucros remanescentes e a ação com dividendo mínimo participa dos lucros distribuídos em igualdade de condições com as ordinárias, depois de a estas assegurado dividendo igual ao mínimo. Exemplifiquemos: uma ação preferencial com dividendo fixo não participa dos lucros remanescentes. Isso significa que, caso à ação corresponda um dividendo fixo de R$ 3,00 (três reais), o acionista receberá exatamente esse valor. Sendo o lucro insuficiente para o pagamento das outras ações, paga-se somente as preferenciais com dividendo fixo. Ao contrário, caso haja lucro a ser distribuído, salvo disposição em contrário dos estatutos, essas ações não participam do rateio do remanescente. Ações preferenciais com dividendo mínimo, por sua vez, participam do rateio do remanescente, depois de assegurado às ações ordinárias dividendo igual ao mínimo.[37] Como diz certo autor em feliz síntese: "(...) o dividendo fixo é uma prioridade e uma limitação ao mesmo tempo, enquanto o dividendo mínimo é apenas uma prioridade".[38]

Ao lado das vantagens patrimoniais, prevê o art. 18 da Lei vantagem política às preferenciais. Assim é que o estatuto pode assegurar a uma ou mais classes dessa espécie de ação o direito de eleger, em votação em separado, um ou mais membros dos órgãos da administração. O parágrafo único prevê a possibilidade do estatuto subordinar as alterações estatutárias especificadas à aprovação dos titulares de uma ou mais classes de preferenciais.

O art. 111 da Lei, com pequenas alterações de redação, trata do que vinha disposto no *caput* do art. 81 do Decreto-lei 2.627/1940, ou seja, confirma a tendência da legislação brasileira de conferir ao estatuto a possibilidade de suprimir das prefe-

36. Brian Cheffins, *Company Law*, p. 492.

37. Diz Rubens Requião: "Uma coisa é dividendo fixo e outra é dividendo mínimo, sistemas que o estatuto pode adotar para atender os rendimentos das ações preferenciais. O dividendo fixo é estabelecido de forma imutável no estatuto, geralmente em percentagem sobre o capital social. Pago o dividendo fixo nada mais tem a haver o acionista, mesmo que os lucros melhor aquinhoem as ações ordinárias. Por isso, diz a lei que o dividendo fixo não participa dos lucros remanescentes. No caso de dividendo mínimo, porém, satisfeito o pagamento estabelecido pelo estatuto, nesse mínimo, e havendo lucros a mais que favoreçam as ações ordinárias, participam com elas em igualdade de condições as ações preferenciais, depois de a estas estar assegurado dividendo igual ao mínimo" (*Curso de Direito Comercial*, 2º v., p. 82). Correta a explicação do professor paranaense. Apenas não se pode concordar com o final de seu pensamento. Com efeito, as ações preferenciais que gozam de dividendo mínimo participam do rateio dos lucros remanescentes em igualdade de condições com as ordinárias, depois de a estas, ordinárias, assegurado dividendo igual ao mínimo. Do contrário, estaria assegurado às preferenciais com dividendos mínimos um valor adicional em relação às ordinárias, valor esse igual ao mínimo recebido, pois passariam a participar do lucro remanescente em igualdade de condições com estas últimas depois de assegurado o dividendo (mínimo), o que, sem dúvida, não é compatível com o espírito da lei. O próprio § 2º do art. 17 (atual § 4º, com a Lei de 2001) não deixa dúvida ao dispor: "(...) a ação com dividendo mínimo participa dos lucros distribuídos em igualdade de condiçoes com as ordinárias, depois de a estas" — ordinárias — "assegurado dividendo igual ao mínimo".

38. José Edwaldo Tavares Borba, *Direito Societário*, p. 198.

renciais, algum ou alguns dos direitos reconhecidos às ações ordinárias, inclusive o voto, admitindo-se, também, a restrição desse direito. O § 1º, entretanto, e como ponderado inúmeras vezes pela doutrina, inova. Ao contrário do que dispunha o parágrafo único do art. 81 do Decreto-lei de 1940, esse dispositivo aduz que as preferenciais sem direito de voto ou com voto restrito adquirirão esse direito se a companhia, pelo prazo previsto no estatuto que não poderá ser superior a três exercícios consecutivos, deixar de pagar os dividendos fixos ou mínimos, direito esse que será conservado até que sejam pagos os dividendos, inclusive cumulativos.[39] A primeira inovação reside no fato de especificar que os exercícios estabelecidos pela Lei (três exercícios) são consecutivos e não alternados. O Decreto-lei 2.627/1940 apenas aduzia que os estatutos não podiam exceder o prazo de três anos, mas não elucidava se se tratavam de anos consecutivos ou se podiam ser alternados. A segunda inovação consiste na referência a três exercícios e não a três anos, como fazia o Decreto-lei 2.627/1940 o que consiste em avanço, já que o período de apuração dos lucros não necessariamente corresponde ao lapso temporal de um ano.

2. *As ações preferenciais no direito comparado*

A. *Vantagens das ações preferenciais*

a. Itália

A Itália instituiu o título mais interessante para discussão. Cuida-se das *azioni di risparmio*, expressão utilizada pela primeira vez no Projeto De Gregorio, de 1966. Os projetos anteriores utilizavam a expressão *azioni senza voto*.[40] As *azioni di risparmio* surgiram ante a constatação da existência de acionistas com objetivos diversos. Os *imprenditori*, diretamente envolvidos com a administração da companhia, e os *risparmiatori*, preocupados com o retorno do investimento. O primeiro visa o poder; o segundo, o retorno pecuniário.[41]

A difusão dessas ações, como ocorreu no Brasil, teve auxílio da legislação fiscal. Com efeito, a Lei 576, de 2.12.1975, conferiu ao dividendo natureza de custo, permitindo a dedução do rédito da empresa. Essas ações foram introduzidas pela Lei 216, de 7.6.1974. Podem ser emitidas quando houver aumento de capital ou pela conversão das ações ordinárias ou de outra espécie. Não podem ser emitidas quando da constituição da sociedade, pois têm como pressuposto a cotação em bolsa das ações ordinárias. Frise-se, não podem ser emitidas, mas nada obsta seja deliberada a emissão ainda que não cotadas as ações ordinárias.[42] Diversas razões são dadas pela doutrina no sentido de explicar a exigência legal. Entre elas: a cotação das ações ordinárias é forma de proteção ao acionista titular de ação *di risparmio*, pois pode adquirir no mercado ações ordinárias caso a administração não esteja desempenhando seu papel; a diferenciação entre acionista empreendedor (*imprenditore*) e poupador (*risparmiatore*) é fenômeno característico da grande empresa identificada com a companhia cotada; submete a companhia a supervisão da CONSOB (*Commisione Nazionale per le Società e la Borsa*), devendo prestar maiores informações ao mercado.[43]

As *azioni di risparmio* não podem ser emitidas em quantidade superior a 50% (cinqüenta por cento) do capital social. As vantagens patrimoniais conferidas a essas ações consistem na distribuição prioritária

39. Como explicam Lacerda Teixeira e Tavares Guerreiro, a razão da aquisição do direito de voto consiste, exatamente, em se conferir ao acionista um instrumento capaz de mudar os rumos da empresa com a intervenção em sua direção (ob. cit., p. 192).

40. Balzarini, *Le Azioni senza Diritto di Voto*, nota 1, p. 3.

41. Ibid., pp. 4-5.

42. Ibid., p. 57. Balzarini defende a mantença das ações *di risparmio* ainda que as ações ordinárias deixem de ser cotadas. A cotação é pressuposto para a emissão e não para a mantença das referidas ações.

43. Ibid., nota 22, p. 11.

do lucro até o percentual de 5% (cinco por cento) do valor nominal da ação. O lucro residual é repartido entre todas as ações. Entretanto, às *azioni di risparmio* deve ser conferido um dividendo majorado de 2% (dois por cento), em relação às ordinárias, sobre o valor nominal da ação. Não bastasse, quando o dividendo a ser distribuído for inferior ao conferido à essas ações, a diferença deve ser computada e paga nos dois exercícios seguintes. Outra característica das *azioni di risparmio* consiste no direito imediato ao lucro assim que houver aprovação do balanço que o aponte. Resulta dessa realidade que, caso haja deliberação para que não seja distribuído o lucro, o acionista titular de ações *di risparmio* mantém seu direito de crédito que deve ser satisfeito.[44]

As ações *di risparmio* são cotadas de pleno direito. Desconhece o direito italiano ações dessa espécie não cotadas. São, ainda, ações destituídas do direito de voto e, inclusive, do direito de intervir nas deliberações das assembléias. A organização dos acionistas *di risparmio* muito se assemelha à dos debenturistas. A Lei italiana prevê a assembléia especial desses acionistas a qual compete a nomeação de um "representante" comum, legitimado a exigir a deliberação da assembléia, e a tutelar os interesses dos acionistas nas relações com a sociedade. Esse "representante" é órgão da comunidade de acionistas e não da sociedade.[45]

Como se percebe, a organização da comunidade de acionistas *di risparmio* muito se assemelha à dos debenturistas. A natureza desse título também foi alvo de controvérsias na Itália, bem como parte da doutrina viu o acionista como verdadeiro credor, tal qual o debenturista. Entretanto, com maior razão, parte da doutrina discorda dessa corrente, embora reconheça as características peculiares do instituto.

b. França

As ações de prioridade, na França, foram autorizadas por Lei de dezembro de 1903. As ações gozavam de vantagem política, consistente na prática do voto plural. Servia o mecanismo para assegurar o controle das sociedades e foram muito usadas posteriormente à Primeira Grande Guerra contra a ameaça estrangeira. Ainda assim, essas ações de prioridade foram criticadas sob o argumento de que se estava dissociando o poder da responsabilidade, tamanho era o número de votos dessas ações. Lei de 1933 restringiu os casos de emissão de ações de voto plural, o que foi mantido pela Lei de 1966.[46]

O direito de voto sempre foi defendido na França. Como sustenta a doutrina, ao contrário do que ocorreu na Itália, em que a ação *di risparmio* foi introduzida tendo por base a realidade que diferencia os objetivos dos acionistas — alguns preocupados mais com a gestão e com as conseqüências que daí advém do que com o rendimento de seus títulos, outros mais preocupados com o retorno pecuniário —, na França, as ações com dividendos prioritários sem voto foram introduzidas visando, exatamente, as empresas de pequeno e médio porte que necessitavam de capital, mas temiam recorrer à poupança popular e pôr em risco o poder de controle.[47] É fato, entretanto, que esse título teve pouco sucesso, em parte pela opção de investimento em debêntures.

As ações com dividendos prioritários sem voto somente podem ser emitidas por sociedades que produziram lucro nos dois últimos exercícios, independentemente de tê-los distribuído.

44. "Il diritto dell'azionista di risparmio" — diz Balzarini — "è un vero e proprio diritto di credito nascente *ex lege* e come tale sottratto alla discrezionalità dell'assemblea per la parte relativa al dividendo minimo garantito ('gli utili netti risultanti dal bilancio regolarmente approvato devono essere distribuiti alle azioni di risparmio')" (ob. cit., p. 33).

45. Balzarini, ob. cit., p. 66.

46. Ripert e Roblot, *Traité de Droit...*, p. 1.134.

47. Balzarini, ob. cit., p. 190.

Duas restrições incidem sobre a emissão de ações com dividendos prioritários sem voto. A primeira limita a emissão a um quarto do capital. A segunda impede que o diretor-presidente, os administradores e demais diretores da companhia sejam titulares dessas ações.[48] As ações são privilegiadas em relação à distribuição de dividendo, não gozando do direito de voto e de intervenção em assembléia. Os dividendos são prioritariamente distribuídos a essas ações, de forma que nos exercícios em que forem insuficientes são cumulados para pagamento nos exercícios posteriores. Os dividendos não podem ser inferiores a 7,5% (sete inteiros e cinco décimos por cento) da importância liberada da fração de capital representada pelas ações com dividendo prioritário sem voto. Outra vantagem patrimonial conferida a essas ações consiste no direito de preferência no reembolso do capital pelo valor nominal da ação.[49]

O direito de voto pode ser adquirido caso a sociedade não pague os dividendos mínimos conferidos por três exercícios, ficando esse direito conservado até que sejam pagos os dividendos em atraso, inclusive os cumulativos. Tutela-se a posição dos acionistas titulares de ações com dividendo prioritário sem voto, em caso de aumento de capital, pelo direito de preferência. Consente a Lei à assembléia o poder de restringir o direito de preferência à subscrição, apenas, de ações sem voto.

Os acionistas titulares de ações de prioridade sem voto não assistem as assembléias gerais.[50] Organizam-se em assembléia especial para aprovar a deliberação da assembléia geral que tenha causado modificação na esfera de seus direitos. Podem os acionistas, reunidos em assembléia especial, emitir opinião sobre qualquer questão tratada em assembléia geral. Podem, ainda, nomear um ou mais mandatários para expor essa opinião na assembléia.[51]

c. Estados Unidos

Sobre as ações preferenciais do direito norte-americano, ilustrativo é o pensamento de André Tunc: "Une société peut aussi émettre des actions privilégiées (*preferred shares*). Leur émission peut être prévue par le *articles* ou laissée à la discrétion du conseil. En toute hypothèse, ce sont des titres qui ne méritent guère leur nom".[52] Justifica-se a colocação do professor da Universidade de Paris – eis que as ações preferenciais recebem, geralmente, um dividendo fixo prioritário. Após essa distribuição, o restante do lucro é repartido entre os acionistas titulares de ações ordinárias. O dividendo pode ser cumulativo ou não.

As ações preferenciais podem outorgar ao seu titular o direito de receber, além do dividendo prioritário, uma fração do lucro. O privilégio pode consistir, também, no recebimento de determinada quantia quando da liquidação da sociedade.

Esse título é, normalmente, desprovido do direito de voto. Prevê-se, habitualmente, que o não pagamento de dividendos em determinado número de vezes dá ao acionista o direito de voto ou de eleger membros do conselho de administração (*board of directors*). A Bolsa de Nova Iorque exige mesmo que se lhes confiram a

48. Ripert e Roblot, ob. cit., p. 1.132.
49. Balzarini, ob. cit., p. 195.
50. Ripert e Roblot, ob. cit., p. 1.141.

51. Sobre a questão, aduz Balzarini: "L'utilizzo di tale facoltà conferisce all'assemblea speciale, direttamente o per il tramite del mandatario, un potere molto importante. Pur se il parere non è vincolante, per tale via gli azionisti senza voto possono far conoscere la propria posizione anche su argomenti che non rientrano nelle materie di loro competenza ed influenzare, indirettamente, le decisioni dell'assemblea generale: può essere anche questa una 'compensazione' riconosciuta per la privazione del diritto di voto e di intervento in prima persona in assemblea" (ob. cit., p. 199). V., ainda, Ripert e Roblot, ob. cit., p. 1.133.

52. *Le Droit Américain de Société Anonymes*, p. 56.

possibilidade de eleger, ao menos, dois membros do conselho na hipótese em que seis dividendos trimestrais, sucessivos ou não, não sejam pagos.[53]

3. *O novo tratamento dado às preferenciais pela Lei 9.457/1997*

Fábio K. Comparato, ao comentar o anteprojeto de Lei de Sociedades por Ações, posteriormente convertido na Lei 6.404/1976, obtemperou: "Penso que já é tempo de se conferir a tais ações o caráter efetivamente preferencial, abolindo-se a sua condição de papéis de segunda classe, como sucede entre nós. Tal como na prática norte-americana, a supressão do direito de voto deve ser contrabalançada por um reforço dos direitos patrimoniais, e não pelo mero enunciado de vantagens formais, sem conteúdo econômico efetivo".[54]

E, com efeito, os direitos conferidos às ações preferenciais até a promulgação da Lei 9.457/1997 consistiam em "vantagens" formais, muitas vezes de ordem meramente cronológica.

Tentativas não faltaram no sentido de aperfeiçoar o tratamento legal conferido às preferenciais, tendo a Comissão de Valores Mobiliários apresentado dois projetos com esse objetivo que, embora não tenham vingado, tiveram o mérito de procurar aperfeiçoar o sistema de "vantagens" das preferenciais em contrapartida da perda do direito de voto.[55]

A. Dividendo majorado: controvérsias doutrinárias e a interpretação do § 1º do art. 111

A Lei 9.457/1997 introduziu alteração na redação do art. 17 da Lei 6.404/1976, aplicável tanto à preferencial negociada como à não negociada no mercado secundário. Diz o artigo, com a redação dada pela Lei de 1997, que as preferências ou vantagens das preferenciais consistem em: dividendos no mínimo 10% (dez por cento) maiores do que os atribuídos às ações ordinárias, salvo no caso de ações com direito a dividendos fixos ou mínimos, cumulativos ou não; sem prejuízo dessa vantagem e no que com ela for compatível, podem ainda ser concedidas as seguintes vantagens: a) prioridade na distribuição de dividendos; b) prioridade no reembolso de capital, com ou sem prêmio; c) acumulação das vantagens anteriormente enumeradas.

Quanto à primeira vantagem, a Lei é imperativa e categórica, ou seja, fora as ações com dividendos fixos ou mínimos, cumulativos ou não, os dividendos devem ser 10% (dez por cento), no mínimo, maiores que os dividendos atribuídos às ações ordinárias. Além dessa vantagem que decorre de lei, podem os estatutos conferir às ações preferenciais: prioridade na distribuição de dividendos; prioridade no reembolso de capital, com ou sem prêmio e a acumulação dessas vantagens.

Modesto Carvalhosa, que propugna o fim das ações preferenciais sem voto, defende que essas ações devem gozar do dividendo majorado, mesmo se gozarem de dividendos fixos ou mínimos, sob pena de adquirirem o direito de voto. Parte o eminente jurista do pressuposto de que somente se justifica a supressão do voto caso sejam outorgadas vantagens patrimoniais efetivas às ações preferenciais.[56]

53. Ibid., mesma p.

54. "Anteprojeto de Lei de Sociedades por Ações", *RDM* 17/120.

55. V. a respeito, Luiz L. Cantidiano, "O novo regime das ações preferenciais", in *A Reforma da Lei das S/A*, Jorge Lobo (coord.), pp. 88-89.

56. Diz Carvalhosa: "Por força das inovações moralizadoras trazidas ao art. 17 pela Lei 9.457, de 1997, temos a seguinte configuração jurídica: as preferenciais com dividendo calculado sobre o lucro do exercício obrigatoriamente terão direito a receber o diferencial de 10% sobre o valor pago às ordinárias. Conseqüentemente, poderá o estatuto suprimir total ou parcialmente o direito de voto (arts. 111 e 19). Às ações com dividendo fixo ou mínimo, somente poderá ser restringido o direito de voto se o estatuto previr a suplementação do dividendo, 10% maior do que o valor pago às ordinárias a cada exercício" (ob.

A despeito de concordar com as críticas formuladas pelos primeiros comentadores da Lei de 1997 quanto aos abusos e distorções a que o art. 17 pode dar margem, defende Mauro Rodrigues Penteado que, seja em seu texto original, seja com a redação dada pela Lei de 1997, a Lei das Sociedades por Ações não permite afirmar que o dividendo majorado constitui vantagem das ações preferenciais com dividendos fixos e mínimos, cumulativos ou não. Também não se pode sustentar que o pagamento dos dividendos sem os dez por cento maiores, por três anos consecutivos, confira direito de voto a essa espécie de ação.[57] Com efeito, como observa Penteado, o § 2º (atual § 4º após a Lei 10.303/2001) do art. 17 permanece inalterado. Dispõe o referido parágrafo que as ações com dividendo fixo não participam dos lucros remanescentes, salvo disposição estatutária, e as ações com dividendos mínimos participam dos lucros distribuídos em igualdade de condições com as ordinárias. Pois bem, como não participam do lucro remanescente ou o fazem em igualdade de condições com as ordinárias, conclui-se que não pode haver dividendo majorado.[58]

Embora a introdução do dividendo majorado para as ações preferenciais (com exceção daquelas que recebem dividendos fixo ou mínimo), deva ser vista com bons olhos, a atecnia do legislador de 1997 fez-se presente, trazendo incertezas quanto ao direito de voto dessas ações, posto que o § 1º do art. 111 restou inalterado. Com efeito, nos termos do dispositivo, as ações preferenciais sem voto adquirirão esse direito se a companhia, pelo prazo previsto no estatuto não superior a três exercícios consecutivos, deixar de pagar os dividendos fixos e mínimos a que fizerem *jus*.

O dispositivo refere-se a dividendos fixos e mínimos, nada dizendo em relação ao dividendo obrigatório majorado em relação às ordinárias. Essa omissão do legislador, quanto à alteração do § 1º do art. 111, não pode ser interpretada de forma a prejudicar os titulares de ações preferenciais. É claro que o direito de voto lhes é suprimido pelo fato de gozarem de vantagem patrimonial em relação às ordinárias. Se a companhia não distribui dividendos por

cit., v. 1, pp. 142-144). No mesmo sentido, Nelson Eizirik dispõe: "A partir da vigência da Lei 9.457/1997 a prioridade na distribuição do dividendo, para ensejar legitimamente a supressão ao direito de voto dos preferencialistas, refere-se ao seu valor, não à sua cronologia (...). O único direito que pode ser suprimido ao titular da ação preferencial é o direito de voto, desde que: 1. haja disposição estatutária expressa; e 2. exista uma vantagem patrimonial efetiva a compensar a privação do direito de voto". Mais adiante ressalta: "O sistema ora adotado significa que: a) os titulares de ações preferenciais com dividendo calculado sobre o lucro do exercício têm o direito de receber sempre o diferencial a maior de 10% (dez por cento) sobre o valor pago aos titulares de ações ordinárias; b) os titulares de ações com dividendo mínimo podem não receber dividendos superiores em 10% aos pagos aos titulares de ações ordinárias; em tal caso, porém, adquirem o direito de voto" (*Reforma das S/A & do Mercado de Capitais*, pp. 41, 42 e 45).

57. "A Lei 9.457/1997 e a tutela dos direitos dos acionistas minoritários", in *Reforma da Lei das Sociedades por Ações*, Waldirio Bulgarelli (coord.), p. 66. Priscila Maria P. C. da Fonseca perfilha doutrina semelhante: "Na verdade, contudo, a vantagem conferida pelo inciso I é bastante tímida para se mostrar eficaz já que, como ressalta o próprio texto, não se aplica às ações preferenciais com dividendo fixo ou mínimo. Permite-se, assim, a subsistência destas últimas sem quaisquer outras prerrogativas ou direitos, inclusive o de voto". Alterações ao Capítulo III. *A Reforma da Lei...*, cit., p. 115, também assim Jorge Lobo: "(...) a Lei 9.457, de 1997, estabeleceu, corretamente, que, salvo no caso de ações com direito a dividendos fixos ou mínimos, cumulativos ou não, as preferências ou vantagens das ações preferenciais consistem no direito a dividendos no mínimo 10% maiores do que os atribuídos às ações ordinárias, sendo razoável pensar que a Lei n. 9.457, de 1997, pretendeu estimular os acionistas controladores a alterarem, se necessário, o estatuto social, para inserir regras peremptórias disciplinando o dividendo fixo ou mínimo, cumulativo ou não, sob pena de, no silêncio do estatuto, a remuneração do capital investido pelos acionistas preferenciais ser superior a 10% do que for pago às ordinárias (...)" ("A Reforma da Lei das S/A. Lei n. 9.457, de 5.5.1997", *A Reforma da Lei das S/A*, Jorge Lobo (coord.), pp. 14-15. V., ainda, Luiz Leonardo Cantidiano, "O novo regime das ações preferenciais", *Reforma...*, cit., Jorge Lobo (coord.), p. 92).

58. "A Lei 9.457/1997...", cit., p. 66.

prazo superior ao estatutário devem os acionistas titulares de ações preferenciais com dividendo majorado adquirir o direito a voto.

Por fim, não se deve confundir a sistemática das ações preferenciais brasileiras após a Lei de 1997 e aquela das *azioni di risparmio* do direito italiano. Como visto, estas ações já têm direito ao dividendo assim que se apuram lucros no balanço. Os acionistas preferenciais, no Brasil, adquirem esse direito apenas quando a assembléia delibera pela distribuição do lucro entre os acionistas. Outrossim, o dividendo das *azioni di risparmio* é cumulativo, além de majorado. No Brasil, os dividendos podem ou não ser cumulativos, e as ações com dividendos fixos ou mínimos, com a Lei de 1997, não recebem dividendos 10% (dez por cento) maiores do que os atribuídos às ordinárias. Não bastasse, a organização dos acionistas *di risparmio* assemelha-se mais com a dos debenturistas. Os acionistas preferenciais, no Brasil, podem participar das assembléias (art. 125, parágrafo único), mas, se assim determinado nos estatutos, não podem votar.

Percebe-se, portanto, que as *azioni di risparmio* contam com arcabouço normativo muito mais aperfeiçoado do que as ações preferenciais no Brasil. Mesmo com a alteração da Lei, não há como se desconhecer que, em determinadas situações, como exposto, as ações preferenciais não gozam de benefício algum. Essa realidade, entretanto, confronta com o intento do legislador de 1976. Realmente, é pacífico que o escopo buscado foi o de tornar as ações preferenciais verdadeiras ações de mercado. Pois bem, para tanto, faz-se necessário dotar as referidas ações de atrativos efetivos no sentido de captar a poupança popular. Como explicar, então, esse relativo sucesso das preferenciais? A resposta salta aos olhos eis que a dispersão dessa espécie de ação perante o público investidor vinha sustentada pela regra contida no § 2º do art. 15 da Lei, ou seja, a possibilidade de emissão de ações preferenciais sem voto ou com voto restrito até o limite de 2/3 (dois terços) do total das ações emitidas. Se assim é, transformam-se as ações ordinárias em verdadeiras ações de comando, sobrando ao mercado as ações preferenciais. Por isso não nos convence o argumento dos que defendem as ações preferenciais como se fossem dotadas de um inerente poder atrativo, eis que, a despeito de carregar consigo o nome de preferencial, pode, muitas vezes, não preferir a nada.

4. O novo tratamento conferido pela Lei 10.303/2001

A. Diminuição da proporção de ações preferenciais emitidas sem direito de voto ou com voto restrito e as novas vantagens conferidas a essa espécie de ação

O § 2º do art. 15 da Lei foi alterado de modo a diminuir o limite máximo de ações preferenciais emitidas sem voto ou com voto restrito a 50% (cinqüenta por cento) do total das ações emitidas. Volta, assim, ao percentual estabelecido pelo Decreto-lei 2.627/1940.

B. Novas vantagens das ações preferenciais e interpretação do § 3º do art. 8º da Lei de 2001

A Lei de 2001 reestruturou o art. 17, elencando as vantagens das ações preferenciais. Entre elas: a) prioridade na distribuição de dividendo, fixo ou mínimo; b) prioridade no reembolso do capital, com ou sem prêmio; ou c) na acumulação das vantagens anteriores.

Dispositivo voltado especificamente às companhias abertas, o § 1º dispõe que, independentemente do direito de receberem ou não o valor de reembolso do capital, com ou sem prêmio, as ações preferenciais sem voto ou com voto restrito somente serão admitidas à negociação no mercado de valores mobiliários se lhes forem atribuídas, ao menos, uma das seguintes vantagens: I

— direito de participar do dividendo a ser distribuído, correspondente a, no mínimo, 25% (vinte e cinco por cento) do lucro líquido do exercício, calculado na forma do art. 202, que dispõe sobre o dividendo obrigatório, de acordo com o seguinte critério: a) prioridade no recebimento dos dividendos anteriormente mencionados correspondentes a, no mínimo, 3% (três por cento) do valor do patrimônio líquido da ação; e b) direito de participar dos lucros distribuídos em igualdade de condições com as ordinárias, depois de a estas assegurado dividendo igual ao mínimo prioritário estabelecido conforme a letra *a*, supra; ou II — direito ao recebimento de dividendo, por ação preferencial, pelo menos 10% (dez por cento) maior do que o atribuído a cada ação ordinária; ou III — direito a serem incluídas na oferta pública de alienação de controle, nas condições previstas pelo art. 254-A e assegurado o dividendo pelo menos igual ao das ordinárias.

Cumpre observar em harmonia com certa doutrina, a respeito da primeira vantagem disposta no § 1º, I, do art. 17 (dividendo mínimo de 3% sobre o patrimônio líquido da ação), que a Lei refere-se ao patrimônio líquido contábil da ação. Como bem pondera Cantidiano, a Lei de 2001 não admite mais a negociação no mercado de valores mobiliários de ações preferenciais com prioridade no recebimento de dividendo fixo, sem participação no lucro remanescente.[59]

A segunda alternativa prevista em lei (dividendo mínimo 10% superior ao atribuído às ações ordinárias) já constava da Lei 6.404/1976 em virtude da alteração advinda com a Lei 9.457/1997, embora fosse aplicável a todas as companhias, abertas e fechadas. A Lei de 2001 restringe tal vantagem às companhias abertas, como será visto mais detidamente infra.[60]

A terceira opção consiste no direito de serem incluídas na oferta pública de alienação de controle, nas condições previstas no art. 254-A, ou seja, devendo receber 80% (oitenta por cento) do preço pago às ações de controle, assegurado dividendo ao menos igual ao das ações ordinárias.

O art. 254-A prevê, no § 4º, que o adquirente do controle acionário de companhia aberta poderá oferecer aos acionistas minoritários a opção de permanecer na companhia, mediante o pagamento de prêmio equivalente à diferença entre o valor de mercado das ações e o valor pago por ação integrante do bloco de controle. Embora a cabeça do artigo refira-se apenas às ações com voto, aplica-se o disposto no § 4º do art. 254-A aos titulares de ações preferenciais sem voto ou com voto restrito, caso essas ações preferenciais gozem do direito disposto no inciso III do § 1º do art. 17.[61]

A Lei não alterou o § 1º do art. 111, segundo o qual as ações preferenciais sem direito de voto readquirem esse direito se a companhia deixar de pagar, pelo prazo disposto no estatuto, não superior a três exercícios consecutivos, os dividendos fixos ou

59. *Reforma...*, cit., pp. 77 e 78.

60. Mesmo essa vantagem tem sido alvo de críticas, como se constata das palavras de Cantidiano: "Lamento que, em função da negociação feita para afastar as objeções que haviam sido apresentadas ao projeto, tenha prevalecido a decisão de manter, como uma das alternativas da vantagem patrimonial atribuída à ação preferencial, de que é suprimido o direito de voto, um dividendo superior em 10% ao valor que vier a ser atribuído à ação ordinária. O titular da ação ordinária — que normalmente está vinculado ao poder de controle — dispõe de mecanismos alternativos para remunerar o capital investido, podendo prescindir, portanto, do recebimento de dividendos. Assim, aquela vantagem poder ser minimizada através da distribuição, às ações ordinárias, de um pequeno dividendo e, até mesmo, pela não distribuição de dividendo às citadas ações" (*Reforma...*, cit., p. 79).

61. Esse, também, o entendimento de Carvalhosa e Eizirik: "Ademais, é também plenamente aplicável aos titulares das ações preferenciais em questão (inciso III do § 1º do novo art. 17) a opção de permanecer na companhia mediante o recebimento do prêmio, caso essa alternativa seja ofertada aos ordinaristas não integrantes do bloco de controle, nos termos facultados pelo § 4º do art. 254-A" (*A nova Lei das S/A*, p. 97).

mínimos a que fizerem *jus*. Poderia a Lei de 2001 ter suprimido a menção aos "dividendos fixos ou mínimos" constante do dispositivo, já que, com a Lei de 1997 e alterações introduzidas pela Lei de 2001, há previsão dos dividendos obrigatórios no mínimo 10% (dez por cento) maiores do que os atribuídos às ações ordinárias, às preferenciais, como uma das vantagens dessa espécie de ação da companhia aberta. Com isso, colocaria fim a atecnia surgida com a Lei de 1997. Com base nessa omissão do legislador, controvérsias podem surgir no sentido de saber se a ação com dividendo majorado recupera o direito a voto se os dividendos obrigatórios 10% (dez por cento) superiores aos conferidos às ações ordinárias não forem pagos no prazo fixado nos estatutos, embora, conforme sustentamos no tópico próprio, a controvérsia não tem qualquer razão de ser. Às preferenciais, tenham elas direito a dividendos fixos, mínimos ou majorados, se não lhes forem pagos os dividendos no prazo estipulado no estatuto, não superiores a três exercícios consecutivos, deve ser reconhecido o direito de voto, até mesmo porque a vantagem patrimonial é a razão da supressão desse direito político.

Das vantagens analisadas às preferenciais, percebe-se que a Lei 10.303/2001 procura conferir maior vantagem econômica ao acionista titular de ações preferenciais sem voto ou com voto restrito da companhia aberta. Mesmo assim, nada impede que ao acionista titular dessa espécie de ação seja conferida apenas a vantagem constante do § 1º, III, do art. 17, ou seja, o direito de ter suas ações preferenciais sem voto ou com voto restrito incluídas na oferta pública de alienação de controle, assegurado dividendo, pelo menos, igual ao das ações ordinárias. Ora, tendo em vista que, nos termos do art. 254-A, aos titulares de ações votantes deve ser realizada oferta pública de aquisição de ações, quando da alienação do controle da companhia aberta, e que a ação ordinária goza do direito de voto, tem-se que os titulares de ações preferenciais sem voto ou com voto restrito da companhia aberta que gozem da referida vantagem, serão equiparados aos titulares de ações ordinárias (mesmos direitos na alienação do controle e na percepção de dividendos), não havendo vantagem patrimonial efetiva.

Ao titular de ações preferenciais sem voto ou com voto restrito da companhia fechada, por sua vez, não há mais a obrigatoriedade de concessão de efetivas vantagens patrimoniais. Ao contrário, a alteração procedida pela Lei de 2001 suprime a obrigatoriedade do pagamento de dividendos 10% (dez por cento) maiores do que os atribuídos às ações ordinárias, aos titulares de ações preferenciais da companhia fechada que não gozam de dividendos, fixo ou mínimo. Com efeito, nos termos do art. 17, I, com a redação dada pela Lei de 2001, confere-se prioridade na distribuição de dividendos, fixo ou mínimo, não prevendo mais o dividendo majorado. A redação do art. 17, I, da Lei de 1976, com a alteração de 1997, que tratava dos dividendos majorados das ações preferenciais, referia-se tanto às companhias abertas quanto às fechadas. Portanto, no caso de companhia fechada, após a Lei de 2001, aos titulares de ações preferenciais confere-se apenas prioridade na distribuição de dividendos, fixo ou mínimo; prioridade no reembolso do capital, com ou sem prêmio. Faculta-se, ainda, a acumulação das duas vantagens.

Dispositivo que enseja discussões, o § 3º do art. 8º da Lei de 2001 dispõe que as companhias abertas somente poderão emitir novas ações preferenciais com observância do disposto no art. 17, § 1º da Lei 6.404/1976, com a adaptação dos estatutos ao referido dispositivo legal no prazo de um ano, após a entrada em vigor da Lei de 2001.

A primeira observação a ser feita é a de que o dispositivo destaca-se pela atecnia, pois não impõe que as ações preferenciais a serem emitidas o sejam visando a negociação no mercado secundário. Admita-se a hipótese em que a companhia A, com debêntures negociadas no mercado de valores mobiliários, portanto, companhia aberta, resolva emitir ações preferenciais não negociadas no mercado. Estaria ela vinculada aos termos do § 3º do art. 8º? Embora a redação do § 3º em comento seja de uma infelicidade espantosa, não pode o intérprete extrair exegese que afronte o espírito da Lei. Com efeito, como visto, a Lei de 2001 foi diploma voltado às companhias abertas, visando fortalecer o combalido mercado de capitais brasileiro. Assim sendo, deve ser interpretada de modo a que lhe seja conferido sentido, isto é, as novas ações preferenciais a que se refere o artigo, são ações a serem emitidas para negociação no mercado de valores mobiliários, sem direito de voto ou com voto restrito. Portanto, no exemplo acima, poderia a companhia A emitir ações preferenciais sem necessidade de respeitar o disposto no § 1º do art. 17.

Igual discussão traz a questão da necessidade de adaptação ao que reza o § 1º do art. 17 às ações preferenciais sem voto ou com voto restrito já emitidas. Mauro Rodrigues Penteado interpreta o dispositivo da seguinte forma: "A adoção de um desses critérios somente será obrigatória nas novas emissões de ações preferenciais sem direito a voto, ou com voto restrito, para colocação no mercado (art. 8º, § 3º da Lei 10.303), permanecendo as atuais ações sujeitas à disciplina vigente até a promulgação da nova lei".[62]

Carvalhosa e Eizirik ponderam em sentido contrário: "*As ações preferenciais negociadas no MVM* [mercado de valores mobiliários], como referido, deverão oferecer a seus titulares pelo menos um dos privilégios mínimos previstos nos incisos I, II e III do § 1º do novo art. 17. Portanto, *como regra*, as companhias abertas que tiverem *essas ações já emitidas* anteriormente ao início da vigência da Lei 10.303/2001 *deverão adaptar seus estatutos* para alterar as preferências conferidas a essas ações, no prazo de um ano, contado do início da vigência da Lei 10.303/2001, ou seja, até 1º de março de 2003 (§ 3º do art. 8º)".[63]

O art. 6º da Lei de 2001 dispõe que as companhias — sejam elas abertas ou fechadas — deverão proceder à adaptação do estatuto aos preceitos da Lei no prazo de um ano, contado da data em que esta entrar em vigor. Ora, nos termos do art. 17, § 1º da Lei 6.404/1976, somente serão admitidas à negociação no mercado de valores mobiliários as ações preferenciais sem direito de voto ou com restrição desse direito que gozem de ao menos uma das vantagens elencadas no referido dispositivo. Portanto, as companhias abertas com ações preferenciais sem voto ou voto restrito já emitidas e que não gozam de, ao menos, uma das vantagens alinhavadas nos incisos do § 1º do art. 17, devem adaptar os estatutos, para que essas ações sejam admitidas à negociação no mercado secundário.

Dos dispositivos analisados extrai-se que: a) as ações preferenciais já emitidas, de companhias abertas, admitidas à negociação no mercado de valores mobiliários e que gozam do direito de voto, não precisam sofrer a adaptação preconizada no art. 17, § 1º; b) as ações preferenciais de companhias abertas já emitidas e não admitidas à negociação no mercado de valores mobiliários e que não gozam do direito de voto ou têm esse direito restrito, não devem sofrer adaptação de acordo com o art. 17, § 1º; c) as ações preferenciais de companhias abertas, sem voto ou com voto restrito, admitidas à negociação no mercado de valores mobiliários, já emitidas, precisam sofrer a adaptação de que trata o art. 17, § 1º da Lei.[64]

62. *Reforma*..., cit., Jorge Lobo (coord.), p. 199.

63. *A Nova Lei das S/A*, p. 102.

64. A Comissão de Valores Mobiliários, entretanto, ao responder Consulta formulada por companhias abertas, aos 22.11.2002 (processos 2002/4915, 2002/5490, 2002/4120 e 2002/5713), adotou entendimento diverso, conforme demonstra o voto do Relator: "Trata-se de diversas consultas formuladas por companhias abertas a respeito do entendimento desta Autarquia acerca da necessidade de adaptação das ações preferenciais existentes anteriormente à pro-

Referências bibliográficas

ASCARELLI, Tullio. *Problemas das Sociedades Anônimas e Direito Comparado*. São Paulo, Saraiva, 1945.

ASQUINI, Alberto. "I batelli del Reno", *Rivista delle Società*, Milão, Giuffrè, 1959, pp. 617-633.

BALZARINI, Paola. *Le Azioni senza Diritto di Voto*. Milão, EGEA/Giuffrè, 1992.

BARRETO FILHO, Oscar. *Regime Jurídico das Sociedades de Investimentos*. São Paulo, Max Limonad, 1956.

BORBA, José Edwaldo Tavares. *Direito Societário*. 3ª ed., Rio de Janeiro, Freitas Bastos, 1997.

BULGARELLI, Waldirio (coord.). *Reforma da Lei das Sociedades por Ações*. São Paulo, Pioneira, 1998.

CANTIDIANO, Luiz Leonardo. *Direito Societário & Mercado de Capitais*. Rio de Janeiro, Renovar, 1996.

________. *Reforma da Lei das S/A*. Rio de Janeiro, Renovar, 2002.

CARVALHO DE MENDONÇA, José Xavier. *Tratado de Direito Commercial Brasileiro*. v. III, 3ª ed., São Paulo/Rio de Janeiro, Freitas Bastos, 1938; v. IV, 6ª ed., São Paulo/Rio de Janeiro, Freitas Bastos, 1959.

CARVALHOSA, Modesto. *Comentários à Lei das Sociedades Anônimas*. 4 vs. São Paulo, Saraiva, 1998.

________. e EIZIRIK, Nelson L. *A Nova Lei das S/A*. São Paulo, Saraiva, 2002.

CHEFFINS, Brian R. *Company Law, Theory, Structure and Operation*. Oxford, Clarendon Press, 1997.

CHESNELONG, Pierre. *Le Droit de Vote dans les Assemblées Générales des Sociétés par Actions*. Toulouse, Saint-Cyprien, 1924.

COMPARATO, Fábio Konder. "Anteprojeto de Lei de Sociedades por Ações", *RDM* 17/118-125, Nova Série, São Paulo, Ed. RT.

________. *Direito Empresarial: Estudos e Pareceres*. 1ª ed., São Paulo, Saraiva, 1995.

COPPENS, Pierre. *L'Abus de Majorité dans les Sociétés Anonymes*. Paris, Librairie René Fonteyn, 1955.

mulgação da Lei n. 10.303/2001 e que tenham direitos distintos daqueles elencados na nova redação do § 1º do art. 17 da Lei n. 6.404/1976 (...) a meu ver, se o § 1º do art. 17 pretendesse de fato atingir situações já estabelecidas, notadamente as ações preferenciais emitidas pelas companhias abertas já existentes, deveria tê-lo feito expressamente, de uma forma vigorosa, a não dar margens a dúvidas sobre o conteúdo dessa disposição, desse comando. Penso que um dispositivo com essa intenção deveria dizê-lo com todas as letras, com toda ênfase. À falta de uma manifestação evidente nesse sentido, parece-me que a melhor interpretação é aquela que reconhece uma distinção entre o estoque e o fluxo de ações preferenciais. Essa interpretação está de acordo com os melhores princípios de hermenêutica, a meu ver, pois, se dúvida houvesse, deveria se optar pela interpretação que respeita as situações já estabelecidas, negando-lhes efeitos retrooperantes, por mínimos que sejam. Nesse sentido, as ações preferenciais que já hoje são negociadas no mercado de valores mobiliários não precisam se adaptar e permanecem com a sua negociabilidade admitida, sendo desnecessário qualquer ato adicional. Estas ações já estão admitidas à negociação no mercado de valores mobiliários e, da leitura do § 1º do art. 17 'somente serão admitidas', não vislumbro a força necessária a impedir a negociação das ações já admitidas. E o § 3º do art. 8º abaixo transcrito confirma este entendimento, como se verá (...). A leitura do § 3º do art. 8º acima transcrito, a meu ver, fortalece a interpretação que me parece mais adequada. Com efeito, diz o referido § 3º que as companhias abertas somente poderão emitir ações preferenciais em consonância com a nova redação do § 1º do art. 17, da Lei n. 6.404/1976. Essa disposição, a meu ver, autoriza as seguintes conclusões: i. o § 1º do art. 17 somente é aplicável às ações preferenciais emitidas após a sua promulgação; e ii. as ações preferenciais de companhias abertas que já estavam admitidas à negociação no mercado de valores mobiliários não precisam se adequar e podem continuar a ser negociadas livremente no mercado de valores mobiliários. De fato, não me parece razoável o dispositivo do § 3º do art. 8º caso se pretendesse, efetivamente, a adequação das ações preferenciais já emitidas por companhias abertas e em circulação. Extraio desta disposição, a conclusão de que a lei, novamente, como em outras disposições, quis regular para frente, para o fluxo, sem interferir no estoque, certamente em homenagem à estabilidade das relações e respeito aos pactos já estabelecidos. Ora, se a lei quisesse efetivamente estender seus efeitos às situações já estabelecidas, só posso entender que deveria tê-lo feito expressamente, como aliás fez enfaticamente para as novas emissões, o que, diga-se de passagem, seria até ocioso, pois que se trataria desenganadamente de situação já constituída sob o amparo da vigência da nova lei" (v. o *site* <www.cvm.gov.br>).

COSTA, Philomeno J. da. *Anotações às Companhias*. v. I, São Paulo, Ed. RT, 1980.

______. "Sociedade anônima. Direito de acionista preferencial", *RT* 478/37-42, ago. 1975.

EIZIRIK, Nelson Laks. *Reforma das S/A & do Mercado de Capitais*. Rio de Janeiro, Renovar, 1997.

FERREIRA, Waldemar Martins. *Tratado de Direito Comercial*. v. 4, São Paulo, Saraiva, 1961.

FRANÇA, Erasmo Valladão Azevedo e Novaes. *Conflito de Interesses nas Assembléias de S/A*. São Paulo, Malheiros Editores, 1993.

GASPERONI, Nicola. *Le Azioni di Società*. Pádua, CEDAM, 1942.

JAEGER, Pier Giusto. *L'Interesse Sociale*. Milão, Giuffrè, 1972.

LAMY FILHO, Alfredo e PEDREIRA, José Luiz Bulhões. *A Lei das S/A*. v. I, 3ª ed., Rio de Janeiro, Renovar.

LEÃES, Luiz Gastão Paes de Barros. *Do Direito do Acionista ao Dividendo*. São Paulo, Obelisco, 1969.

LEME, Ernesto. *Das Acções Preferenciais nas Sociedades Anonymas*. São Paulo, Saraiva, 1933.

LOBO, Jorge (coord.). *A Reforma da Lei das S/A*. São Paulo, Atlas, 1998.

______. *Reforma da Lei das Sociedades Anônimas*. Rio de Janeiro, Forense, 2003.

PEIXOTO, Carlos Fulgêncio da Cunha. *Sociedades por Ações*. vs. 1 a 4. São Paulo, Saraiva, 1972.

PONTES DE MIRANDA, Francisco Cavalcanti. *Tratado de Direito Privado*. ts. V, X, L e LI. 3ª ed., Rio de Janeiro, Borsói, 1972.

REQUIÃO, Rubens. *Curso de Direito Comercial*. v. 2, 20ª ed., São Paulo, Saraiva.

RIPERT, G. e ROBLOT, R. *Traité de Droit Commercial*. t. 1, 17ª ed., Paris, LGDJ.

SALOMÃO FILHO, Calixto. *Direito Concorrencial — As estruturas*. São Paulo, Malheiros Editores, 1998.

______. *O Novo Direito Societário*. São Paulo, Malheiros Editores, 1998.

SCHMIDT, Dominique. *Les Droits de la Minorité dans la Société Anonyme*. Paris, Sirey, 1970.

SIMONSEN, Mário Henrique e CAMPOS, Roberto de Oliveira. *A Nova Economia Brasileira*. Rio de Janeiro, José Olympio, 1974.

TEIXEIRA, Egberto Lacerda e GUERREIRO, José Alexandre Tavares. *Das Sociedades Anônimas no Direito Brasileiro*. 2 vs., São Paulo, Bushatsky, 1979.

TUNC, André. *Le Droit Américain des Sociétés Anonymes*. Paris, Economica, 1985.

VALVERDE, Trajano de Miranda. *Sociedades por Ações*. vs. 1 e 2, Rio de Janeiro, Forense, 1959.

VAMPRÉ, Spencer. *Tratado Elementar de Direito Commercial*. v. II, Rio de Janeiro, F. Briguiet & Cia. Editores, 1922.

VIVANTE, C. *Trattato di Diritto Commerciale*. v. II, 3ª ed., Milão, F. Vallardi.

Atualidades

O VALOR RESIDUAL GARANTIDO EM CONTRATOS DE ARRENDAMENTO MERCANTIL FINANCEIRO

GUILHERME DE A. C. ABDALLA

I — Introdução. II — O valor residual garantido. III — A natureza jurídica do VRG. IV — A cobrança antecipada do valor residual garantido. V — Conclusão.

Há anos são diversos os questionamentos acerca da legalidade do Valor Residual Garantido (VRG) em contratos de arrendamento mercantil financeiro, que deixam o cidadão comum e o próprio mercado à mercê de sua sorte.

De um lado, o Legislativo mostra-se inerte à evidente necessidade de uma nova lei que tutele a matéria, e, de outro, o Judiciário divide-se em duas confrontantes correntes:

(a) a primeira delas, abrigada pela Seção de Direito Privado do Superior Tribunal de Justiça, determina que a transferência do VRG quando da celebração do negócio ou, ainda, no decorrer de seu termo, descaracterizaria a natureza jurídica do *leasing*, porquanto retiraria a possibilidade de, ao final do contrato, ocorrer a sua renovação ou a devolução do bem, pois a arrendatária já teria quitado todo o montante investido pela arrendadora na contratação, inclusive o valor residual de compra, que só deveria ser pago ao final do contrato, se e quando do exercício da opção de compra. Consequentemente, o ajuste celebrado seria mera compra e venda a prestação, não obstante o *nomen iuris* empregado pelas partes;

(b) enquanto a segunda, acolhida pela Seção de Direito Público dessa mesma Corte, defende que a transferência do VRG é proveniente da autonomia da vontade dos contratantes, corolário do Direito Privado, e que essa transferência, até mesmo porque já regulamentada pelo Conselho Monetário Nacional, através do Banco Central do Brasil, não poderia ser interpretada como o forçado exercício da opção de compra, ainda que somente sob a ótica financeira.

A pouco e pouco, resultou dessa discórdia a edição da Súmula 263, em sessão de 8 de maio de 2002, segundo a qual *a cobrança antecipada do valor residual (VRG) descaracteriza o contrato de "leasing", transformando-o em compra e venda a prestação.* Mister enfatizarmos que, muito embora o sistema legal brasileiro seja considerado codificado, em contraste ao *Common Law* e tantos mais, a jurisprudência no País é igualmente considerada fonte do Direito e, destarte, os comandos do *dever ser* sumular projetam-se diretamente nas resoluções empresariais diárias do *ser*.

Nos moldes da respeitável Súmula 263, tanto as arrendadoras como as arrendatárias, que, presume-se *iuris tantum*, acordaram de livre vontade os termos e as condições avençadas, não mais se favoreceriam dos traços inerentes ao *leasing* e, até mesmo, de seus benefícios fiscais, contábeis, civis e processuais civis, caso houvessem pactuado a transferência antecipada do VRG. O fator risco arbitrado pelos particulares, como se vê, foi revisto pelo Judiciário em desfavor das arrendadoras, majorando-se, ato contínuo, os juros remuneratórios cobrados pelas mesmas.

Face à persistência do mercado, entretanto, a Súmula 263 foi cancelada após o transcurso de praticamente um ano, muito embora diversos Ministros da Seção de Direito Privado tenham mantido sua posição. Assim, diante da crescente soma de conflitos de interesses levados ao Judiciário, bem como das divergentes e respeitosas opiniões sobre o tema, vimos por bem contribuir com as seguintes considerações, clamando a atenção do Legislativo para suprimir positivamente essa pendenga.

I — Introdução

O arrendamento mercantil (*leasing*) foi introduzido na legislação brasileira pela Lei 6.099, de 12.9.1974, conforme alterada pela Lei 7.132, de 26.10.1983, lei essa que dispôs unicamente sobre o tratamento tributário[1] de tais operações.

Posteriormente, e sob expressa permissão da citada lei,[2] o Banco Central do Brasil emitiu, em 28.8.1996, a Resolução 2.309, objeto de sucessivas alterações, disciplinando e consolidando as normas relativas às operações de arrendamento mercantil domésticas.

Nos termos do art. 1º da Lei 6.099/1974, considera-se arrendamento mercantil *o negócio jurídico realizado entre pessoa jurídica, na qualidade de arrendadora, e pessoa física ou jurídica, na qualidade de arrendatária, e que tenha por objeto o arrendamento de bens adquiridos pela arrendadora, segundo especificações da arrendatária e para uso próprio desta.*

Diante das diversas características que compõem o negócio *sub examine*, não convergem os especialistas da matéria quanto à sua natureza. De um lado, defende-se que o arrendamento mercantil é um financiamento, enquanto, de outro, defende-se ser uma espécie de locação. Há terceiros, ainda, utilizando-se dos diversos traços inerentes ao *leasing* para situá-lo no ordenamento jurídico, a saber, promessa de venda, mútuo ou mesmo relação de mandato.

Não sendo foco deste estudo o mérito dessa discussão, que, aliás, já é muito bem debatida pela nossa doutrina, necessário mencionarmos, somente, que não julgamos conveniente a caracterização da natureza do *leasing* pelo seu *elemento factual predominante*,[3] como muitos pretendem. Não foi esse o escopo do legislador, não é esse o fator predominante na Lei 6.099/1974, nem tampouco no sistema normativo.

Por que procurar tipos contratuais para definir um negócio jurídico próprio? O contrato de arrendamento mercantil, em nosso entendimento, não é financiamento nem espécie de locação. Há realmente relações obrigacionais no *leasing* que se equiparam a outras já consagradas em nosso ordenamento. Porém, tal assertiva não é suficiente para descaracterizar um contrato que existe por si só, um negócio jurídico que, ape-

1. O próprio Ministro de Estado da Fazenda, Mário Henrique Simonsen, em sua exposição de motivos apresentada ao então Presidente da República Ernesto Geisel, em 1974, e subseqüentemente encaminhada ao Congresso Nacional, revelou: "O projeto objetiva o estabelecimento da disciplina fiscal para as operações de arrendamento mercantil, de forma que as citadas operações se imponham por suas virtudes intrínsecas, e não mercê de vantagens fiscais, que as tornem mais atrativas que as operações de compra e venda financiada".

2. A Lei 6.099/1974 outorgou competência ao Conselho Monetário Nacional para baixar normas que visassem estabelecer mecanismos reguladores das atividades por ela previstas.

3. Diversas decisões vêm buscando o "elemento factual predominante" do *leasing* para determinar a sua natureza.

sar de não refletido no Código Civil vigente,[4] gera específicos direitos e obrigações entre as partes contratantes.

O eminente Ministro Humberto Gomes de Barros, em voto proferido em embargos de divergência em recurso especial 341-0, de 8.11.1994, em que figurava como Relator, comentou:

> O *leasing* é resultado do cruzamento intrafamiliar de dois institutos: locação e financiamento. Em sua composição entram, ainda, traços marcantes de dois outros contratos típicos: locação de serviços (evidentes, quando uma das partes se compromete a adquirir de terceiros, bens que serão utilizados pela outra) e compra e venda (presentes na opção que o tomador do *leasing* faz, no sentido de adquirir, em definitivo, a coisa objeto da locação).
>
> Esta entidade mestiça terminou por ganhar identidade, diferenciando-se, por inteiro, daquelas que lhe deram origem. Tornou-se um contrato típico, inconfundível com qualquer outro.
>
> No Brasil, atribui-se-lhe o nome de arrendamento mercantil.

Consoante a *UNIDROIT*[5] *Convention on International Financial Leasing*, aberta a assinaturas em 1988, mas não assinada pelo País, o arrendamento mercantil financeiro é a transação que engloba as seguintes características essenciais, entre outras: "(a) the lessee specifies the equipment and selects the supplier without relying primarily on the skill and judgment of the lessor; (b) the equipment is acquired by the lessor in connection with a leasing agreement which, to the knowledge of the supplier, either has been made or is to be made between the lessor and the lessee; (c) the rentals payable under the leasing agreement are calculated so as to take into account in particular the amortization of the whole or a substantial part of the cost of the equipment; e (d) when the leasing agreement comes to an end the lessee, unless exercising a right to buy the equipment or to hold the equipment on lease for a further period, shall return the equipment to the lessor in the condition it was delivered, subject to fair wear and tear".

Em apertada síntese, entendemos por *arrendamento mercantil financeiro* o negócio jurídico típico, formal e distinto de quaisquer demais espécies contratuais, pelo qual a arrendadora se obriga a ceder à arrendatária, por tempo determinado, o uso (*ius utendi*) e fruição (*ius fruendi*) de um bem selecionado a absoluto critério da última, móvel ou imóvel, mediante certa retribuição, garantindo-se à arrendatária, findo o prazo contratual, e desde que adimplidas todas as suas obrigações, principais e acessórias, a possibilidade[6] de comprar o bem arrendado, optar pelo seu retorno, ou estender o termo do contrato.

Trata-se, portanto, de contrato consensual, bilateral, oneroso e de trato sucessivo.

II — O valor residual garantido

Como se vê, três são as partes integrantes da transação, ainda que não contratualmente vinculadas:[7] o fabricante, que aliena o equipamento à arrendadora segundo critérios específicos da arrendatária, a arrendadora, que capta recursos para a aquisição do bem e a arrendatária, que terá a tríplice opção ao término do contrato.

E diante do evidente risco suportado pela arrendadora em vista da captação dos recursos que, em suma, viabilizarão toda a transação, é de se entender que a mesma exija da arrendatária uma forma lícita de garantia. Com razão, não nos parece justo

4. Não podemos deixar de enfatizar que o contrato de arrendamento mercantil podia, e devia, ter sido tipificado pelo Código Civil, de 10.1.2002, chamado por muitos de constituição das pessoas comuns.

5. International Institute for the Unification of Private Law.

6. Lembre-se, é uma faculdade, não uma obrigação.

7. Usualmente são celebrados dois contratos distintos — contrato de compra e venda entre fabricante e arrendadora, e contrato de arrendamento mercantil, entre arrendadora e arrendatária.

ou adequado, na atual economia de desconfianças, que a arrendadora suporte o risco integral da operação, ainda mais em se considerando o desconhecido crédito da arrendatária. O *leasing* é totalmente fundamentado no *animus* da arrendatária, só existe porque a arrendatária assim o quis e, conseqüentemente, deve ser suportado, mormente por ela.

Três, portanto, os cenários que devem ser analisados pela arrendadora visando à garantia de seu investimento, face às possibilidades conferidas à arrendatária:

(a) compra do bem arrendado;

(b) extensão do termo da avença; e

(c) devolução do bem arrendado.

No caso expresso no item (a), é evidente que a arrendadora terá alcançado seu objetivo, eis que a somatória das parcelas do arrendamento mercantil já paga pela arrendatária durante a vigência do contrato, acrescida do preço de aquisição pago quando do exercício da opção de compra, equivaleu-se à somatória (i) do capital investido para a compra do bem arrendado, (ii) do custo arcado pela arrendadora para a captação do capital mencionado no item (i), (iii) das despesas administrativas, operacionais e tributárias eventualmente sofridas em razão da transação, e (iv) do lucro líquido inerente ao *leasing*. Neste caso, o VRG poderá ser usado para abater parte ou o preço integral de aquisição, mediante acordo entre as partes. Trata-se de uma simples equação financeira.

Já na hipótese do item (b), novas condições e prazos deverão ser pactuados de acordo com a vontade das partes, e observadas certas disposições da lei. O VRG poderá ser mantido ou restituído, novamente conforme o interesse das partes.

Caso, todavia, a arrendatária prefira devolver o bem arrendado à arrendadora, item (c) acima, restará em aberto uma parcela do investimento total da arrendadora, em conseqüência do não pagamento, pela arrendatária, do preço de aquisição. É o que chamamos *valor residual*.

Neste ponto, mister frisar que em nada interessa à arrendadora a propriedade do bem arrendado; não é essa a função social do *leasing*, não é essa a intenção da lei, muito menos a da sociedade. A arrendadora adquire o bem simplesmente para arrendá-lo, motivo, portanto, da almejada alienação ao fim do negócio, seja para arrendatária ou para outrem.

Com efeito, para suprir o *valor residual* deixado em aberto pelo não exercício da opção de compra pela arrendatária, deverá a arrendadora vender o bem a terceiros e reverter a si, do produto de tal venda, o valor correspondente. Liquida-se, assim, o saldo da arrendadora.

Se, eventualmente, o produto da alienação a terceiros exceder o *valor residual*, deverá a quantia excedente, ou *mais valia*, ser repassada à arrendatária. Todavia, há que se imaginar, igualmente, que poderá o valor obtido pela venda ficar muito aquém do *valor residual* em razão da depreciação do bem, como efeito de seu desgaste ou mesmo sua obsolescência. Neste caso, não teria a arrendadora outros meios para reaver o seu crédito que não uma ação de cobrança, o que bem sabemos levará anos.

Surgiu às arrendadoras, então, a necessidade óbvia de preenchimento dessa lacuna para que fosse o arrendamento mercantil um contrato viável. De um lado, as arrendadoras não mais investiriam no *leasing* visto que não teriam garantia do retorno de seu capital; de outro, não mais se beneficiariam as arrendatárias dos traços inerentes ao *leasing* já que não encontrariam, no mercado, entidade única sequer que ousasse aplicar nessa operação.

Utilizaram-se as partes (*pacta sunt servanda*), então, de uma garantia prescrita em lei que refletiria, em última análise, o valor mínimo que a arrendadora deveria receber pela venda do bem a terceiros, caso a arrendatária não exercesse a opção de compra. Esse é o VRG.

Quer dizer, o VRG é a garantia do *quantum* livremente acordado entre as partes que dará à arrendadora o conforto mínimo para investir na operação. Caso a arrendatária opte por não adquirir a propriedade do bem findo o prazo contratual, terá a arrendadora a certeza de que o VRG garantirá o retorno mínimo do capital investido. Afinal, é característica básica do arrendamento mercantil, nos seus ulteriores termos, a recuperação pela arrendadora da totalidade do capital empregado, bem como uma predeterminada margem de lucro.

De outro lado, evidente também o efetivo interesse da arrendatária no VRG. Ora, transferindo-se o VRG à vista ou no decorrer da execução do contrato, diminui-se o valor dos alugueres e, conseqüentemente, o valor dos desembolsos pela arrendatária. Lembre-se nesse sentido, por especial obséquio, que o VRG é sempre tratado como ativo da arrendatária.[8] Há harmonia, jurídica e financeira.

Parece-nos que o VRG, como uma espécie de garantia, obedece sim aos princípios e normas contratuais do Direito, inclusive no que tange ao equilíbrio entre as partes.

III — A natureza jurídica do VRG

Notamos, destarte, que o VRG não é *pagamento*, é *garantia*.

Com efeito, há pareceres nos quais dá-se ao VRG a mesma natureza jurídica que o *preço de aquisição*. Apesar de usualmente igualarem-se monetariamente o VRG e o *preço de aquisição*, não se confundem tais institutos por motivos óbvios.

O primeiro, o VRG, é uma garantia devida pela inação (não exercício do direito de compra e não prorrogação do contrato) da arrendatária ao término do prazo contratual; o segundo, o *preço de aquisição*, é o preço pago pela arrendatária pelo exercício da opção de compra.

O VRG não é *preço*, vez que não é a contraprestação da venda efetiva do bem, nem tampouco depósito, já que não há *animus custodiendi*. Ao contrário, há uma única intenção das partes, qual seja, a de garantir o investimento da arrendadora na operação, a de assegurar um evento futuro e incerto. Em nosso entender há, destarte, uma caução em dinheiro em benefício da arrendadora. Inegável ser um *ius in re aliena*. Confira-se explanação de José Francisco Lopes de Miranda Leão:[9]

"Se tiver havido antecipações do valor residual estipulado, essa antecipação tem o caráter de *caução*, e, como qualquer garantia, deverá ser liberada em favor do caucionante, *uma vez integralmente cumprida a obrigação contratual garantida*. Portanto, caso o arrendatário não opte pela compra do bem, as antecipações deverão, sim, ser restituídas a ele, *depois que o bem for vendido, alcançando pelo menos o valor previsto contratualmente*. Caso não alcance esse valor, o arrendador, como qualquer credor caucionado, pode lançar mão da garantia, até o limite que faltar para completar o montante estipulado. Em contrapartida, se o bem alcançar, na venda a terceiro, valor *maior* do que o contrato previa, não somente deverá ocorrer a devolução dos depósitos caucionários, como deverá haver também o repasse para o arrendatário do excesso recebido, uma vez que a estipulação contratual de valor para o bem é *bilateral*, valendo tanto para uma parte como para a outra."

Dada a natureza jurídica do VRG, examinaremos agora a legalidade de seu depósito antecipado.

IV — A cobrança antecipada do valor residual garantido

Pela interpretação da Lei 6.099/1974, por mais extensiva ou teleológica que seja, notamos que não há menção ao VRG. No silêncio da lei, e com a expressa permissão

8. Conforme Portaria MF 140, de 27.7.1984.

9. *"Leasing" — O Arrendamento Financeiro*, Malheiros Editores, p. 81.

dessa, o VRG foi regulamentado pelo art. 7º da Resolução 2.309/1996:[10]

Art. 7º. Os contratos de arrendamento mercantil devem ser formalizados por instrumento público ou particular, devendo conter, no mínimo, as especificações abaixo relacionadas:

(...)

VII — as despesas e os encargos adicionais, inclusive despesas de assistência técnica, manutenção e serviços inerentes à operacionalidade dos bens arrendados, admitindo-se, ainda, para o arrendamento mercantil financeiro:

(a) a previsão de a arrendatária pagar o valor residual garantido em qualquer momento durante a vigência do contrato, não caracterizando o pagamento do valor residual garantido o exercício da opção de compra;

(b) o reajuste do preço estabelecido para a opção de compra e o valor residual garantido; (...).

Nada obstante o teor do transcrito art. 7º, VII, *a*, parte da jurisprudência, como se viu, houve por bem descaracterizar o contrato de arrendamento mercantil financeiro no caso da transferência antecipada do VRG.

Concordamos que a Resolução 2.309/1996 ampliou os limites da Lei 6.099/1974 ao regulamentar um instituto que ali não era previsto, é dizer, inovou o que não poderia ser inovado. Porém, entendemos que os contratos de *leasing* com a previsão de antecipação do VRG não são celebrados com base na Resolução 2.309/1996. Na verdade, os contratos de arrendamento mercantil com previsão do VRG têm seu fundamento nas próprias disposições da Lei 6.099/1974.

Nos termos do art. 11, § 1º da Lei 6.099/1974, *a aquisição pela arrendatária de bens em desacordo com as disposições desta Lei, será considerada operação de compra e venda a prestação.* Esse é dispositivo legal invocado para fundamentar a descaracterização dos contratos de *leasing* com depósito do VRG, entendimento esse que, *data maxima venia*, não podemos corroborar.

As decisões nesse sentido, equivocadamente amparadas na doutrina da prevalência da essência sobre a forma, conferem ao VRG a natureza de *preço* antecipado da compra do bem arrendado. Observe-se, para tanto, que logo o início do dispositivo transcrito estabelece que a *aquisição* de bens em desacordo com a Lei 6.099/1974 será considerada operação de compra e venda a prestação. Ou seja, o pagamento pela arrendatária do *preço de aquisição* em desacordo com tal lei, descaracterizará o arrendamento mercantil; mas nunca a transferência do VRG. A lei não diz isso.

Já foi provado que o VRG é, não mais, não menos, que uma garantia (não é preço). O que está sendo antecipado não é o *preço de aquisição* do bem, mas sim a garantia do valor mínimo que o bem alcançará quando da alienação a terceiros. Há de se distinguir *preço de aquisição* de *valor residual garantido*.

O *preço de aquisição* é o resíduo do valor total do arrendamento que será pago pela arrendatária à arrendadora para a transferência da titularidade do bem; esse não pode, por lógica, ser antecipado. Já o *valor residual garantido* é, como já dito, um direito real de garantia, podendo ser transferido quando as partes assim o desejarem e, via de regra, quando do fechamento do acordo.

Infeliz, nesse sentido, a Portaria 564 do Ministério da Fazenda, de 3.11.1978, que fundiu numa mesma definição os conceitos acima expostos ao descrever que o VRG é o *preço contratualmente estipulado para exercício da opção de compra, ou o valor contratualmente garantido pela arrendatária como mínimo que será recebido pela arrendadora na venda a tercei-*

10. É pacífico o entendimento de que resoluções e portarias administrativas, ainda que de caráter normativo, não estão incluídas na expressão e não devem ser interpretadas como "lei federal".

ros do bem arrendado, na hipótese de não ser exercida a opção de compra.

No VRG não há pagamento, tanto assim que o VRG antecipado deverá ser tratado como passivo da arrendadora e ativo da arrendatária, nos termos da Portaria 140 do Ministério da Fazenda, de 27.7.1984, além de não gerar, em momento algum, condomínio sobre o bem arrendado.

A função do *preço de aquisição*, bem como do *valor residual garantido* é, em última análise, deixar a arrendatária ciente, *ab initio*, do *quantum* em dinheiro foi investido pela arrendadora na operação, bem como o que se espera como margem de lucro. Há equilíbrio contratual, há boa-fé.

Uma vez não proibida[11] a transferência do VRG pela Lei 6.099/1974, aplica-se o princípio constitucional da autonomia da vontade norteador do Direito Privado, cuja origem no plano contratual remonta, no mínimo, ao período pré-clássico do direito romano. Do que resta concluído que se a lei não proíbe a cobrança antecipada do VRG, como, aliás, é de praxe em qualquer espécie de garantia, poderão os particulares fazê-lo quando bem quiserem.

Com vistas à sustentar a tese acima transcrita, suponhamos a hipótese de a arrendadora aceitar, a título de VRG, não uma determinada quantia em dinheiro, mas um bem que a represente.

Imaginemos, *exempli gratia*, que uma determinada empresa arrendatária dê, em garantia ao valor mínimo que sua arrendadora deverá receber pela venda do bem arrendado a terceiros, caso tal empresa não exerça a opção de compra ao final do contrato (VRG), o penhor de uma máquina industrial.

Estaria caracterizado o exercício de opção de compra pela arrendatária pela simples formalização de um contrato de penhor, garantia que é? Há desembolso de todo o valor do financiamento, nesse caso, tal qual na compra e venda à prestação?

Com todo respeito e acatamento, entendemos que não. Diante do exemplo acima citado, não há como se concluir que a arrendatária estaria pagando o *preço de aquisição* desde o início do contrato pela simples assinatura de um contrato de penhor, ainda que tal contrato se dê por uma simples cláusula.

Todavia, forçoso concluir que a garantia representada pela tradição monetária do VRG no início do contrato (que é regra) tem a mesma natureza que a garantia que grava a máquina industrial empenhada no exemplo descrito, um *ius in re aliena*. Portanto, o contrato de arrendamento mercantil financeiro com a previsão de transferência do VRG não esconde uma compra e venda financiada.

V — Conclusão

Resta evidente a desatualização da Lei 6.099/1974 frente ao já consolidado — entretanto ainda crescente — mercado de *leasing* no País. Parece-nos inegável que as provisões gerais da atual lei, que possui escopo assumidamente tributário, não mais atendem aos anseios da economia, da arrendadora, da arrendatária e, preocupantemente, da certeza e segurança de nosso ordenamento jurídico. Uma nova lei pode, e deve, ser deliberada pelo Congresso Nacional.

O contrato de arrendamento mercantil e o VRG trazem explícitas vantagens tanto à arrendadora como à arrendatária, devendo ser implementados não por via regulamentar, mas pelo processo legislativo previsto na Constituição Federal de 1988. O VRG, até agora, não é devidamente previsto nem proibido pelo ordenamento jurídico brasileiro, sendo afastada, portanto, sua ilegalidade.

São Paulo, 28 de novembro de 2003.

11. A descaracterização do contrato de *leasing* só pode ocorrer quando fique devidamente evidenciada uma das situações previstas na Lei 6.099/1974.

TÍTULOS DE CRÉDITO: UMA ANÁLISE DAS PRINCIPAIS DISPOSIÇÕES DO NOVO CÓDIGO CIVIL*

JEAN CARLOS FERNANDES

1. Introdução. 2. A importância dos títulos de crédito. 3. Conceito e princípios dos títulos de crédito. 4. Requisitos essenciais e não-essenciais. 5. Títulos eletrônicos. 6. Endosso. 7. Aval. 8. Alcance das disposições do novo Código Civil. 9. Conclusões. 10. Referências bibliográficas.

1. Introdução

O novo Código Civil Brasileiro — Lei 10.406, de 10.1.2002 — entrou em vigência em 11.1.2003, dedicando o seu Título VIII, arts. 887 a 926, à disciplina "Dos Títulos de Crédito", dividindo-o em quatro capítulos: Disposições Gerais; Do Título ao Portador; Do Título à Ordem; Do Título Nominativo.

Na realidade, o novo Código Civil veio regular "papéis outros" diversos dos títulos de crédito hoje existentes, e que continuarão a existir com a sua entrada em vigor. Assim, a impropriedade do novo Código é gritante ao intitular o seu Título VIII como "Dos Títulos de Crédito".

O Professor da Universidade Federal de Minas Gerais, Doutor Wille Duarte Costa, já alertara que o novo Código Civil somente repetiu inúmeros preceitos contidos em leis especiais, servindo apenas para confundir o intérprete e beneficiar expedientes protelatórios de devedores, concluindo que "aquela parte intitulada títulos de crédito deve ser excluída do novo Código, pois ela é de uma inutilidade a toda prova".[1]

Mas o que realmente sofreu alteração com a entrada em vigor do novo Código Civil? Quais os pontos polêmicos que serão instaurados? Como resolver a controvérsia?

Tais questionamentos fazem, desde já, com que a doutrina mergulhe na análise do tema, buscando uma melhor adequação da realidade jurídica que envolve os títulos de crédito e as novas regras dispostas pelo Código Civil em vigor.

2. A importância dos títulos de crédito

Não podemos olvidar que a criação dos títulos de crédito trouxe novos contornos às práticas comerciais, na medida em que valorizou a figura do crédito, dando-lhe posição de destaque no fomento das atividades desenvolvidas pelos comerciantes e os modernos empresários.

* Palestra proferida no Seminário sobre o novo Código Civil, realizado pela Faculdade de Direito de Caratinga/MG, em parceria com a OAB-MG, em 28.4.2003.

1. Wille Duarte Costa, "Títulos de crédito e novo Código Civil", *Revista da Faculdade de Direito Milton Campos* 8, 2001.

De fato, em dado momento, as operações comerciais necessitaram tornar-se mais rápidas e mais amplas. Para isso, o crédito ocupou ponto de destaque, pois possibilitou que uma pessoa pudesse gozar de imediato da mercadoria ou serviços oferecidos no momento da transação, relegando o respectivo pagamento para o futuro.

O crédito traz implícitos os elementos confiança e tempo. Confiança de quem aceita, em troca de sua mercadoria, a promessa de pagamento futuro; tempo entre a prestação presente e atual e a prestação futura.

A modernização das práticas comerciais, impulsionadas pela figura do crédito, necessitou ainda de que a obrigação futura em troca de um valor ou mercadoria atual fosse exteriorizada em um documento[2] — o título de crédito — com o escopo de incorporá-la e dar garantia ao credor.

A par da multiplicação das atividades comerciais, o título surgiu como um mecanismo perfeito e eficaz da mobilização da riqueza e da circulação do crédito, influenciando todos os negócios jurídicos, principalmente os de natureza econômica.[3]

Borges[4] destaca o entusiasmo de economistas e comercialistas que chegaram a afirmar que os títulos de crédito "têm contribuído mais que todas as minas do mundo para o enriquecimento das nações. Por meio deles, o direito consegue vencer tempo e espaço, transportando com facilidade bens distantes e materializando no presente — atualizando-as — as possíveis riquezas futuras".

2. A propósito, registre-se aqui a observação de João Eunápio Borges (*Títulos de Crédito*, p. 8) que "nem todo documento será título de crédito; mas, todo título de crédito é, antes de tudo, um documento no qual se consigna a prestação futura prometida pelo devedor".

3. Wille Duarte Costa, "Atributos, princípios gerais e teorias dos títulos de crédito: o direito que precisa ser repensado", *Revista da Faculdade de Direito Milton Campos* 4/145-167, 1997.

4. João Eunápio Borges, *Títulos de Crédito*, p. 9.

3. Conceito e princípios dos títulos de crédito

Na clássica definição de Cesare Vivante, título de crédito[5] "é o documento necessário para o exercício do direito, literal e autônomo, nele mencionado".[6]

Extrai-se desse conceito que o título de crédito é um documento necessário ao exercício dos direitos nele mencionados; é literal; é autônomo.

Primeiramente, para ser título de crédito é necessário que a declaração obrigacional esteja exteriorizada em um documento escrito, corpóreo, em geral uma coisa móvel.[7] Tal documento é necessário ao exercício dos direitos nele mencionados.

A literalidade, por sua vez, reside no fato de que só vale o que se encontra escrito no título.

Por último, a autonomia do título de crédito determina que cada pessoa que a ele se vincula assume obrigação autônoma relativa ao título. É em razão da autonomia do título de crédito que o possuidor de boa-fé não tem o seu direito restringido em decorrência de negócio subjacente entre os primitivos possuidores e o devedor.

Aliás, não se pode falar de autonomia dos títulos de crédito sem que se faça, ainda que rapidamente, uma abordagem acerca da abstração, outro princípio característico de tais instrumentos.

Pela abstração temos que os direitos decorrentes dos títulos são abstratos, inde-

5. Esclarece Newton de Lucca (*Aspectos da Teoria Geral dos Títulos de Crédito*, p. 11) que "a primeira definição importante dos títulos de crédito, registrada pelos tratadistas, foi formulada pelo jurista germânico Brunner, segundo a qual os títulos de crédito são 'documentos de um direito privado que não pode ser exercido, senão pela apresentação do título'".

6. Fran Martins (*Títulos de Crédito*, v. I, p. 5) destaca que, "dentre as inúmeras definições que foram dadas aos títulos de crédito, coube a Cesar Vivante formular aquela que, sem dúvida, é a mais completa, pois encerra, em poucas palavras, algumas das principais características desses instrumentos".

7. Idem, ibidem.

pendentes do negócio que deu lugar ao seu surgimento.[8] A abstração não se confunde com a autonomia. Aquela traz a regra de que uma vez emitido o título este libera-se de sua causa; esta disciplina que as obrigações assumidas no título são independentes umas das outras.

Segundo Fran Martins, "a abstração do direito emergente do título significa que esse direito, ao ser formalizado o título, se desprende de sua causa, dela ficando inteiramente separado. Se o título é um documento, portanto, concreto, real, o direito que ele encerra é considerado abstrato, tendo validade, assim, independentemente de sua causa".

Ponto mais importante em relação aos títulos de crédito é que estes, para serem tidos como tal, devem ser regulados por lei. Em outros termos: deve existir uma lei que atribua a determinado "documento" creditício a natureza de um verdadeiro título de crédito, com todas as características e atributos a ele inerentes.

No direito brasileiro, leis especiais regulam os títulos de crédito, alguns usados em larga escala, outros sem grande utilização nas práticas comerciais. Podem ser mencionados: a letra de câmbio; a nota promissória; o cheque; a duplicata; os títulos de crédito rural: nota promissória rural, duplicata rural, cédula rural pignoratícia, cédula rural hipotecária, cédula rural pignoratícia e hipotecária e nota de crédito rural; os títulos de crédito industrial: cédula de crédito industrial e nota de crédito industrial; as debêntures; o *warrant*; o conhecimento de transportes; as ações; títulos da dívida pública; letra imobiliária; cédula hipotecária.

O novo Código Civil também definiu títulos de crédito. E o fez em seu art. 887, nos seguintes termos: "O título de crédito, documento necessário ao exercício do direito literal e autônomo nele contido, somente produz efeito quando preencha os requisitos da lei".

8. Fran Martins, ob. cit., v. I, p. 9.

Sabe-se não ser função do legislador ministrar definições, as quais devem ser evitadas, porque de nada adiantam num texto e refogem à missão simplesmente normativa deste.[9] Muitas vezes, as definições feitas pelo legislador obstam a evolução de determinados institutos jurídicos, uma vez que, embora a doutrina e a jurisprudência os atualizem, o texto legal impede o seu aprimoramento, o que dependeria de uma burocrática e morosa alteração legislativa.

Afora tal consideração, o dispositivo legal citado apenas arreda as dúvidas acerca da aplicação do novo Código Civil aos títulos de crédito hoje existentes, os quais, somente produzirão efeitos quando preenchidos os requisitos dispostos nas leis especiais que os regulam.

4. Requisitos essenciais e não-essenciais

O art. 889 do novo Código Civil elenca os requisitos essenciais e não-essenciais a todo título de crédito, cuja aplicação ressalva os títulos regulados por leis especiais, as quais possuem dispositivos específicos sobre a matéria.[10]

Como requisitos essenciais, destaca o Código Civil:

• data de emissão;

• indicação precisa dos direitos que confere;

• assinatura do emitente.

Por sua vez, os requisitos não-essenciais são tratados pelos §§ 1º e 2º do mesmo art. 889:

• data de vencimento (na falta, considera-se à vista);

• lugar de emissão (na falta, considera-se o domicílio do emitente);

9. Washington de Barros Monteiro, *Curso de Direito Civil*, v. 4, p. 7.

10. Letra de câmbio: arts. 1º e 2º do Decreto 57.663/1966; nota promissória, art. 76 do Decreto 57.663/1966; duplicata, art. 2º da Lei 5.474/1968; cheque, art. 2º da Lei 7.357/1985.

• lugar de pagamento (na falta, considera-se o domicílio do emitente).

Ressalte-se que, de acordo com o art. 887 do novo *Codex*, os escritos somente produzirão efeitos como títulos de crédito quando preencham os requisitos da lei, os quais, mesmo sendo desatendidos, não importará na invalidade do negócio jurídico subjacente, a teor do art. 888 do Estatuto Civil.

5. *Títulos eletrônicos*

O § 3º do art. 889 do Código Civil procurou inovar ao permitir a criação de títulos de crédito a partir de caracteres criados em computador, ou meio técnico equivalente, condicionando, porém, à prévia escrituração junto ao emitente e a observância dos requisitos mínimos previstos no *caput* do dispositivo.

Não se trata aqui da criação dos chamados "títulos virtuais", arredando a euforia de pequena parte da doutrina, mas, apenas a possibilidade de se criar um título a partir dos dados colhidos nos meios informatizados, sendo certo que o exercício do direito pelo portador do título não dispensará a emissão do documento, como determina o art. 887 do Código Civil, muito menos a assinatura do emitente, requisitos essencial disposto no art. 889 do mesmo diploma legal.

Com propriedade, alerta Costa[11] que "se a pretensão foi a de criar um título completo, incluindo a assinatura do emitente, ficou regulamentar 'assinatura criptografada', 'chave privada', 'chave pública' e outros elementos necessários para segurança do emitente do título eletrônico. De qualquer forma, o legislador autorizou um tipo de emissão do qual não demonstrou o menor conhecimento. Quis ser moderno apenas".

Embora a legislação permita a criação do título por meio eletrônico, não prescindiu da inserção nele da assinatura do emitente, o que somente pode se aperfeiçoar pelo punho subscritor deste, não existindo atualmente leis em vigor que autorizem a adoção de forma diversa.

Na realidade, uma exegese diferente do dispositivo conduzirá à instauração de fraudes, como as já detectadas com a utilização dos boletos bancários de cobrança, tratado em obra de nossa autoria.[12]

Pode-se conceituar o boleto bancário como o documento confeccionado pelas instituições financeiras, a partir de dados transmitidos pelos credores (comerciantes), para fins de cobrança junto ao sacado, permitindo o seu pagamento em banco distinto do depositário. É um formulário padronizado pelo Banco Central, por intermédio do *Manual de Normas e Instruções* (MNI). É utilizado pelos bancos e por seus clientes, para recebimento de valores quando existe uma compra e venda a prazo.

Os boletos bancários, portanto, como comumente são conhecidos, não passam de simples papéis de cobrança, criados unilateralmente, sem assinaturas de qualquer espécie, não caracterizados como títulos de crédito pela legislação vigente.[13]

6. *Endosso*

Considera-se endosso a declaração cambial aposta no título de crédito à ordem

11. Wille Duarte Costa, "Títulos de crédito...", cit., *Revista da Faculdade de Direito Milton Campos* 8, 2001.

12. Jean Carlos Fernandes, *Ilegitimidade do Boleto Bancário*.

13. O boleto bancário também não se caracteriza um "título de legitimação", tal como definido por Fran Martins (ob. cit., v. I, p. 20), uma vez que não exterioriza o direito de recebimento de uma prestação de coisas ou de serviços. Igualmente, o boleto bancário não encontra guarida nas estipulações concernentes aos títulos de crédito traçadas pelo novo Código Civil brasileiro — Lei 10.406, de 10.1.2002 — sendo certo ali não se caracterizar como um título atípico ou inominado, uma vez que não contém assinatura de espécie alguma (Wille Duarte Costa, *Títulos de Crédito e o Novo Código Civil*), muito menos um título ao portador por faltar-lhe a promessa, devidamente firmada pelo sacado, de realizar certa prestação (Maria Helena Diniz, *Curso de Direito Civil Brasileiro*, v. 3, pp. 740-741).

pelo seu proprietário, com o escopo de transferi-lo a terceiro e garantir-lhe o pagamento.

A transferência da propriedade do título pelo endosso não deixa dúvidas, destacando-se apenas que o endosso dos títulos não à ordem opera-se com os efeitos de cessão civil.

No que concerne à garantia de pagamento do título pelo endossante, o art. 15 do Decreto 57.663/1966 (Lei Uniforme de Genebra), regulador da letra de câmbio e nota promissória, bem como o art. 21 da Lei 7.357/1985 (Lei do Cheque), refletem a clássica posição legislativa, ou seja, "salvo disposição em contrário, o endossante garante o pagamento do título".

Assim, o endosso transfere a propriedade do título e obriga o endossante ao seu pagamento, salvo se este fizer expressa ressalva no título (ex.: "transfiro o título, mas não me responsabilizo pelo seu pagamento").

No novo Código Civil merece particular destaque o disposto no art. 914, o restante trata-se apenas de mera repetição de dispositivos da Lei Uniforme de Genebra.

Com efeito, o Código Civil dispôs em seu art. 914 que "ressalvada cláusula expressa em contrário, constante do endosso, não responde o endossante pelo cumprimento da prestação constante do título".

Relembre-se que o endosso implica na transferência do título e de todos os direitos a ele inerentes (endosso translativo), ou apenas a outorga ao endossatário de direitos específicos sem a ele atribuir a propriedade do título (endosso mandato para realização de simples cobrança).

A disposição do art. 914 do Código Civil inverte a norma insculpida na Lei Uniforme de Genebra, uma vez que é essência do endosso ficar o endossante como garantidor do pagamento do título, salvo se, de forma diversa e expressa, se exonerou ("endosso sem garantia").

Contudo, o art. 914 do novo Código não se aplica aos títulos regulados por leis especiais, como ressalva o art. 903 do mesmo diploma legal.

Resta-nos aguardar e torcer para que os "menos avisados" não queiram argüir tal norma para se livrarem do pagamento de todos os títulos de crédito indistintamente, em detrimento dos legítimos credores, com o que não podem, de forma alguma, contar com o beneplácito do Poder Judiciário.

Por fim, destaca-se que o novo Código, em seu art. 912, parágrafo único, repete a regra de ser o endosso parcial nulo, o que faz com que relembremos a lição do eminente João Eunápio Borges, no sentido de que "não seria nulo o endosso parcial, apenas eficaz — considerada cambialmente não escrita — a limitação ou parcelamento da soma constante do referido endosso".[14] Entendimento diverso importaria na quebra da cadeia de endosso, tornando-se injustificável a posse do título pelo endossatário e eventuais portadores que lhe sucederem.

7. *Aval*

Não é escopo do presente trabalho uma análise aprofundada do propalado instituto do aval, cujas arestas foram muito bem aparadas por Eunápio Borges.[15]

Exerce o aval importante papel na teoria geral dos títulos de créditos. Trata-se de uma obrigação cambial ou cambiariforme, que visa garantir o título regularmente emitido.

Tavares Paes[16] conceitua o aval como a "garantia típica do Direito Cambial, fornecida por terceiros ou por um dos subscritores do título, tendo por objetivo fortalecer o crédito de um de seus signatários, visando assegurar o pagamento da letra de câmbio e da nota promissória e outros títu-

14. João Eunápio Borges, *Títulos de Crédito*, p. 76.

15. João Eunápio Borges, *Do Aval*, 4ª ed.

16. P. R. Tavares Paes, *O Aval no Direito Vigente (Doutrina, Jurisprudência e Legislação)*, p. 6.

los assimilados às cambiais, como o cheque e a duplicata".

O novo Código Civil tratou do instituto do aval nos arts. 897 a 900, ressaltando, dentre outros aspectos, a vedação ao aval parcial, a aposição deste no verso ou anverso do próprio título, prevendo ainda o chamado aval em preto e em branco.

Do novo texto legal sobressai a regra concernente aos efeitos do aval dado posteriormente ao vencimento do título, não os diferenciado do aval dado anteriormente a tal fato, como dispõe o art. 900. Trata-se de inovação que arreda a divergência que ainda existia em pequena parte da doutrina, que considerava que o aval dado posteriormente ao vencimento do título tinha efeitos de fiança. Como inexiste dispositivo neste sentido nas leis especiais, prevalece agora a regra geral traçada pelo novo Código Civil.

Igualmente, destaca-se, como novidade, a limitação do aval à outorga uxória ou marital, exceto se o regime do casamento for o da separação absoluta (art. 1647 e seu inciso II), de aplicação imediata a todos os títulos de crédito, em razão de inexistir nas leis especiais disposição em sentido contrário.

Releva-se ainda importante a disposição do novo Código Civil, no sentido de que a invalidação do aval praticado sem outorga somente poderá ser levada a efeito pelo cônjuge a quem cabia concedê-la, ou por seus herdeiros (art. 1.650), podendo a outorga ser suprida pelo juiz nas hipóteses previstas no art. 1.648 do *Codex Civil*.

8. *Alcance das disposições do novo Código Civil*

Como já destacado em alguns pontos do presente estudo, as disposições concernentes ao "Títulos de crédito" previstas no novo Código Civil têm seu alcance definido pela própria norma.

Com efeito, o art. 887 do Código Civil, ao conceituar o título de crédito, já deixa entrever a ressalva às leis especiais que regulam a matéria, na medida em que condiciona a validade do título ao "preenchimento dos requisitos previstos na lei".

O art. 903 do Código, contudo, afasta a possível controvérsia que poderia se instaurar no tocante à aplicação das novas regras aos títulos regulados por leis especiais, dispondo expressamente que "salvo disposição diversa em lei especial, regem-se os títulos de crédito pelo disposto neste Código".

Assim, os dispositivos do novo Código Civil, no tocante aos títulos de crédito, tratam-se de regras gerais, tal como a natureza do estatuto no qual estão inseridos, curvando-se às regras especiais, mormente à Lei Uniforme de Genebra, Lei do Cheque, Lei de Duplicata, dentre outros diplomas que regulam os títulos de crédito.

9. *Conclusões*

Observa-se que o novo Código Civil pouco inovou quanto aos títulos de crédito, justificando, pois, a opinião da doutrina no sentido da inutilidade de tais disposições, que, na sua grande maioria, revelaram-se apenas como repetição de dispositivos da Lei Uniforme de Genebra.

Nesse contexto, adverte Costa[17] que "a repetição de preceitos já existentes em leis especiais só pode confundir o leitor, que fica sem saber a que título aplicar o preceito".

Continuarão, portanto, os títulos de crédito existentes (letra de câmbio, nota promissória, cheque, duplicata etc.) regulados pelas leis especiais, sofrendo a ingerência do novo Código Civil apenas no tocante à particularidade do aval, que fica agora condicionado à outorga do outro cônjuge, quando a pessoa que o prestar for casada em regime diverso da separação absoluta de bens.

17. Wille Duarte Costa, "Títulos de crédito...", *Revista da Faculdade de Direito Milton Campos* 8, 2001.

Na realidade, o legislador criou normas gerais para os títulos de crédito, não fugindo, é certo, da repetição dos preceitos contidos em leis especiais, que deverão prevalecer quando conflitantes com os novos dispositivos do estatuto civil vigente.

Assim, o novo Código Civil em nada altera a teoria geral dos títulos de crédito, não alterando os efeitos do endosso nos títulos regidos por leis especiais, muito menos criando "*títulos virtuais*", sendo certo que agasalha, em seu art. 887, os princípios da carturalidade (documento necessário), a literalidade e a autonomia (exercício de direito literal e autônomo nele contido).

10. Referências bibliográficas

BORGES, João Eunápio. *Títulos de Crédito*. 2ª ed., Rio de Janeiro, Forense, 1976.

______. *Do Aval*. 4ª ed., Rio de Janeiro, Forense, 1975.

______. *Curso de Direito Comercial Terrestre*. 3ª ed., Rio de Janeiro, Forense, 1967.

COSTA, Wille Duarte. *Títulos de Crédito*. Belo Horizonte, Del Rey, 2003.

______. *Algumas Notas sobre Títulos de Crédito*. Palestra proferida no I Seminário de Direito Comercial, Uberlândia, Faculdade de Direito da Universidade de Uberlândia, 1996.

______. "Atributos, princípios gerais e teorias dos títulos de crédito: o direito que precisa ser repensado", *Revista da Faculdade de Direito Milton Campos* 4, Belo Horizonte, Inédita, 1997.

______. "Títulos de crédito e o novo Código Civil", *Revista da Faculdade de Direito Milton Campos* 8, Belo Horizonte, Inédita, 2001.

DINIZ, Maria Helena. *Curso de Direito Civil Brasileiro*. 17ª ed., v. 3, "Teoria das obrigações contratuais e extracontratuais", São Paulo, Saraiva, 2002.

FERNANDES, Jean Carlos. *Ilegitimidade do Boleto Bancário*. Belo Horizonte, Del Rey, 2003.

LUCCA, Newton de. *Aspectos da Teoria Geral dos Títulos de Crédito*. São Paulo, Pioneira, 1979.

MARTINS, Fran. *Títulos de Crédito*. vs. I e II, 13ª ed., Rio de Janeiro, Forense, 1998.

MONTEIRO, Washington de Barros. *Curso de Direito Civil*. 28ª ed., São Paulo, Saraiva, 1995.

PAES, Paulo Roberto Tavares. *O Aval no Direito Vigente*. São Paulo, Ed. RT, 1982.

O REGIME DE ADMINISTRAÇÃO ESPECIAL TEMPORÁRIA — RAET

CRISTIANO GOMES DE BRITO

1. Introdução. 2. As instituições financeiras. 3. O Estado nas instituições financeiras: intervenção, liquidação e RAET: 3.1 Aplicação da Lei da Falência às instituições financeiras. 4. Regime de Administração Especial Temporário — RAET: 4.1 Conceito; 4.2 Aplicação e causas do RAET; 4.3 Efeitos; 4.4 Distinção entre RAET e intervenção extrajudicial; 4.5 Administração; 4.6 Tempo da administração; 4.7 Recursos financeiros do Banco Central; 4.8 O destino da administração financeira; 4.9 Cessação; 4.10 Responsabilidade dos administradores. 5. Conclusão. 6. Bibliografia.

1. Introdução

O Decreto-lei 2.321, de 25.2.1887, instituiu, em defesa das finanças públicas, o Regime de Administração Especial Temporária — RAET, nas instituições financeiras privadas e públicas não federais.

O regime foi instituído em função das dificuldades econômico-financeiras que estavam afetando os bancos comerciais, principalmente os integrantes do Sistema Financeiro Estadual, na década de 1980.

Isso porque um grupo de bancos estaduais contribuía intensamente para a elevação dos níveis inflacionários, com a prática irregular de saques a descoberto na conta de reservas bancárias;[1] no Banco Central, em escala inaceitável.

Relata Haroldo Malheiros Duclerc Verçosa[2] que "os imensos descalabros verificados na grande maioria das instituições financeiras estaduais, embora não seja esse motivo confessado, levou o governo a criar uma nova modalidade de intervenção nas instituições financeiras (...) Aproveitando a oportunidade, a medida foi engendrada para alcançar, genericamente, as instituições financeiras públicas não federais e as privadas, mas seu alvo verdadeiro estava então nos bancos estaduais".

Alguns desses bancos, *v.g.*, financiavam despesas correntes de seus estados sem ter os recursos correspondentes. Para isso, sacavam a descoberto na conta de Reserva Bancárias, mantida no Banco Central. Os cheques emitidos pelos governos estaduais, contra a instituição bancária, eram honrados com recursos públicos federais, o que

1. É uma conta que os bancos comerciais, caixas econômicas e bancos múltiplos com carteira comercial são obrigados a manter no Banco Central. É utilizada para transferir recursos entre instituições financeiras bancárias, por conta de cliente ou da própria instituição, similar a uma conta corrente. Esta reserva serve, fundamentalmente, para transferir recursos, entre bancos, o resultado das transações que são realizadas na economia. Serve ainda, para o processamento da liquidação financeira de toda a movimentação diária realizada no mercado financeiro, que é monitorada em tempo real pelo Banco Central.

2. *Responsabilidade Civil Especial nas Instituições Financeiras e nos Consórcios em Liquidação Extrajudicial*, p. 25.

obrigava o Banco Central a emitir moeda, em desacordo com a programação da política monetária do Governo Federal.

Noticiam Andrea Fernandes Andrezo e Iran Siqueira Lima[3] que um "pequeno conjunto de bancos estaduais, todos em crônica situação de iliquidez, alguns até insolvente, devia ao Banco Central mais de 43 bilhões de cruzados, entre saques a descoberto (23 bilhões) e débitos junto ao Programa de Recuperação (20 bilhões). Em conseqüência, aumentava o déficit público e gerava pressão inflacionária. O Tesouro Nacional não mais podia suportar a subtração na soma correspondente a 3 bilhões de dólares, quantia equivalente ao custo de quatro meses de juros da dívida externa, cujo pagamento o Brasil teve de suspender, por meio de moratória, para não comprometer o desenvolvimento nacional".

O Governo Federal, por meio do Banco Central, antes de instituir o RAET, tentou persuadir os bancos estaduais e seus acionistas controladores a uma gestão racional e ao necessário aporte de recursos para a sua capitalização, o que não foi obtido. Para resolver o problema, o Banco Central dispunha, alternativamente, de três opções: 1. excluir o banco infrator da Câmara de Compensação; 2. decretar a intervenção; e 3. submetê-lo à liquidação extrajudicial. Qualquer dessas medidas levaria à extinção da entidade afetada. Com isso, percebeu-se a necessidade de prover o sistema jurídico com um novo instrumento capaz de ensejar a preservação dos interesses sociais, sem prejuízo da plena incidência dos mecanismos de fiscalização das atividades submetidas ao controle do Banco Central.[4]

Afirma Haroldo Malheiros Duclerc Verçosa[5] que "o ano de 1987 viu chegar ao ponto de ebulição todo um processo de insuportável endividamento da quase generalidade do seguimento das instituições financeiras públicas estaduais, não se fazendo notar diferença de situação entre as pertencentes às mais ricas ou às mais pobres unidades da federação".

Por tais razões, em 1987, foi criada uma nova espécie de "intervenção" nas instituições financeiras públicas não federais, executada por um conselho diretor, nomeado pelo Banco Central, com amplos poderes.

Haroldo Malheiros Duclerc Verçosa[6] critica a criação desse regime especial assegurando que "foi introduzida no direito brasileiro casuisticamente, sem estudo mais aprofundado de suas regras e, destaca-se, relativamente desligada do sistema já existente, ao qual acrescentou-se em parte como uma intervenção de roupagem nova, em parte como uma figura jurídica de contornos inteiramente diversos das já existentes".

2. *As instituições financeiras*

Segundo o art. 17 da Lei 4.595/1964, consideram-se instituições financeiras as pessoas jurídicas públicas ou privadas, que tenham como atividade principal ou acessória, a coleta, intermediação ou aplicação de recursos financeiros próprios ou de terceiros, em moeda nacional ou estrangeira e custódia de valor de propriedade de terceiro.

As instituições financeiras desempenham, no mercado, as funções de intermediárias entre os que têm recursos ou economias disponíveis e os que necessitam de financiamento para seus gastos de consumo ou de investimento.

3. *O Estado nas instituições financeiras: intervenção, liquidação e RAET*

O Estado, visando à segurança do mercado financeiro, adotou alguns mecanismos para preservá-lo e, por conseguinte, a economia do país.

3. *Mercado Financeiro*, p. 174.
4. Andrea Fernandes Andrezo, ob. cit., p. 174.
5. Ob. cit., p. 39.
6. Ob. cit., p. 72.

Um deles é o fundo garantidor de crédito, que foi criado pelo Governo Federal, mas é mantido pelos bancos, com a finalidade de funcionar como uma espécie de seguro bancário para os investidores. É regulado pela Lei 9.710/1998, e, atualmente, quem investe em um banco que "quebra" tem pelo menos parte de seu dinheiro devolvido, sendo o seguro máximo de R$ 20 mil (vinte mil reais).

Outro é o programa de estímulo à reestruturação e ao fortalecimento do sistema financeiro nacional, criado pela Medida Provisória 1.179, que prevê um conjunto de incentivos fiscais, uma linha de crédito especial e a flexibilização temporária quanto às exigências do acordo da Basiléia para as instituições, com vistas a assegurar liquidez e solvência ao Sistema Financeira Nacional e resguardar os interesses de depositantes e investidores.

Neste sentido, informa Ivo Waisberg[7] que "existe uma rede legal de proteção ao sistema bancário estruturada, que envolve vários mecanismos, a saber: autorização de funcionamento, determinação de regras prudenciais, supervisão e fiscalização, assistência financeira de liquidez, decretação de regimes especiais e mecanismos de seguro de depósito".

Ultrapassadas essas barreiras preventivas, cabe ao Estado agir de forma rápida e segura para reorganizar, assegurar e sanear o sistema financeiro nacional, o bem maior a ser protegido, seja intervindo na instituição financeira, seja liquidando-a.

É nesse momento, esclarece Ivo Waisberg,[8] que "o órgão supervisor aparece para o público, sujeitando-se a todo tipo de crítica sobre sua ação equivocada ou tardia".

Adverte o mencionado Autor[9] que não se pode esquecer de que o órgão supervisor tem como finalidade defender o mercado e não um banco em particular ou seus depositantes. Nas palavras de Eduardo Luiz Lundberg: "O pior que pode ocorrer para um órgão supervisor, seja por incapacidade econômica ou legal e enfrentar adequadamente a situação, seja por medo de enfrentar as críticas inevitáveis, é não intervir e afastar as instituições insolventes do mercado".[10]

São três as modalidades de regimes especiais que podem ser impostos às instituições financeiras ou a instituições a elas equiparadas: intervenção, liquidação extrajudicial e administração especial temporária.

A Lei 6.024 prescreveu dois procedimentos extrajudiciais para serem aplicados às instituições financeiras privadas e às públicas não federais em condições de funcionamento anômalo, que comprometesse sua solidez e credibilidade para com o público: a intervenção e a liquidação.

Constatada a iminência ou a própria de insolvência de alguma instituição financeira, a escolha do momento adequado para a decretação do regime de intervenção, de liquidação extrajudicial ou de administração especial temporária pelo Banco Central, dependerá, sempre, de circunstâncias particulares a cada caso, obedecendo-se às imposições legais a cada regime.

Desta forma, o Banco Central deve, guardadas as características de cada regime especial, procurar a condição mais propícia à eventual solução negociada, que a experiência revela ser menos onerosa à autoridade monetária e menos lesiva aos depositantes e investidores.

A intervenção e a liquidação têm em comum os seguintes aspectos: as instituições financeiras privadas e públicas não federais estão sujeitas à intervenção, à liquidação extrajudicial ou à falência; só poderão ser efetuadas e decretadas pelo Ban-

7. *Responsabilidade Civil dos Administradores de Bancos Comerciais*, p. 151.
8. Ob. cit., p. 61.
9. Idem, ibidem.

10. "Rede de proteção e saneamento do sistema bancário", in *Intervenção e Liquidação Extrajudicial no Sistema Financeiro Nacional — 25 Anos da Lei 6.404/1974*, p. 46

co Central do Brasil; a intervenção ou a liquidação extrajudicial não prejudica os termos dos arts. 208 e 209 da Lei das Sociedades Anônimas, que norteiam a liquidação pelos órgãos da companhia ou a liquidação judicial.[11]

No regime da intervenção, o Banco Central nomeia o interventor, que assume a gestão direta da instituição, suspendendo as suas atividades normais e destituindo os respectivos dirigentes. É uma medida administrativa de caráter cautelar, que objetiva evitar o agravamento das irregularidades cometidas ou da situação de risco patrimonial capaz de prejudicar os seus credores.

A intervenção, segundo a Lei 6.024/1974, art. 2º, será decretada quando se verificarem as seguintes anormalidades nos negócios sociais da instituição: a entidade sofrer prejuízo decorrente de má administração, que sujeite a riscos os seus credores; forem verificadas reiteradas infrações a dispositivos da legislação bancária, não regularizadas após as determinações do Banco Central do Brasil, no uso das suas atribuições de fiscalização; na hipótese de ocorrer qualquer dos fatos mencionados nos arts. 1º e 2º, do Decreto-lei 7.661/1945,[12] houver possibilidade de evitar a liquidação extrajudicial.

O art. 4º da Lei 6.024/1974 determina que o período da intervenção não excederá a 6 (seis) meses, o qual, por decisão do Banco Central, poderá ser prorrogado uma única vez, até o máximo de outros seis (6) meses.

Como se vê, a intervenção tem duração limitada no tempo e poderá, segundo o art. 7º da Lei 6.024,[13] ser seguida da retomada das atividades normais da instituição, da decretação da sua liquidação extrajudicial ou da sua falência.

Assim, a intervenção é medida preventiva, de caráter transitório, visando reorganizar instituições financeiras irregulares ou à beira da insolvência, evitando sua quebra, com proveito para todos que com ela se relacionam.

Apesar de alguns autores[14] salientarem que o escopo da intervenção administrativa encontra-se na preservação da empresa bancária, no atual sistema, dificilmente o instituto alcança tal objetivo, visto que sua instauração suspende a exigibilidade dos depósitos e das obrigações vencidas à época da decretação. Deste modo, observa Luiz Alfredo Paulin,[15] "é muito pouco provável que os depositantes e investidores, depois de superada a crise que determinou a inter-

11. Luiz Tzirulnik, *Intervenção e Liquidação Extrajudicial das Instituições Financeiras*, 2ª ed., p. 43.

12. "Art. 1º. Considera-se falido o comerciante que, sem relevante razão de direito, não paga no vencimento obrigação líquida, constante de título que legitime a ação executiva. Art. 2º Caracteriza-se, também, a falência, se o comerciante: I — executado, não paga, não deposita a importância, ou não nomeia bens à penhora, dentro do prazo legal; II — procede a liquidação precipitada, ou lança mão de meios ruinosos ou fraudulentos para realizar pagamentos; III — convoca credores e lhes propõe dilação, remissão de créditos ou cessão de bens; IV — realiza ou, por atos inequívocos, tenta realizar, com o fito de retardar pagamentos ou fraudar credores, negócios simulado, ou alienação de parte ou da totalidade do seu ativo a terceiro, credor ou não; V — transfere a terceiro o seu estabelecimento sem o consentimento de todos os credores, salvo se ficar com bens suficientes para solver o seu passivo; VI — dá garantia real a algum credor sem ficar com bens livres e desembaraçados equivalentes às suas dívidas, ou tenta essa prática, revelada a intenção por atos inequívocos; VII — ausenta-se sem deixar representante para administrar o negócio, habilitado com recursos suficientes para pagar os credores; abandona o estabelecimento; oculta-se ou tenta ocultar-se, deixando furtivamente o seu domicílio."

13. "Art. 7º. A intervenção cessará: a) se os interessados, apresentando as necessárias condições de garantias, julgadas a critério do Banco Central do Brasil, tomarem a si o prosseguimento das atividades econômicas da empresa; b) quando, a critério do Banco Central do Brasil, a situação da entidade se houver normalizado; c) se decretada a liquidação extrajudicial, ou a falência da entidade."

14. Fábio Konder Comparato (*Ensaios e Pareceres de Direito Empresarial*, p. 437) e Fábio Ulhoa Coelho (*Manual de Direito Comercial*, p. 403).

15. "Conceito de intervenção e liquidação extrajudicial", in *Intervenção e Liquidação Extrajudicial no Sistema Financeiro Nacional*, p. 134.

venção, voltem a manter negócios com a instituição".

Francisco José de Siqueira[16] acrescenta que o "tempo demonstrou que, no mais das vezes, a intervenção não gerava o desejado efeito de normalização dos negócios da empresa, visto que no curso do processo é paralisada sua atividade, em razão de notória dificuldade operacional".

Já a liquidação extrajudicial é uma medida mais grave e definitiva. Destina-se a promover a extinção da empresa quando ocorrerem indícios de insolvência irrecuperável ou quando cometidas infrações às normas que regulam a atividade da instituição. Seu objetivo é promover a venda dos ativos existentes para pagamento dos credores, com devolução de eventual sobra aos controladores ou sua responsabilização pelo passivo a descoberto.

O art. 15 da Lei 6.024/1974 dispõe que a liquidação extrajudicial da instituição financeira será decretada, *ex-officio*: em razão de ocorrências que comprometam sua situação econômica ou financeira, especialmente quando deixar de satisfazer, com pontualidade, seus compromissos ou quando se caracterizar qualquer dos motivos que autorizem a declaração de falência; quando a administração violar gravemente as normas legais e estatutárias que disciplinam a atividade da instituição, bem como as determinações do Conselho Monetário Nacional ou do Banco Central do Brasil, no uso de suas atribuições legais; quando a instituição sofrer prejuízo que sujeite a risco anormal seus credores quirografários; quando, cassada a autorização para funcionar, a instituição não iniciar, nos 90 (noventa) dias seguintes, sua liquidação ordinária, ou quando, iniciada esta, verificar o Banco Central do Brasil que a morosidade de sua administração pode acarretar prejuízos para os credores.

16. "O papel do Banco Central no processo de intervenção e liquidação extrajudicial", in *Intervenção e Liquidação Extrajudicial no Sistema Financeiro Nacional*, p. 100.

O artigo prevê, ainda, que a liquidação será decretada a requerimento dos administradores da instituição, se o respectivo estatuto social lhes conferir esta competência, ou, no caso de intervenção, por proposta do interventor, expostos, circunstanciadamente os motivos justificadores da medida.

Decretada a liquidação extrajudicial, segundo o art. 18 da Lei 6.024/1974, ocasionará, de imediato: a suspensão das ações e execuções iniciadas sobre direitos e interesses relativos ao acervo da entidade liquidanda, não podendo ser intentadas quaisquer outras, enquanto durar a liquidação; o vencimento antecipado das obrigações da liquidanda; o não atendimento das cláusulas penais dos contratos unilaterais vencidos em virtude da decretação da liquidação extrajudicial; a não fluência de juros, mesmo que estipulados, contra a massa, enquanto não integralmente pago o passivo; a interrupção da prescrição relativa a obrigações de responsabilidade da instituição; e, por fim, a não reclamação de correção monetária de quaisquer dívidas passivas, nem de penas pecuniárias por infração de leis penais ou administrativas.

De acordo com o art. 19 da Lei 6.024/1974, a intervenção cessará: se os interessados, apresentando as necessárias condições de garantia, julgadas a critério do Banco Central do Brasil, tomarem a si o prosseguimento das atividades econômicas da empresa; por transformação em liquidação ordinária; com a aprovação das contas finais do liquidante e baixa no registro público competente; se decretada a falência da entidade.

Entretanto, segundo o relato de Luiz Tzirulnik, o curso do tempo veio mostrando que a intervenção, por si só, parecia não estar sendo suficiente para almejada normalização dos negócios das entidades financeiras em dificuldade, já que, na maioria das vezes, as suas atividades eram completamente suspensas.[17]

17. *Intervenção e Liquidação Extrajudicial das Instituições Financeiras*, 2ª ed., p. 42.

Como alternativa ao regime de intervenção, o Estado, sob o propósito declarado de defender as finanças públicas, sobretudo o saneamento financeiro das instituições financeiras, instituiu o regime de administração especial temporária, cuja decretação não afeta o curso regular dos negócios nem o funcionamento normal da instituição.

3.1 Aplicação da Lei da Falência às instituições financeiras

Deve-se registrar por oportuno que a Lei 6.024/1974 não exclui a hipótese, no curso da liquidação extrajudicial, de decretação da falência, cuja possibilidade jurídica é assegurada na forma de seu art. 21, *b*, quando o ativo da instituição bancária não for suficiente para cobrir pelo menos a metade do valor dos créditos quirografários, ou quando houver fundados indícios da prática de crimes falimentares.

Nesse caso, porém, o requerimento de falência deve ser previamente autorizado pelo Banco Central, cabendo ao liquidante a providência de ajuizamento da ação, por sua condição de representante legal da massa, em juízo ou fora dele, conforme dispõe o art. 16 da Lei 6.024/1974.[18]

De parte os pressupostos da impontualidade e dos chamados atos falimentares ou ruinosos, contidos em lei específica, assinala-se que os outros seis elencados pelo Decreto-lei 2.332/1987 dizem respeito à má gestão, quer eles se caracterizem por condutas conflitantes com as regras da política econômica ou financeira federais e com a legislação bancária, quer por causarem prejuízos à instituição e, conseqüentemente, a seus credores. E por eles são responsáveis os administradores.[19]

Registra Nelson Abrão que "a decretação da falência poderá ser tomada como medida futura, sem eventual vínculo com o procedimento anterior, aberta a possibilidade da responsabilização dos administradores que malversaram o patrimônio e não souberam gerir a coisa, gerando grau de prejuízo, com dano indiscutível".[20]

Dessa forma, as instituições financeiras, quando se encontram no exercício regular da atividade financeira, sujeitam-se à decretação da falência como qualquer outro empresário. Mas, se o Banco Central, explica Fábio Ulhoa Coelho, decreta a intervenção ou liquidação extrajudicial de certa instituição, esta não pode mais falir a pedido do credor. Nesses casos, a quebra somente pode se verificar a pedido do interventor (na intervenção) ou do liquidante (na liquidação extrajudicial), devidamente autorizados pelo Banco Central.[21]

4. Regime de Administração Especial Temporário — RAET

4.1 Conceito

O art. 1º do Decreto-lei 2.321/1987 dispõe que Banco Central poderá decretar regime de administração especial temporária, nas instituições financeiras privadas e públicas não federais,[22] autorizadas a funcionar nos termos da Lei 4.595/1964.

O RAET é uma espécie de intervenção que não interrompe e nem suspende as atividades normais da empresa, sendo seu principal efeito a perda do mandato dos dirigentes da instituição e sua substituição por um conselho diretor nomeado pelo Banco Central, com amplos poderes de gestão.

18. "Art. 16. A liquidação extrajudicial será executada por liquidante nomeado pelo Banco Central do Brasil, com amplos poderes de administração e liquidação, especialmente os de verificação e classificação dos créditos, podendo nomear e demitir funcionários, fixando-lhes os vencimentos, outorgar e cassar mandatos, propor ações e representar a massa em Juízo ou fora dele."

19. *Direito Bancário*, 5ª ed., p. 211.

20. Ob. cit., p. 211.

21. *Curso de Direito Comercial*, 3ª ed., v. 3, p. 73.

22. Explica Nelson Abrão que as instituições públicas financeiras federais já se encontram normalmente sob a direção dos órgãos pertencentes à respectiva esfera, não havendo, pois, necessidade de qualquer intervenção de elemento estranho, processando-se *interna corporis* as medidas cabíveis (ob. cit., p. 207).

Sua duração é limitada no tempo e objetiva principalmente a adoção de medidas visando à retomada das atividades normais da instituição. Quando isso não é possível, pode vir a ser transformada em intervenção ou liquidação extrajudicial.

4.2 Aplicação e causas do RAET

O regime de administração temporária especial poderá ser decretado nas instituições financeiras privadas e públicas não federais, autorizadas a funcionar nos termos da Lei 4.595, de 31.12.1964.

Por ser uma verdadeira ingerência estatal nas instituições financeiras privadas e nas estaduais, terá o regime de ser efetuado nos casos taxativamente enunciados em lei, o que exclui interpretação extensiva. Naturalmente, esses casos retratam fatos anormais, mas, presumivelmente, sanáveis, sem o que caberia diretamente a liquidação.

Dessa forma, o Banco Central poderá decretar regime de administração especial temporária, segundo o art. 1º do Decreto-lei 2.321/1987, quando nelas verificar:

a) prática reiterada de operações contrárias às diretrizes de política econômica ou financeira traçadas em lei federal;

b) existência de passivo a descoberto;

c) descumprimento das normas referentes à conta de Reservas Bancárias mantida no Banco Central do Brasil;

d) gestão temerária ou fraudulenta de seus administradores;

e) ocorrência de qualquer das situações descritas no art. 2º da Lei 6.024, de 13.3.1974 (este art. 2º dispõe: "Far-se-á a intervenção quando se verificarem as seguintes anormalidades nos negócios sociais da instituição: I — a entidade sofrer prejuízo, decorrente de má administração, que sujeite a riscos os seus credores; II — forem verificadas reiteradas infrações a dispositivos da legislação bancária nao regularizadas após as determinações do Banco Central do Brasil, no uso das suas atribuições de fiscalização; III — na hipótese de ocorrer qualquer dos fatos mencionados nos arts. 1º e 2º, do Decreto-lei 7.661, de 21 de junho de 1945 (Lei de Falências), houver possibilidade de evitar a liquidação extrajudicial").

4.3 Efeitos

O art. 2º do Decreto-lei 2.321/1987 dispõe que a administração especial temporária não afetará o curso regular dos negócios da entidade nem seu normal funcionamento e produzirá, de imediato, a perda do mandato dos administradores e membros do conselho fiscal da instituição.

Não acarretando a decretação da administração especial temporária a interrupção das atividades da instituição financeira, como ocorria no regime da intervenção, ficam afastadas as conseqüências que esta última ocasionava, ou seja: a) a suspensão da exigibilidade das obrigações vencidas; b) suspensão da fluência do prazo das obrigações vencidas anteriormente contraídas; c) inexigibilidade dos depósitos já existentes à data de sua decretação.[23]

Segundo Ivo Waisberg, o RAET propicia a tomada da administração pelo supervisor e seus nomeados sem interromper a atividade da empresa bancária e, por isso, sem provocar pânico. Por esse motivo, é um instrumento muito mais eficaz que a intervenção no cumprimento de sua função.[24]

Para Haroldo Malheiros Duclerc Verçosa,[25] enquanto "um RAET está sendo processado, os clientes das instituição estão fazendo depósitos, sacando recursos de suas contas, aplicando e fazendo resgates em fundos por aquela administrados, tomando empréstimo sob diversas modalidades etc. Enfim, a empresa continua operan-

23. Nelson Abrão, ob. cit., p. 212.

24. *Responsabilidade Civil dos Administradores de Bancos*, p. 73.

25. "Notas sobre a responsabilidade dos administradores e do controlador de instituições financeiras sob o Regime de Administração Especial Temporária — RAET", *RDM* 104/96.

do normalmente, não existindo, durante aquele processo, credor insatisfeito".

Assim, a instauração do regime especial não afeta o curso regular dos negócios da instituição financeira posta sob a administração temporária, a ser executada por um conselho diretor, o que constitui importante diferença em relação ao sistema da Lei 6.024/1974, que veda o funcionamento da instituição financeira sob intervenção extrajudicial.

É bem verdade que o instituto da intervenção é bem mais traumático, invasivo e prejudicial à instituição financeira e ao próprio sistema financeiro, sendo que o RAET veio amenizar, ou melhor, evitar os efeitos colaterais que sempre advieram da intervenção.

Entretanto, não se pode conceber que o RAET não provoque pânico no mercado, ou que evite a quebra da confiança popular.[26] Ora, o mercado financeiro é extremamente sensível a qualquer afirmação, boato ou ingerência, de modo geral, do Banco Central no sistema financeiro. Ao ser decretado o regime de administração especial, que é um processo público, pelo menos não foi criada uma espécie de "intervenção sigilosa", haverá, sim, a quebra da confiança popular na instituição, bem como uma séria possibilidade de haver uma "corrida ao banco" para saque dos valores depositados pelo correntista, investidores receosos de uma eventual falência da instituição.[27]

Para evitar isso, o Banco Central adota um dos dois sistemas: o de aquisição, pelo qual a instituição é adquirida por outro agente do mercado e o prejuízo é assumido por este ou pelo Estado; o segundo, é o modelo da cisão, pelo qual o banco é dividido na sua parte boa e na sua parte ruim. A boa é alienada, e a ruim, liquidada.

Quanto à substituição dos antigos administradores e membros do conselho fiscal, este, atualmente, é o único efeito subsistente, perdendo eles não os seus mandatos, como impropriamente declara o Decreto-lei 2.321/1987, art. 2º, mas suas funções. Em seu lugar, ingressa um conselho diretor nomeado pelo Banco Central.

Desse modo, um dos principais efeitos do RAET é a perda do mandato dos administradores e membros do Conselho Fiscal da instituição e sua substituição por um conselho diretor nomeado pelo Banco Central, com amplos poderes de gestão, em um período limitado de tempo.

4.4 Distinção entre RAET e intervenção extrajudicial

Embora não mencionado expressamente, o Decreto-lei 2.321/1987 substituiu o regime da intervenção pelo da administração especial temporária, de vez que o processamento e os efeitos desta são diferentes.

Para Ivo Waisberg,[28] "o RAET, a exemplo da intervenção, é uma maneira de evitar a liquidação extrajudicial, tanto assim que o art. 14 prevê na alínea *d* a possibilidade de sua cessação pela decretação daquela. Os sistemas de procedimentos são similares. Qual a diferença principal? É que a decretação do RAET não interrompe a atividade da empresa. Assim, não ocorre a contradição apontada quanto a intervenção da quebra da confiança popular".

Entretanto, Luiz Alfredo Paulin[29] entende que o Decreto-lei 2.321/1987 não teve o condão de revogar os dispositivos que trata a intervenção administrativa, pois, apesar de o Decreto-lei haver criado um regime mais racional para a reorganização bancária, a administração especial tempo-

26. Ivo Waisberg, ob. cit., p. 73.

27. Ressalta-se que, ao contrário da intervenção, com o RAET não há a inexigibilidade dos depósitos, isto é, a impossibilidade de o público poupador efetuar saques.

28. *Responsabilidade Civil dos Administradores de Bancos*, p. 73.

29. "Conceito de intervenção e liquidação extrajudicial", in *Intervenção e Liquidação Extrajudicial no Sistema Financeiro Nacional*, p. 135.

rária não é absolutamente incompatível com o regime anterior, de tal sorte não se havendo falar que este fora revogado.

A administração especial temporária não se confunde, em hipótese alguma, com a intervenção regulada pela Lei 6.024/1974, embora, por outro lado, possa evoluir para uma liquidação extrajudicial.

O fato de haver sido implementado um novo regime especial, com procedimento e efeitos diversos dos da intervenção administrativa, não fez com que esta desaparecesse do ordenamento jurídico. O RAET não substituiu nem completou a intervenção. São regimes distintos, com normas próprias, cabendo ao Banco Central optar pela adoção da intervenção ou da administração especial.

Ademais, o legislador fez questão de ressaltar que os institutos subsistem paralelamente, ao dispor, no art. 1º da Lei 9.447/1997, que a responsabilidade solidária dos controladores, prevista no regime de administração especial temporária, aplica-se também à intervenção administrativa.

Como efeito, destaca Francisco José de Siqueira,[30] "agora são três as modalidades de regime especial que podem ser impostas às instituições financeiras: a intervenção, a liquidação extrajudicial e a administração especial temporária".

Mesmo sendo institutos independentes, paralelos, a intervenção e o RAET constituem medida transitória de natureza administrativa. Porém, diferenciam-se pelos seguintes aspectos:

I — na administração especial, assume a administração da instituição um conselho diretor, órgão colegiado; na intervenção, assume a administração um interventor, gestor único;[31]

II — na intervenção, o funcionamento normal da instituição é interrompido, suspendendo-se a exigibilidade dos depósitos e das obrigações vencidas; na administração especial, a instituição financeira continua normalmente com as suas atividades;

III — na intervenção, os administradores e membros do conselho fiscal são suspensos de seus cargos, ao passo que, no regime especial, perdem a sua qualidade;

IV — com a decretação da administração especial temporária, fica o Banco Central autorizado a usar recursos da reserva monetária, na tentativa de recuperar econômica e financeiramente a instituição.

Importante salientar que o uso do termo "administração", em lugar de intervenção, segundo Nelson Abrão,[32] "demonstra uma certa compreensão do princípio fundamental hoje prevalecente no trato com as empresas em crise, isto é, do esforço na preservação das viáveis, mediante um novo gerenciamento, dado que a má administração tem sido detectada como principal causadora do descalabro econômico-financeiro. Destarte, a atuação estatal não é mais encarada como sendo de ordem punitiva e preparadora da fatal liquidação, mas recuperadora. Daí a garantir-se o resultado medeia grande distância, mas não se pode negar que se agiu com inteligência quando se procurou assegurar a continuidade da empresa e defender o complexo de interesse que ela concentra, via do instrumento encontrado pelo mais avançados sistemas jurídicos, que é a mudança de gestão".

4.5 Administração

A administração especial temporária é sempre decretável pelo Banco Central, não se admitindo sequer a provocação pelos administradores da instituição.

Será executada por um conselho diretor, nomeado pelo Banco Central, com plenos poderes de gestão, constituído de tantos membros quantos julgados necessários para a condução dos negócios sociais.

30. "O papel do Banco Central...", cit., p. 100.

31. Em ambos os casos, o conselho diretor e o interventor são nomeados pelo Banco Central.

32. *Direito Bancário*, 5ª ed., p. 210.

O art. 3º do Decreto-lei 2.321/1987 dispõe que o conselho diretor é investido de plenos poderes de gestão, com o objetivo de retomar as atividades normais da instituição e devendo adotar as providências tendentes a identificar e suprimir as causas que ensejaram o RAET, sem prejuízo do controle a que está sujeito na prática de atos que se caracterizem como de gestão ordinária.

Entretanto, dependerão de prévia e expressa autorização do Banco Central, segundo o § 3º do artigo citado anteriormente, os atos não caracterizados como de gestão ordinária impliquem disposição ou oneração do patrimônio da sociedade.

Ao conselho diretor competirá, com exclusividade, a convocação de assembléia geral com as mesmas prerrogativas atribuídas ao conselho de administração e à diretoria pela Lei de Sociedades Anônimas.

Seus membros assumirão, de imediato, as respectivas funções, independentemente da publicação do ato da nomeação, mediante termo lavrado no livro de atas da diretoria, com a transcrição do ato que houver decretado o regime de administração especial temporária e do que os tenha nomeado.

Ao assumir suas funções, incumbirá ao conselho diretor:

a) eleger, dentre seus membros, o Presidente;

b) estabelecer as atribuições e poderes de cada um de seus membros, bem como as matérias que serão objeto de deliberação colegiada;

c) adotar as providências constantes dos arts. 9º, 10 e 11 da Lei 6.024, de 13.3.1974.[33]

Das decisões do conselho diretor, caberá recurso, sem efeito suspensivo, dentro de 10 (dez) dias da respectiva ciência, para o Banco Central, em única instância. O recurso será entregue mediante protocolo e será dirigido ao conselho diretor, que o informará e o encaminhará dentro de 5 (cinco) dias ao Banco Central.

Para Nelson Abrão, "mantém o decreto-lei o poder judicante, assegurado na lei anterior, do Banco Central, ao prescrever, no art. 6º, que, das decisões do conselho diretor, caberá recurso para o Baco Central, em única instância. Embora lacônico o dispositivo, quer-nos parecer que o recurso pode ser intentado tanto em referência às deliberações colegiadas do conselho quanto às individuais asseguradas no art. 5, *b*, do Decreto-lei 2.321/1987, de vez que é princípio assente em Direito que 'quem pode o mais, pode o menos'".[34]

33. "Art. 9º. Ao assumir suas funções, o interventor: a) arrecadará, mediante termo, todos os livros da entidade e os documentos de interesse da administração; b) levantará o balanço geral e o inventário de todos os livros, documentos, dinheiro e demais bens da entidade, ainda que em poder de terceiros, a qualquer título. Parágrafo único. O termo de arrecadação, o balanço geral e o inventário, deverão ser assinados também pelos administradores em exercício no dia anterior ao da posse do interventor, os quais poderão apresentar, em separado, as declarações e observações que julgarem a bem dos seus interesses. Art. 10. Os ex-administradores da entidade deverão entregar ao interventor, dentro em cinco dias, contados da posse deste, declaração, assinada em conjunto por todos eles, de que conste a indicação: a) do nome, nacionalidade, estado civil e endereço dos administradores e membros do Conselho Fiscal, que estiverem em exercício nos últimos 12 meses anteriores à decretação da medida; b) dos mandatos que, porventura, tenham outorgado em nome da instituição, indicando o seu objeto, nome e endereço do mandatário; c) dos bens imóveis, assim como dos móveis, que não se encontrem no estabelecimento; d) da participação que, porventura, cada administrador ou membro do Conselho Fiscal tenha em outras sociedades, com a respectiva indicação. Art. 11. O interventor, dentro em sessenta (60) dias, contados de sua posse, prorrogável se necessário, apresentará ao Banco Central do Brasil relatório, que conterá: a) exame da escrituração, da aplicação dos fundos e disponibilidades, e da situação econômico-financeira da instituição; b) indicação, devidamente comprovada, dos atos e omissões danosos que eventualmente tenha verificado; c) proposta justificada da adoção das providências que lhe pareçam convenientes à instituição. Parágrafo único. As disposições deste artigo não impedem que o interventor, antes da apresentação do relatório, proponha ao Banco Central do Brasil a adoção de qualquer providência que lhe pareça necessária e urgente."

34. *Direito Bancário*, cit., p. 213.

Deverá, ainda, o conselho diretor prestar contas ao Banco Central independentemente de qualquer exigência, no momento em que cessar o regime especial, ou, a qualquer tempo, quando solicitado.

Ressalta-se, por oportuno, que o conselho diretor poderá ser obrigado a prestar contas perante o Poder Judiciário, quando provocado por pessoa que tenha legitimidade para requerer a ação de prestação de contas, *v.g.*, os ex-administradores ou ex-controladores insatisfeitos com as contas prestadas no Banco Central, os credores ou ao síndico, em caso de eventual falência da instituição, o que poderá acarretar a responsabilidade civil, e até criminal, dos administradores do regime especial, como se verá mais adiante.

O Decreto-lei prevê, ainda, no art. 8º, que poderá o Banco Central atribuir às pessoas jurídicas, com especialização na área, a administração especial temporária das instituições financeiras.

Comentando o mencionado artigo, Nelson Abrão afirma que esse artigo "contém um preceito suscetível de causar controvérsias (...) Porém, a impressão é de que se deseja confiar a administração da instituição em crise a outra 'com especialização na área' que esteja *in bonis*, ou seja, em condições normais de funcionamento. Ora, como se trata, no caso, de matéria de ingerência estatal, fica fácil compreender que tanto uma instituição pública com uma particular poderiam atender às determinações do poder controlador exercitado pelo Banco Central".[35]

É oportuno mencionar que o art. 8º da Lei 9.447/1997 (dispõe sobre a responsabilidade solidária de instituições submetidas aos regimes de que tratam a Lei 6.024/1974 e o Decreto-lei 2.321/1987), expressamente prevê a possibilidade, nos casos de intervenção e liquidação extrajudicial, também, a critério do Banco Central do Brasil, a administração ser executada por pessoa jurídica. Ademais, não há, no ordenamento pátrio, nenhuma lei que vede a administração de sociedades por pessoas jurídicas.

4.6 Tempo da administração

A duração da administração especial será fixada no ato que a decretar, podendo ser prorrogada, se absolutamente necessário, por período não superior ao primeiro.

O ato que decretar o regime de administração especial deverá fixar o prazo de sua duração, que poderá ser prorrogado por período não superior ao originário, se absolutamente necessário. Verifica-se que, diferentemente do que ocorria na intervenção, prevista por seis meses, prorrogáveis por outro tanto, não há prazo fixado em lei, ficando tanto o primitivo como a prorrogação, contanto que não exceda o primeiro, ao inteiro arbítrio do Banco Central, o que, se para alguns é considerado um bem, sob a alegação de atender às circunstâncias peculiares à situação da instituição administranda, pode redundar numa das maiores mazelas que maculam os procedimentos administrativos, ou seja, a maleabilidade dos prazos. Para agravar o casuísmo nesse particular, o Decreto-lei 2.321/1987 impõe, para prorrogação, o fato de ser "absolutamente necessária", o que aumenta a dose de discricionariedade do Banco Central.[36]

4.7 Recursos financeiros do Banco Central

O Banco Central, uma vez decretado o regime especial, como permite o art. 9º, do Decreto-lei 2.321/1987, pode utilizar recursos da Reserva Monetária para o saneamento econômico-financeiro da instituição em regime de administração especial temporária, à medida que isso for necessário. Tais recursos devem ter destinação específica para o pagamento do passivo da

35. Ob. cit., p. 213.

36. Nelson Abrão, ob. cit., p. 212.

instituição financeira, incumbindo ao Banco Central adotar as medidas necessárias à recuperação integral dos valores utilizados.

O parágrafo único, do mencionado artigo, permite, ainda que, não havendo recursos suficientes na conta da Reserva Monetária, o Banco Central os adiantará, devendo o valor de tais adiantamentos constar obrigatoriamente da proposta da lei orçamentária do exercício subseqüente.

Isso se explica porque o art. 9º, parágrafo único do Decreto-lei 2.321/1987, é uma exceção ao princípio de que a Administração Pública deve ter autorização legislativa para efetuar gastos, pois o regime especial, diante da sensibilidade do mercado financeiro, não poderá esperar uma autorização legislativa para socorrer o sistema financeiro, o bem maior a ser protegido.

O uso da expressão "fica autorizado o Banco Central" é mero eufemismo, segundo Nelson Abrão, porquanto ela se consubstancia não em uma faculdade, mas em uma obrigação, pois não poderia aquela autarquia federal aplicar reservas em favor de uma e não de outra instituição, uma vez que a recuperação delas depende, fundamentalmente, da injeção de recursos financeiros alheios, a menos que a administração especial tivesse sido implantada por motivos de sanção disciplinar, o que raramente ocorre.[37]

O princípio legal da cobertura do passivo das instituições financeiras pelo Banco Central remonta ao Decreto-lei 1.342, de 28.8.1974, que, alterando o art. 12 da Lei 5.143/1966 (reguladora da aplicação da receita líquida do imposto sobre operações financeiras na intervenção nos mercados de câmbio e títulos), prescreveu que a autarquia, mediante autorização do Conselho Monetário Nacional, em casos excepcionais, usasse recursos das reservas monetárias: a) na recomposição do patrimônio de instituições financeiras e de sociedades integrantes do sistema de distribuição no mercado de capitais, com o saneamento de seus ativos e passivos; b) no pagamento total ou parcial do passivo de qualquer das instituições e sociedades referidas anteriormente, mediante as competentes cessões e transferências dos correspondentes créditos, direitos e ações, a serem efetivados pelos respectivos titulares do Banco Central.

O art. 10, do Decreto-lei 2.321/1987, estabelece que os valores sacados à conta da Reserva Monetária serão aplicados no pagamento de obrigações das instituições submetidas ao regime da administração especial Decreto-lei, mediante cessão e transferência dos correspondentes créditos, direitos e ações, a serem efetivadas pelos respectivos titulares ao Banco Central do Brasil, e serão garantidas, nos termos de contrato a ser firmado com a instituição beneficiária:

a) pela caução de notas promissórias, letras de câmbio, duplicatas, ações, debêntures, créditos hipotecários e pignoratícios, contratos de contas correntes devedoras com saldo devidamente reconhecido e títulos da dívida pública federal;

b) pela hipoteca legal, independentemente de especialização, que esse Decreto-lei concede ao Banco Central, dos imóveis pertencentes às instituições beneficiárias e por elas destinados à instalação de suas sedes e filiais;

c) pela hipoteca convencional de outros imóveis pertencentes às instituições beneficiárias ou a terceiros.

Os títulos, documentos e valores dados em caução considerar-se-ão transferidos, por tradição simbólica, à posse do Banco Central, desde que estejam relacionados e descritos em termo de tradição, lavrados em instrumento avulso, assinado pelas partes e copiado em livro especial para esse fim, aberto e rubricado pela autoridade competente do Banco Central.

Ademais, o Banco Central, quando entender necessário, poderá exigir a entrega dos títulos, documentos e valores caucionados e, quando recusada, mediante simples petição, acompanhada de certidão do

37. Ob. cit., p. 214.

termo de tradição, promover judicialmente a sua apreensão total ou parcial.

Insta dizer que as medidas de caráter jurídico, previstas no art. 10, do Decreto-lei 2.321/1987, não constituem garantia de que o Banco Central será satisfatoriamente ressarcido, tudo dependendo da situação em que a administranda tiver sido encontrada e da eficiência da nova gestão.

4.8 O destino da administração financeira

Após as providências administrativas, à vista de relatório ou de proposta do conselho diretor, o Banco Central do Brasil poderá:

a) autorizar a transformação, a incorporação, a fusão, a cisão ou a transferência do controle acionário da instituição, em face das condições de garantia apresentadas pelos interessados;

b) propor a desapropriação,[38] por necessidade ou utilidade pública ou por interesse social, das ações do capital social da instituição, ficando o Poder Executivo autorizado a promover a desapropriação referida;[39]

c) decretar a liquidação extrajudicial da instituição.

Assim, como providência de caráter preventivo, sem prejuízo da ulterior decretação do regime de intervenção, de liquidação extrajudicial ou de administração especial temporária, conforme a situação vigente, poderá o Banco Central, visando a assegurar a normalidade da economia pública e a resguardar os interesses dos depositantes e investidores da instituição, determinar a capitalização da empresa, a transferência do controle acionário ou a reorganização societária.

4.9 Cessação

O regime de administração especial temporária cessará:

a) se a União Federal assumir o controle acionário da instituição, na forma do art. 11, *b*;

b) nos casos de transformação, incorporação, fusão, cisão ou de transferência do controle acionário da instituição;

c) quando, a critério do Banco Central do Brasil, a situação da instituição se houver normalizado;

d) pela decretação da liquidação extrajudicial da instituição.

Para Nelson Abrão, "as hipóteses de cessão do regime especial previstas no dispositivo legal (Decreto-lei 2.321/1987), salvo a normalização da instituição, não esgotavam as situações que poderiam ocorrer. Em sendo inviáveis a assunção do controle acionário pela União, ou a transformação, incorporação, fusão, cisão ou transferência de controle acionário para terceiros, cair-se-ia numa indesejada *absentia legis*. Daí a razão da edição do Decreto-lei 2.327, de 24.4.1987, emendando o anterior, para autorizar o Banco Central a decretar a liquidação extrajudicial, acrescentando uma alínea ao art. 11 (letra *c*) e outra no art. 14 (letra *d*)".[40]

Desta forma, após a decretação do RAET, deverá o Banco Central procurar sanear a instituição financeiro submetida a esse regime, seja mediante a transferência do seu controle à União Federal, ou a terceiros, seja normalizando a situação que

38. Uma vez imitida na posse das ações, exercerá todos os direitos inerentes à condição de acionista, inclusive o de preferência, que poderá ceder, para subscrição de aumento de capital e o de votar, em assembléia geral, a redução ou elevação do capital social, o agrupamento ou o desdobramento de ações, a transformação, incorporação, fusão ou cisão da sociedade, e quaisquer outras medidas julgadas necessárias ao saneamento financeiro da sociedade e ao seu regular funcionamento.

39. Neste caso, a União Federal será, desde logo, imitida na posse das ações desapropriadas, mediante depósito de seu valor patrimonial, apurado em balanço levantado pelo conselho diretor, que terá por data base o dia da decretação da administração especial temporária.

40. Ob. cit., p. 215.

deu ensejo ao RAET, com a devolução da companhia aos seus controladores originais.

4.10 Responsabilidade dos administradores

Um aspecto relevante refere-se à responsabilidade civil solidária dos ex-administradores da instituição financeira e de todas as pessoas naturais ou jurídicas que, com ela, mantinham vínculo de controle.

O art. 15, do Decreto-lei 2.321/1987, dispõe que decretado o regime de administração especial temporária, respondem, solidariamente, com os ex-administradores da instituição, pelas obrigações por esta assumida, as pessoas naturais ou jurídicas que com ela mantenham vínculo de controle,[41] independentemente da apuração de dolo ou culpa.

Ficou estabelecida a responsabilidade objetiva, ou seja, sua caracterização dispensa a presença do elemento subjetivo, bastando o dano.[42]

Entende Ivo Waisberg[43] que essa responsabilidade civil deve ser subjetiva, sob argumento de que: a regra geral, art. 159 do CC,[44] não foi excepcionada expressamente, não tendo sido instituída a responsabilidade objetiva; o administrador não aufere, em regra, o proveito do risco da atividade, não podendo, nem mesmo em tese, responder por ele; a pressão econômica exercida por meio da responsabilidade objetiva nesse não é eficaz; a responsabilidade subjetiva responde melhor ao objetivo da lei dentro do sistema de proteção ao estimular o zelo e a diligência na ação do administrador.

Em sugestão *de lege ferenda*, o citado Autor propõe que o administrador responda culposamente, mas com o ônus da prova invertido, e que a responsabilidade do controlador fosse apurada de forma separada daquela do administrador e, nesse caso, pudesse ser objetiva.[45]

Entretanto, pelo que está disposto no art. 15 do Decreto-lei 2.327/1987, ficou estabelecida uma situação de responsabilidade objetiva, ou seja, sua caracterização dispensa a presença do elemento subjetivo bastando o dano, adotando-se a responsabilidade objetiva.

A responsabilidade objetiva no sistema financeiro tem como fundamento: a retirada da menção à culpa ou ao dolo da Lei 4.595/1964, depois ratificada pela Lei 6.024/1974; a revogação pela Lei 6.024/1974 do art. 1º da Lei 1.808/1953, que fornecia o padrão de conduta do diretor de banco; a existência de dois artigos na Lei 6.024/1974,[46] o que sugere dois modelos

41. Art. 15, § 1º. "Há vínculo de controle quando, alternativa ou cumulativamente, a instituição e as pessoas jurídicas mencionadas neste artigo estão sob controle comum; quando sejam, entre si, controladoras ou controladas, ou quando qualquer delas, diretamente ou através de sociedades por ela controladas, é titular de direitos de sócio que lhe assegurem, de modo permanente, preponderância nas deliberações sociais e o poder de eleger a maioria dos administradores da instituição".

42. Adota a corrente subjetivista: Fábio Ulhoa Coelho ("A responsabilidade civil dos administradores de instituições financeiras", in *Aspectos Atuais do Direito do Mercado Financeiro e de Capitais*), Rubens Requião (*Curso de Direito Falimentar*, 17ª ed.), Waldirio Bulgarelli ("Responsabilidade dos administradores das companhias", in *Responsabilidade Civil*, pp. 407-448), Newton de Lucca ("A responsabilidade civil dos administradores das instituições financeiras", *RDM* 67/32-38). Comungam com a corrente objetivista: Wilson do Egito Coelho ("Da responsabilidade dos administradores das sociedades por ações em face da nova Lei e da Lei 6.024/1974", *RDM* 40/37-49), Francisco Siqueira ("Da responsabilidade civil dos administradores de instituições financeiras", *RDM* 68/31-49), Haroldo Malheiros Duclerc Verçosa (*Responsabilidade Civil Especial nas Instituições Financeiras e nos Consórcios em Liquidação Extrajudicial*), dentre outros.

43. *Responsabilidade Civil dos Administradores de Bancos*, pp. 61 e 150.

44. O trabalho do mencionado Autor foi publicado antes da entrada em vigor da Lei 10.406/2002.

45. Ob. cit., p. 151.

46. "Art. 39. Os administradores e membros do Conselho Fiscal de instituições financeiras responderão a qualquer tempo, salvo prescrição extintiva, pelos atos que tiverem praticado ou omissões em que houverem incorrido. Art. 40. Os administra-

de responsabilidade; dificuldade da prova da culpa do administrador pela vítima; e a aplicação da teoria do risco.

Para Haroldo Malheiros Duclerc Verçosa,[47] a responsabilidade do administrador de instituições financeiras na Lei 6.024/1974 é objetiva, caracterizada pelo sistema da solidariedade, a tal ônus ficam, também, submetidos os controladores, independentemente de culpa, quando for estabelecida a administração especial temporária.

Lamenta o mencionado Autor[48] que a responsabilidade solidária do controlador, infelizmente, tenha ficado prevista apenas para tal tipo especial de intervenção (RAET) tendo o legislador perdido grande oportunidade para estendê-la, à intervenção e à liquidação extrajudicial da Lei 6.024/1974 e, também, à falência, o que caracteriza, além de tudo, um tratamento desigual para situações idênticas no fundo.

Um ponto importantíssimo, levantado por Haroldo Malheiros Duclerc Verçosa,[49] não foi tratado pelo legislador, ao instituir a administração especial temporária: qual o regime de responsabilidade dos administradores nomeados pelo Banco Central?

O art. 3º do Decreto-lei 2.327/1987 dispõe que a administração especial temporária será executada por um conselho diretor, nomeado pelo Banco Central, com plenos poderes de gestão, constituído de tantos membros quantos julgados necessários para a condução dos negócios sociais. Prevê, ainda, no § 2º, que dependerão de prévia e expressa autorização do Banco Central os atos que, não caracterizados como de gestão ordinária, impliquem disposição ou oneração do patrimônio da sociedade.

Não é difícil imaginar a possibilidade do surgimento de prejuízo ou de seu agravamento na empresa sob a administração especial temporária, causado, justamente, por um, alguns ou todos os membros do conselho diretor, cuja atuação, em certos casos, por ser isolada, conjunta, ou objeto de deliberação colegiada (art. 5º, *b*).[50]

Para o mencionado Autor,[51] a responsabilidade desses administradores pode tomar dois caminhos diferentes, conforme o destino da sociedade, ao final do processo de administração especial temporária.

O primeiro caso dá-se uma das três primeiras hipóteses do art. 14, do Decreto-lei 2.321/1987: assunção do controle acionário da empresa pela União: transformação, incorporação, fusão ou transferência de controle acionário; e levantamento da administração especial temporária quando a situação tiver se normalizado, a juízo do Banco Central.

A primeira das hipóteses acima deve conformar-se aos casos no quais, segundo a nova Constituição Federal (art. 173, *caput*), o Estado possa explorar diretamente a atividade financeira: segurança nacional e relevante interesse público.[52]

Em qualquer das situações mencionadas anteriormente, entende-se que os administradores especiais temporários têm sua responsabilidade regulada nos termos do art. 39, da Lei 6.024/1974 e o art. 158, da Lei de Sociedades Anônimas, ou seja, respondem, civilmente, pelos prejuízos que causarem, quando procederem com culpa ou dolo, dentro de suas atribuições ou poderes, ou quando agirem com violação da lei ou do estatuto. A apuração dessa responsabilidade será feita nos moldes da lei do anonimato. Essa orientação subentende

dores de instituições financeiras respondem solidariamente pelas obrigações por elas assumidas durante sua gestão, até que se cumpram."

47. *Responsabilidade Civil Especial*..., cit., p. 72.

48. Idem.

49. Idem, p. 73.

50. Lembre-se de que a instituição subordinada à administração especial temporária continua operando regularmente, assumindo direitos e obrigações no mercado, sendo uma possibilidade não muito remota o nascimento de danos para seus investidores, decorrentemente da atuação culposa dos administradores nomeados pelo Banco Central.

51. Ob. cit., p. 73.

52. Haroldo Malheiros Duclerc Verçosa, ob. cit., p. 74.

a inexistência de passivo a descoberto na sociedade, ou sua inteira assunção por terceiro, sem perda para os investidores.

Outra será a situação, segundo Haroldo Malheiros Duclerc Verçosa,[53] quando se configurar a convolação da administração especial temporária em liquidação extrajudicial, conforme estipula o art. 14, alínea *d* do Decreto-lei 2.321/1987, com a nova redação dada pelo art. 1º do Decreto-lei 2.327, de 24.4.1987. Neste caso, os administradores especiais temporários responderão segundo os termos dos arts. 39 e 40, da Lei 6.024/1974, pelos prejuízos nascidos em sua gestão, conforme visto acima. A liquidação extrajudicial, assim determinada, está pressupondo a caracterização de passivo a descoberto e a impossibilidade de negociação da sociedade.[54]

Esse esquema de responsabilidade, voltado para os membros do conselho diretor das instituições sob a administração especial temporária encontra guarida, segundo pensa o Autor, no art. 19 do Decreto-lei 2.321/1987, ao dispor que a ela aplicam-se as disposições não colidentes da Lei 6.024/1974, especialmente as medidas acautelatórias e promotoras da responsabilidade dos ex-administradores.

Entretanto, outra hipótese de responsabilidade civil dever ser levantada: a possibilidade do próprio Banco Central ser civilmente responsável pelos atos de seus agentes.

Ora, o art. 37, § 6º, da Constituição Federal, dispõe que as pessoas jurídicas de direito público e as de direito privado prestadoras de serviços públicos responderão pelos danos que seus agentes, nessa qualidade, causarem a terceiros, assegurado o direito de regresso conta o responsável nos casos de dolo ou culpa.

No plano infraconstitucional, o art. 43, do novo Código Civil, dispõe que as pessoas jurídicas de direito público interno são civilmente responsáveis por atos dos seus agentes que, nessa qualidade, causem danos a terceiros, ressalvado direito regressivo contra os causadores do dano, se houver, por partes deste, culpa ou dolo.

Desta forma, se, durante o regime de administração especial temporário, algum agente do Banco Central causar dano à instituição financeira, ao mercado ou aos investidores, a Autarquia Federal deverá ser responsabilizada por atos de seus agentes.

5. *Conclusão*

Pela análise histórica do RAET, vislumbra-se que foi concebido para "estancar a sangria" que havia no sistema financeiro na década de 1980.

Com o passar dos tempos, o Estado passou a controlar mais as instituições financeiras, criando mecanismos de proteção.

Ultrapassada aquela euforia das "intervenções", principalmente entre 1987 e 1997, seria pertinente uma reavaliação do

53. Idem, ibidem.

54. Sugere o Autor que, em caso como esse, a comissão de inquérito anteriormente nomeada para apurar a responsabilidade dos antigos administradores deverá, se ainda não tiver encerrado seus trabalhos, estender sua investigação até a gestão dos administradores especiais temporários e responsabilizá-los pelos prejuízos surgidos nesta fase. Verificado terem nascido novos prejuízos na instituição sob administração especial temporária, originados na gestão do conselho diretor, deve a comissão de inquérito dar imediata notícia desse fato ao Banco Central do Brasil, a fim de ser requerida a indisponibilidade dos bens dos seus membros, objetivando o resguardo de sua responsabilidade solidária. Caso a Comissão de Inquérito já tenha terminado suas tarefas, ela deverá ser reativada pelo Banco Central do Brasil, com o fim específico de examinar a atuação dos administradores especiais temporários, inaugurando-se novo prazo para esse trabalho, na forma prevista na Lei 6.024/1974, art. 41, § 2º, dando-se a seqüência regular das atividades previstas naquele texto, até a elaboração do relatório final e sua anexação ao processo junto ao Judiciário. Isto deve ocorrer qualquer que seja o resultado da pesquisa, quanto à exigência ou inexistência de prejuízo no período da administração especial temporária, em atendimento ao princípio da unidade do inquérito e ao fornecimento de condições para o pleno atendimento, pelo Ministério Público, de suas funções no sentido da defesa dos interesses coletivos, dentro da nova ordem constitucional (ob. cit., p. 75).

RAET, fosse na forma de "intervenção", causas e procedimentos, fosse na apuração da responsabilidade civil e criminal dos ex-administradores e ex-controladores, bem como as dos agentes do Banco Central e da própria Autarquia Federal.

Com um sistema financeiro aparentemente equilibrado (quem pode afirmar isso com maior precisão são os "economistas de plantão") seria o momento ideal e tranqüilo para uma rediscussão do RAET, para seu aprimoramento, de forma clara, aberta e democrática, e não da forma "eufórica" como foi criado.

6. Bibliografia

ABRÃO, Nelson. *Direito Bancário*. 5ª ed., Saraiva, 1999.

ALMEIDA, Amador Paes. *Curso de Falência e Concordata*. 17ª ed., Saraiva, 1999.

ANDREZO, Andrea Fernandes, e LIMA, Iran Siqueira. *Mercado Financeiro*. São Paulo, Pioneira, 2000.

BARRETO, Lauro Muniz. *Questões de Direito Bancário*. v. 1, São Paulo, Max Limonad, 1970.

COELHO, Fábio Ulhoa. *Curso de Direito Comercial*. v. 3, 3ª ed., São Paulo, Saraiva, 2002.

LUNDBERG, Eduardo Luiz. "Rede de proteção e saneamento do sistema bancário", in *Intervenção e Liquidação Extrajudicial no Sistema Financeiro Nacional — 25 Anos da Lei 6.404/1974*. São Paulo, Texto Novo, 1999.

MELLAGI Filho, Armando. *Mercado Financeiro e de Capitais*. 2ª ed., São Paulo, Atlas, 1995.

PAULIN, Luiz Alfredo. "Conceito de intervenção e liquidação extrajudicial", in *Intervenção e Liquidação Extrajudicial no Sistema Financeiro Nacional*. São Paulo, Textonovo, 1999.

REQUIÃO, Rubens. *Curso de Direito Falimentar*. 17ª. ed., Saraiva, 1998.

SIQUEIRA, Francisco José de. "Instituições financeiras: regimes especiais no Direito brasileiro", *Revista de Direito Bancário, do Mercado de Capitais e da Arbitragem* 12/44-71, São Paulo.

______. "O papel do Banco Central no processo de intervenção e liquidação extrajudicial", in *Intervenção e Liquidação Extrajudicial no Sistema Financeiro Nacional*. São Paulo, Textonovo, 1999.

TZIRULNIK, Luiz. *Intervenção e Liquidação Extrajudicial das Instituições Financeiras*. 2ª ed., São Paulo, Ed. RT, 2000.

VERÇOSA, Haroldo Malheiros Duclerc. *Responsabilidade Civil Especial nas Instituições Financeiras e nos Consórcios em Liquidação Extrajudicial*. São Paulo, Ed. RT, 1993.

______. "Notas sobre a responsabilidade civil dos administradores e do controlador de instituições financeiras sob o Regime de Administração Especial Temporária — RAET", *RDM* 104/95-99, São Paulo.

WAISBERG, Ivo. *Responsabilidade Civil dos Administradores de Bancos Comerciais*. São Paulo, Ed. RT, 2002.

Espaço Discente

ASPECTOS DO DIREITO CONTRATUAL NO NOVO CÓDIGO CIVIL. RESOLUÇÃO. DISSOLUÇÃO. INEXECUÇÃO. TEORIA DA IMPREVISÃO

MARIA CLARA VILLASBÔAS MAUDONNET

1. Introdução. 2. O contrato e sua dissolução. 3. Resolução do contrato por inexecução involuntária. 4. Ação de resolução por onerosidade excessiva. 5. Inexecução involuntária do contrato por onerosidade excessiva. 6. Conceito da Teoria da Imprevisão. 7. Onerosidade excessiva e enriquecimento sem causa. 8. Onerosidade excessiva e lesão de um dos contratantes. 9. Fundamentos legais da aplicação da Teoria da Imprevisão. 10. Requisitos para a aplicação da Teoria da Imprevisão. 11. Princípios que justificam a aplicação da Teoria da Imprevisão. 12. O princípio de que o contrato é lei entre as partes e a Teoria da Imprevisão. 13. Teoria da Imprevisão e os eventos de caso fortuito ou de força maior. 14. Teoria da Imprevisão e os contratos aleatórios. 15. Aplicação da Teoria da Imprevisão aos contratos com o consumidor. 16. Aplicação da Teoria da Imprevisão aos contratos administrativos. 17. Conclusão. 18. Bibliografia.

1. Introdução

A Teoria da Imprevisão, já consagrada pela doutrina e pela jurisprudência brasileira, e já prevista em alguns diplomas legais deste país de forma esparsa, passa a constar expressamente do Código Civil brasileiro, como já constava de diplomas legais semelhantes, de outros países.

Os arts. 317 e 478 do novo Código Civil, introduzido pela Lei 10.406/2002, tratam especificamente da Teoria da Imprevisão, por força da qual o contrato bilateral pode ser alterado ou dissolvido, caso a prestação devida por uma das partes torne-se por demais onerosa, por força de eventos anormais e imprevisíveis.

2. O contrato e sua dissolução

Para uma aproximação prévia do assunto referente à Teoria da Imprevisão, faz-se necessário apresentar um breve estudo acerca da natureza jurídica contrato e das causas da sua dissolução, sendo uma delas, a provocada pela onerosidade excessiva, advinda para uma das partes, no que toca o cumprimento da prestação contratual que lhe cabe, provocada por eventos supervenientes à contratação, extraordinários e imprevisíveis.

O contrato é a reunião de esforços, objeto da convergência da vontade das partes, constituindo uma relação jurídica de natureza patrimonial, visando a criação, modificação ou extinção de um direito.

O vínculo contratual já constituído e eficaz pode ser dissolvido, (a) por razões contemporâneas de sua formação, caso em que os efeitos produzidos até então são meramente aparentes, ou (b) por motivos supervenientes à sua celebração que afetam os efeitos reais e concretos que estavam sendo produzidos.

No primeiro caso, trata-se de nulidade (inexistência, nulidade ou anulabilidade do contrato), provocada pela falta dos pressupostos (capacidade das partes, idoneidade do objeto, e legitimação para a realização do contratado) ou elementos essenciais do contrato (objeto, forma, consentimento e causa).

Nesse caso, a ação interposta para fins de dissolução do contrato é a declaratória, e os efeitos da sentença respectiva retroagem à data da celebração do contrato.

No segundo caso, a dissolução do contrato advém de qualquer uma das seguintes hipóteses: (a) morte de um dos contratantes, se o contrato for *intuitu personae*, ou seja, dependendo de qualificação específica do contratado; (b) resilição (denúncia) unilateral ou bilateral do contrato, advinda da vontade de um ou dos dois contratantes; (c) resolução, por inexecução voluntária, em caso de inadimplemento contratual, por culpa de uma das partes, causando dano ao outro, consubstanciando-se nexo de causalidade entre o comportamento ilícito do agente e o prejuízo; (d) resolução, por inexecução involuntária do contrato, na qual se situa a resolução do contrato por onerosidade excessiva da prestação de uma das partes, causada por força da ocorrência de eventos imprevisíveis, ensejadores do desequilíbrio contratual superveniente, objeto do presente estudo.

3. *Resolução do contrato por inexecução involuntária*

Segundo Maria Helena Diniz,[1] podem ser citadas as seguintes hipóteses de inexecução involuntária do contrato: (a) ocorrência de evento de caso fortuito ou de força maior que tenham impossibilitado o cumprimento da obrigação por qualquer das partes, inexistindo culpa daquele que não cumpriu sua obrigação, por não haver nexo causal entre o ato praticado e o dano causado; (b) perecimento do objeto do contrato, sem culpa do devedor; (c) suspensão da exigibilidade do cumprimento da obrigação recíproca de uma parte, pela inexecução da prestação alheia, sob a alegação da exceção do contrato não cumprido; (d) a onerosidade excessiva do contrato para uma das partes contratantes, advinda de eventos anormais, que ensejam motivos imprevisíveis, razoáveis para justificar a não exigibilidade do cumprimento do contrato pela parte afetada.

4. *Ação de resolução por onerosidade excessiva*

A inexecução do contrato pode ensejar a interposição de ação contratual, ainda na tentativa de cumprimento do contrato, ou ação resolutória, para pôr fim ao contrato, cumulada com a ação de indenização, que visa o ressarcimento das perdas e danos, se aplicável.

No entender de Orlando Gomes,[2] o pedido referente à ação de resolução do contrato por onerosidade excessiva deve ser formulado pelo devedor que está na iminência de se tornar inadimplente pela dificuldade de cumprir a obrigação, não podendo ele tornar-se inadimplente, e, depois, requerer a resolução do contrato. A mora torna a inexecução culposa. A dissolução do contrato, por onerosidade excessiva, exige a decisão judicial, não podendo ser declarada de pleno direito.

A sentença proferida em ação de resolução produz efeitos retroativos. No contrato de execução continuada, as prestações satisfeitas, já exauridas, não são atingidas, aplicando-se os efeitos da resolução apenas às prestações ainda não cumpridas.

Quando se tratar de contrato de execução diferida, as partes voltam à situação anterior, restituindo-se o valor eventualmente pago. Não há razão, no caso de re-

1. Maria Helena Diniz, *Curso de Direito Civil Brasileiro*, pp. 155-158.

2. Orlando Gomes, *Contratos*, pp. 210-219.

solução involuntária, por onerosidade excessiva, de se pleitear a indenização por perdas e danos ao credor. Nesse caso, o devedor é exonerado do cumprimento da sua obrigação.

5. *Inexecução involuntária do contrato por onerosidade excessiva*

A questão objeto do presente estudo situa-se nesse ponto: a onerosidade excessiva do contrato, advinda de acontecimentos extraordinários e imprevisíveis, pode ensejar a inexecução involuntária do contrato, e, assim, a ação de resolução do contrato, prevista nos arts. 317 e 478 do novo Código Civil, Lei 10.406/2002.

6. *Conceito da Teoria da Imprevisão*

Segundo Arnoldo Medeiros da Fonseca,[3] podemos considerar aplicável a Teoria da Imprevisão quando a superveniência de acontecimentos imprevistos e imprevisíveis alterarem radicalmente o ambiente objetivo existente ao tempo da formação do contrato, ensejando onerosidade excessiva para uma das partes, o devedor, e, por outro lado, lucro inesperado e injusto para o credor, acima dos limites razoáveis, de modo a tornar a relação entre as partes deveras desequilibrada, razão pela qual a mesma deverá submeter-se à intervenção judicial.

De acordo com o art. 317 do novo Código Civil, Lei 10.406/2002 — doravante denominado apenas "Código Civil" —, a Teoria da Imprevisão é aplicada para permitir que a prestação devida, tornada desproporcional e excessivamente onerosa para uma das partes, por fato absolutamente imprevisível, seja modificada e corrigida judicialmente, para retomar-se o equilíbrio contratual, e sanar o prejuízo desmedido causado à uma das partes.

Os arts. 478, 479 e 480 da mesma lei complementam o citado art. 317 para determinar que a Teoria da Imprevisão também pode fundamentar a resolução do contrato. Assim, se a obrigação de uma das partes contratantes tornar-se excessivamente onerosa, por eventos supervenientes à contratação, a mesma poderá ser alterada, para resgatar-se a comutatividade inicial do contrato, ou o mesmo poderá ser resolvido, por decisão judicial ou por acordo entre as partes.

Entende-se que a onerosidade excessiva pressupõe acontecimento extraordinário e imprevisível, do qual advenha dificuldade extrema para o cumprimento da obrigação de um dos contratantes. Essa alteração radical das condições econômicas do negócio, com base na Teoria da Imprevisão, pode ensejar a modificação ou a resolução involuntária do contrato comutativo de execução diferida, continuada ou periódica.

7. *Onerosidade excessiva e enriquecimento sem causa*

O art. 884 do Código Civil determina que aquele que, sem justa causa, se enriquecer à custa de outrem, será obrigado a restituir o indevidamente auferido, feita a atualização dos valores monetários. Se a coisa não mais existir, a restituição far-se-á pelo valor do bem na época em que foi exigido. Ainda que a causa do enriquecimento tenha havido, mas deixado de existir, a restituição será devida.

Orlando Gomes[4] esclarece que há enriquecimento sem causa, independentemente da ilicitude do enriquecimento, sendo pressuposto dele, o nexo de causalidade entre o enriquecimento de um, às expensas do outro.

Regina Beatriz Papa dos Santos[5] também esclarece que a configuração da onerosidade excessiva para um dos contratantes está desvinculada do enriquecimento

3. Arnoldo Medeiros da Fonseca, *Caso Fortuito e Teoria da Imprevisão*, pp. 343-348.

4. Orlando Gomes, *Obrigações*, pp. 247-252.

5. Regina Beatriz Papa Santos, *Cláusula "rebus sic stantibus" ou Teoria da Imprevisão — Revisão Contratual*, p. 37.

sem causa ensejado para a outra parte. Há casos em que a onerosidade excessiva para uma das partes não enseja em lucro excessivo para a outra, mas, sim, até prejuízo. O objetivo da aplicação da Teoria da Imprevisão não é punir uma parte, mas socorrer o contratante lesado pelo desequilíbrio contratual.

8. *Onerosidade excessiva e lesão de um dos contratantes*

A distinção entre a onerosidade excessiva e a lesão, prevista no art. 157 do Código Civil, consiste no seguinte: o contratante lesado — segundo Marco Aurélio Bezerra de Melo[6] — assume, na conclusão do contrato, prestação manifestamente desproporcional à contraprestação, em razão da sua inexperiência ou premente necessidade, enquanto a onerosidade excessiva refere-se à alteração superveniente da situação referente à prestação de uma das partes, tornando-a por demais onerosa, depois de contratada, na época, de forma equilibrada.

9. *Fundamentos legais da aplicação da Teoria da Imprevisão*

A legislação brasileira passou a acolher, expressamente, a Teoria da Imprevisão e a possibilidade da modificação ou resolução do contrato por onerosidade excessiva, nos arts. 317 e 478, respectivamente, do Código Civil.

Nesse sentido, sustenta Renan Lotufo,[7] que o art. 317 do Código Civil adota a Teoria da Imprevisão e permite a intervenção judicial no reequilíbrio da obrigação. Além disso, afirma o referido jurista, que o dispositivo não fica restrito às obrigações de pagamento em dinheiro, mas, por força do princípio da justiça contratual, aplica-se a qualquer obrigação de dar, e, inclusive, às de fazer e não fazer, pois apesar de referir-se a pagamento, entende-se que assim é tratado como sinônimo de adimplemento.

Para evitar o inadimplemento do contrato, em caso de desequilíbrio superveniente das prestações por acontecimentos extraordinários e imprevisíveis, pode ser requerida, pela parte afetada, a revisão do acordo, contornando-se o desequilíbrio. Se isso se demonstrar ineficaz, a parte prejudicada poderá requerer a resolução do contrato, tendo em vista a desproporção manifesta entre o valor da prestação estabelecida e o valor objeto do momento da respectiva execução (art. 317 do Código Civil). Nesses casos, a prestação de uma das partes torna-se excessivamente onerosa, com extrema vantagem para a outra, em virtude de acontecimentos extraordinários e imprevisíveis, retroagindo à data da execução, os efeitos da sentença que decretar a resolução do contrato (art. 478 do Código Civil). Esse princípio aplica-se aos contratos bilaterais e de execução continuada ou diferida, mas não aos unilaterais, em que as obrigações cabem a apenas uma das partes, ou aos aleatórios.

Até o advento do Código Civil, a Teoria da Imprevisão tinha como fundamento jurídico o art. 5º, inciso XXXV, da Constituição Federal que determina que a lei não excluirá da apreciação do Poder Judiciário lesão ou ameaça a direito. Em caso de desequilíbrio contratual superveniente à contratação, caberá à parte interessada valer-se do direito de ação, visando a modificação ou resolução do contrato.

Os arts. 4º e 5º da Lei de Introdução do Código Civil também concedem fundamento à aplicação da Teoria da Imprevisão.

Segundo o primeiro deles, como bem menciona Arnoldo Medeiros da Fonseca,[8] o julgador decidirá o caso segundo a ana-

6. Marco Aurélio Bezerra de Melo, *Novo Código Civil Anotado*, p. 104.

7. Renan Lotufo, *Código Civil Comentado. Obrigações*, p. 228.

8. Marco Aurélio Bezerra de Melo, ob. cit., p. 105.

logia, os costumes, às exigências do bem comum, e os princípios gerais de direito, quais sejam, o da boa-fé na contratação, da eqüidade e da comutatividade, que se refere ao equilíbrio das prestações devidas pelas partes. Em última análise, a aplicação dos princípios mencionados visa uma relação contratual mais justa e equânime, como entende Rogerio Donnini.[9]

Na aplicação da lei, o juiz atenderá aos fins sociais a que ela se dirige e às exigências do bem comum, sempre mutáveis de acordo com a evolução da sociedade e aos valores sociais. A finalidade da lei, em última análise, é prestigiar a eqüidade, adaptando a norma ao caso concreto.

Por força do acima exposto, verifica-se que mesmo antes do advento do Código Civil já havia base legal para a aplicação da Teoria da Imprevisão, consagrada pelos Tribunais. Exemplo disso eram as decisões proferidas com relação à pensão alimentícia, quando se alteravam as condições econômicas da estipulação em favor de um dos cônjuges, como demonstra a decisão abaixo transcrita.

> Pensão alimentícia clausulada por decisão do desquite; possibilidade de revisão. O art. 401 do Código Civil é uma aplicação particular da cláusula *rebus sic stantibus* (STF, 1ª T., Rel. Nelson Hungria, RE 18.518, 24.11.1952).

Ainda podemos citar como exemplo de aplicação da Teoria da Imprevisão, as decisões referentes à revisão do valor do aluguel, como previsto no art. 19 da Lei 8.245/1991 e a alteração da prestação do consumidor considerada excessivamente onerosa, de acordo com o disposto nos arts. 6º, V, e 51, § 1º, III, da Lei 8.078/1990, como assevera Marco Aurélio Bezerra de Melo.[10] Nesse sentido, podemos citar a decisão do Tribunal de Alçada do Estado do Rio Grande do Sul, transcrita em nota de rodapé.[11]

Deve-se esclarecer, inclusive, que, atualmente, o Código Civil estabelece, no seu art. 567, a aplicação da Teoria da Imprevisão, caso durante a locação a coisa alugada seja deteriorada, sem culpa do locatário, ao qual caberá requerer a redução do valor do aluguel ou a resolução do contrato, na hipótese do bem deteriorado já não sirva mais para o fim a que se destinava.

Concluindo, o Poder Judiciário brasileiro sempre entendeu que a finalidade da aplicação da Teoria da Imprevisão é buscar uma relação contratual mais justa e equilibrada, baseada na boa-fé dos contratantes, razão pela qual a parte lesada pela desproporcionalidade ou onerosidade excessiva de uma prestação deve ter a possibilidade de reivindicar que o equilíbrio contratual seja restabelecido, mantendo o contrato em outras bases ou dissolvendo-o através da resolução contratual.

10. Requisitos para a aplicação da Teoria da Imprevisão

Segundo Orlando Gomes,[12] para dar causa à resolução do contrato, a onerosidade deve:

a) ser objetivamente excessiva a toda e qualquer pessoa que se encontrasse na mesma situação, agravando de tal modo a prestação que, se prevista, os contratantes não teriam concluído o contrato;

b) ter sido determinada por acontecimentos anormais, extraordinários e impre-

9. Rogerio Donnini, *A Revisão dos Contratos no Código Civil e no Código de Defesa do Consumidor*, p. 73.

10. Marco Aurélio Bezerra de Melo, ob. cit., pp. 103-106.

11. "Teoria da Imprevisão — Cláusula *rebus sic stantibus*, aplicável à ação revisional de aluguel da Lei de Luvas (art. 31), mesmo que se trate de contrato original, de longa duração (14 anos e 5 meses), quando presentes a profunda alteração do ambiente objetivo anterior, que acarreta extremo sacrifício a uma das partes e constitui fonte de enriquecimento inesperado e abusivo para outra — Carência de ação tornada sem efeito, com provimento de apelação" (TARS, 4ª CCível, Rel. Ernani Graeff, ap. cível 186075966, Apte.: Cezira R. Rizzetto & Cia Ltda., Apda.: Rodoviária Carazinhense Ltda.).

12. Orlando Gomes, *Contrato*, pp. 214-215.

visíveis, estranho à vontade e sem culpa do devedor;

c) o acontecimento, que alterou radicalmente as condições econômicas objetivas do momento da execução, em confronto com o ambiente do momento da celebração, deve ter dificultado extremamente o cumprimento da obrigação, que sacrificaria por demais o devedor se viesse a cumprir sua obrigação contratual;

d) o contrato celebrado entre as partes deve ser comutativo, de execução continuada ou diferida e uma prestação tenha se tornado mais gravosa no momento da execução;

e) o contrato não seja aleatório ou unilateral;

f) nexo de causalidade entre a onerosidade excessiva e o acontecimento extraordinário e imprevisível.

Podemos ilustrar a questão com os exemplos das circunstâncias que consistem em risco absolutamente anômalos, extraordinários, imprevisíveis, insuportáveis pelos contratantes, subtraídos do razoável controle dos operadores, justificando, assim, a modificação das condições da prestação tornada excessivamente onerosa ou a resolução do contrato: Enzo Roppo[13] cita o caso da imprevista desvalorização da moeda que justifica a aplicação da Teoria da Imprevisão, em contraposição ao caso de progressiva inflação deslizante manifestada há tempo, que não é considerada causa para alegação de que a prestação tornou-se excessivamente onerosa. Segundo Enzo Roppo,[14] o acontecimento imprevisível não é aquele que se manifesta só na esfera individual, de um contraente, mas com caráter generalizado, afetando todo o mercado ou um certo setor de relações.

Mais um exemplo da aplicação da Teoria da Imprevisão citado por Enzo Roppo[15] é o encerramento do canal de Suez, fato imprevisível que agrava a prestação do transportador marítimo, onerando-a excessivamente, mas não o adoecimento do comandante do navio do transportador, que se obriga a contratar outro comandante por valor muito superior, não se afastando, entretanto, sua obrigação de cumprir a obrigação, tal como contratada, e apesar da dificuldade que passa a se apresentar, especificamente para aquele transportador, e não para todo o mercado envolvido.

Conclui, assim, Enzo Roppo,[16] que a onerosidade excessiva é aquela que excede a álea normal do contrato, e o desequilíbrio determinado entre prestação e contraprestação é o que supera a medida que corresponde às normais oscilações de mercado de valores trocados, pois, se permanecer dentro delas, não há razão para libertar da sua obrigação, a parte contratante onerada, por agravamento econômico previsível de suas prestações.

Segundo Orlando Gomes,[17] se esses requisitos não forem atendidos, o juiz, no lugar de declarar dissolvido o vínculo contratual, poderá intervir na economia do contrato para reajustar, em bases razoáveis, as prestações recíprocas. Pode-se, assim, favorecer o devedor com a alternativa da resolução do contrato ou de reajustamento das respectivas condições.

Nesse sentido, podemos considerar a jurisprudência transcrita em nota de rodapé.[18]

11. Princípios que justificam a aplicação da Teoria da Imprevisão

Antes de qualquer coisa, devem-se conceituar os princípios. Segundo Marcio Pes-

13. Enzo Roppo, *O Contrato*, p. 261.
14. Idem, p. 262.
15. Idem, ibidem.

16. Idem, ibidem.
17. Orlando Gomes, *Contratos*, p. 215.
18. "*Rebus sic stantibus* — Pagamento total prévio. 1. A cláusula *rebus sic stantibus* tem sido admitida como implícita somente em contratos com pagamentos periódicos sucessivos de ambas as partes ao longo de prazo dilatado, se ocorreu alteração profunda e inteiramente imprevisível das circunstâncias existentes ao tempo da celebração do negócio.

tana,[19] os princípios necessariamente carregam um predicado. Sustenta o referido autor que, no segmento jurídico, os princípios recebem as mais diversas denominações, envolvendo um feixe de valores jurídicos que justificam e impõem certos comportamentos.

Paulo de Barros Carvalho[20] entende que os princípios denotam as regras sociais, as normas que fixam critérios objetivos, ou os próprios valores insertos nas normas jurídicas, podendo ser implícitos ou explícitos nas normas jurídicas.

O direito dos contratos fundamenta-se nos seguintes princípios: o da autonomia da vontade, o do consensualismo, o da força obrigatória e o da boa-fé.

O princípio da autonomia da vontade é excepcionado pelas limitações gerais à liberdade de contratar, representadas pela ordem pública e pelos bons costumes.

De acordo com Renan Lotufo,[21] nas relações contratuais, deve ser mantido o equilíbrio das prestações, pelo princípio da justiça contratual, em decorrência da eqüitatividade e da igualdade.

O contrato é a alavanca da livre iniciativa, não podendo deixar de ser considerado um bem jurídico por excelência, cuja continuidade de ser mantida e preservada, não apenas formalmente, como fonte de um direito adquirido, mas também materialmente, sendo expressão da efetiva contraprestação que os contratantes visam auferir por força do acordo celebrado, como entende Miguel Reale.[22]

O referido autor[23] esclarece, ainda, que os dois princípios reconhecidos como condições indispensáveis para a celebração do contrato são os seguintes: salvaguarda do equilíbrio econômico do contrato, consubstanciado na paridade econômica entre os contratantes, e repúdio à onerosidade excessiva que possa afetar a prestação de qualquer das partes. Sendo o contrato fruto da autonomia da vontade, considera-se inerente ao mesmo a intenção permanente das partes de dever ser respeitado o direito de cada contratante, salvo mutações havidas no plano físico, como eventos de caso fortuito ou força maior, ou no plano social, como eventos imprevisíveis, envolvendo o plano jurídico ou econômico.

Os princípios de igualdade e isonomia também norteiam os contratos, especialmente os de natureza onerosa. As prestações estabelecidas reciprocamente entre as partes contratantes devem guardar proporção, conforme parâmetros fixados quando da celebração do contrato, e essa proporcionalidade deve ser mantida na sua íntegra, por força do princípio da reciprocidade ou equivalência das condições contratuais, ainda que fatos supervenientes à celebração do contrato venham a afetá-la.

Os contratos celebrados convertem-se em atos jurídicos perfeitos, protegidos dos efeitos de lei posterior, conforme o disposto no art. 5º, XXXVI, da Constituição Federal. Independentemente disso, os contratos não se tornam imutáveis perante novos fatores econômicos que venham a abalar o respectivo equilíbrio, exigindo sua alteração, para evitar a onerosidade excessiva para uma das partes.

Como menciona Arnoldo Medeiros da Fonseca,[24] as exigências da noção econômica de segurança tem um limite, que não poder-se-á ultrapassar sem ferir a consciência média dos indivíduos. Assim, a noção de imprevisão estaria destinada a impedir que o saudável e indispensável princípio de irretratabilidade dos contratos pudesse conduzir a injustos enriquecimentos, o que é

2. Não há margem de apelo à teoria da imprevisão, feito em 1964, para reajuste de preço fixado em 1963 com pagamento total e prévio" (STF, 1ª T., Rel. Ministro Aliomar Baleeiro, RE 71.443-RJ, 15.6.1973).

19. Marcio Pestana, *O Princípio da Imunidade Tributária*, p. 51.

20. Paulo de Barros Carvalho, *Curso de Direito Tributário*, p. 106.

21. Renan Lotufo, ob. cit., p. 228.

22. Miguel Reale, *Questões de Direito Privado*, pp. 8-9.

23. Idem, ibidem.

24. Arnoldo Medeiros da Fonseca, *Força Maior e Teoria da Imprevisão*, p. 243.

totalmente repelido pelos princípios morais, inclusive o da eqüidade, da probidade, da boa-fé e da função social e econômica do contrato, consagrado pelo Código Civil nos seus arts. 421 e 422.

O acima exposto pode ser ilustrado com a jurisprudência transcrita em nota de rodapé.[25]

12. O princípio de que o contrato é lei entre as partes e a Teoria da Imprevisão

Um dos princípios mais importantes do regime contratual é o de que o contrato é lei entre as partes — *pacta sunt servanda* — obrigando-as, e podendo ser objeto de execução pelos contratantes para que se cumpra o estabelecido no mesmo. Trata-se do princípio do *pacta sunt servanda*, consagrado no Código francês de Napoleão.

Esse princípio, da essência do contrato, pois de nada valeria um contrato cujos efeitos não se aplicassem para as partes, surgiu em decorrência da autonomia da vontade para a celebração do contrato, ensejando, assim, desde que lícito, o direito da parte prejudicada pelo inadimplemento alheio exigir o cumprimento do contrato, por execução forçada (ou coativa).

Verifica-se, assim, que o princípio da força obrigatória dos contratos é justificado pelo liberalismo e individualismo arraigado do século XIX, na medida em que existia o pensamento de que, se os contratantes alienavam livremente sua liberdade, deveriam cumprir o acordado, ainda que surgisse para uma das partes um dano considerável.

Esse entendimento foi, em seguida, com o advento das teorias humanísticas, flexibilizado, perdendo seu absolutismo, cedendo às idéias de sentido solidarista e ao intervencionismo estatal, visando a aplicação da lei, com o fim social, nas relações econômicas e dando espaço ao conceito da revisão dos contratos, caso sobreviesse fato imprevisto e estranho ao conteúdo do contrato.

Essa idéia humanística substituiu a exaltação da segurança e da estabilidade, consubstanciando-se na cláusula *rebus sic stantibus*. Segundo a referida cláusula, muito bem definida no Código Civil português, mencionado por Paulo Carneiro Maia,[26] se as circunstâncias em que as partes fundaram a decisão de contratar tiverem sofrido uma alteração anormal, a parte lesada adquire o direito à resolução do contrato ou à sua modificação, segundo juízos de eqüidade, desde que a exigência das obrigações por ela assumidas afete gravemente os princípios da boa-fé e não esteja coberta pelos riscos próprios do contrato. Requerida a resolução, a parte contrária pode opor-se ao pedido, declarando aceitar a modificação do contrato.

O mesmo autor menciona outros dispositivos do Código Civil português que coincidem com o nosso Direito,[27] no sentido de que a resolução ou modificação do contrato por alteração anormal da chamada base do negócio, como das circunstâncias que levaram as partes a contratar é aceitável desde que a exigência das obrigações assumidas pelo contratante lesado — a quem se reconhece o direito à resolução ou à modificação — afete gravemente os prin-

25. "Arrendamento rural — Contrato — Equivalência entre as prestações e obrigações — Desaparecimento — Enriquecimento injusto de uma parte — Cláusula *rebus sic stantibus* — Aplicabilidade — A modificação das condições econômicas no curso do tempo, com base em acontecimento extraordinário e imprevisível, pode tornar o contrato excessivamente oneroso para uma das partes, operando injusto enriquecimento de uma, com conseqüente empobrecimento da outra. Daí por que, desaparecendo a equivalência entre as prestações e obrigações das partes, torna-se incidente a cláusula *rebus sic stantibus*, para que tal equivalência se conserve, tanto quanto possível, durante a execução do contrato" (3ª C., Rel. Juiz João Saletti, ap. c/ Rev. 279.345, j. 18.12.1990, *JTA* (*RT*) 130/398).

26. Paulo Carneiro Maia, "Cláusula *rebus sic stantibus*", *Enciclopédia Saraiva do Direito*, v. 15, p. 139.

27. Idem, ibidem.

cípios da boa-fé e não esteja coberta pelos riscos próprios do contrato.

Em resumo, a cláusula *rebus sic stantibus* coincide com a Teoria da Imprevisão, e consiste na possibilidade da parte contratante afetada com profunda alteração de ambiente econômico e social em que o contrato foi celebrado requerer a modificação ou resolução do contrato. Isso significa que não é absoluta a regra de que o contrato é lei entre as partes, a qual se baseia na necessidade de garantir-se estabilidade entre as partes contratantes, em condições normais.

A Teoria da Imprevisão consiste na modernização da cláusula *rebus sic stantibus*, que concede fundamento e consubstancia a referida teoria.

13. Teoria da Imprevisão e os eventos de caso fortuito ou de força maior

O caso fortuito e a força maior estão previstos no art. 393 do Código Civil, que estabelece que não ensejam responsabilidade para o devedor, se assim expressamente previsto no acordo celebrado entre as partes. Os respectivos efeitos não poderiam ter sido evitados ou impedidos. Como sustenta Arnoldo Medeiros da Fonseca,[28] caso fortuito e força maior são expressões juridicamente empregadas como sinônimas, caracterizadas pela absoluta impossibilidade, inevitabilidade e ausência de culpa daquele que fica exonerado do cumprimento de sua obrigação. Podemos, entretanto, estabelecer a seguinte distinção entre elas: o caso fortuito refere-se a acontecimento natural, proveniente da força da natureza, como um raio, inundação, dentre outros, e a força maior diz respeito ao dano originado de fato de outrem, como, uma guerra, uma revolução.

A força maior e o caso fortuito correspondem à impossibilidade absoluta ou objetiva do cumprimento da obrigação, advinda de eventos inevitáveis, que afastam a culpabilidade das partes, pela inexistência de nexo causal entre o ato praticado e o dano causado, e, assim, inadmitindo-se o dever de reparar as perdas e danos causados. Nesse caso, a conseqüência é a liberação total ou parcial, permanente ou temporária, do devedor.

Por outro lado, no caso da onerosidade excessiva advinda de eventos imprevisíveis, a impossibilidade econômica não deve ser considerada impossibilidade total, objetiva e definitiva, como a que envolve a força maior. A diferença entre os eventos de caso fortuito ou de força maior e os imprevisíveis, que ensejam onerosidade excessiva para uma das partes, é o fato de que esses envolvem a extrema dificuldade e sacrifícios consideráveis ao devedor, enquanto que os outros ensejam a impossibilidade absoluta do cumprimento da obrigação por um dos contratantes. Nesse caso, não estará excluído o direito do credor a uma razoável reparação, como afirma Arnoldo Medeiros da Fonseca.[29]

Em resumo, como sustenta Arnoldo Medeiros da Fonseca,[30] o alcance da Teoria da Imprevisão é mais limitado e restrito que o da força maior e do caso fortuito com relação às obrigações estabelecidas entre as partes contratantes.

14. Teoria da Imprevisão e os contratos aleatórios

Como acima mencionado, os contratos aleatórios, de que tratam os arts. 458 a 461 do Código Civil, não autorizam a resolução em virtude da onerosidade excessiva. Isso se deve ao fato de que o contrato aleatório já envolve risco natural, assumido por uma das partes, não podendo, esse elemento substancial do contrato, servir de causa para a dissolução do contrato, como afirma Marco Aurélio Bezerra de Melo.[31]

28. Arnoldo Medeiros da Fonseca, ob. cit., pp. 346-347.

29. Idem, ibidem.

30. Idem, ibidem.

31. Marco Aurélio Bezerra de Melo, *Novo Código Civil Comentado*, v. 3, p. 103.

Segundo Maria Helena Diniz,[32] na classificação dos contratos aleatórios, há aqueles que o são (a) por sua natureza, quais sejam, o de compra de rifa, o de seguro e o de jogo, dentre outros, ou (b) acidentalmente, como os seguintes: venda de colheita futura, contrato de garimpo, contrato de exploração de petróleo a risco e direitos de herança ignorada, dentre outros, em que o objeto é coisa incerta ou de valor incerto.

A álea pode envolver a coisa futura, em que o risco consiste na existência da coisa, ou na quantidade maior ou menor da coisa esperada. No primeiro caso, vende-se a probabilidade das coisas existirem, como ocorre no caso de vender-se a colheita de café do ano seguinte, em que o adquirente assume o risco de nada colher, tendo o vendedor direito ao preço se a falta da colheita não advir de sua culpa. No outro caso, o adquirente assume o risco da compra do bem, qualquer que seja a quantidade dele, e o vendedor terá direito ao preço se não tiver agido com culpa.

Por outro lado, a álea pode envolver coisas existentes, que comportam a possibilidade de sofrerem perda, danificação ou depreciação. O risco é assumido pelo adquirente e o vendedor terá direito a todo o preço, salvo se não ignorava a consumação do risco, a que, no contrato, considerava-se exposta a coisa, tendo, o vendedor, agido dolosamente.

Enzo Roppo[33] observa que a Teoria da Imprevisão, que consiste na justa e racional repartição entre os contratantes dos riscos conexos com a verificação de circunstâncias futuras, não se aplica aos contratos aleatórios, de especulação sobre o destino, não havendo necessidade de tutelar-se as partes contra certo nível de risco, pois as partes anuíram em correr o máximo de risco, no referido contrato.

32. Maria Helena Diniz, *Curso de Direito Civil Brasileiro,* v. 3, pp. 84-86.
33. Enzo Roppo, ob. cit., p. 263.

15. Aplicação da Teoria da Imprevisão aos contratos com o consumidor

O art. 6º, V, do Código de Defesa do Consumidor estabelece como direito básico do consumidor a modificação das cláusulas contratuais que estabeleçam prestações desproporcionais, ou a resolução do contrato, em razão da superveniente onerosidade excessiva advinda para o consumidor.

Além disso, o art. 51, § 1º, III, do mesmo diploma legal determina que presume-se exagerada a vantagem que se mostra excessivamente onerosa para o consumidor, considerando-se as circunstâncias do caso.

Verifica-se, assim, que, mesmo antes do advento do Código Civil atual, o ordenamento jurídico brasileiro já tratava da aplicação dos efeitos da onerosidade excessiva, independentemente da ocorrência de fatos supervenientes imprevisíveis, aos contratos de consumo, em prol da parte mais fraca, considerada hipossuficiente na relação de consumo, qual seja, o consumidor. Nesse caso, o juiz poderá alterar o contrato, para reaver o equilíbrio entre as partes, ou resolvê-lo.

O art. 51, § 2º do mesmo Código de Defesa do Consumidor estabelece que a nulidade de uma cláusula abusiva não invalida o contrato, exceto quando de sua ausência, apesar dos esforços de integração, decorrer ônus excessivo a qualquer das partes. De acordo com o mencionado dispositivo, apesar do acima mencionado, que prestigia o consumidor, qualquer das partes contratantes de relação de consumo podem pleitear a alteração do contrato, por força de fato superveniente que tenha onerado excessivamente a respectiva prestação, tendo em vista os princípios de boa-fé e de equilíbrio nas relações entre consumidores e fornecedores norteados pelo disposto no art. 4º, III, do referido Código.

Nesse sentido, podemos transcrever a seguinte ementa de decisão do Superior Tribunal de Justiça:

Direito do Consumidor. Recurso especial. Ação de conhecimento pelo rito ordinário. Cessão de crédito com anuência do devedor. Prestações indexadas em moeda estrangeira (dólar americano). Crise cambial de janeiro de 1999. Onerosidade excessiva. Caracterização. Boa-fé objetiva do consumidor e direito de informação.

O preceito insculpido *no inciso V do art. 6º do CDC dispensa a prova de caráter imprevisível do fato superveniente, bastando a demonstração objetiva da excessiva onerosidade advinda para o consumidor* (grifado).

A desvalorização da moeda nacional frente à moeda estrangeira que serviu de parâmetro ao reajuste contratual, por ocasião da crise cambial de janeiro de 1999, apresentou grau expressivo de oscilação, a ponto de caracterizar a onerosidade excessiva que impede o devedor de solver as obrigações pactuadas (STJ, 3ª T., REsp 417.927-SP, de 21.5.2002; REsp 441.976, Rel. Min. Nancy Andrighi).

16. Aplicação da Teoria da Imprevisão aos contratos administrativos

A cláusula *rebus sic stantibus*, como acima mencionado, serve de fundamento à Teoria da Imprevisão, muito aplicável no âmbito do direito público, como do administrativo e do direito privado, e não apenas no segundo, pois os princípios sobre os quais repousa pertencem à Teoria Geral do Direito.

José Cretella Júnior[34] é claro ao estabelecer que a Teoria da Imprevisão aplica-se aos contratos administrativos se o contrato foi celebrado de acordo com a boa-fé e suas bases econômicas adequavam-se à época da contratação; o exorbitante aumento superveniente do preço do material e da mão-de-obra podem causar desequilíbrio contratual, afetando a prestação devida pelo empreiteiro, onerado de forma excessiva em virtude de tal fato; que o titular da obra em execução tenha se beneficiado de forma não razoável da onerosidade excessiva advinda para o empreiteiro.

Sendo assim, o autor mencionado conclui que a aplicação da Teoria da Imprevisão é uma valiosa salvaguarda ao cumprimento de prestações contratuais administrativas que perderam sua razoabilidade e equilíbrio.

17. Conclusão

Como acima demonstrado, a Teoria da Imprevisão serve para corrigir, com base na justiça contratual e na eqüidade, o prejuízo intolerável causado para uma das partes contratantes, ensejando desequilíbrio inadmissível ao contrato, advindo de fatos imprevisíveis e anormais, considerados extraordinários.

Além de consagrada pela doutrina e pela jurisprudência, a Teoria da Imprevisão foi, com o atual Código Civil, de 2002, expressamente incluída no ordenamento jurídico brasileiro, garantindo aos contratantes não a segurança hostil do contrato como norma inflexível e absoluta, vinculando as partes, mas a eqüidade e a justiça contratual, considerando-se o contrato um vínculo que une as partes de forma dinâmica, adaptável às alterações do contexto em que as partes negociaram sua relação contratual.

Sendo assim, podemos sustentar com toda a certeza que a inclusão expressa da Teoria da Imprevisão no ordenamento jurídico brasileiro veio a atender um anseio de tutela do permanente equilíbrio das relações contratuais, que não se exaure com a conclusão do contrato, mas acompanha-o até o seu pleno cumprimento pelas partes contratantes.

18. Bibliografia

BESSONE, Darcy. *Do Contrato*. 4ª ed., São Paulo, Saraiva, 1997.

CARVALHO, Paulo de Barros. *Curso de Direito Tributário*. 10ª ed., São Paulo, Saraiva, 1998.

34. José Cretella Júnior, "Cláusula *rebus sic stantibus*" (Direito Administrativo), *Enciclopédia Saraiva do Direito*, v. 15, p. 167.

CRETELLA, José. "Cláusula *rebus sic stantibus*" (Direito Administrativo). *Enciclopédia Saraiva de Direito*. v. 15, São Paulo, Saraiva, 1977.

DINIZ, Maria Helena. *Tratado Teórico e Prático dos Contratos*. 5 vs., São Paulo, Saraiva, 1993.

DONNINI, Rogério Ferraz. *A Revisão dos Contratos no Código Civil e no Código de Defesa do Consumidor*. 2ª ed., São Paulo, Saraiva, 2001.

FONSECA, Arnoldo Medeiros da. *Caso Fortuito e Teoria da Imprevisão*. 3ª ed., Rio de Janeiro, Forense, 1958.

GOMES, Orlando. *Contratos*. 6ª ed., Rio de Janeiro, Forense, 1977.

______. *Obrigações*. 12ª ed., Rio de Janeiro, Forense, 1999.

LOTUFO, Renan. *Código Civil Comentado. Obrigações*. v. 2, São Paulo, Saraiva, 2003.

MAIA, Paulo Carneiro. "Cláusula *rebus sic stantibus*". *Enciclopédia Saraiva do Direito*. v. 15, São Paulo, Saraiva, 1977.

MELO, Marco Aurélio Bezerra. *Novo Código Civil Anotado*. v. 3, 2ª ed., Rio de Janeiro, Lumen Juris, 2003.

NEGREIROS, Teresa. *Teoria do Contrato*. Rio de Janeiro, Renovar, 2002.

OLIVEIRA, J. M. Othon. *Novo Código Civil Anotado*. v. 2, 2ª ed., Rio de Janeiro, Lumen Juris, 2003.

PEREIRA, Caio Mário da Silva. *Lesão nos Contratos*. Rio de Janeiro, Forense, 1993.

PESTANA, Marcio. *O Princípio da Imunidade Tributária*. São Paulo, Ed. RT, 2001.

REALE, Miguel. *Questões de Direito Privado*. São Paulo, Saraiva, 1997.

RODRIGUES, Sílvio. *Direito Civil. Dos Contratos e das Declarações Unilaterais de Vontade*. v. 3, 9ª ed., São Paulo, Saraiva, 1980.

ROPPO, Enzo. *O Contrato*. Coimbra, Almedina, 1988.

SANTOS, Regina Beatriz Papa. *Cláusula "rebus sic stantibus" ou Teoria da Imprevisão — Revisão Contratual*. Belém, Cejup, 1989.

SIDOU, J. M. Othon. *A Revisão Judicial dos Contratos*. 2ª ed., Rio de Janeiro, Forense, 1984.

VENOSA, Sílvio de Salvo. *Direito Civil: Teoria Geral das Obrigações e Teoria Geral dos Contratos*. v. 2, São Paulo, Atlas, 2001.

Espaço Discente

DOSIMETRIA DAS SANÇÕES NO DIREITO ANTITRUSTE: ANÁLISE DA NOVA JURISPRUDÊNCIA BRASILEIRA SOB A PERSPECTIVA DA DETERRÊNCIA

MARIA PAULA BERTRAN

1. Elementos para mensuração da pena: 1.1 Deterrência. 2. O problema da legislação brasileira: 2.1 Simulações para condutas sujeitas ao art. 23 da Lei 8.884. 3. Nova interpretação do Conselho Administrativo de Defesa Econômica — CADE. 4. Conclusões.

1. Elementos para mensuração da pena

A definição de critérios para quantificação de penas por condutas é tema problemático para o Direito. Para Foucault, "encontrar para um crime o castigo que convém é encontrar a desvantagem cuja idéia seja tal que torne definitivamente sem atração a idéia de um delito".[1]

O preceito de deterrência não se limita às condutas penais. Aplicar uma sanção de modo que a conduta que a enseja seja desestimulada deve ser alvo de todas as áreas do Direito e, sem dúvida, dos temas anticoncorrenciais.

A ela se associa a necessidade de preservação de uma ordem jurídica que seja minuciosa ao aferir, como pena, *quantum* que torne desvantajosa a conduta, mas que, ao mesmo tempo, seja proporcional ao crime cometido. Sob a guarda de princípios constitucionais, a pena deve ser também coerente com o delito, resguardadas, portanto, razoabilidade e proporcionalidade.

1. *Vigiar e Punir*, Petrópolis, Vozes, 1974, p. 94.

1.1 Deterrência

A lógica da deterrência funciona porque infratores em potencial pesam as conseqüências penais de seus atos e verificam que algumas são mais danosas que outras. Nos Estados Unidos, por exemplo, a detenção pode ser usada para punição de delitos anticoncorrenciais,[2] ainda que em casos restritos. É provável que sua aplicação seja considerada mais pesada que a aplicação exclusiva de multas.

A lógica da deterrência é perdida se, todavia, condutas de diferentes gravidades forem submetidas às mesmas penas. O argumento é da teoria de deterrência marginal,[3] que se explica na possibilidade de uma

2. "The actual application of criminal sanctions has generally been limited, although it has been increasing. Only a few dozen prison sentences were imposed from 1890 through the mid 1970's, running from a low of four hours to a high of two years" (Phillip Areeda e Louis Kaplow, *Antitrust Analysis Problems, Texts, Cases*, Boston, Little, Brown and Company, 1998, p. 63).

3. Para a história do conceito de deterrência marginal na *Common Law*, v. Hovenkamp, "The Marginalist Revolution in Legal Thought", 46,

legislação prever penas igualmente severas para delitos de naturezas e gravidades diversas. Veja-se o exemplo hipotético de uma legislação em que a pena de morte é atribuída tanto para crimes de roubo como para homicídios. Centrada exclusivamente a perspectiva da punição,[4] o agente não terá estímulo para manter sua vítima viva depois de roubá-la. Por outro lado, se o roubo é apenado com 10 anos de detenção e o homicídio com a pena de morte, o agente que acabou de cometer o roubo será forçado a balancear as possíveis conseqüências de seu ato: detenção menos grave, em função do primeiro delito, e o qualitativo aumento da pena, caso incorra no segundo.[5]

Subsidiariamente, deve-se destacar que os ônus sociais das duas condutas são diversos. Portanto, o empenho policial para descobrir e punir o agente do crime mais lesivo à sociedade, o homicídio, será provavelmente maior, agravando as conseqüências práticas de tal conduta.

A teoria de deterrência marginal é aplicada ao direito antitruste. O exemplo parte da premissa de que alterações mais significativas no mercado têm maior possibilidade de serem percebidas pelas autoridades competentes e conseqüentemente punidas. Como exemplo podemos pressupor, então, possível correlação entre o tamanho do aumento de preços promovido por um cartel e as chances de que ele seja descoberto. É mais provável que um cartel que aumenta seus preços competitivos de R$ 1,00 para R$ 2,50 seja percebido, descoberto e combatido, que outro que os aumenta para apenas R$ 1,20.

A jurisprudência norte-americana prevê o uso dos *treble damages*[6] para aferição das multas por condutas anticoncorrenciais. Por tal critério, a pena a que se sujeita o infrator é o triplo do dano causado à concorrência. Portanto, se descoberto, o agente da conduta anticoncorrencial pagará uma pena tão maior quanto maior for seu aumento de preços.

Segundo a teoria da deterrência marginal, quando os membros do cartel calcularem que, com uma variação muito grande de preços, tanto a possibilidade de serem descobertos quanto a multa porventura apenada serão proporcional e necessariamente mais altas, poderão acordar que o aumento para R$ 1,20 é suficiente e mais seguro para suas expectativas. O resultado é que o cartel imporá menos perdas sociais.

Ao contrário, se todas as multas para conduta de cartel forem fixadas em valores estanques, os membros do cartel só temeriam a maior possibilidade de serem descobertos, mas não o peso da pena. A opção pela máxima fixação de preço do produto seria estimulada.

2. *O problema da legislação brasileira*[7]

O critério de dosimetria da sanção para práticas anticoncorrenciais na legislação brasileira é disposto na Lei 8.884:

Vanderbilts Law Review, Ver. 305, 1993, citado por Herbert Hovenkamp, *Federal Antitrust Policy — The Law of Competition and its Practice*, St. Paul, West Publishing Co., 1994.

4. Consideramos o indivíduo amoral e estritamente racional, como propõem Robert Cooter e Thomas Ullen, *Derecho y Economía*, México, Fondo de Cultura, 1998 (v. Capítulos "Teoría económica del delito y el castigo" e "Temas en la economía del delito y del castigo").

5. Herbert Hovenkamp, *Federal Antitrust Policy* ..., cit., p. 588.

6. "Section 4 of the Clayton Act grants a prevailing plaintiff 'three-fold the damages (...) sustained'. Treble damages for antitrust violations were hardly new with the federal antitrust laws. Already in 1623 the English Statute of Monopolies provided that any person injured by a monopoly 'shall recover three times so much as the damages that he sustained by means or occasion of being so hindered (...)'. Few legal rules are more firmly rooted in history than treble damages recovery for victims of antitrust violation.

"The rationales given for treble damages in private antitrust actions are manifold. Perhaps the oldest is that the antitrust violator deserves to be punished for his crimes, and mere payment of single damages is not punishment enough. This moral argument has gradually given way to an argument based on general deterrence: since not all antitrust violations are detected, a rule providing only single damages would make antitrust violations profitable" (id. ibid., p. 599).

7. As conclusões sobre a relação entre o mercado relevante geográfico e a dosimetria das sanções

Art. 23. A prática de infração da ordem econômica sujeita os responsáveis às seguintes penas:

I — no caso de empresa, multa de um a trinta por cento do valor do faturamento bruto no seu último exercício,[8] excluídos os impostos, a qual nunca será inferior à vantagem auferida, quando quantificável;

II — no caso de administrador, direta ou indiretamente responsável pela infração cometida por empresa, multa de dez a cinqüenta por cento do valor daquela aplicável à empresa, de responsabilidade pessoal e exclusiva ao administrador;

III — no caso das demais pessoas físicas ou jurídicas de direito público ou privado, bem como quaisquer associações de entidades ou pessoas constituídas de fato ou de direito, ainda que temporariamente, com ou sem personalidade jurídica, que não exerçam atividade empresarial, não sendo possível utilizar-se o critério do valor do faturamento bruto, a multa será de 6.000 (seis mil) a 6.000.000 (seis milhões) de Unidades Fiscais de Referência — UFIR, ou padrão superveniente.

Parágrafo único. Em caso de reincidência, as multas cominadas serão aplicadas em dobro.

Ressalta o aparente interesse do legislador em estabelecer critérios objetivos para os limites máximo e mínimo das multas. A conclusão que se impõe é a de que jamais uma multa poderia ser inferior a 1% ou superior a 30% do faturamento da empresa, como expressamente dito pelo texto legal, a menos que o valor da vantagem auferida superasse este mesmo limite.

A análise do dispositivo aponta que a expressão "do faturamento bruto no seu último exercício" se refere ao faturamento global da empresa e não ao seu faturamento bruto no mercado relevante definido para a análise da conduta, haja vista ausência de qualquer especificação restritiva ou extensiva.

2.1 Simulações para condutas sujeitas ao art. 23 da Lei 8.884

O voto do Conselheiro Ronaldo Porto Macedo confronta a interpretação literal do dispositivo com o arcabouço de princípios e regras jurídicas, notadamente constitucionais, em que se insere a Lei 8.884/1994. A falta de razoabilidade, proporcionalidade e igualdade que decorre de uma interpretação literal do artigo é expressa nas simulações abaixo, que atestam as más conseqüências de uma exegese descuidada.

Simulação I

A empresa "A" atua em trinta mercados de produtos distintos e teve faturamento bruto (incluídos todos os produtos e serviços) no mercado nacional equivalente a um bilhão em determinado ano. Dentre os produtos que produz encontram-se veículos automotores (responsável por 78% de seu faturamento total), motocicletas (correspondente a 6% do faturamento global), vestuário (correspondente a 2% do faturamento global), óculos (correspondente a 5% do faturamento global), relógios (correspondente a outros 5% do faturamento global) e produtos relacionados à indústria petroquímica (4% do faturamento global).

Deve-se supor ainda que num mercado geográfico claramente delimitado (equivalente, por exemplo, a um dos Estados da Federação), correspondente a dez por cento do mercado nacional de todos os produtos e serviços ofertados pela empresa "A", tenha sido comprovada a ocorrência de ven-

são fundamental e essencialmente inspiradas no voto do ex-Conselheiro do CADE, Ronaldo Porto Macedo Jr., acerca do processo administrativo 08012.000172/98-42, envolvendo as empresas Matec e Power Tech e sobre o qual escrevi artigo publicado no jornal *Gazeta Mercantil*, Caderno Regional do Centro-Oeste, em 24.4.2003.

8. O art. 11 da Lei 9.021, de 30.3.1995 dispõe: "Para os fins previstos no art. 23 da Lei 8.884, de 1994, será considerado o faturamento da empresa *no exercício anterior ao da instauração do processo administrativo*, corrigido segundo os critérios de atualização dos tributos federais pagos em atraso, até a data do recolhimento da respectiva multa".

da casada[9] de relógios e óculos produzidos pela empresa. Neste mercado relevante geográfico, as vendas de relógios e óculos correspondem a um décimo do total do faturamento nacional neste mercado de produtos (100 milhões), equivalente a 10 milhões de Reais.

Admite-se que a vantagem auferida com a prática da venda casada totalize 1 milhão de Reais no ano em análise, ou seja, 10% do total do faturamento da empresa nos mercados relevante geográfico e do produto.

Na aplicação da sanção prevista no art. 23 da Lei 8.884/1994, segundo a interpretação literal, chegar-se-ia a uma multa mínima equivalente a 1% do faturamento global, equivalente a 10 milhões de Reais (observe-se que 10 vezes o valor da vantagem auferida e igual ao valor do faturamento total da empresa no mercado relevante geográfico dos produtos óculos e relógio). Como se não fosse o bastante, a multa máxima poderia chegar a 300 milhões de Reais.

Simulação II

Imagine-se uma segunda hipótese, em quase tudo idêntica à hipótese I, mas com uma importante diferença: um grupo empresarial "B", com as mesmas características da empresa "A", teria suas atividades separadas em distintas empresas, todas atuando no mercado nacional, mas vinculadas ao mesmo grupo controlador. Assim, a empresa "B1" atuaria no setor automobilístico, a empresa "B2" no setor de motocicletas, "B3" no setor de óculos e relógios, "B4" no setor de serviços de manutenção e assim por diante.

Mantidos os valores da simulação I, verificar-se-ia que o faturamento da empresa "B3", vinculada ao setor de óculos e relógios, seria de 100 milhões de Reais. O seu faturamento no Estado da Federação considerado como mercado relevante geográfico seria de 10 milhões de Reais. Reconhecida a ocorrência da mesma infração concorrencial tida em I, a multa mínima aplicável à empresa "B3" seria, agora, de 1 milhão de Reais (ou 1% de 100 milhões de Reais). Apenas um décimo do valor obtido para a mesma conduta na simulação I. É evidente que a multa aplicável não precisaria ser a mínima, podendo atingir um máximo de 30 milhões de Reais. De qualquer forma, esta multa máxima seria apenas o triplo do valor da multa mínima prevista na hipótese I, para a mesma conduta.

Ressalta o aludido voto que o notável dessa simulação é que um fator completamente alheio às circunstâncias, gravidade e dimensão da conduta — a mera forma de organização interna de um grupo empresarial — poderia implicar a imposição de um valor mínimo dez vezes menor!

Simulação III

Conservados os mesmos valores das hipóteses anteriores, supõe-se agora que uma empresa "C" atue em todos os mercados relevantes de produto em que atua a empresa "A", nas mesmas proporções e faturamentos. Contudo, a empresa "C" limita suas atividades ao Estado da Federação onde se deram as práticas infracionais das outras simulações. Neste caso, o seu faturamento total seria de 100 milhões de Reais. Conseqüentemente, a multa mínima aplicável para empresa pela mesma prática enunciada acima, seria de 1 milhão de Reais e a máxima seria de 30 milhões de Reais.

Simulação IV

Conservados os mesmos valores das hipóteses anteriores, suponha-se agora que uma empresa "D" atue apenas nos merca-

9. Lei 8.884/1994, art. 21: "As seguintes condutas, além de outras, na medida em que configurem hipótese prevista no art. 20 e seus incisos, caracterizam infração da ordem econômica: (...) XXIII — subordinar a venda de um bem à aquisição de outro ou à utilização de um serviço, ou subordinar a prestação de um serviço à utilização de outro ou à aquisição de um bem".

dos relevantes de óculos e relógios no Estado considerado como mercado relevante. Neste caso, o seu faturamento total seria de 10 milhões de Reais. A multa mínima aplicável para empresa, pela mesma prática enunciada na hipótese acima descrita, seria de 100 mil Reais e a máxima seria de 3 milhões de Reais.

3. Nova interpretação do Conselho Administrativo de Defesa Econômica — CADE

O já mencionado voto conclui ser indispensável uma interpretação legal que unifique as variações de dosimetria para as práticas infracionais nas simulações I a IV, em concordância com os princípios da razoabilidade e proporcionalidade, para os quais a doutrina já dispensou muitos estudos, quer para distinção entre ambos, quer para conceituá-los mais precisamente.[10]

O plenário do CADE acordou ser necessário e possível percorrer outro caminho hermenêutico de modo que se obtenha uma interpretação concertada entre o dispositivo da Lei 8.884 e os princípios constitucionais.[11] Concluiu-se que "o faturamento bruto" referido no texto legal refere-se ao faturamento bruto no mercado relevante geográfico e de produto em que ocorreu a prática infracional, sem extensões que promovam a distorção da dosimetria da multa.

4. Conclusões

A dosimetria das sanções deve ser objeto de análise minuciosa em todos os ramos do Direito. A área penal, porque *ultima ratio* da punibilidade, traz expressas na legislação brasileira diretrizes fixas e parâmetros muito bem delimitados para determinação de sanção. O mesmo não ocorre em outras áreas do Direito que não encontram os parâmetros guias das sanções com a mesma facilidade, exigindo adicionais esforços hermenêuticos para a obtenção de *quantum* apropriado.

Alguns preceitos devem ser buscados na determinação da sanção anticoncorrencial: (i) definição de patamares que desestimulem a prática da conduta; e (ii) atenção aos limites que fazem a sanção proporcional ao delito, não ferindo a correspondência do ato aos seus efeitos.

A legislação brasileira referente à matéria antitruste apresenta, se limitada a uma interpretação literal, graves falhas. A fixação de limites máximo e mínimo associada ao lucro bruto do agente desconsidera as participações em mercado relevante geográfico e de produto. Uma despreparada exegese da lei é, portanto, capaz de gerar conseqüências absurdas, em que condutas de pequeno porte recebam sanções altíssimas, apenas porque o faturamento bruto das empresas — envolvendo, pois, mercados outros que não apenas aquele no qual teve lugar a prática ilícita — é alto.

Ao se estabelecer multas para condutas anticoncorrenciais em função das porcentagens dos faturamentos brutos das empresas infratoras, incorre-se em alguns riscos da teoria da deterrência marginal. A preocupação não existe em função do te-

10. Cf. Germana de Oliveira Moraes, *Controle Jurisdicional da Administração Pública*, São Paulo, Dialética, 1999; Celso Antônio Bandeira de Mello, *Curso de Direito Administrativo*, São Paulo, Malheiros Editores, 2001; Gilmar Ferreira Mendes, *Moreira Alves e o Controle de Constitucionalidade*, São Paulo, Celso Bastos Editor, 2000.

11. Cf. decisão proferida em 26.3.2003, cujo acórdão foi publicado em 13.5.2003. Segue a ementa, com trecho referente à dosimetria da sanção destacado: "O Tribunal, em preliminar, por unanimidade, decidiu pelo aproveitamento dos votos anteriormente proferidos pelo Relator e pelo Conselheiro Afonso Arinos. No mérito, por unanimidade, considerou a Representada incursa no art. 20, I e IV, c/c o art. 21, IV, V, VI e XIII, ambos da Lei 8.884/1994, aplicando, por maioria, *multa no valor de R$ 620.000,00, nos termos do voto do Conselheiro Ronaldo Macedo. Vencidos, no tocante à dosimetria, o Relator [Conselheiro Celso Campilongo] e o Conselheiro Afonso Arinos e Roberto Pfeiffer que aplicavam multa equivalente a 1% do faturamento da empresa no exercício anterior ao da instauração do Processo Administrativo*. Redigirá o acórdão o Conselheiro Roberto Pfeiffer".

to,[12] mas sem dúvida nenhuma é pertinente em função do piso. A imposição de multa de no mínimo 1% do faturamento bruto da empresa, como determina, à primeira vista, a lei, poderia ser estimuladora de um comportamento assaz lesivo à sociedade, em razão do que descreve a teoria da deterrência marginal. Para que o argumento não pareça hipotético é importante lembrar que as cem maiores empresas brasileiras apresentam faturamento superior a R$ 1 bilhão,[13] atuando com enorme gama de produtos, em diversos mercados regionais. Uma venda casada de goiabada com queijo no mercado geográfico do vilarejo atrás da serra poderia implicar multa na ordem dos milhões. Se a perspectiva de condenação fosse necessariamente de 1% do faturamento, não haveria estímulo ao empresário para seguir um comportamento mais cuidadoso e impedir outras pequenas condutas anticoncorrenciais (que jamais elevariam o índice percentual da multa de 1%), mas que evidentemente teriam reflexos para a sociedade e para a concorrência.

A constatação de que o CADE percebeu a necessidade de adequada interpretação do art. 23 da Lei 8.884 é positiva para toda a sociedade brasileira. Fica resguardada a deterrência da punição, inclusive em seu aspecto marginal, bem como assegurados os princípios constitucionais brasileiros. Ademais, em termos de ordem prática, poderemos ter menores pedidos de apreciação das decisões do CADE no Poder Judiciário, uma vez que a multa é pautada por aspectos mais claros e racionais, que com mais dificuldade poderiam suscitar entendimentos diversos.

12. Observa-se a previsão legal de que a sanção jamais será inferior ao dano causado, ainda que superior ao índice de 30% do faturamento bruto, conforme o art. 23 da Lei 8.884.

13. Fonte: Centro de Estatísticas e Análises Econômicas da Fundação Getúlio Vargas.

Espaço Discente

O PODER ECONÔMICO E A OBSOLESCÊNCIA PROGRAMADA DE PRODUTOS

DANIEL DE AVILA VIO

1. Introdução. 2. Obsolescência programada e poder econômico. 3. Ineficiência e prejuízo social. 4. A propriedade intelectual e a obsolescência programada. 5. Conclusão. 6. Bibliografia.

1. Introdução

O objetivo do presente trabalho é discorrer sucintamente sobre o fenômeno da obsolescência programada de produtos e seus reflexos para o mundo do Direito, notadamente para o campo do Direito Concorrencial, em conexão com os microssistemas jurídicos constituídos pelo Direito da Propriedade Intelectual e pelo Direito do Consumidor.

Nesse sentido, figura como objetivo específico deste estudo analisar os vínculos existentes entre os aspectos estruturais do Direito Concorrencial (especialmente poder econômico e posição dominante de mercado) e a possibilidade de um produtor valer-se de estratégias de obsolescência programada para a maximização de seus ganhos, em detrimento do conjunto da sociedade.

Conforme será discutido adiante, podemos entender genericamente a obsolescência programada de produtos como a redução artificial da durabilidade de um bem de consumo, de modo a induzir os consumidores a adquirirem produtos substitutos dentro de um prazo menor e, conseqüentemente, com uma freqüência maior, do que fariam naturalmente.

Nestes termos, a obsolescência programada pode ocorrer das mais diversas formas imagináveis. Algumas destas muito sutis e sofisticadas, como o que se verifica, por exemplo, com a alta indústria da moda. Neste setor de atividade econômica, o esforço conjugado de estilistas, celebridades, profissionais do *marketing* e mídia especializada é capaz de incutir no público consumidor verdadeira aversão aos produtos há pouco festejados, durante a estação imediatamente anterior.

O fato de que tais produtos estejam em perfeitas condições técnicas de utilização torna-se simplesmente irrelevante para os seus adquirentes, que se apressam em renovar seus guarda-roupas. A obsolescência programada ocorre, neste caso, através da manipulação das convicções íntimas do público consumidor e da valoração desenvolvida por este a respeito dos ativos intangíveis (tal como o *status*) vinculados ao produto vendido.

Pode, contudo, a obsolescência programada ocorrer por meios muito mais óbvios e simples. É o caso, por exemplo, do produtor que, ao lançar no mercado uma linha nova de produtos, simplesmente cessa a produção de insumos (sobre os quais detém direitos exclusivos de fabricação, constituindo seu mercado cativo ou *locked-in market*[1]), essenciais à utilização dos produtos da linha anterior.

Cumpre esclarecer, no entanto, que por limitações de tempo, dimensão e objetivos, o presente trabalho concentrar-se-á sob uma parte específica do amplo espectro de possibilidades apresentadas pela questão da obsolescência programada. Com efeito, o foco do presente estudo será a obsolescência programada levada a cabo através da introdução de inovações tecnológicas.

Convém, outrossim, ressaltar que, ao invés de privilegiar a perspectiva das inovações tecnológicas como instrumento para a eliminação de concorrentes e para o domínio de mercados (conhecida como *predação tecnológica*[2]), maior ênfase será destinada à questão da obsolescência programada como possível forma de maximização de lucros, no contexto de uma posição de domínio de mercado já existente.

Não obstante tal esforço de delimitação importa ainda salientar que, dada a complexidade das matérias tratadas, este estudo não tem (nem poderia ter) qualquer ambição de esgotar os tópicos abordados, mas meramente chamar a atenção para sua discussão (ainda bastante reduzida no campo do Direito), confessadamente em caráter de ensaio.

2. *Obsolescência programada e poder econômico*

Antes de se sugerir um conceito genérico de obsolescência programada, cumpre estabelecer algumas premissas conceituais que nos auxiliarão em tal tarefa. Primeiramente, neste trabalho, adota-se o conceito de durabilidade de um produto como a extensão de sua utilidade no tempo. Como conseqüência, entenderemos que a redução da durabilidade não se restringe apenas à redução da duração do produto enquanto integridade material e funcionalidade técnica, considerando apenas o produto em si mesmo, mas também a perda ou brutal redução de sua utilidade efetiva depois de determinado período de tempo.

Nestes termos, por exemplo, ainda que um computador esteja em tão boas condições de uso quanto no dia de sua aquisição, mas o lançamento de novas tecnologias impede seu uso para contato com outros computadores ou o acesso aos principais *softwares* presentes no mercado, pode-se afirmar que sua durabilidade está esgotada em termos práticos.

Adicionalmente, é importante observar que existe maior motivação econômica para o produtor adotar estratégias de redução artificial da durabilidade de um produto nos casos em que a aquisição adicional do mesmo produto acrescenta pouca ou nenhuma utilidade para o adquirente.[3]

Livros de romance, por exemplo, são claramente bens de consumo duráveis. No entanto, a propriedade de alguns livros de romance não constitui relevante desestímulo à aquisição de novos pelo mesmo consumidor, exceto no que diz respeito aos mesmos títulos. A aquisição de livros de romance adicionais configura, portanto, um *complemento* de utilidade para o adquirente.

Por outro lado, a propriedade de uma família sobre um fogão em boas condições de uso implica em inegável fator de desestímulo à aquisição de um fogão adicional. Muito provavelmente, a família apenas adquirirá um novo fogão quando o anterior não mais reunir condições satisfatórias de uso. A aquisição do novo fogão, quase certamente, estará dotada de um caráter de *substituição*, normalmente envolvendo inclusive a alienação ou simples descarte do aparelho anterior.

1. S. Bruna, *O Poder Econômico e a Conceituação do Abuso em seu exercício*, p. 100.

2. C. Salomão Filho, *Direito Concorrencial — As Condutas*, p. 185.

3. D. Rangnekar, *Planned Obsolescence and Plant Breeding: Empirical Evidence from Wheat Breeding in the UK (1965-1995)*, p. 3.

Supõe-se, desse modo, que a "tentação" para a adoção de estratégias de obsolescência programada será muito maior para o produtor de fogões do que para o produtor de romances.

Cumpre ressaltar, outrossim, que bens cujos valores de mercado sejam determinados em parte por suas reputações de durabilidade ou por suas características tradicionais (estáveis ao longo do tempo) são menos propícios a sofrerem obsolescência programada, ainda que satisfaçam as duas condições estabelecidas acima, quais sejam: a longa durabilidade e a baixa utilidade marginal na aquisição de produto adicional idêntico.

Podemos citar como exemplos de bens de tal natureza as câmeras fotográficas *Leica*, pianos, ou violinos. Conclui-se, dessa forma, que a suscetibilidade de um bem à incorporação de novas tecnologias é crucial na determinação da viabilidade da aplicação de estratégias de obsolescência programada à sua comercialização por parte do produtor.

Por fim, questiona-se se pode haver a adoção de estratégias de obsolescência programada quanto a serviços. Ainda que de modo sujeito a adaptações, deve-se optar pela resposta positiva. Imagine-se o caso de uma empresa que contrata serviços de assistência técnica para determinados computadores pelo prazo de três anos, junto ao fabricante destes. Antes que se encerre tal período, o fabricante lança um novo modelo de rede, ao qual tais computadores não são capazes de se adaptar, tornando-os rapidamente obsoletos. Neste caso, os serviços de assistência técnica tornar-se-ão igualmente obsoletos antes de decorrido o período de tempo economicamente ótimo.

Estabelecidas estas premissas iniciais, passamos a analisar os principais contornos do conceito de obsolescência programada. A existência e a utilidade de um bem durável atravessa (por definição) diferentes períodos de tempo, de modo a que a demanda pelo mesmo produto em qualquer dado momento será sempre parcialmente determinada pela sua quantidade já presente no mercado, adquirida no passado.

Logo, a maior durabilidade de um produto que satisfaça as condições estabelecidas acima implica, inevitavelmente, que o seu produtor deva aguardar um período maior de tempo até a próxima venda e que, no longo prazo, o número total de vendas será menor.[4] Nesta situação, haverá grande estímulo para que o produtor empregue estratégias que reduzam a durabilidade de seus produtos, antecipando a sua substituição pelos consumidores.

No entanto, para que seja possível a adoção com sucesso de estratégias de obsolescência programada é indispensável que o produtor possua poder econômico no mercado. Apenas haverá sentido em buscar a redução da durabilidade de produtos no mercado se o produtor acreditar que efetivamente reúne as condições necessárias para satisfazer e controlar a demanda adicional resultante deste processo.

Caso contrário, a redução da durabilidade dos produtos apenas fará com que os consumidores migrem para produtos concorrentes, ou então, que o aumento relativo dos preços derivado da obsolescência programada (a necessidade de substituições mais freqüentes significa preços mais altos para os consumidores) atraia agentes econômicos de outros setores para aquele mercado.

Nesse sentido, temos que, por um lado, a implantação com sucesso de estratégias de obsolescência programada está inicialmente condicionada a uma forte presença do produtor em seu respectivo mercado relevante (em termos estáticos de *market share*[5]). Os limites de tal mercado, por sua

4. "(...) at the time the monopolist is deciding on introducing a new model into the market, the old version is still being used, and in effect the monopolist competes with himself" (J. Ruiz, *Another Perspective on Planned Obsolescence. Is There Really Too Much Innovation?* p. 2).

5. L. Schuartz, *Poder Econômico e Abuso do Poder Econômico no Direito de Defesa da Concorrência Brasileiro*, p. 18.

vez, serão demarcados pelo impacto que a situação geográfica e as possibilidades (culturais e técnicas) de intercâmbio do produto por outros terão sobre seu índice de elasticidade cruzada[6] em relação a seus sucedâneos mais próximos.

Quanto menor for tal elasticidade, maior será a margem dentro da qual o produtor poderá manipular a durabilidade de seus produtos sem que um número sensível de consumidores opte por sucedâneos imperfeitos ou simplesmente cesse o consumo de tal bem.

Por outro lado, para que as estratégias de obsolescência permaneçam viáveis ao longo do tempo, o mercado relevante em questão deverá ainda ter como característica a presença de consideráveis barreiras de entrada. De outro modo, agentes econômicos de outros setores buscarão ingressar naquele mercado para tentar desfrutar de parte dos ganhos adicionais criados pelas práticas de obsolescência programada.

Percebe-se, portanto, a existência de vínculos basilares entre a redução artificial da durabilidade de produtos e as estruturas de mercado, tornando a questão de interesse para o Direito Concorrencial. É possível notar, igualmente, que a obsolescência programada tem no poder de mercado um de seus pressupostos, ao mesmo tempo em que consiste em uma das possíveis manifestações de seu exercício.

É por esta razão que, a despeito da adoção de estratégias de obsolescência programada enquadrar-se, a rigor, no campo das condutas de interesse do Direito Concorrencial, a questão vincula-se profunda e estreitamente com as estruturas de mercado.

No que se refere mais diretamente ao conceito de obsolescência programada, tomamos como ponto de partida o modelo econométrico desenvolvido por Jeremy Bulow, o qual busca demonstrar que, em termos de maximização de lucros, convém racionalmente ao produtor monopolista de bens duráveis (i) alugar tais produtos e, não sendo isto possível por questões culturais, legais ou de mercado, (ii) buscar reduzir a sua durabilidade em níveis antieconômicos.[7]

Em termos extremamente simplificados, reiterando o nosso foco jurídico e não econômico da questão, o modelo formulado por Bulow explica a preferência do produtor em, primeiramente, alugar os produtos duráveis e, alternativamente, reduzir sua durabilidade, em função do papel que os produtos já presentes no mercado exercem sobre a demanda por novos, em um determinado momento.

Basta pensarmos em uma situação em que o produto durável ainda não foi lançado, ou seja, sua quantidade no mercado é nula. Com a passagem do tempo, e gradual aquisição do produto pelos consumidores, a quantidade de produtos já adquiridos passa a influir cada vez mais na demanda pela aquisição de novos. Finalmente, a demanda tenderia a se estabilizar no ponto em que a maioria das aquisições ocorresse estritamente em função da substituição de produtos anteriormente adquiridos, em um nível muito mais baixo do que a demanda inicial.

Em suma, a tendência é se alcançar uma situação em que o mercado por produtos novos restrinja-se ao de substituição de produtos avariados, extraviados etc. O crescimento permanente da demanda ocorreria então apenas em função do aumento vegetativo do mercado.

Se o produtor, entretanto, opta por alugar os produtos duráveis, continuará então a auferir renda a partir dos produtos que já se encontram na posse dos consumidores. Tais produtos que estão nas mãos do público consumidor deixam de ser um entrave à renda do produtor (diminuindo a demanda por novos produtos) para tornarem-se um fator de ganho.[8]

6. M. Possas, *Os Conceitos de Mercado Relevante e de Poder de Mercado no Âmbito da Defesa da Concorrência*, p. 78.

7. Bulow, *An Economic Theory of Planned Obsolescence*, p. 730.

8. Esta prática não é tão incomum quanto parece, tendo sido adotada por diversas empresas de

No entanto, por uma série de razões, pode ser inviável para o produtor alugar os bens produzidos. Os consumidores, por exemplo, não terão qualquer estímulo para adquirir insumos, acessórios ou investir em melhorias sobre os mesmos produtos se não forem seus proprietários. Freqüentemente, estes mercados cativos (*locked-in markets*) constituem uma parte relevante dos ganhos do produtor, que buscará preservá-los, na medida do possível.

Além disso, o aluguel de bens envolve riscos como o furto, apropriação etc. Se os produtos são de pequeno valor individual e o público consumidor é pulverizado, estes custos de gestão da locação podem se tornar simplesmente intoleráveis. Por fim, pode ocorrer que o produtor seja simplesmente proibido de alugar os seus produtos em função de determinação legal, judicial ou administrativa.

Em tais casos, portanto, o produtor tende a buscar uma forma alternativa de aproximar os ganhos obtidos com a venda do produto àqueles que obteria com a sua locação. Uma das maneiras de reduzir o efeito negativo exercido pelos produtos que já se encontram no mercado é buscar reduzir a sua duração.

Uma das mais poderosas formas de um produtor diminuir a durabilidade de seus produtos será através da manipulação da adaptabilidade dos novos produtos àqueles da linha anterior. Assim, as inovações introduzidas nos novos produtos não precisam ser relevantes para que se verifique a obsolescência programada. Basta apenas que tais inovações justifiquem ao produtor tornar os produtos velhos incompatíveis com os novos, empurrando os primeiros gradualmente para o "ostracismo".

Mesmo na hipótese de produtores de bens (e, portanto, de mercados) distintos vislumbra-se estímulo econômico para a adoção de condutas concertadas tendentes à obsolescência programada de produtos. É o caso, por exemplo, de produtores de bens diversos, mas complementares, cuja propriedade simultânea constitui, reciprocamente, um requisito para sua utilização, tais como pneus e automóveis ou *softwares* e computadores.

Neste último caso, por exemplo, os dois produtores podem adotar condutas concertadas de modo que o lançamento de um novo *software* exija computadores mais poderosos e, inversamente, novos computadores sejam construídos de modo a apenas operar com os *softwares* mais recentes.

Com efeito, ainda que não existam entendimentos expressos entre produtores diferentes, a Teoria dos Jogos demonstra a possibilidade de concerto tácito de condutas.[9] Em uma situação de oligopólio, por exemplo, os produtores podem ajustar suas condutas para obedecerem ao mesmo ritmo de introdução de novas tecnologias de pouca relevância (que será mais acelerado do que seria em ambiente de competição) e de grande relevância (que será menos acelerado do que seria em ambiente de competição).

3. *Ineficiência e prejuízo social*

Em uma situação ideal, de concorrência quase perfeita (a simples admissão da existência de tecnologias apropriáveis já nos impede de adotar o modelo teórico da concorrência perfeita), deveria haver pressões de mercado conduzindo cada produtor individual a adicionar a seus produtos, integral e imediatamente, todas as novas tecnologias desenvolvidas.

Além disso, supondo o acesso amplo e imediato a informações precisas por todos os produtores e consumidores, cada produtor individual deveria ainda ser pressionado para vender apenas produtos de alta durabilidade, sob pena de perder espaço no mercado para concorrentes que fornecessem mercadorias de qualidade superior.

telefonia dos EUA no passado, como a AT&T. Como exemplo próximo e atual, podemos citar ainda o caso dos aparelhos de recepção de sinal de TV a cabo.

9. C. Salomão Filho, *Direito Concorrencial — As Condutas*, p. 27.

No entanto, como vimos acima, existindo estruturas de concentração de mercado podem os produtores manipular a introdução de novas tecnologias, buscando alterar artificialmente a durabilidade dos produtos já presentes no mercado.

Para fins analíticos, poderíamos simplificadamente dividir os prejuízos hipoteticamente vislumbrados com a obsolescência programada dentro de três áreas principais: a relativa ao desenvolvimento tecnológico, a estritamente econômica e a do meio ambiente.

A repercussão da obsolescência programada para a questão do desenvolvimento tecnológico consiste em um dos pontos mais polêmicos da doutrina econômica a respeito da matéria. Existem tanto posições que entendem que a obsolescência programada seja um grave entrave ao desenvolvimento técnico e à disseminação de novas tecnologias, como os que entendem que este fenômeno está na raiz dos grandes e constantes avanços de nosso tempo.

A repercussão negativa baseia-se principalmente no fato de que, não havendo relevante pressão de mercado, o produtor introduziria as inovações apenas de forma "homeopática", na exata medida em que estas servissem para reduzir ou aniquilar a utilidade dos produtos já em circulação. Assim, haveria constante introdução de melhorias pouco relevantes, ao invés de melhoras substanciais, afastadas umas das outras no tempo.

Em resumo, a obsolescência programada leva a um número artificialmente alto de transições tecnológicas, as quais sempre implicam em elevados custos de adaptação. Esse fato (a ineficiência na oferta), leva os consumidores a racionalmente defenderem-se da obsolescência programada, retardando ao máximo a aquisição de novas tecnologias. Assim, cria-se ineficiência também no lado da demanda.

Ainda dentro da questão dos efeitos negativos da obsolescência programada no que se refere ao progresso técnico, podemos mencionar o fato de que os agentes econômicos detentores de posições dominantes de mercado tendem a ser conservadores quanto à introdução de novas tecnologias relevantes. Tais produtores, por definição, beneficiam-se das estruturas dos mercados relevantes em que participam. Ocorre que a introdução de novas tecnologias sempre implica o risco de que os processos produtivos de um dado setor sejam relevantemente alterados, provocando mudanças na estrutura e na distribuição de poder econômico do respectivo mercado.

A tecnologia introduzida por um oligopolista ou monopolista hoje pode ser associada a outras inovações e pode inspirar novos progressos em outras áreas, de modo a comprometer, no futuro, a posição de domínio detida por tal produtor. Por esta razão, monopolistas e oligopolistas tenderão a buscar a preservação do *status quo* tecnológico em que se assenta o seu domínio.

Um bom exemplo prático da hipótese acima aventada pode ser encontrado no caso das grandes produtoras de máquinas de escrever, na segunda metade do século XX. Os fabricantes passaram a produzir modelos eletrônicos cada vez mais sofisticados. No longo prazo, boa parte das inovações implementadas (tela digital, teclado eletrônico, impressão matricial etc.) foram incorporadas aos computadores pessoais, que acabaram por aniquilar o mercado das máquinas de escrever. Quando este processo de transição tecnológica se encerrou, boa parte dos "gigantes" de tal setor havia falido e alguns apenas, a duras custas, conseguiram migrar para outros nichos de atividade.

Desse modo pode-se concluir que, ao adotar estratégias de obsolescência programada, monopolistas e oligopolistas tenderão a utilizar predominantemente a introdução de novas tecnologias pouco relevantes, de caráter eminentemente "estético", com pouco potencial de revolucionar as estruturas dos mercados em que participam.

Como conseqüência, pode-se esperar que os grandes avanços tecnológicos provenham de empresas médias que, ao mesmo tempo, (i) reúnem as condições necessárias para investir na pesquisa e no desenvolvimento tecnológico e (ii) ainda buscam alcançar uma posição de domínio em um dado mercado, vislumbrando recompensas na possível alteração profunda de suas estruturas. Nas palavras do eminente Professor José Inácio Gonzaga Franceschini: "(...) as criações inovadoras parecem ser estimuladas pelas empresas com considerável poder de mercado (...); *porém, não são as grandes empresas que despontam com o maior número de criações* (...). A atividade criadora, em sua maior parte, cabe a indivíduos. Todavia, tais pessoas necessitam do concurso do capital *representado pela pequena e média empresa, que, na ânsia de se desenvolver e de captar maiores parcelas do mercado, estimulam as criações revolucionárias*, visando sua aplicação. *As empresas que detêm grande poder de mercado e que já possuem elevado grau de desenvolvimento tecnológico são mais avessas às inovações, mesmo porque estas podem afetar o mercado por elas já obtido*"[10] (destaques nossos).

No entanto, conforme esclarecido acima, existem modelos analíticos que propõem que estruturas de monopólio somadas a estratégias de obsolescência programada podem ter resultados benéficos para o progresso tecnológico. O argumento de tal teoria, paradoxalmente, tem como base a idéia de que a existência de monopólios ou oligopólios leva a custos sociais absolutos (e não mera redistribuição de renda em favor dos detentores de poder econômico), na medida em que a preservação de tais posições de domínio de mercado ao longo do tempo exige gastos socialmente improdutivos (tais como campanhas de *marketing* e aquisição de empresas concorrentes) ou mesmo corrosivos (como sabotagem de concorrentes, espionagem industrial e suborno de autoridades públicas).

Para os que sugerem tal efeito positivo, a adoção de estratégias de obsolescência programada por parte de um monopolista ou oligopolista significa que parte do *deadweight loss of monopoly*[11] será desviada para um fim socialmente proveitoso: a pesquisa e o desenvolvimento tecnológico. Dentro de tal concepção, a inovação tecnológica seria elevada a estratégia para manutenção de posição dominante de mercado.

No que tange a questão ambiental, ressalta-se o fato de que a obsolescência programada, ao reduzir o ciclo de vida dos produtos a uma duração abaixo do ponto ótimo técnico e econômico, leva a um maior dispêndio de energia e matérias-primas do que seria necessário em condições ideais de mercado.

Importa frisar que, ao se analisar cenários em que se vislumbra prejuízos sociais resultantes da obsolescência programada de produtos, não se faz qualquer juízo moral dos produtores individuais que utilizam tais estratégias, tampouco se busca atribuir-lhes qualquer desvio de caráter. Ao empregar estratégias de obsolescência programada, um dado produtor simplesmente age da maneira que, supostamente, deveria agir em um ambiente de mercado: busca racional e egoisticamente maximizar seus ganhos individuais.

É natural esperar que o empresário tente sempre percorrer a zona cinzenta da autonomia da vontade na esfera privada em sua extensão máxima, até deparar-se com um inequívoco obstáculo de ordem pública, cuja transposição inaugurará a ilicitude de sua conduta. Assim, o objetivo principal da análise da maioria dos estudiosos sobre a questão é, antes de qualquer coisa, verificar a adequação das políticas públicas e do arcabouço jurídico existente ao papel de impor o referido obstáculo, em nome do interesse público.

10. J. Franceschini, *Os Contratos de Tecnologia como Forma de Abuso do Poder Econômico*, p. 615.

11. S. Bruna, *O Poder...*, cit., p. 34.

4. A propriedade intelectual e a obsolescência programada

A propriedade intelectual, ao lado do sigilo industrial e do *know-how*, consiste em um dos principais instrumentos através dos quais um produtor detentor de poder econômico é capaz de ampliar seus ganhos derivados da introdução de novas tecnologias. Desse modo, ao assegurar ao titular de uma patente uma "pretensão negativa universal"[12] em relação à respectiva tecnologia o Estado cria inevitavelmente um "monopólio" e uma falha de mercado.

De fato, em seu estudo empírico sobre o mercado britânico de sementes de trigo, o Professor Dwijen Rangnekar destaca que uma das maiores dificuldades enfrentadas pelos oligopolistas de tal setor na adoção de estratégias de obsolescência programada deriva exatamente das deficiências legais existentes na proteção aos cultivares (em comparação com as patentes e modelos de utilidade) dentro do ordenamento jurídico daquele Estado.[13]

Cumpre recordar que os bens que integram a propriedade intelectual não se confundem com as coisas materiais e as energias por meio das quais se expressam. Os primeiros, ao contrário das segundas, têm a característica inconfundível de poderem ser apropriados por um número indeterminado de sujeitos. Nos dizeres do ilustre e saudoso Professor Tullio Ascarelli: "Mentre le cose materiale e le energie si presentano così insuscettibili di solidale godimento, sì che la disciplina giuridica parte proprio dall'impossibilità di un loro plurimo e simultaneo godimento che impone una loro ripartizione (...), le creazioni intellettuali sono invece suscettibili di simultaneo e plurimo godimento e *la loro ripartizione (invero frutto recente dello sviluppo giuridico) costituisce una limitazione, giuridicamente sancita, della naturale possibilità di un loro simultaneo godimento da parte di un numero indefinito di soggetti e perciò appunto abbisogna di una peculiare giustificazione e può essere dettata solo nei limiti della considerazioni che la giustifica*"[14] (destaque nosso).

A fundamentação lógica por trás de tal política do Estado reside, portanto, no fato de que os ganhos sociais finais vislumbrados com a proteção à propriedade intelectual (em termo de inovação, progresso técnico etc.) são maiores do que os prejuízos causados à livre concorrência.

Nesse sentido, se a Constituição Federal estabelece a função social de todos os bens de produção,[15] no caso da propriedade intelectual, que emerge como construção historicamente recente da própria lei, o interesse público na sua adequada utilização merece um papel ainda mais preponderante. Ainda de acordo com o Professor Ascarelli: "In sostanza è pur sempre nel pubblico interesse al progresso culturale e economico (...) che deve trovare la sua giustificazione l'esclusiva ed è perciò in questo che essa trova i suoi limiti, vuoi in relazione all'identificazione delle creazioni tutelate vuoi *in relazione alla sua durata e in genere alla sua disciplina*. Il conto, diciamo così, sociale dell' esclusiva può appunto trovare la sua giustificazione nel progresso culturale e economico, nonostante *l'elemento di rigidità che l'esclusiva pur introduce nel sistema*"[16] (destaques nossos).

Desse modo, a titularidade de propriedade intelectual implica em inequívoco poder-dever de efetiva utilização e, mais do que isso, de utilização adequada e produtiva, que leve ao bem comum.

Como vimos anteriormente, existem fortes razões para concluir que, sob certas circunstâncias, a proteção à propriedade intelectual adquire um caráter nocivo, pres-

12. F. Comparato, "Função social da propriedade dos bens de produção", p. 29.
13. D. Rangnekar, *Planned Obsolescence...*, cit., p. 13.
14. T. Ascarelli, *Teoria della Concorrenza e dei Beni Immateriali*, p. 295.
15. Constituição Federal de 1988, art. 170, III.
16. T. Ascarelli, *Teoria...*, cit., p. 308.

tando-se a práticas anticoncorrenciais e, paradoxalmente, inibindo o avanço técnico.

Neste caso, considerando as características peculiares da propriedade intelectual, cabe indagar se não seria conveniente buscar reformar o conteúdo da proteção a ela concedida pela lei, mais do que cogitar ferramentas casuísticas extremamente localizadas, como a quebra de patente por práticas anticoncorrenciais[17] em processo administrativo. A propriedade intelectual, como vimos, não é um pedaço de terra nua cuja efetiva e adequada utilização pode ser constatada, na maioria das vezes, por exame visual.

Desse modo, a prova prática do mau uso da propriedade intelectual será, na maioria das vezes, extremamente complexa, senão mesmo, impossível. Assim, entende-se que será no campo das estruturas de mercado e do conteúdo da proteção legal concedida à propriedade intelectual, e não na perseguição caso a caso de "infratores", que serão encontradas as respostas a questões como a obsolescência programada.

Dentro de um período histórico em que os ciclos de inovações se sucedem cada vez mais rapidamente, a própria duração demasiadamente longa concedida pela lei à propriedade industrial, por exemplo, deveria ser repensada. A vasta maior parte dos lucros auferidos pelo criador da nova tecnologia se verifica logo nos primeiros anos em que desfruta da proteção legal. No resto de tal período, a proteção apenas faz sentido para ele na medida em que impede o acesso de seus concorrentes a tal tecnologia, que (mesmo já provavelmente estando obsoleta) poderia ser utilizada em associação com outras idéias, ou mesmo inspirar novas criações.

Conforme sugere o Professor Comparato, poderiam ser implementadas soluções mistas que, após certo período, assegurariam simultaneamente a (i) utilização da nova tecnologia por todos os interessados e a (ii) justa remuneração do inventor: "Penso que as legislações nacionais deveriam criar um regime alternativo, compreendendo as atuais patentes e os certificados de invenção. Estes últimos atribuiriam, ao titular de uma invenção registrada, o direito não-exclusivo de sua exploração durante tempo limitado. Vale dizer que qualquer interessado teria direito a explorá-la, pagando regalias, cujo máximo percentual seria prefixado em decreto ou regulamento administrativo, de modo a evitar o abuso de poder econômico".[18]

Importa recordar, por fim, que todas estas questões relativas a propriedade intelectual são especialmente relevantes para países subdesenvolvidos como o Brasil, que possuem acentuado déficit na importação de tecnologias.

5. *Conclusão*

Ao dar por encerrado este pequeno estudo, cumpre recapitular algumas das conclusões extraídas da doutrina analisada. Em primeiro lugar, buscou-se delinear os contornos gerais do fenômeno da obsolescência programada para, em seguida, chamar atenção para as suas relações com as estruturas monopolistas e oligopolistas de mercado.

Mais adiante, partindo da doutrina econômica da matéria, buscamos demonstrar a possibilidade, ao menos hipotética, de que a adoção de estratégias de obsolescência programada causa danos à coletividade, em termos econômicos, ambientais e de entrave ao progresso técnico.

Coube, por último, discorrer sobre o papel que as distorções na legislação da proteção à propriedade intelectual exercem na viabilidade de práticas como obsolescência programada. Com base em tais conclusões preliminares, repete-se aqui a conclusão de parte da doutrina no sentido de

17. Lei Federal 8.884/1994, art. 24, II, *a*.

18. F. Comparato, "A transferência empresarial de tecnologia para países subdesenvolvidos: um caso típico de inadequação dos meios aos fins", p. 49.

que (i) faz-se necessário tratamento legal concorrencial específico para mercados de bens duráveis suscetíveis a práticas similares à obsolescência programada e (ii) de que a legislação de proteção à propriedade intelectual deveria ser reformulada, buscando um novo ponto de equilíbrio entre a justa remuneração do autor e a difusão de novas tecnologias.

Novembro de 2003.

6. Bibliografia

ASCARELLI, Tullio. *Teoria della Concorrenza e dei Beni Immateriali*. 3ª ed., Milão, Dott. A Giufrè, 1960, p. 911.

BRUNA, Sérgio Varella de. *O Poder Econômico e a Conceituação do Abuso em seu Exercício*. 1ª ed., São Paulo, Ed. RT, 1997, p. 190.

BULOW, Jeremy. "An economic theory of planned obsolescence", in *Quarterly Journal of Economics* 101/729-749, 1986.

COMPARATO, Fábio Konder. "Função social da propriedade dos bens de produção", in *Direito Empresarial: Estudos e Pareceres*. São Paulo, Saraiva, 1995, pp. 27 a 37.

_______. "A transferência empresarial de tecnologia para países subdesenvolvidos: um caso típico de inadequação dos meios aos fins", in *Direito Empresarial: Estudos e Pareceres*. São Paulo, Saraiva, 1995, pp. 39 a 53.

FRANCESCHINI, José Inácio Gonzaga. "Os contratos de tecnologia como forma de abuso do poder econômico", in FRANCESCHINI, José Inácio Gonzaga e FRANCESCHINI, José Luiz Vicente de Azevedo, *Poder Econômico: Exercício e Abuso — Direito Antitruste Brasileiro*. São Paulo, Ed. RT, 1985, p. 609.

POSSAS, Mario Luiz. "Os conceitos de mercado relevante e de poder de mercado no âmbito da defesa da concorrência", in POSSAS, Mario Luiz (org.) *et allii*, *Ensaios sobre Economia e Direito da Concorrência*. São Paulo, Singular, 2002, pp. 75-97.

RANGNEKAR, Dwijen. *Planned Obsolescence and Plant Breeding: Empirical Evidence from Wheat Breeding in the UK (1965-1995)*. Londres, Kingston University, 2001, p. 21.

RUIZ, Juan M. *Another Perspective on Planned Obsolescence: Is There Really Too Much Innovation?* Madri, Universidade Carlos III, 2002, p. 41.

_______. *Yet Another Perspective on Planned Obsolescence: Is There Really Too Much Innovation?* Madri, Universidade Carlos III, 1998, p. 20.

SALOMÃO FILHO, Calixto. *Direito Concorrencial — As Condutas*. 2ª ed., São Paulo, Malheiros Editores, 2003, p. 336.

_______. *Direito Concorrencial — As Estruturas*. 2ª ed., São Paulo, Malheiros Editores, 2002, p. 375.

SANDRONI, Paulo. *Novíssimo Dicionário de Economia*. São Paulo, Best Seller, 1999, p. 650.

SCHUARTZ, Luís Fernando. "Poder econômico e abuso do poder econômico no direito de defesa da concorrência brasileiro", in *RDM* 94/13-27, Nova Série, Ano XXXIII, 1994.

SILVEIRA, Newton. *A Propriedade Intelectual e as Novas Leis Autorais*. 2ª ed., São Paulo, Saraiva, 1998, p. 346.

ASPECTOS GERAIS DO SISTEMA DE MARCAS: O REGISTRO E O RISCO DE CONFUSÃO

André Luís Amoroso de Lima

1. Escorço histórico. 2. Propriedade intelectual — Direito autoral e propriedade industrial: 2.1 Bens da propriedade industrial. 3. Do direito de marcas: 3.1 A nova Lei da Propriedade Industrial; 3.2 Conceito de marca de empresa; 3.3 Classificação legal de marca de empresa (art. 123 da LPI): 3.3.1 Marca de produto e/ou serviço; 3.3.2 Marca de certificação; 3.3.3 Marca coletiva; 3.4 Classificação quanto à forma: 3.4.1 Marca nominativa; 3.4.2 Marca figurativa; 3.4.3 Marca mista; 3.4.4 Marca tridimensional; 3.5 Classificação quanto ao seu conhecimento: 3.5.1 Marca de alto renome (art. 125 da LPI); 3.5.2 Marca notória (art. 126 da LPI). 4. Registro da marca: 4.1 Do princípio da especialidade; 4.2 Do pedido de registro de marca. 5. Risco de confusão: 5.1 Regra da impressão de conjunto; 5.2 Regra da teoria da distância. 6. Risco de confusão diante da reprodução e da imitação: 6.1 Risco de confusão diante da reprodução (total, parcial e com acréscimo); 6.2 Risco de confusão diante da imitação; 6.3 A sondagem como meio de prova do risco de confusão. 7. Considerações finais. 8. Bibliografia.

1. Escorço histórico

Há quem sustente que o surgimento da marca, no seu sentido mais simples, como sendo um sinal aposto para identificar e distinguir objetos semelhantes, deu-se concomitantemente ao aparecimento do homem. Observe-se que os sinais nas polpas dos dedos de cada ser humano (impressões digitais) servem como meio de identificação e distinção individual (Soares, 1988, p. 7).

Apesar da sua existência remota, em princípio, as marcas não tinham a mesma finalidade que lhes é atribuída atualmente, utilizadas para identificar e individualizar produtos e/ou serviços a fim de que não se confundam com outros similares. A história nos revela, por exemplo, a aposição do nome de Ramsés III em seus inimigos, cuja finalidade era identificar os resultados de suas conquistas. Na Antigüidade, usavam-se marcas no gado, nas ferramentas de trabalho e em outros objetos, como sinais de propriedade.

É certo que os artífices gregos gravavam sinais nos objetos que produziam, seja como uma tendência natural do ser humano de impor às suas criações o cunho de sua personalidade ou então de marcá-los como identificação de propriedade. Acontece que este é um costume difundido desde os povos primitivos, não podendo ser emprestado o mesmo caráter econômico hoje dado às marcas de empresa.

Não obstante, é na Idade Média, com o substancial desenvolvimento do comércio, que o uso de marcas passou a individualizar a grande variedade de produtos colocados à venda nas feiras e rotas de comércio. Elas identificavam os produtos de acordo com as respectivas corporações de ofício de onde se originavam; afinal, lá nas corporações os produtos eram submetidos a exame e aprovação, garantindo com isso a sua qualidade aos compradores.

Pois bem. Como a temos hoje, a marca conquista relevância após a Revolução Industrial, justamente em razão do desenvolvimento da indústria em todos os seus setores e do emprego de novos métodos de trabalho para auferir-se maiores ganhos. A proliferação acentuada das indústrias, com a produção em série, deu ensejo a uma grande variedade de produtos semelhantes, que necessariamente demandaram a criação de mecanismos de identificação para distingui-los uns dos outros.

Não bastasse o desenvolvimento industrial já mencionado, a implementação do modelo econômico capitalista consolidou um mercado altamente competitivo. Daí depreende-se o interesse do empresário de apresentar ao mercado o padrão impresso na confecção dos seus produtos. A finalidade é reunir uma clientela que possa ser a razão da sua atividade econômica. As pessoas só elegem determinado produto para consumir, por entender que ele é satisfatório a suprir as suas necessidades. Depois de estabelecida a credibilidade no produto, o consumidor se torna fiel a ele, passando amiúde a consumi-lo. A identificação de cada produto junto aos consumidores se tornou possível com o emprego da marca em seus rótulos e embalagens.

Além disso, convém salientar que os resultados obtidos no desenvolvimento de um determinado produto dependem do esforço que cada empresário emprega na sua realização. A utilização de sistemas de trabalho diferenciados, a qualificação do trabalhador contratado, a matéria-prima empregada, enfim, os meios e as formas conforme são realizadas a sua produção, individualizam cada produto. Essa individualização também se efetiva mediante a aposição das marcas.

Veja-se então que todo o esforço empregado pelo empresário de boa-fé na exploração da sua atividade econômica é merecedor de proteção pelo ordenamento jurídico, principalmente visando a evitar que o empresário desleal se utilize conceito dos produtos do concorrente na promoção dos seus.

Como já foi dito, devem ser consideradas as diuturnas elucubrações em torno da exploração econômica, os desgastes físico e intelectual do empresário, e todo o capital despendido na busca incessante de resultados satisfatórios da atividade empresarial. Não se pode tolerar, assim, que o ato desleal de se colocar um produto no mercado com a utilização da boa reputação do produto alheio, assinalando-o com marca idêntica, possa prevalecer.

De outro modo, os efeitos do uso indevido de marca alheia na promoção de produtos de falsa procedência alcançam interesses coletivos (dos consumidores), inclusive. Como a função do sinal distintivo é identificar dentre outros semelhantes o pretenso produto e/ou serviço ao consumo, quer por sua qualidade ou por qualquer outro motivo, é certo que haverá violação de direitos, se acaso ele não corresponda àquele de fato eleito pelo consumidor. Ora, o consumidor elege determinado produto e/ou serviço, por entender satisfatório a suprir as suas necessidades; agora, tamanho desrespeito é o empresário malicioso levá-lo a consumir um produto e/ou serviço distinto daquele realmente pretendido, com a aposição de marca alheia.

Pelo visto, a marca chega em nossos dias com traços bem distintos daqueles outrora adotados pelos povos primitivos. Desde que utilizada na Idade Média como marca de empresa, para distinguir os produtos vendidos nas feiras e rotas comerciais, tendo daí sim aferido relevância econômica, houve uma maior preocupação por parte dos então comerciantes, que justificasse a sua regulamentação pelo Direito. Com isso, a cada dia se tem aprimorado os estudos acerca desses sinais, fundando-se sempre na valorização do trabalho humano e na livre iniciativa, para efeito de proporcionar uma convivência digna, conforme os ditames da justiça social.

2. *Propriedade intelectual —Direito autoral e propriedade industrial*

Da relação existente entre o ser humano e os bens dispostos na natureza, para efeito de que as necessidades da vida sejam supridas, tanto as materiais como as espirituais, decorre atividade criadora. Contudo, ora essa criação está no campo da técnica e ora no da estética (Silveira, 1998, p. 3).

Observe-se que para o exercício profissional de atividade econômica organizada para a produção ou a circulação de bens ou de serviços, o empresário, mediante mobilizações físicas e intelectuais, organiza bens da natureza, transmitindo para a empresa a sua própria impressão pessoal. Neste caso, a criação está no campo da técnica, porque, o produto dos seus esforços supre exclusivamente as necessidades materiais de sobrevivência do ser humano, com a produção ou a circulação de bens ou serviços.

Já é diferente do que ocorre com as obras artística, literária ou científica, cuja atividade criadora constitui obra de satisfação do espírito humano e de estimulação do sentimento estético. O artista, por exemplo, ao executar a pintura de uma determinada tela, produz para a satisfação espiritual, tanto que se preocupa com o estudo racional do belo.

A capacidade criadora do ser humano se desenvolve ora no campo da técnica, quando se busca a aplicação prática da criação no mundo exterior, material, e ora no campo da estética, quando os efeitos da criação são gerados no mundo interior da percepção humana.

Pois bem: delineados os campos da indústria e da arte, literatura e ciência, de acordo com os resultados da criatividade humana, o Direito reserva a tutela ao trabalho intelectual, genericamente chamado Direitos da Propriedade Intelectual, dividindo a proteção jurídica em: Direito de Autor e Propriedade Industrial.

As criações no campo da estética são protegidas pelo Direito Autoral e as criações no campo da técnica pelo Direito da Propriedade Industrial, sendo diferenciados juridicamente nos seguintes aspectos:

a) *quanto à origem do direito*:

O empresário se torna titular do uso exclusivo da marca ou de qualquer outro bem da propriedade industrial (invenção, modelo de utilidade, desenho industrial), tão-somente após a expedição do certificado de registro ou da carta patente pelo INPI (Instituto Nacional da Propriedade Industrial). Isto significa dizer que o ato administrativo pelo qual o empresário tem reconhecido o seu direito industrial é de natureza constitutiva.

De outro modo, o direito de exclusividade do criador de obras artística, literária ou científica decorre da mera criação. Vale dizer: o registro junto aos órgãos competentes de obras artística, literária ou científica é de natureza declaratória, apenas ratifica um direito já constituído com o exercício da atividade criativa. Nesse caso, a finalidade do registro é apenas comprobatória da anterioridade da criação.

b) *quanto à extensão da tutela jurídica*:

Enquanto o Direito Autoral protege a forma, a idéia exteriorizada, a Propriedade Industrial procura proteger não apenas a forma, mas a própria idéia inventiva.

O escritor de uma obra literária, por exemplo, não incorrerá em plágio se publicar um livro, abordando sobre tema dantes escrito, desde que a sua forma seja outra. Não é original o tema sobre o qual já se tenha escrito anteriormente, muito embora a maneira pela qual a abordagem é feita, diverge e, assim, a obra recebe proteção do Direito Autoral.

Com relação à Propriedade Industrial, resultaria indeferido, por exemplo, o pedido de patente de invenção já patenteada, ainda que exteriorizada de maneira diferente num suporte material. Nesse caso, as criações se originam de idéias idênticas, porquanto, insuscetíveis de serem patenteadas. A maior preocupação da Propriedade Industrial é proteger a idéia decorrente da invenção.

2.1 Bens da propriedade industrial

Entre os bens integrantes da propriedade industrial, que por sua vez são partes integrantes do estabelecimento empresarial, estão:

a) *Invenção*: por oferecer extrema dificuldade para que sejam estabelecidos os seus exatos contornos, a legislação não se atreveu a conceituar o instituto em referência. Alguns de seus elementos são facilmente percebidos (criação do espírito humano, ampliação do domínio humano sobre a natureza etc.), mas insuficientes para definir-se invenção.

Preferiu o legislador valer-se do método de exclusão, elencando as atividades criativas do homem não consideradas invenção.

> Art. 10 da LPI: Não se considera invenção (...):
>
> I — descobertas, teorias científicas e métodos matemáticos;
>
> II — concepções puramente abstratas;
>
> III — esquemas, planos, princípios ou métodos comerciais, contábeis, financeiros, educativos, publicitários, de sorteio e de fiscalização;
>
> IV — as obras literárias, arquitetônicas, artísticas e científicas ou qualquer criação estética;
>
> V — programas de computador em si;
>
> VI — apresentação de informações;
>
> VII — regras de jogo;
>
> VIII — técnicas e métodos operatórios ou cirúrgicos, bem como métodos terapêuticos ou de diagnóstico, para aplicação no corpo humano ou animal; e
>
> IX — o todo ou parte do seres vivos naturais e materiais biológicos encontrados na natureza, ou ainda que dela isolados, inclusive o genoma ou germoplasma de qualquer ser vivo natural e os processos biológicos naturais.

b) *Modelo de utilidade*: representa uma espécie de aperfeiçoamento da invenção, pois, embora não seja um invento por inteiro, decorre de atividade inventiva. São recursos agregados às invenções, que ampliam a sua possibilidade de utilização. Tal recurso deve constituir um avanço tecnológico, de aplicabilidade industrial e passível de convencer um *expert* sobre a sua engenhosidade.

> Art. 9º da LPI: É patenteável como modelo de utilidade o objeto de uso prático, ou parte deste, suscetível de aplicação industrial, que apresente nova forma ou disposição, envolvendo ato inventivo, que resulte em melhoria funcional no seu uso em sua fabricação.

c) *Desenho industrial*: não amplia a função utilitária do objeto, tão-somente imprime alterações com relação a sua forma. Veja-se:

> Art. 95 da LPI: A forma plástica ornamental de um objeto ou o conjunto ornamental de linhas e cores que possa ser aplicado a um produto, proporcionando resultado visual novo e original na sua configuração externa e que possa servir de tipo de fabricação industrial.

O presente instituto se aproxima muito do *design* da obra artística, ambos não contribuem para o aumento da utilidade do objeto em si, apenas prestam contribuição estética, ligada a sua forma. A diferença se encontra na função utilitária do objeto revestido de Desenho Industrial. Ao contrário, o objeto de obra de arte não oferece nenhuma utilidade, senão, o de satisfação do espírito humano e de estímulo do sentimento estético; e

d) *Marca*: tudo aquilo que é realizável graficamente, porquanto, passível de percepção visual, utilizado na apresentação de produtos e/ou serviços ao mercado. Assim, as marcas devem ser inconfundíveis umas das outras, pois, são instrumentos de identificação de mercadorias (produtos/serviços) levadas ao consumo.

3. Do direito de marcas

Após ter percorrido um longo trajeto na evolução histórica e tendo agora chegado aos nossos dias como um instrumento utilizado para distinguir ou identificar produtos e/ou serviços apresentados ao mercado consumidor, as marcas se tornaram passíveis de proteção, principalmente porque, reduzidas à categoria de bem industrial, integrantes do estabelecimento empresarial, ganharam relevância econômica.

Aliás, dentre as inúmeras teorias que procuram explicar a natureza jurídica da marca, tais como: do direito natural, dos direitos intelectuais, do direito pessoal, do direito sobre bens imateriais, entre outras; consagra-se aquela que a considera como um direito de propriedade, eminentemente de cunho patrimonial. Segundo o Professor Tinoco Soares, "(...) a marca, acima de tudo constitui-se em direito de propriedade, e uma vez adquirida cabe ao seu titular o *ius utendi, fruendi et abutendi*" (Soares, 2000, p. 81).

Em resumo, o Direito de Marcas procura combater a conduta de alguns empresários maliciosos que utilizam o conceito de produtos e/ou serviços líderes no mercado para promoverem os seus. São assinalados produtos de falsa procedência, como se fossem líderes no mercado, com a finalidade de fraudar as regras da livre concorrência.

Por outro lado, o combate à contrafação das marcas quer também proteger a todos os cidadãos de estarem consumindo produto e/ou serviço distintos dos escolhidos inicialmente. Até porque, as marcas são sinais distintivos, realizáveis por meio de suas aposições em embalagens, nas notas fiscais, nos anúncios, nos uniformes dos empregados, nos veículos etc., procurando identificar direta e indiretamente cada produto e/ou serviço de outro semelhante ou afim.

Pelo visto, o direito de marcas pretende não só manter entre os empresários uma leal concorrência, assegurando-lhes a colheita dos frutos dos seus trabalhos, mas, objetiva, por seu turno, proteger o consumidor de não ser enganado em relação à falsa procedência dos produtos e/ou serviços consumidos.

3.1 A nova Lei da Propriedade Industrial

Com a adoção, no início da década de 1990, de uma política econômica voltada à abertura para o livre comércio internacional, calorosa discussão sobre a necessidade de uma nova legislação sobre propriedade industrial emergiu no meio governamental, empresarial e acadêmico (Gleber, 1998, p. 100).

Esta discussão ocorreu principalmente devido à inadequação legislativa e do baixo grau de proteção atribuído aos bens relativos à propriedade intelectual. A legislação pátria então vigente, alvo de críticas severas por parte da comunidade internacional, deveria ser revista imediatamente e amoldada à nova realidade do país, afinal, se aquela situação fosse mantida, as relações de comércio exterior possivelmente não se realizariam.

O processo de mudança na legislação acelerou ainda mais, a partir da celebração, em 15.4.1994, do Acordo Constitutivo da Organização Mundial do Comércio (OMC). A substituição do Código de Propriedade Industrial, Lei 5.772, de 21.12.1971, tornou-se indispensável. Observe-se que todos os países signatários da OMC, organização da qual o Brasil participa, deveriam atender ao Acordo sobre Aspectos da Propriedade Intelectual Relacionados com Comércio (TRIPs — *Trade Related Intelectual Property Rights*).

Nesse contexto, foi promulgada uma nova Lei brasileira da propriedade industrial (LPI — Lei 9.279, de 14.5.1996, Regula Direitos e Obrigações Relativos à Propriedade Industrial), que cuidou mormente de conquistar a credibilidade da comunidade internacional, adequando o ordenamento jurídico pátrio às convenções e tratados internacionais inerentes à proteção dos bens industriais.

3.2 Conceito de marca de empresa

Segundo o art. 122 da LPI, Lei que Regula Direitos e Obrigações Relativos à Propriedade Industrial, a marca é um sinal suscetível de percepção visual, que identifica, direta ou indiretamente, produtos e/ou serviços. Observe-se:

> Art. 122 da LPI: São suscetíveis de registro como marca os sinais distintivos perceptíveis visualmente, não compreendidos nas proibições legais.

Resumindo, a marca pode ser conceituada como sendo tudo aquilo que é realizável graficamente, porquanto, passível de percepção visual, e não compreendido nas proibições legais. Além de contribuir na apresentação de produtos e/ou serviços ao mercado, as marcas são neles apostas para distingui-los, direta ou indiretamente, de outros idênticos, semelhantes ou afins, suscetíveis de causar confusão.

Dessa maneira, as marcas devem ser necessariamente inconfundíveis umas das outras, pois, de um lado servem como meio de identificação para o consumidor dos produtos e/ou serviços apresentado ao mercado, e de outro servem para os empresários distinguirem os seus produtos e/ou serviços de outros passíveis de associação.

Considera-se ainda que o mencionado dispositivo legal proporcionou maior amplitude com relação à registrabilidade da marca, ao destacar a expressão: perceptíveis visualmente; afinal, os sinais tridimensionais também se tornaram passível de registro (Di Blasi, Garcia e Mendes, 2000, p. 175).

3.3 Classificação legal de marca de empresa (art. 123 da LPI)

3.3.1 Marca de produto e/ou serviço

É aquela utilizada pelo empresário para identificar diretamente a procedência dos serviços e/ou produtos oferecidos ao consumidor, objetivando distingui-los de outros idênticos, semelhantes ou afins.

3.3.2 Marca de certificação

É utilizada para atestar a conformidade do serviço e/ou produto oferecido pelo empresário com determinadas normas ou especificações técnicas, notadamente quanto à qualidade, natureza, material utilizado e metodologia empregada.

O titular da marca de certificação é sempre um agente econômico, um empresário sem interesse comercial ou industrial relacionado ao produto e/ou serviço a ser atestado (art. 128, § 3º, da LPI).

Para utilizar uma marca de certificação, o empresário interessado é submetido ao atendimento de condições constantes em regulamento registrado no INPI. Geralmente, está estabelecida no próprio regulamento a remuneração devida ao titular da marca. Este, por sua vez, responde judicial e extrajudicialmente por eventuais ilícitos decorrentes do uso indevido.

3.3.3 Marca coletiva

Nesse caso, a marca é usada para identificar produtos e/ou serviços provindos de membros de uma determinada entidade.

A titularidade da marca coletiva pertence sempre a uma associação empresarial, que congrega os empresários de determinados produtos e/ou serviços, ou de uma certa região, ou adeptos de uma específica ideologia.

Quanto ao uso de marca coletiva, são exigidas as mesmas condições para o uso da marca de certificação.

3.4 Classificação quanto à forma

3.4.1 Marca nominativa

É constituída por uma ou mais palavras no sentido amplo do alfabeto romano, compreendendo, também, os neologismos e as combinações de letras e/ou algarismos romanos e/ou arábicos ("INPI. Apresentação da marca", disponível na internet, <www.inpi.gov.br/marca/conteudo/m_oquee.htm>, 10.3.2001).

3.4.2 Marca figurativa

É constituída por desenho, imagem, figura ou qualquer forma estilizada de letra e número, isoladamente, bem como dos ideogramas de línguas tais como o japonês, chinês, hebraico etc. Nesta última hipótese, a proteção legal recai sobre o ideograma em si, e não sobre a palavra ou termo que ele representa, ressalvada a hipótese de o requerente indicar no requerimento a palavra ou o termo que o ideograma representa, desde que compreensível por uma parcela significativa do público consumidor, caso em que se interpretará como marca mista ("INPI. Apresentação da marca", cit.).

3.4.3 Marca mista

É constituída pela combinação de elementos nominativos e elementos figurativos ou de elementos nominativos, cuja grafia se apresente de forma estilizada ("INPI. Apresentação da marca", cit.).

3.4.4 Marca tridimensional

É constituída pela forma plástica (estende-se por forma plástica, a configuração ou a conformação física) de produto ou de embalagem, cuja forma tenha capacidade distintiva em si mesma e esteja dissociada de qualquer efeito técnico ("INPI. Apresentação da marca", cit.).

3.5 Classificação quanto ao seu conhecimento

3.5.1 Marca de alto renome (art. 125 da LPI)

Às marcas grandemente conhecidas, de renome que se estende por toda extensão territorial e transcenda o segmento de mercado para a qual foi originalmente destinada, a lei assegura proteção especial em todas as classes.

Em suma, marca de alto renome "é a marca conhecida por uma larga parte do público em geral e que diante de tal natureza e reputação não há para terceiros qualquer justificação para utilizá-la ou depositá-la" (Soares, 2001, p. 204).

3.5.2 Marca notória (art. 126 da LPI)

A lei atribui proteção especial à marca que incondicionalmente é conhecida em seu ramo de atividade, independentemente de ter sido registrada no Brasil. No entanto, a tutela se estende apenas à classe para qual ela se originou.

O ordenamento jurídico pátrio procurou adequar-se ao art. 6º *bis* (I) da Convenção de Paris, objetivando a repressão à contrafação de marcas. Vale ressaltar que a legislação brasileira estendeu a esfera de proteção para a marca de serviço, não mencionada pelo art. 6º *bis* (I) da Convenção de Paris.

Com o advento da LPI, o INPI adquiriu poderes para indeferir de ofício o pedido de registro de marca que reproduza ou imite, ainda que em parte, marca notória.

4. Registro de marca

É certo que, pelo menos no Brasil e na grande maioria dos países latinos, só se adquire a propriedade da marca a partir do seu registro válido no INPI (art. 129 da LPI). O legislador pátrio, para assegurar ao empresário a exclusividade de uso da marca, preferiu o sistema atributivo ao sistema declarativo de direito. Veja-se:

> Art. 129, da LPI: A propriedade da marca adquire-se pelo registro validamente expedido, conforme as disposições desta Lei, sendo assegurado ao titular seu uso exclusivo em todo o Território Nacional, observado quanto às marcas coletivas e de certificação o disposto nos arts. 147 e 148.

No caso do sistema declarativo, ao contrário do adotado no Brasil, o direito sobre a marca decorre do uso anterior de um sinal mediante a sua posse pela simples ocupação; vale dizer: o registro apenas reconhece um direito pré-constituído.

Agora, no tocante ao sistema atributivo, o direito de quem primeiro registrou validamente o sinal como marca prevalece sobre o direito do primeiro usuário; "(...) o direito apenas existe se e na medida em que esteja registrado a favor do respectivo titular" (Lopes de Oliveira, 2000, p. 8).

Observe-se ainda que a concessão do registro de marca pelo INPI está pautada na estrita legalidade. É nulo, portanto, o registro concedido em desacordo com as disposições da LPI. A lei prevê 3 (três) condições a que está sujeito o deferimento do registro de marca pelo INPI (Coelho, 2001, p. 152); quais sejam:

a) *novidade relativa*: para atender à sua finalidade de distinguir e identificar, direta ou indiretamente, produto e/ou serviço de outros idênticos, semelhantes ou afins, a marca deve ser nova. Entretanto, não é preciso criar um sinal nunca visto antes, para se fazer jus à concessão do registro. Deve-se é atribuir um novo significado aos sinais já existentes, dar-lhes uma utilização diversa capaz de não provocar confusão com um outro sinal registrado como marca.

b) *não-colidência com marca notória*: o fundamento legal se encontra no art. 126 da LPI. Como já foi dito, com o advento da LPI, o INPI adquiriu poderes para indeferir de ofício o pedido de registro de marca que reproduza ou imite, ainda que em parte, marca notória. Cuida-se de adequação da lei brasileira ao art. 6º *bis* (I) da Convenção de Paris, visando cumprir O compromisso internacional assumido de recusar ou invalidar registro e proibir o uso de marca que constitua reprodução, imitação ou tradução de uma outra pertencente a pessoa diversa, nascida ou domiciliada noutro país unionista; e

c) *desimpedimento*: a lei não permite o registro daqueles sinais indicados entre os 23 (vinte e três) incisos do art. 124 da LPI, muito embora, a sua utilização para identificar produtos e/ou serviços possa ocorrer. Acontece que sem o registro de um sinal como marca, não há como exercer o seu uso de modo exclusivo.

4.1 Do princípio da especialidade

Está presente no ordenamento jurídico pátrio e consagrado internacionalmente pela doutrina o princípio da especialidade em relação ao âmbito de proteção à marca registrada.

Isso significa dizer o seguinte: o direito de uso exclusivo da marca pelo seu titular está limitado à classe de produto ou serviço em que ela foi registrada junto ao INPI. A proteção do direito de uso exclusivo não alcança, portanto, produtos e serviços pertencentes a classes cuja concessão do registro não foi deferida.

Veja-se que para dar maior segurança e rapidez aos processos de pedido de registro, evitando, sobretudo, conflitos entre interessados na titularidade do direito de uso exclusivo de uma mesma marca, foi criada a classificação de produtos e serviços, com fundamento no princípio da especialidade.

Na realidade, o interessado só poderá requerer o registro de marca para a atividade exercida por ele. É admissível por conseqüência "o registro de marcas idênticas a outras já registradas se os respectivos produtos ou serviços identificados forem distintos. Eis o princípio da especialidade" (Lopes de Oliveira, 2000, p. 47).

Atualmente no Brasil, com quarenta e uma classes, sendo trinta e cinco de produtos (classe 1 a 35) e seis de serviços (classe 36 a 41), constituídas ainda por grupos de itens relativos a atividades similares, a referida classificação orienta o empresário a compatibilizar a atividade que exerce e o âmbito de proteção que deseja para o registro.

A Classificação de Produtos e Serviços brasileira foi instituída mediante o Ato Normativo INPI 0051, de 27.1.1981, tendo sido utilizada durante dezenove anos. Mas, com o Ato Normativo INPI 0150, de 9.9.1999, resolveu-se adotar, a partir de 3.1.2000, a Classificação Internacional instituída com o Acordo de Nice, de 15.6.1957, celebrado entre os países unionistas. Vale lembrar que o acordo da classificação internacional foi revisado em 1967 e 1977, nas cidades de Estocolmo e Genebra, respectivamente, e sofreu alteração em 1979, também em Genebra.

Sobre o princípio da especialidade, em decisão proferida no recurso especial 9.830-SP, o então Relator Ministro Dias Trindade, do STJ (Superior Tribunal de Justiça), manifestou-se no seguinte sentido:

> O direito de exclusividade de uso de marca, decorrente de seu registro no Instituto Nacional da Propriedade Industrial, é limitado à classe de atividade para a qual é deferido, não sendo possível e sua irradiação a outras classes de atividades, presente o princípio da especialidade (REsp 9.830-SP, Rel. Ministro Dias Trindade, *DJ* 10.6.1991).

Não obstante prevalecer o princípio da especialidade em relação ao âmbito de proteção à marca registrada, limitando o direito de exclusividade de uso à classe na qual o registro foi deferido, é sabido de todos que a sua aplicação merece atenção; principalmente neste momento de globalização econômica, as empresas divulgam facilmente no mundo todo os seus produtos ou serviços, além de diversificarem sobremaneira a sua área de atuação.

Observe-se que pode ocorrer de uma marca registrada ser confundida com outra, mesmo estando registrada em classes distintas. Isto é comum nas hipóteses em que marcas identificam produtos e/ou serviços afins ou semelhantes. Ou melhor, apesar de não pertencerem à mesma classificação adotada pelo INPI, os produtos e/ou serviços podem guardar uma certa relação entre si, ocasionando aí a colidência entre as marcas que os assinalam.

A afinidade dos produtos e/ou serviços pode decorrer do elo existente, por exemplo, entre: o continente e o conteúdo (açúcar/açucareiro); a matéria-prima e o produto (tecido/roupas); ou ainda por sua finalidade (dedal, agulha, tesoura, linha, máquina de costura).

Um caso clássico quanto à ampliação na interpretação do princípio da especialidade é o reconhecimento da afinidade entre os artigos de vestuário e os perfumes. As casas de alta costura mundial jamais deixaram de estar associadas aos perfumes e cosméticos (ex.: Chanel e o célebre n. 5).

Conclui-se daí que a aplicação do princípio da especialidade não pode ocorrer de maneira tal a relegar-se a segundo plano a principal finalidade do registro da marca, que é a garantia da lealdade concorrencial entre os empresários, privilegiando simples critérios estabelecidos pelo INPI para facilitar buscas e arquivamentos. É por isso que a apreciação da colidência de marcas de empresa não pode ser baseada exclusivamente em suas respectivas classes.

4.2 Do pedido de registro de marca

Consoante já foi anteriormente estudado, a concessão do registro da marca tem como fundamento a estrita legalidade. O sinal distintivo perceptível visualmente que se pretende levar a registro no INPI não pode estar entre as proibições constantes do art. 124 da LPI.

Assim o é justamente em razão do papel intervencionista que o Estado deve assumir perante a grandiosidade e relevância relativas às questões do sistema econômico, para, neste caso da marca, assegurar o direito à sua propriedade, constitucionalmente consagrado (art. 5º, XXIX, da CF/1988).

Art. 5º. (...).

XXIX — a lei assegurará aos autores de invento industriais privilégios temporário para a sua utilização, bem como proteção às criações industriais, *à propriedade das marcas*, aos nomes de empresas e a outros signos distintivos, tendo em vista o interesse social e o desenvolvimento tecnológico e econômico do País;

A concessão do registro da marca pelo Estado, cujo ato administrativo se dá mediante o INPI — Instituto Nacional da Propriedade Industrial, órgão vinculado ao MDIC (Ministério do Desenvolvimento, Indústria e Comércio Exterior); respeita o sistema de exame prévio. Além de verificar se o pedido de registro atende às formalidades legais, verifica-se também se as condições de registrabilidade estão presentes, tais como: não colidência com marca registrada, risco de confusão, ausência de registro anterior.

Há, portanto, um procedimento a ser seguido desde o pedido de registro até a sua concessão definitiva que, em resumo, consiste na busca prévia, no depósito, no exame do pedido e na decisão.

Convém colacionar aqui as indicações feitas pelo INPI a respeito do procedimento do registro de marca ("INPI. Apresentação da marca", cit.):

a) *busca prévia*: não é obrigatória, entretanto, é aconselhável ao interessado realizá-la antes de efetuar o depósito, na atividade que o sinal visa assinalar, com o intuito de verificar se já existe marca anteriormente depositada/registrada.

b) *depósito*: O pedido de registro de marca é requerido através de formulário próprio, no qual são prestadas informações e fornecidos dados sobre a marca e o requerente. Devem constar ainda do requerimento as etiquetas das marcas, quando for o caso, e o comprovante do pagamento da retribuição ao depósito.

c) *exame do pedido*: apresentando o pedido, será o mesmo submetido a exame formal preliminar e, se devidamente instruído, será protocolizado e publicado na *Revista da Propriedade Industrial* para apresentação de oposição, no prazo de 60 (sessenta) dias.

Decorrido o prazo de oposição, ou se interposta esta, findo o prazo de manifestação será feito o exame, durante o qual poderão ser formuladas exigências, que deverão ser respondidas no prazo de 60 (sessenta) dias.

Se a exigência não for respondida, o pedido será definitivamente arquivado. Mas, sendo respondida a exigência, ainda que a mesma não seja cumprida, ou contestada a sua formulação, dar-se-á prosseguimento ao exame. Concluído o exame, será proferida decisão, deferindo ou indeferindo o pedido de registro.

Se a decisão der pelo indeferimento do pedido, caberá a interposição de recurso no prazo de 60 (sessenta) dias. A decisão do recurso se dará pelo Presidente do INPI e, havendo a manutenção do indeferimento, encerrar-se-á a instância administrativa.

No entanto, não caberá recurso da decisão que der pelo deferimento do pedido, devendo ser efetuado e comprovado, no prazo de 60 (sessenta) dias, o pagamento das retribuições relativas à expedição do certificado e ao primeiro decênio de vigência do registro.

Findo o prazo mencionado, a retribuição poderá ainda ser paga e comprovada dentro de 30 (trinta) dias, mediante o pagamento de retribuição específica, sob pena de arquivamento definitivo do pedido. Havendo o recolhimento, é publicada a concessão do registro, que poderá ser revista administrativamente, dentro do prazo de 180 (cento e oitenta) dias.

A Lei prevê ainda a ação de nulidade a ser proposta em face do INPI, no prazo de até 5 (cinco) anos da data de concessão do registro, que se processará na Justiça Federal (art. 109, I, da CF/1988). Os prazos previstos são contados da data de publicação dos despachos na *RPI — Revista da Propriedade Industrial*.

5. *Risco de confusão*

Conforme já foi abordado alhures, a marca tem como função principal distinguir produtos ou serviços, identificando as suas respectivas procedências. Assim, não pode haver nunca confusão entre uma e outra marca.

Diz-se haver confusão, se uma marca é tomada por outra, em razão de suposta semelhança existente entre elas, de modo a provocar no consumidor uma falsa impressão quanto à identidade dos produtos ou serviços que o empresário pretende distinguir.

Agora, nem é preciso que a confusão seja inteiramente levada a efeito. Ou melhor, a simples probabilidade da sua ocorrência deve ser enjeitada de plano pelo órgão expedidor do registro, até para não frustrar o fim ao qual a marca é destinada — distinção e identificação da proveniência do produto ou serviço.

Lecionando com sobeja sensibilidade sobre o tema, Affonso Celso destacou o seguinte: não é necessário que a confusão efetivamente se dê, basta a possibilidade, a qual entende-se existir sempre que as diferenças não se percebam sem minucioso exame e confrontação da marca legítima com a semelhante (Affonso Celso, *Marcas Industriaes e Nome Commercial*, Imprensa Nacional, 1888, pp. 55-56, *apud* Lopes de Oliveira, 2000, p. 13).

Pelo visto, é de extrema relevância não apenas ter a noção da ocorrência efetiva de confusão entre determinados sinais tidos como marca; é preciso, sobretudo, perceber eventuais hipóteses de risco de confusão. Logo, há de se preocupar inclusive com a simples possibilidade de um sinal ser tomado por outro semelhante.

Acontece que o resultado do exame comparativo de marcas, na verificação da possibilidade de risco de confusão, tem por base impressões pessoais, tais como: o estado momentâneo de espírito do examinador, que por sua vez influencia a sua sensibilidade, ou seja, depende da flutuação de fatores psíquicos que lhe são peculiares.

Como na realidade a apreciação do risco de confusão se resume num depoimento instável, muito subjetivo e peculiar de cada examinador, foram criadas algumas regras doutrinárias de apreciação do risco de confusão até para dar um pouco de objetividade ao exame comparativo de marcas. Entre elas destacam-se a regra da impressão de conjunto e a regra da teoria da distância (Lopes de Oliveira, 2000, pp. 14-19).

5.1 Regra da impressão de conjunto

Ao comparar uma marca com a outra, com o intento de verificar eventual risco de confusão delas decorrente, tanto o juiz como o perito devem dar importância sempre aos seus aspectos gerais. Os elementos constitutivos da marca, que impressionam os sentidos do consumidor, não podem ser examinados isoladamente e nem de maneira minuciosa.

Aqui, prevalece o velho jargão popular de que: "a primeira impressão é sempre a que fica".

É preciso acrescer ainda que a marca forma um todo indivisível; logo, assim como a melodia só é sentida pelo seu conjunto e não devido a existência de uma nota musical tão-somente, devem ser considerados conjuntamente os elementos de uma marca ao julgá-la semelhante a uma outra. "Este raciocínio lastreia-se no próprio modo de percepção das coisas pelo homem comum (...)" (Lopes de Oliveira, 2000, p. 16).

Além do mais, a apreciação do risco de confusão entre marcas semelhantes deve ocorrer sucessivamente, ou seja, o examinador não deve colocá-las lado a lado e observá-las ao mesmo tempo. Ora, levando-se em conta que no seu dia-a-dia, o consumidor não tem as marcas simultaneamente na sua frente, o juiz, ao questionar-se se a impressão provocada pela primeira é a mesma causada pela segunda marca, deve também analisar uma e depois a outra, sucessivamente.

De se acrescer por último a transcrição de trecho do acórdão proferido em apelação cível 288.498, da 4ª Câmara Civil do Tribunal de Justiça do Estado de São Paulo, esclarecedor quanto ao tema em discussão:

> Segundo o ensinamento de João da Gama Cerqueira, em trecho citado pela sentença, "a possibilidade de confusão deve ser apreciada pela *impressão de conjunto* deixada pelas marcas, quando examinadas *sucessivamente*, sem apurar as suas diferenças, levando-se em conta não só o grau de atenção do consumidor comum e as circunstâncias em que normalmente se adquire o produto, como também a sua natureza e o meio em que seu consumo é habitual" (*RT* 537/84) (destacamos).

5.2 *Regra da teoria da distância*

Criada pela doutrina alemã, a teoria da distância é mais uma regra utilizada para auxiliar o juiz ou o perito no exame comparativo de marcas semelhantes. A apreciação do risco de confusão, neste caso, baseia-se principalmente na força distintiva da marca já registrada anteriormente.

Na aplicação da teoria da distância, é necessário levar-se em conta o poder de distinção que a marca precedente exerce sobre os consumidores. Talvez seja até possível a coexistência pacífica de uma marca registrada com outra semelhante, sem o risco de causar confusão, justamente em razão da sua fraca eficácia distintiva.

Observe-se, por exemplo, as marcas fictícias Fablum, Carblum e Tiblum, que registradas por pessoas distintas na mesma classe, identificam produtos idênticos. Nada impediria aqui o surgimento da marca Jeblum a ser utilizada por um terceiro, devido ao fraco poder distintivo que as marcas precedentes exercem sobre o consumidor.

A preexistência de marcas semelhantes identificando produtos ou serviços idênticos cria uma sensibilidade mais aguçada no consumidor, de modo que a distinção entre elas será realizada facilmente, sem qualquer risco de confusão. Pelo visto, a marca nova "não precisa guardar um afastamento — uma distância — desproporcional com relação ao grupo de marcas semelhantes já reconhecidamente aceito no mercado" (Lopes de Oliveira, 2000, p. 19).

6. *Risco de confusão diante da reprodução e da imitação*

A teor do inciso XIX do art. 124 da LPI, "não são registráveis como marca: a reprodução ou a imitação, no todo ou em parte, ainda que com acréscimo, de marca alheia registrada".

Com efeito, a imitação ocorrerá quando houver concepção à semelhança de, ou seja, constitui imitação construir algo mediante o emprego de elementos parecidos e dispostos de modo análogo.

Agora, a reprodução por sua vez é cópia fiel — "Quem reproduz, produz, de novo, o mesmo" (Pontes de Miranda, *Tratado de Direito Privado*, Borsói, 1971, p. 42, *apud* Lopes de Oliveira, 2000, p. 20).

Enquanto "a reprodução é a cópia servil, a imitação é a mesma reprodução, total ou parcial, porém dissimulada com mais ou menos habilidade" (Bento de Faria, *apud* Soares, v. 2, 1988, p. 1.072).

Analisando os conceitos doutrinários anteriormente transcritos, conclui-se ser essencial para delimitar o âmbito de proteção da marca registrada verificar o risco de confusão que possa haver no exame comparativo entre um e outro sinal distintivo, diante da reprodução ou da imitação.

6.1 Risco de confusão diante da reprodução (total, parcial e com acréscimo)

Pelo que anteriormente foi estudado, já se conclui de início que não há de se cogitar no risco de confusão, na hipótese de haver reprodução total de uma marca registrada. Por ser cópia fiel, é inevitável aí a confusão; a marca reproduzida necessariamente será tomada pela autêntica.

Veja-se então que, neste caso, a confusão é certa e não ocorre por desatenção ou suposta falta de conhecimento a respeito da autenticidade de uma determinada marca, mas, sim, porque nem mesmo confrontando uma com outra seria possível diferençar a autêntica da contrafeita.

De outro modo, a reprodução de uma marca registrada pode ainda ser parcial, ou seja, quando apenas o seu principal elemento identificador é copiado. A parte essencial, aquela que por um motivo qualquer aguça a sensibilidade humana, diferenciando-a das outras marcas, é reproduzida para formar a marca contrafeita.

Dar-se-ia, por exemplo, a reprodução parcial da marca fictícia DOCES DO DIA, a criação da marca CONFEITOS DO DIA, utilizada também na identificação de artigos de confeitaria e afins (tais como: doces, biscoitos, bolachas). Não obstante a substituição da expressão CONFEITOS pela expressão DOCES, a força atrativa da marca, que se exprime pela expressão DO DIA, não está descaracterizada; aqui, DO DIA é o verdadeiro elemento distintivo da marca.

Porém, a marca DOCES ALEGRIA, por exemplo, não reproduziria parcialmente a marca fictícia DOCES DO DIA, afinal de contas, "a reprodução de um elemento banal, de um sinal de uso comum, não é condenável, pois, em princípio, não haverá risco de confusão para o consumidor" (Lopes de Oliveira, 2000, p. 22).

Além do mais, a palavra DOCES por si só é incapaz de distinguir produtos alimentícios, justamente por causa da sua relação natural com gêneros comestíveis.

A doutrina, com fundamento no inciso XIX do art. 124 da LPI destaca também a possibilidade de ocorrer a reprodução com acréscimo; ou seja, toma-se por base a marca registrada e à ela é feito o acrescentamento de um outro elemento qualquer. Em decisão administrativa, o INPI decidiu que a marca Monarch Norte é "mera reprodução com acréscimo da marca Monarch anteriormente registrada na mesma classe 07" (Decisão administrativa no processo 800.255.810, publicada na *Revista de Jurisprudência do INPI*, v. 1, março de 1986, p. 11).

Entretanto, é preciso destacar que o acréscimo só constituirá a reprodução da marca se o seu elemento distintivo for copiado. Ainda assim, mesmo reproduzindo o elemento característico da marca, pode ser que o acréscimo lhe dê um novo significado, capaz de distinguir produtos ou serviços idênticos.

Daí é que o acréscimo não deve ser examinado de maneira isolada, desconsiderando-se o seu conjunto. Conforme já foi estudado, o exame comparativo para aferir suposto risco de confusão observa sempre o princípio do *tout indivisible* (a marca é um todo indivisível). Veja-se: "quando a marca forma um *tout indivisible*, os elementos que a compõem perdem sua individualidade. Há uma fusão indissociável dos termos que formam uma única marca. (...) Considerando a teoria do *tout indivisible*, é lícito afirmar que a marca Sapo-boi não é uma reprodução com acréscimo da marca Boi; afinal, ninguém, em sã consciência, confundiria um animal mamífero ruminante com um anfíbio" (Lopes de Oliveira, 2000, pp. 24-25).

É isso. Só constituirá reprodução com acréscimo se o acrescentamento não tiver força suficiente para descaracterizar por completo a marca antecedente.

6.2 Risco de confusão diante da imitação

Com o intento de reservar para si eventual defesa em relação ao titular da marca registrada, o contrafator prefere valer-se da imitação à reprodução. Mesmo porque, pode haver imitação sem que um elemento constitutivo sequer da marca autêntica seja reproduzido. Isso facilita sobremodo para o concorrente doloso articular a sua defesa, se acusado de contrafação.

Na imitação, portanto, existe é a simulação, o disfarce de uma marca, de tal sorte a induzir o consumidor em erro. Neste caso não há cópia servil, mas, semelhança entre a marca autêntica e a contrafeita, capaz de causar confusão. Ao imitar a marca autêntica, o "contrafator sempre procura artifícios que encubram ou disfarcem o ato delituoso" (Gama Cerqueira, 1982, p. 914).

Veja-se, então, que, para aferir a imitação, o examinador, além de fundar-se na impressão do conjunto deixada pela marca, deve destacar mais as semelhanças do que as diferenças, que o contrafator caprichosamente conservou.

Em se tratando de marcas nominativas, aquelas constituídas "por uma ou mais palavras no sentido amplo do alfabeto romano, compreendendo, também, os neologismos e as combinações de letras e/ou algarismos romanos e/ou arábicos" (Resolução do INPI 051/1997), a semelhança pode ser: ortográfica, fonética ou ideológica.

Quando a semelhança é ortográfica, a confusão é ocasionada pela alteração de alguma letra ou acentuação silábica, de maneira que a impressão visual entre a palavra autêntica e a imitada resulte numa identidade. O imitador costuma adotar o mesmo número de letras e sílabas da marca autêntica, terminações comuns, mantendo a mesma sonância silábica. Por exemplo: Carolina imita Coralina; Paludex imita Paludan.

Por outro lado, a semelhança fonética de marca nominativa, muito embora possa até ter a grafia diversa, provoca a confusão pela pronúncia das palavras. É certo que na aquisição de determinado produto ou serviço, o consumidor pronunciará a marca daquilo que escolheu para consumir.

Considera-se, pois, imitação por semelhança fonética, a marca HOSSOR da marca OÇOR, ou a marca FONCO da marca PHONQUO, a marca RAPIDOLINA da marca RAPIDINA, a marca PALUDEX da marca PALUDAN, a marca KIMAX da marca QUIMEX, a marca DORCET da marca D'ORSAY, a marca GINAL da marca GYNEAL, a marca AMECOL da marca AMEIXOL (Lopes de Oliveira, 2000, p. 30).

Nem sempre, contudo, a confusão resulta da semelhança gráfica ou fonética, até então indicadas. Pode ser que uma marca desperte no consumidor a mesma idéia da marca autêntica, constituindo aí imitação por semelhança ideológica.

A semelhança ideológica "é a que procura criar confusão com a marca legítima por meio da idéia que esta evoca ou sugere ao consumidor" (Gama Cerqueira, 1982, p. 916). Vale dizer: a associação das idéias sugeridas por uma e outra marca é passível de causar confusão. "A marca Bela Amiga evoca a mesma idéia da marca Bonita Companheira, muito embora tenham grafia diversa. A imitação caracteriza-se porque a associação de idéias propicia risco de confusão. É o caso das marcas Colméia e Ninho de Abelhas" (Lopes de Oliveira, 2000, p. 31).

Assim, com base na semelhança ideológica, doutrina e jurisprudência também reconhecem como imitação a tradução da marca para a língua estrangeira ou para o vernáculo, porque, se o significado das marcas é o mesmo, inevitável a associação de idéias delas decorrente. Neste sentido, convém conferir as decisões do Conselho de Recursos da Propriedade Industrial: n. 279, publicada no *DO* de 20.3.1935 (Maria Luisa *vs. Marie Louise*); e n. 4.300, publicada no *DO* de 21.7.1942 (Arco Íris *vs. Arc-en-Ciel*).

À marca figurativa, por sua vez, aquela formada por sinais que não palavras, geralmente constituída de uma imagem qualquer, atribui-se proteção *in genere*. É certo, porém, que não se admite a proteção do gênero, ou melhor, de uma idéia abstrata. Não é registrável a marca indefinida, que não está sujeita à identificação individual.

Os "autores clássicos aceitam, sem restrições, o princípio da proteção do gênero da imagem que caracteriza a marca figurativa" (Lopes de Oliveira, 2000, p. 33). O fundamento da proteção *in genere* está justamente no risco de confusão ocasionado pela semelhança intelectual entre marcas criadas a partir de figuras de um mesmo gênero, mas, representadas de formas distintas.

Logo, independentemente das mais diversas formas que uma mesma imagem possa apresentar como marca figurativa, é o seu gênero que é passível de proteção. Um jacaré qualquer, por exemplo, imita a marca figurativa Lacoste, se utilizado, mesmo que com outro formato, para identificar produtos ou serviços idênticos ou afins.

No entanto, não se confere, segundo a doutrina, constituindo exceção a essa regra, proteção ao gênero da imagem relacionada à natureza do produto a ser identificado. A "imagem de uma vaca não é protegida *in genere* para identificar produtos derivados do leite, conforme estimou a *Cour de Paris*" (Lopes de Oliveira, 2000, p. 34).

Percebe-se ainda em relação à marca figurativa casos em que não há qualquer relação entre uma e outra figura registrada como marca. Entretanto, já que as imagens necessariamente evocam idéias, pode ocorrer neste caso de a mensagem transmitida tanto por uma como por outra marca figurativa serem comuns, mesmo não havendo identidade no tocante às figuras. Para evitar o risco de confusão, o registro como marca da figura material e aparentemente distinta da marca registrada deve ser afastado, quando transmitirem a mesma idéia.

Ao final, convém destacar que quanto à aferição da imitação da marca mista, "constituída pela combinação de elementos nominativos e elementos figurativos ou de elementos nominativos, cuja grafia se apresente de forma estilizada" (Resolução do INPI 051/1997), prevalece a impressão de conjunto.

Mesmo porque, ora a imitação é da parte nominativa e ora da parte figurativa. "No primeiro caso, o contrafator argumentará com o aspecto de conjunto das marcas para demonstrar a impossibilidade de confusão, malgrado a semelhança da denominação; no segundo apelará para a diversidade das denominações, que seria suficiente para impedir qualquer confusão" (Gama Cerqueira, 1982, p. 917).

6.3 A sondagem como meio de prova do risco de confusão

Criada nos Estados Unidos, na década de 1950, para aferir o risco de confusão existente entre marcas semelhantes, a sondagem se desenvolve por meio da pesquisa de opinião pública — *test of consumer reaction*.

A aplicação da sondagem supõe primeiro a necessidade da produção de prova para demonstrar o risco de confusão. Deve haver uma situação fática que reclame necessariamente a produção de prova, pois, não seria razoável instaurar a sondagem na comprovação de fatos evidentes.

Além disso, devido ao alto custo da pesquisa de opinião pública, o interesse financeiro em jogo também deve ser tamanho a justificar a produção de prova mediante a sondagem.

No Brasil, a sondagem não tem sido utilizada, até pelo seu custo elevado, mas, registre-se, que o sistema processual a prevê como meio de prova do risco de confusão, a teor do art. 332, do CPC.

> Art. 332, do CPC: Todos os meios legais, bem como os moralmente legítimos que não especificados neste Código, são hábeis para provar a verdade dos fatos, em que se funda a ação ou a defesa.

A doutrina ainda sustenta que a sondagem é ineficaz no Brasil, porque, "a constatação do risco de confusão é questão de fato, existindo regras legais e doutrinárias de apreciação que não podem ser substituídas por opiniões possivelmente emitidas sem critério" (Lopes de Oliveira, 2000, p. 43).

7. *Considerações finais*

É evidente a importância da marca de empresa na identificação da procedência dos produtos ou serviços que resultam da exploração da atividade econômica empresarial. Conforme já foi dito amiúde ao longo deste trabalho, a marca de empresa tem por finalidade precípua identificar e distinguir a procedência de produtos ou serviços apresentados ao mercado consumidor.

Em decorrência da mencionada força distintiva e identificadora inerente à própria natureza da marca de empresa, o seu sistema de proteção garante a efetividade de princípios constitucionais relativos à ordem econômica, tais como: a valorização do trabalho humano, a livre concorrência, a propriedade privada, a defesa do consumidor — art. 170 da CF/1988.

Observe-se que é mediante o funcionamento de um sistema de proteção de marcas de empresa que se afasta a possibilidade do empresário desleal utilizar-se da boa reputação de um outro produto ou serviço, na promoção do seu. Ao aproveitar-se da marca que identifica a procedência dos produtos ou serviços do concorrente, o empresário desleal induz o consumo dos seus, até porque, estes estarão associados à boa fama daqueles.

Não bastasse daí a ocorrência de lesão aos direitos do empresário, cujo produto ou serviço é sempre consumido pelo bom nome que lhe é peculiar, devido justamente a inegáveis esforços empregados no decorrer do desenvolvimento da atividade empresarial, o consumidor também tem os seus direitos violados, nessa hipótese. Ora, acreditando na boa reputação exteriorizada por intermédio da marca aposta no produto ou serviço de falsa procedência, o consumidor é enganado e, por conseqüência, levado a consumi-los indesejadamente; na realidade, um produto ou serviço acaba sendo tomado por outro, em razão da aposição de marca alheia.

Pelo visto, a conservação do sistema de proteção à marca de empresa corresponde a um instrumento de efetividade dos princípios constitucionais da ordem econômica. Com a proteção de mecanismos que identificam e distinguem a procedência de produtos ou serviços, garante-se a livre e leal concorrência entre os empresários, inclusive, valorizando todo o trabalho despendido na busca incessante de melhores resultados da atividade empresarial. Ao mesmo tempo, o sistema de proteção à marca de empresa promove a defesa do consumidor, assegurando o conhecimento prévio da procedência do produto ou serviço a ser consumido.

No entanto, o funcionamento desse instrumento que conserva a ordem econômica nos moldes colocados na Constituição Federal só se concretiza mediante uma seqüência de procedimentos administrativos, entre os quais está o registro da marca de empresa. Por uma questão de política legislativa, é só com o registro junto ao INPI (Instituto Nacional da Propriedade Industrial), que o empresário adquire o direito de uso exclusivo da marca de empresa (sistema atributivo).

Veja-se que, devido à funcionalidade do sistema de proteção à marca de empresa como um instrumento de realização efetiva da ordem econômica, o ato do registro está cercado de um certo formalismo justamente na tentativa de não frustrar o fim para o qual a marca é destinada: distinguir e identificar a procedência de produtos ou serviços apresentados ao mercado consumidor. No desenrolar deste trabalho, destacou-se oportunamente uma série de regras e princípios próprios do direito de marcas, voltados a viabilizar a convivência pacífica entre sinais distintivos de produtos ou serviços dentro do meio empresarial, de modo a evitar o risco de confusão.

Acontece que é preciso, acima de tudo, equacionar o rigor com que se aplicam os procedimentos administrativos e os critérios adotados no exame comparativo entre sinais distintivos. Às vezes, tal como ocorre com o princípio da especialidade (item 4.1), consagrado no direito de marcas, a rigidez na sua aplicação frustraria a finalidade de distinção e identificação da procedência de produtos ou serviços afins.

Enfim, pela importância do sistema de marcas de empresa na efetiva realização da ordem econômica constituída, é preciso relativizar o rigor na aplicação das formas que constituem o processo administrativo para a expedição do registro. A eficiência da marca de empresa, identificando e distinguindo a procedência de produtos ou serviços apresentados ao mercado consumidor, independentemente de atendidas as formas do registro, é também garantia de eficácia dos princípios constitucionais inerentes à ordem econômica.

8. Bibliografia

BENJÓ, Roberto. "O respeito à marca sob a perspectiva do consumidor", *RDM* 117/150-155, jan.-mar. 2000.

COELHO, Fábio Ulhoa. *Curso de Direito Comercial*. 3 vs., v. 1, São Paulo, Saraiva, 2001.

CERQUEIRA, João da Gama. *Tratado da Propriedade Industrial*. 2 vs., v. 2, São Paulo, Ed. RT, 1982.

DI BLASI, Gabriel; GARCIA, Mário Soerensen; e MENDES, Paulo Parente Marques. *A Propriedade Industrial*. Rio de Janeiro, Forense, 2001.

GLEBER, Eduardo. "A nova lei brasileira de propriedade industrial", *RDM* 111/100-119, jul.-set. 1998.

MARTINS, Fran. *Curso de Direito Comercial*. Rio de Janeiro, Forense, 1999.

NEGRÃO, Ricardo. *Manual de Direito Comercial*. Campinas, Bookseller, 1999.

OLIVEIRA, Maurício Lopes de. *Propriedade Industrial: o Âmbito de Proteção à Marca Registrada*. Rio de Janeiro, Lumen Juris, 2000.

______. "Ensaio sobre a marca de alto renome: uma proteção especial contrapondo a eterna privação da novidade absoluta", *RDM* 117/150-155, jan.-mar. 2000.

______. "A obrigação do contrafator de marca famosa em ressarcir o legítimo titular do registro por prejuízo à imagem e conseqüente dano moral", *RDM* 118/101-105, abr.-jun. 2000.

______. "O âmbito de proteção à marca registrada", *Revista da ABPI* 31/26-34, nov.-dez. 1997.

SILVEIRA, Newton. *A Propriedade Intelectual e a Nova Lei de Propriedade Industrial*. São Paulo, Saraiva, 1998.

SOARES, José Carlos Tinoco. *Lei de Patentes, Marcas e Direitos Conexos*. São Paulo, Ed. RT, 1997.

______. *Marcas "vs." Nome Comercial*. São Paulo, Jurídica Brasileira, 2000.

______. *Tratado da Propriedade Industrial*. 3 vs., São Paulo, Resenha Tributária, 1988.

Jurisprudência Comentada

SOLICITAÇÃO DE INTERRUPÇÃO DO CURSO DO PRAZO DE ANTECEDÊNCIA DE CONVOCAÇÃO DE ASSEMBLÉIA GERAL EXTRAORDINÁRIA — CATAGUASES-LEOPOLDINA — CFLCL

Comentários de
RACHEL SZTAJN
ao processo administrativo RJ2003/12.767, da CVM

Ata da Reunião Extraordinária do Colegiado, de 3.12.2003

Participantes: Luiz Leonardo Cantidiano, Presidente

Norma Jonssen Parente, Diretora

Wladimir Castelo Branco Castro, Diretor

Proc. RJ2003/12.767

Relatora: SEP

Alliant Energy Holdings do Brasil Ltda., acionista minoritária titular de 21,56% das ações ordinárias e de 50,41% das ações preferenciais Classe "A" de emissão da Companhia Força e Luz Cataguazes-Leopoldina, solicitou a interrupção do curso do prazo de antecedência de convocação de assembléia geral extraordinária, marcada para 9.12.2003.

Após o assunto ter sido debatido, o Colegiado decidiu, por maioria, indeferir o pedido de interrupção do curso do prazo de antecedência da convocação da AGE da Cataguazes, adotadas as razões expostas no MEMO/SEP/GEA-3/n. 235/2003. A Diretora Norma Parente apresentou voto discordante, no sentido de que é fundamental a presença do Conselho Fiscal nas reuniões do Conselho de Administração e que há abuso de poder por parte da CFLCL no momento da redução do capital social para efeito da absorção dos prejuízos acumulados. Também entende que há direito de recesso para os acionistas preferenciais e que os debenturistas deviam ser ouvidos sobre a operação em questão na forma da lei.

O Colegiado indeferiu, também por maioria, o recurso referente ao pedido de vista dos autos. A Diretora Norma Parente, vencida, entendeu que na forma da Constituição Federal os atos processuais da CVM devem ter publicidade e, portanto, deve ser dado vista dos autos à requerente. A Administração Pública rege-se pelo princípio da publicidade. Foi salientado pelo Presidente que o rito sumário do procedimento de suspensão do prazo de convocação da assembléia não permite que, após a manifestação da Companhia, em resposta a pedido formulado pelos reclamantes, seja ampliado o contraditório, sob pena de não ser possível proferir uma decisão antes da data prevista para a realização da assembléia. Por esta razão, o Colegiado decidiu negar provimento ao recurso.

Para: SGE MEMO/CVM/SEP/GEA-3/ n. 235/2003

De: SEP/GEA-3, em 2.12.2003

Assunto: Solicitação de interrupção do curso do prazo de antecedência de convocação de assembléia geral, Processo CVM RJ2003/12.767, Companhia Força e Luz Cataguazes-Leopoldina:

Senhora Superintendente Geral,

O presente processo originou-se de representação protocolizada, em 13.11.2003, pela Alliant Energy Holdings do Brasil Ltda. (por meio de seus representantes), acionista minoritária titular de 21,56% das ações ordinárias e de 50,41% das ações preferenciais Classe "A" de emissão da Companhia Força e Luz Cataguazes-Leopoldina, contra suas controladoras, Gipar S/A e Itacatu S/A, tendo em vista as matérias objeto da Ordem do Dia da Assembléia Geral Extraordinária convocada para o dia 9.12.2003 (fls. 1 a 317).

Na representação, requer-se que esta Autarquia: (a) se manifeste prontamente acerca de ilegalidades relacionadas à realização da referida AGE, ou que, alternativamente, determine a interrupção do prazo legal de antecedência para sua convocação, bem como que (b) seja apurada a eventual responsabilidade da Companhia, dos administradores envolvidos e dos acionistas controladores quanto às irregularidades apontadas.

A CFLCL apresenta a seguinte distribuição acionária, conforme indicado no IAN de 31.12.2002 (fls. 427):

ACIONISTAS	**Ordinárias**		**Preferenciais**	
	Quant.	**%**	**Quant.**	**%**
@ Gipar S/A	26.411.097	51,57	1.703.482	2,06
* Alliant Energy Holdings do Brasil Ltda.	11.043.105	21,56	41.658.009	50,41
@ Itacatu S/A	4.704.303	9,18	0	0,00
* Funcef — Fund. Economiários Federais	0	0,00	12.452.374	15,07
* Latin American Energy & Electricity Fund	3.072.255	6,00	6.114.372	7,40
* Fondelec essential Services Growth Fund	3.184.277	6,22	5.131.059	6,21
Ações em tesouraria	16.555	0,03	2.608.274	3,16
Outros	2.786.640	5,44	12.978.093	15,69
Totais	51.218.232	100,00	82.645.663	100,00

* Participa de Acordo de Acionistas

@ Participa do Acordo de Acionistas e do Controle Acionário

A estrutura de controle da Companhia (ações ordinárias) é a seguinte (fls. 427 a 431):

Obs.: por força do Acordo de Acionistas comentado no § 7º, infra, o controle da CFLCL é exercido pela Itacatu.

De acordo com o edital, a AGE da CFLCL a ser realizada em 9.12.2003 foi convocada para que seus acionistas deliberassem sobre os seguintes assuntos (fls. 432 e 433):

• redução do capital social da Companhia no montante total de R$ 74.358.513,23, passando de R$ 354.335.001,00 para R$ 279.976.487,77, em face da proposta aprovada pela administração e do balanço especial da Companhia com data-base de 30.9.2003, sem modificação do número de ações de emissão da Companhia, para fins de absorção dos prejuízos existentes, conforme apurado no referido balanço especial;

• alteração do Capítulo II — Capital Social, do Estatuto Social, especificamente quanto ao art. 4º, *caput*, que trata do capital social, para refletir o novo valor do capital social da Companhia após a redução a ser deliberada na forma do item anterior;

• alteração do Estatuto Social da Companhia, em face da proposta aprovada pela administração, para criação do Capítulo XII — Disposições Transitórias, com a inclusão do art. 31 e seu parágrafo único, para que seja conferido às ações preferenciais, independentemente da classe, o direito de recebimento de dividendos cumulativos nos exercícios sociais de 2003 e 2004, bem como para que seja prevista estatutariamente a possibilidade de pagamento de tais dividendos cumulativos, no exercício em que o lucro for insuficiente, à conta de reservas de capital;

• alteração do Capítulo III — Ações e Acionistas, do Estatuto Social, especificamente quanto ao seu art. 5º, § 1º, III, e § 2º, II, que tratam dos dividendos, respectivamente, das ações preferenciais Classe "A" e Classe "B", de sorte a adaptá-los ao disposto no item (c) supra.

O Estatuto Social da CFLCL, atualmente em vigor, estabelece, em seu art. 5º, as seguintes preferências e vantagens para as ações preferenciais emitidas pela Companhia, ambas sem valor nominal (fls. 438):

• para as ações preferenciais Classe "A": (i) prioridade no caso de reembolso do capital; (ii) prioridade na distribuição de *dividendos* ***mínimos****, não-cumulativos, de 10% (dez por cento) ao ano* sobre o capital próprio atribuído a essa espécie de ações, dividendo a ser entre elas rateado igualmente; (iii) direito de participar — depois de atribuído às ações ordinárias dividendo igual ao mínimo previsto no item "ii" supra — da distribuição de quaisquer dividendos ou bonificações, em igualdade de condições com as ações ordinárias;

• para as ações preferenciais Classe "B": (i) prioridade na distribuição de *dividendos* ***fixos****, não-cumulativos, de 6% (seis por cento) ao ano* sobre o capital próprio atribuído a essa espécie de ações, dividendos a ser entre elas rateado igualmente, respeitada a preferência da Classe "A";

Cabe ressaltar que a Itacatu, a Alliant, o Fondelec Essential Services Fund, L. P., e o Latin America Energy and Electricity Fund I, L. P., são signatários de Acordo de Acionistas, datado 25.1.2000, do qual destacamos os seguintes aspectos (fls. 42 a 81):

• nas considerações, a Alliant, o Fondelec e a Itacatu reconhecem que o controle da CFLCL deve permanecer nas mãos da Itacatu (fls. 44);

• de acordo com a cláusula 4.2, (i) dos 7 membros do Conselho de administração da CFLCL, a Alliant tem o direito de indicar 2 e o Fondelec 1; (ii) a Alliant pode indicar também um dos membros do Conselho Fiscal da CFLCL; (iii) os membros da diretoria são indicados por uma Comissão de Indicação, composta por dois membros, sendo cada um deles indicados pela Alliant e Itacatu. Esta comissão indica a lista de candidatos e os membros do Conselho de Administração da Alliant têm o direito a um único veto (fls. 53 e 54);

• na cláusula 4.1, a Itacatu se compromete a (i) não aprovar nas assembléias gerais da CFLCL, e a fazer os acionistas dessa Companhia que sejam a ela afiliadas, se absterem de aprovar; e a (ii) fazer com que os membros do Conselho de Administração indicado por ela ou por acionistas da CFLCL que sejam a ela afiliadas não aprovarem nas reuniões do Conselho de Administração da CFLCL, uma série de matérias indicadas no item *a* da cláusula 4.1 do contrato, *sem o prévio consentimento da Alliant e do Fondelec*, na qualidade de acionistas, *ou sem o consentimento prévio dos membros do Conselho de Administração indicados pela Alliant e pelo Fondelec* (fls. 55);

• dentre as matérias que necessitam de prévio consentimento constam: (i) alteração da *política de dividendos* da CFLCL; e (ii) a convocação ou aprovação de aumento de capital social da CFLCL que não por valor justo, ou a prática de qualquer ato que crie, *aumente ou reduza a preferência de uma ou mais, mas não todas, as séries ou classes das ações do capital da sociedade* (fls. 50 e 51);

• na cláusula 4.4, *os signatários do acordo se comprometem ainda a fazer a CFLCL distribuir dividendos* tão logo possível e no maior valor possível. Para tanto *votarão nas assembléias gerais da CFLCL e exigirão e farão com que todos os membros por eles indicados e eleitos para o Conselho de Administração votem*, bem assim exigirão e farão com que todos esses membros exijam e façam com que todos os membros que eles hajam indicado e eleito para a diretoria votem, *em bloco*, em toda e qualquer reunião do Conselho de Administração e/ou da diretoria para aprovar a distribuição de dividendos (fls. 55).

I — Da reclamação

Dentre os principais argumentos apresentados na representação da Alliant, podem ser citados os seguintes (fls. 1 a 26):

• por dois exercícios sociais, em 2001 e 2002, a CFLCL não aprovou a distribuição de dividendos aos seus acionistas preferencialistas. Conforme informações contábeis da Companhia, tal fato estaria para se repetir pelo terceiro exercício social consecutivo, em 2003;

• caso isso venha a ocorrer, em conformidade com o § 1º do art. 111 da Lei 6.404/1976 e com o § 5º do art. 5º do Estatuto Social da Companhia, os acionistas detentores de ações preferenciais, que, por sua vez, são detidas, em sua maioria, pela Alliant, adquirirão direito de voto em caráter temporário e a Itacatu e a Gipar deixarão de ser detentoras da maioria das ações do capital votante da CFLCL até que se dê o pagamento de dividendos a seus acionistas preferencialistas (fls. 2 e 3);

• na tentativa de impedir que tal evento ocorra, a Itacatu e a Gipar, através de seus representantes no Conselho de Administração da Companhia, realizaram uma reunião desse órgão, em 21.10.2003, para, dentre outros assuntos, analisar a proposta de convocação de uma AGE a fim de deliberar sobre as matérias objeto do supracitado edital de convocação (fls. 3);

• a Alliant destacou que os atos preparatórios à convocação da AGE da CFLCL apresentam vícios formais insanáveis, pois a reunião do Conselho de Administração de 21.10.2003 foi realizada sem notificação aos membros do Conselho Fiscal da Companhia e, por essa razão, sem a presença de nenhum dos membros desse conselho, "apesar da discussão e votação de tais matérias em Assembléia exigirem a manifestação prévia e efetiva do Conselho Fiscal (*e não meramente simbólica/burocrática*), (...), na forma que dispõe o (...) art. 163, § 3º c/c § 1º do art. 173, ambos da LSA" (fls. 9, grifo do original);

• para a Alliant, "(...) não há dúvidas quanto à necessidade de convocação e comparecimento dos membros do Conselho Fiscal para conhecer das matérias objeto da pretendida deliberação assemblear", tendo em vista que o art. 163, III, da Lei 6.404/1976 prevê que compete ao Conselho Fiscal "*opinar sobre as propostas dos órgãos da administração, a serem submetidas à assembléia geral, relativas a modificação do capital* social, emissão de debêntures ou bônus de subscrição, planos de investimento ou orçamento de capital, *distribuição de dividendos*, transformação, incorporação, fusão ou cisão" (fls. 9, grifos do original);

• também existiria um vício formal na manifestação do Conselho Fiscal que se seguiu à reunião do Conselho de Administração da Companhia, tendo em vista que a reunião desse órgão, ocorrida em 27.10.2003, foi convocada irregularmente pelo Diretor Financeiro da Companhia e não pelo Presidente do Conselho Fiscal. Além disso, a mesma ocorreu sem que fossem disponibilizados "os principais documentos e informações necessárias para a elaboração de um parecer sensato sobre a matéria, como também desprezando as solicitações feitas pelo Conselheiro Fiscal indicado pela Requerente, dentre as quais a que houvesse um Regimento Interno para regular o mínimo necessário ao funcionamento útil e eficaz de tal órgão" (fls. 10);

• para a Alliant, "o Conselho Fiscal se reuniu em 27 de outubro pp., da mesma maneira irregular como se reunira e deliberara o Conselho de Administração da CFLCL, só que desta feita sem a presença do Conselheiro Fiscal indicado pela Requerente, uma vez que não possuía os documentos necessários para analisar os temas objeto da reunião. Tudo isso sem prejuízo da invalidade da convocação a ele dirigida (em prazo exíguo e por pessoa sem competência legal e/ou estatutária/regimental para tanto)" (fls. 10);

• ainda de acordo com a Alliant, "tais fatos estão sobejamente comprovados, conforme demonstram as cartas datadas de 24, 27, 28 e 31 de outubro de 2003 (...), nas quais restaram manifestados, pelo Conselheiro Marcelo, vários pedidos de informações e esclarecimentos junto aos auditores e demais órgãos sociais da Companhia, acerca das matérias ora sob análise, para que, somente então, sucedesse a efetiva/válida/definitiva manifestação do Conselho Fiscal" (fls. 10)

> "(...) as sucessivas manifestações feitas pelo Conselheiro Fiscal indicado pela Requerente não conheceram resposta adequada, aqui entendida como a observância das solicitações apresentadas, individualmente, pelo Conselheiro Fiscal e que — em não sendo a hipótese de abuso de direito — não comportam o descaso ou sequer o contraditório" (fls. 12);

• de acordo com a reclamante, a proposta de redução do capital social da Companhia para a absorção dos prejuízos acumulados prejudica os acionistas preferencialistas da Companhia, uma vez que reduz a base de cálculo dos dividendos dessas ações, que receberiam, por esse motivo, um dividendo menor do que o previsto no Estatuto Social.

> "desta forma, já há ilegalidade na proposta apresentada, por ausência de manifestação prévia da assembléia especial de preferencialistas de que trata o § 1º, do art. 136 da LSA, ou, se assim não for, mister se faz reconhecer que a futura deliberação assemblear objeto da presente Representação somente terá eficácia quando e se for ratificada nos termos do citado dispositivo legal" (fls. 16);

> "a redução do capital social impacta a base de cálculo sobre a qual o dividendo é apurado (...) ela 'tira com uma mão o que acabara de dar com a outra', sem prejuízo de o 'benefício' nela contido ser provisório, uma vez que destinado a durar apenas 2 (dois) anos, ao passo que o prejuízo é permanente, pois a alteração da base de cálculo opera efeitos e riscos agora e para o futuro" (fls. 14);

• a Alliant ressalta que "a regra presente no § 1º do art. 136 da LSA é fixada em atenção aos interesses dos minoritários preferencialistas, motivo suficiente a que se possa admitir que o juízo privativo de valor sobre a existência (ou não) de prejuízos decorrentes desse aspecto específico da proposta cabe a classe afetada e somente a ela. Vale dizer, a Companhia não poderá exercer um juízo de valor em substituição aos interessados, sobretudo diante do possível conflito de interesses que incide na espécie" (fls. 15);

> "o colegiado desta Autarquia também já se posicionou especificamente em relação ao aspecto em debate, fazendo-o com indiscutível precisão e acerto, *verbis*: '(...) *havendo divergência entre os acionistas titulares de ações preferenciais a respeito do real benefício que lhe traria a alteração dos dividendos, entendo, no caso, necessária a realização de assembléia especial, mesmo para evitar a injusta situação em que os acionistas cujos direitos específicos são atingidos diretamente pela alteração proposta serem os únicos a não se manifestar, quando esse é justamente o fundamento da assembléia*

especial. Sendo inquestionável o benefício, evidentemente não se exige a assembléia especial' (...) (processo CVM RJ2001/11.267; assunto: recurso contra entendimento da SEP a respeito de alteração do Estatuto Social da Companhia interessada: Construtora Lix Cunha S/A; Rel. Luiz Antônio Sampaio Campos)" (fls. 15, grifo do original);

• segundo a reclamante, "(...) ainda que se pudesse admitir a inexistência dos prejuízos capazes de disparar a aplicação do § 1º, do art. 136, da LSA, ***o que se admite apenas para fins de retórica***, a assembléia especial aí se afigura indispensável em relação aos debenturistas, na forma do disposto na alínea *b*, § 2º, do art. 57 da LSA" (fls. 16, grifo do original);

• de acordo com a nota de n. 16 da representação da Alliant, a CFLCL é emissora de debêntures conversíveis em ações ordinárias e em ações preferenciais. "Isso significa, pelo menos quanto às debêntures conversíveis em ações ordinárias, que a alteração das vantagens conferidas às ações preferenciais traduz, em tese e nesse cenário, um prejuízo ante a alteração da regra sobre a partilha do lucro em detrimento das ações ordinárias. *Vale dizer: se prejuízo não houver para as ações preferenciais há de se reconhecer,* ***como conseqüência lógica da negativa à resposta anterior****, que o prejuízo está confinado na esfera jurídica dos titulares de debêntures conversíveis em ações ordinárias*" (fls. 16, grifo do original).

"ademais, a manifestação prévia dos debenturistas também se impõe em virtude da cláusula 16.3 da Escritura Particular da Quarta Emissão de Debêntures Conversíveis em Ações da Companhia, situações tais que apontam, ambas, para a ilegalidade da proposta quanto ao ponto, haja vista a gritante ineficácia de qualquer deliberação a ser adotada na AGE, sem a prévia anuência dos debenturistas" (fls. 16);

• ainda quanto aos vícios existentes no processo de deliberação sobre a referida AGE, a Alliant aponta que as deliberações constantes do edital de convocação deveriam ter sido previamente submetidas à "Agência Nacional de Energia Elétrica (...) — nos termos do Contrato de Concessão 40/1999, celebrado entre a CFLCL e a ANEEL que dispõe, taxativamente, em sua Cláusula Quinta, inciso XV, a necessidade de prévia anuência escrita da ANEEL em caso de reforma no Estatuto Social da Companhia (Doc. 21)" (fls. 4);

• a Alliant também aponta a existência de vícios substanciais nas propostas objeto da referida AGE, já que as mesmas teriam como objetivo, na verdade, impedir que o comando do § 1º do art. 111 da Lei 6.404/1976 opere. Conforme argumentado pela reclamante:

"nenhum mecanismo de alteração estatutária pode, ainda que *por via oblíqua*, retirar da Requerente o direito inderrogável/irrenunciável à percepção de dividendos, cuja exeqüibilidade ficaria seriamente comprometida ante a fraude à aquisição do direito de voto pelos preferencialistas" (fls. 18, grifo do original);

"(...) *o direito de voto conferido em caráter especial e excepcional às ações preferenciais opera como sanção à prolongada ineficiência da gestão administrativa* (art. 109, § 2º c/c art. 111, § 1º da LSA) da Companhia que não vem cumprindo, reiteradamente, com a sua finalidade essencial, qual seja, a geração de lucros (cf. art. 2º c/c art. 206, II, *b*, ambos do mesmo Diploma Legal)" (fls. 18, grifo do original);

"(...) a verdadeira engenharia da proposta nesse particular — não pode levar a outra conclusão senão a de uma manifesta fraude à lei, consubstanciada no aspecto da transitoriedade do pagamento de dividendos para evitar a aquisição do direito de voto por parte dos minoritários (...)" (fls. 18);

"dúvida não há de que a norma presente no § 1º do art. 111 da LSA *está figurando como verdadeira sanção à ineficiência funcional da Companhia, como também se materializa numa efetiva pro-*

teção instrumental ao direito intangível presente no art. 109, I, da LSA, isto é, como um mecanismo legítimo para que os minoritários preferencialistas possam participar na correção dos desvios de percurso que levaram à situação limite de reiterada ausência de lucro" (fls. 19, grifo do original);

"*alerte-se para o fato de que a administração da CFLCL teve mais de dois anos para propor a manobra — que se viável — diz agora atender ao interesses da Companhia. Se assim é, qual a razão de apresentar as propostas em debate no apagar das luzes do exercício em curso, ou seja, quando a aquisição do poder de controle por parte da Requerente é, no mínimo, iminente? A resposta leva a necessária conclusão acerca da existência de fraude à lei na espécie* (...), vale dizer, no aparente cumprimento de um preceito legal cogente que dissimula a inobservância do espírito da norma, uma vez que impede a atuação do comando emergente do § 1º, do art. 111, da Lei de S/A, que impõe a atribuição do direito de voto aos preferencialistas" (fls. 19, grifo do original);

"(...) impedida a Requerente de participar ***com os instrumentais que a lei lhe confere*** e, em específico, o de exercer o direito de voto em futuras assembléias (...), tal acionista também está sendo despojada de outro direito, reputado essencial pelo art. 109, III, da LSA, de fiscalizar a gerência de Companhia da qual detêm substancial participação, inclusive o de questionar e impugnar a condução dos negócios que levou a dita situação limite" (fls. 20, grifo do original);

"(...) tanto o exercício do direito de voto quanto a percepção de lucros futuros são princípios cogentes (e de Ordem Pública), decorrentes do art. 109, I, III c/c art. 111, § 1º, ambos da LSA e, ainda, faz-se oportuno salientar que os meios, processos ou ações que a lei confere ao acionista para assegurar os seus direitos não podem ser elididos pelo estatuto ou pela assembléia geral (cf. restrição constante do art. 109, § 2º do mesmo Diploma Legal) (...)" (fls. 20);

• face ao exposto, a Alliant indica que há indícios da existência de abuso de poder de controle, a teor do disposto no art. 117, § 1º, *c*, da Lei 6.404/1976, tendo em vista que as propostas objeto da AGE da CFLCL não visam o interesse da Companhia e sim o interesse pessoal de seus controladores em manter essa condição;

• finalizando, a Alliant solicita, principalmente, que:

"nos termos do art. 124, § 5º , II da LSA, que esta Autarquia reconheça a ilegalidade das regras que serão introduzidas nos Estatutos da CFLCL pelos dispositivos objeto da ordem-do-dia da mencionada AGE, uma vez que violam a legislação societária/regulatória em larga medida. Todavia, se se entender ausentes os elementos necessários para afirmação da ilegalidade, num primeiro momento, que seja determinada a interrupção do curso do prazo de antecedência para convocação da aludida AGE, desta feita com fundamento no art. 124, § 5º, I, da LSA, e de forma que esta Autarquia possa então reconhecer a ocorrência das referidas ilegalidades" (fls. 25);

"que, no mérito, seja considerada pela competente Superintendência a necessidade de instauração do Inquérito Administrativo (...), com o fito de se fazer apurar os abusos praticados, de forma continuada — *e já no âmbito dos atos preparatórios da fraude à lei* — pelas Companhias objeto da presente Representação, assim como pelos Administradores e Conselheiros Fiscais da CFLCL que firmaram o 'parecer' ora anexo ao presente e único documento a respeito do assunto disponibilizado aos acionistas em geral pela Companhia, culminando, enfim, com a aplicação da adequada sanção, dentre aquelas estabelecidas no art. 11 da Lei 6.385/1976, à luz dos arts. 1º, I, e 2º, § 1º, ambos da Instrução CVM 323/2000 c/c arts. 116, parágrafo único, 117 *a* e *e*, §§ 2º e 3º, 158, I, II, § 5º, 165, *caput*, §§ 1º e 3º, todos da LSA" (fls. 25, grifo do original).

I — 1. Da solicitação de vistas do processo e do pedido de reconsideração da Alliant

Em 21.11.2003, os representantes da Alliant solicitaram vistas do presente processo, bem como cópia da manifestação apresentada pela CFLCL, em resposta a sua representação (fls. 327).

Em 24.11.2003, foi enviado o Ofício/CVM/SEP/GEA-3/n. 396/2003, esclarecendo aos representantes da reclamante "que o pedido de vistas e cópias, seja da parte requerente, seja da reclamada, não se coaduna com o assunto tratado — adiamento de assembléia geral e a interrupção da fluência do prazo de sua convocação, objeto da Instrução CVM 372, de 28.6.2002 — posto que compromete o andamento e a finalização do parecer da Superintendência de Relações com Empresas, previsto no art. 3º da referida instrução", motivo pelo qual o pedido de vistas e cópia foi indeferido (fls. 328).

Em 28.11.2003, a Alliant protocolizou pedido de reconsideração dessa decisão, com base, principalmente no argumento de que sua representação foi protocolizada em 12.11.2003 e a assembléia está marcada para 9.12.2003, o que viabilizaria o deferimento de seu pedido. A Alliant informou ainda não se opor a que seu pleito de vistas e cópias fosse deferido após as manifestações da PFE e da SEP, já que gostaria de ter acesso a esses documentos antes do presente processo ser encaminhado para análise do Colegiado (fls. 473 a 498).

Quanto ao pedido de reconsideração, ratificamos nosso entendimento anterior de que o mesmo não se coaduna com assunto tratado neste processo — adiamento de assembléia geral e a interrupção da fluência do prazo de sua convocação — por comprometer a finalização do parecer e a apreciação do assunto, em tempo hábil, pelo Colegiado.

Juntamente com seu pedido de reconsideração, a Alliant encaminhou cópia da manifestação apresentada pela CFLCL à ANEEL, 27.11.2003, sobre a qual teceu os seguintes comentários principais (fls. 473 a 476):

• quanto ao argumento da CFLCL de que a cumulatividade temporária teria baixo impacto no caixa da Companhia, tendo em vista que acionistas representando 79% do capital social, subordinaram o recebimento de seus dividendos ao pagamento de debêntures da 6ª emissão, a Alliant alegou que ela e a Gipar podem e devem receber os dividendos para financiar a conversão da UTE JDF, além disso, com o argumento, a CFLCL estaria defendendo "a vergonhosa tese da validade de uma promessa de renúncia ao recebimento de lucros futuros", o que não tem validade frente ao art. 109 da Lei 6.404/1976 (fls. 475);

• o direito de veto presente no Acordo de Acionistas não retira a legitimidade nem o seu interesse em apresentar a reclamação, pois "se a CFLCL estivesse disposta a respeitar o citado direito de veto não dispararia uma operação tão complexa quanto arriscada para vir 'morrer na praia'. O fato é que a futura AGE será presidida (...) por pessoa ligada aos controladores da CFLCL, o que torna quase que inequívoca a futura aplicação dos §§ 8º e 9º do art. 118 da Lei 6.404/1976, ainda que a mesma seja por demais controversa" (fls. 475).

II — Da manifestação da CFLCL

Conforme previsto no § 3º do art. 2º da Instrução CVM 372/2002, foi solicitada, em 18.11.2003, por meio do Ofício/CVM/SEP/GEA-3/n. 392/2003, manifestação da CFLCL, no prazo de 48 horas, a respeito da referida reclamação apresentada pela Alliant (fls. 318 e 319).

Em resposta, a Companhia apresentou, em 19.11.2003, através de seus representantes, pedido de prorrogação de prazo por mais um dia útil, tendo o mesmo sido prorrogado para o dia 24.11.2003, nos termos do Ofício/CVM/SEP/GEA-3/n. 393/2003 (fls. 321 a 325).

Em 24.11.2003, a CFLCL protocolizou correspondência por meio da qual abordou as questões levantadas pela Alliant, nos seguintes principais termos (fls. 330 a 355):

"em primeiro lugar, deve ser dito que o pedido não tem fundamento legal regulamentar (...). Estabelece o § 3º do art. 3º da citada Instrução 372/2002 que se aplicam ao requerimento de interrupção de prazo para a realização de AGE as normas do artigo anterior da mesma Instrução, sendo certo que pelo § 1º do citado art. 2º a CVM restringiu o seu poder regulamentar de ampliar o prazo de antecedência para a realização de AGE se a convocação se houver dado com antecedência de 30 dias" (fls. 322);

"ora, foi isto o que sucedeu no caso, em que a AGE a ser realizada no dia 9.12.2003 foi convocada com tal antecedência, havendo a primeira publicação sido realizada em 6.11.2003, o que exclui tanto a ampliação de prazo quanto, por igual razão, o pedido de interrupção" (fls. 322);

"não há porque negar que os princípios cabíveis quanto à extensão do prazo, para maior conhecimento e análise pelo acionista (inciso I do § 5º do art. 124), são paralelos ao requerimento de interrupção, para a CVM 'conhecer e analisar' a matéria (inciso II) (...). Assim, o que cabe para que o acionista possa analisar melhor, cabe também para que a CVM possa analisar e conhecer melhor. Respeitado o prazo de 30 dias, não há porque não se realizar a assembléia na data aprazada" (fls. 322);

• para a CFLCL "a alegação de vícios formais não pode fundamentar pedidos da espécie, conforme já teve o e. Colegiado dessa autarquia oportunidade de se manifestar nos autos do processo RJ 2003/1.072 (...). A decisão da CVM é inatacável: supostos vícios formais na convocação não impedem o acionista de conhecer e analisar o que foi deliberado, e não justificam a interrupção do prazo de convocação da assembléia" (fls. 324);

"de toda sorte, porém, o fato é que tais vícios formais não existem, como é fácil de demonstrar. Alega a acionista (...) que a deliberação do Conselho de Administração foi tomada sem a presença do membro do Conselho Fiscal. Isto, naturalmente (...) não prejudica a capacidade de o acionista conhecer e analisar as propostas e muito menos de a CVM fazê-lo (...). Se de fato o Conselheiro Fiscal lá não estava, isto não afeta a capacidade de conhecimento e compreensão e análise do acionista ou da CVM" (fls. 324);

"como se disse acima, porém, a matéria é relevante apenas *ad argumentandum*, na medida em que, no dia 27.10.2003, o Conselho Fiscal reuniu-se e aprovou a deliberação do Conselho de Administração, conforme ata em anexo (Doc. 2). Por outro lado, e quanto ao modo pelo qual a reunião do Conselho Fiscal foi convocada, é preciso dizer apenas que não existe na lei, enfim, forma estabelecida para a convocação de reunião do Conselho Fiscal: houve um consenso entre os Conselheiros Fiscais e o Diretor Vice-Presidente acerca da data para a reunião, tendo mais o Diretor Vice-Presidente se colocado à disposição dos Conselheiros Fiscais, bem como enviado os documentos necessários para realização de referida reunião (Doc. 3 e Doc. 4)" (fls. 324);

"de toda sorte, se não houve convocação formal, a mesma tornou-se dispensável pelo fato de que o Conselheiro Fiscal ausente à reunião — e que a ela faltou apenas para substanciar argüição de irregularidade — enviou correio eletrônico à Companhia confirmando o recebimento da respectiva documentação de suporte à reunião, bem como que a analisaria a tempo da reunião (Doc. 5)" (fls. 324);

"na verdade, confessa a Acionista Reclamante (...) que houve a reunião do Conselho Fiscal. Confessa mais: que o Conselheiro Fiscal supostamente mal informado mandou longas cartas em 24, 27, 28 e 31 de outubro discutindo o assunto da proposta, rediscutindo a proposta que já fora objeto de reunião do Conselho Fiscal, à qual não quis o Conselheiro Fiscal comparecer, preferindo não debater o tema com os demais" (fls. 324);

• de acordo com a CFLCL a alegação da Alliant de que a proposta de redução do capital social da Companhia não poderia ser objeto de deliberação, pela falta de convocação de assembléia especial de preferencialistas, "não tem o menor sentido: admitindo para argumentar que a assembléia especial seja exigível (e não o é, como se dirá adiante), a reclamante finge desconhecer que a Companhia tem um ano para realizar tal assembléia, não tendo sentido pretender-se adiar uma assembléia geral apenas porque a assembléia especial não ocorreu, se pode ocorrer posteriormente" (fls. 325);

"de toda forma, cabe analisar-se a suposta necessidade de assembléia especial, baseada no suposto prejuízo aos preferencialistas, a teor do art. 136, § 1º da Lei 6.404/1976: em primeiro lugar, parece estranho argumentar que haja prejuízo quando (i) se reduz o capital com absorção de prejuízos, permitindo-se o pagamento mais pronto do dividendo das ações preferenciais; (ii) se cria cumulatividade temporária deste dividendo; e (iii) se torna possível o pagamento do dividendo a débito de reservas de capital, na forma do art. 200 da Lei 6.404/1976" (fls. 326);

"vamos dizer a verdade, nua e crua: a Acionista Reclamante é signatária do acordo de acionistas arquivado na sede da Companhia e, como tal, indica membros da Administração da Companhia, mas vem agora declarar que prefere não receber dividendos para, exercendo o direito de voto com suposta base no art. 111 da Lei 6.404/1976, desequilibrar o bloco de controle da Companhia. Esta é a história real" (fls. 326);

o "prejuízo, a que alude a lei, é o prejuízo legítimo: receber dividendos e, com isto, não exercer o direito de voto para alterar o bloco de controle, não é prejuízo legítimo, a não ser que a CVM aceite a estranha tese de que é melhor para o acionista preferencial não receber o dividendo do que poder recebê-lo (...)" (fls. 326);

"assim, o acionista preferencial é especialmente interessado em que a sociedade elimine (pela compensação) e/ou deixe de computar (pela instituição do dividendo cumulativo) os prejuízos acumulados para fins de pagamento de dividendos, de sorte a permitir que a sua preferência, outorgada em troca da suspensão de direito de voto, volte a ter real significado econômico" (fls. 327);

"argúi-se apenas que a redução de capital 'configurará uma redução proporcional/significativa da parcela do capital social atribuído às ações preferenciais, reduzindo-se, desta forma, o dividendo mínimo/fixo pagável a esta mesma classe de ações', mas o argumento tampouco tem procedência", pois, "o dividendo das ações preferenciais de emissão da Companhia não é expresso em moeda, sendo calculado com base na divisão do capital social da Companhia pelo número de ações (que fornece o chamado 'valor unitário')" (fls. 326 e 327);

"ocorre que não existe qualquer direito de o acionista titular de ações preferenciais a que se mantenha inalterada, para cima ou para baixo, a cifra do capital social", já que "o 'valor unitário' não é preferência ou vantagem que não possa ser alterada e, na verdade, em diversas circunstâncias esse valor unitário é reduzido, sem que se possa dizer que, em tais casos, impõe-se à assembléia especial" (fls. 327);

"com efeito, uma das conseqüências de as ações de emissão da Companhia não possuírem valor nominal é exatamente o fato de que a fração ideal do capital social de cada ação sem valor nominal é, por essência, mutável (...). Assim, referida fração ideal do capital social é *aumentada* se há cancelamento, resgate ou reembolso de ações preferenciais ou aumento do capital social por preço de emissão superior ao valor unitário. Ao contrário, reduz-se o dito 'valor unitário' se este aumento de capital se dá por valor inferior ao valor unitário" (fls. 327 e 328);

"não se pode concluir que quaisquer dessas situações resultem efetivamente em mudança das preferências ou vantagens das ações preferenciais que, diga-se uma vez mais, não têm direito adquirido a uma cifra do capital social, nem muito menos ao dito 'valor unitário' (...). Portanto, se o capital social da Companhia é reduzido, com absorção de prejuízos, sem nenhuma devolução de recursos aos acionistas e, ao contrário, daí resulta um benefício evidente para os titulares de ações preferenciais, que passam desde logo a receber o seu dividendo, não cabe falar-se em prejuízo", logo, "não se tem presente a premissa essencial para que seja necessária a convocação de assembléia especial dos acionistas da Companhia titulares de suas ações preferenciais" (fls. 328);

"finalmente, ainda que se estivesse diante de hipótese de aplicação do art. 136, § 1º da Lei das Sociedades Anônimas, o que somente se admite por verdadeiro amor à argumentação, tal não poderia fundamentar pedido de interrupção da contagem do prazo de antecedência da convocação da assembléia geral extraordinária da Companhia, uma vez que o próprio § 1º do citado art. 136 da Lei das Sociedades Anônimas dispõe que a assembléia especial dos acionistas detentores de ações preferenciais da Companhia poderá ocorrer até um ano após a respectiva deliberação" (fls. 328);

• quanto a alegação da necessidade de assembléia especial dos debenturistas, a CFLCL dispôs que o "mencionado dispositivo prevê a realização de assembléia especial de debenturistas para aprovar modificações nas vantagens das ações em que são conversíveis as debêntures. Ora, como demonstrado acima, é cristalina a conclusão de que a redução do capital social da Companhia para absorção de prejuízos acumulados não altera as vantagens conferidas no Estatuto Social da Companhia a suas ações preferenciais (...) se não é exigível a assembléia especial dos preferencialistas, tampouco faz sentido falar-se em assembléia dos debenturistas se as ações em que podem ser convertidas as debêntures vão ter suas vantagens ***aumentadas***, como se viu" (fls. 329, grifo do original);

"na verdade, o ponto mais relevante é que não apenas o mercado — agindo de boa-fé e no interesse da Companhia — entendeu a operação proposta como se mostrou favorável a ela, o que é fácil de verificar pelo aumento das cotações verificado logo após o anúncio da convocação da AG" (fls. 329);

• quanto à alegação de que a Companhia somente poderia deliberar acerca da redução de capital caso obtivesse aprovação prévia da Agência Nacional de Energia Elétrica — ANEEL, a CFLCL argumentou que "em 7 de novembro de 2003, a Companhia solicitou, a ANEEL sua aprovação quanto à modificação do seu capital social (Doc. 6) (...). Consoante estabelece o art. 40 da Norma de Organização ANEEL — 001, aprovada pela Resolução do Diretor-Geral da ANEEL 233, de 14 de julho de 1998, tal agência deve proferir sua decisão a respeito da solicitação da Companhia no prazo máximo de 30 dias" (fls. 330);

"assim, a Companhia requereu à ANEEL sua aprovação quanto às deliberações propostas pela Administração da Companhia em prazo suficiente para que a ANEEL se manifeste previamente à assembléia geral da Companhia". Além disso, "ainda que a ANEEL não se manifeste previamente acerca da aprovação da redução do capital social da Companhia, tal deliberação poderá ser condicionada à aprovação da ANEEL" (fls. 330);

• quanto à existência de "vícios substanciais" na proposta de deliberação sobre a redução do capital social da Companhia e de a mesma consistir em fraude à lei, a CFLCL indicou que "o argumento é primário, e se baseia no sofisma de que cabe à Administração de uma Companhia assegurar aos preferencialistas o direito de voto, e não o dividendo prometido estatutariamente (...)" (fls. 331);

"recorde-se que, ao contrário de ser um ato que representa 'fraude à lei', a operação de saneamento financeiro, também chamada de redução contábil do capital social, nada mais é que a compatibilização entre a cifra nominal do capital social e o valor real do patrimônio da sociedade, afetado por perdas acumuladas" (fls. 331);

"a argumentação da Acionista Reclamante constitui uma verdadeira subversão de todos os preceitos da Lei das Sociedades Anônimas e acaba se enredando no sofisma, quando conclui que o 'direito principal' é a percepção de dividendos, dito 'irrenunciável'. Paradoxo total: o direito é irrenunciável, mas a atuação da Administração no sentido de garanti-lo constitui ato censurável. Muito estranho o argumento da Acionista Reclamante: embora reconheça que a Companhia não pode derrogar o direito do acionista à percepção de dividendos, conclui (...) que a Companhia não deve buscar pagar dividendos a seus acionistas, pois isto evita que os acionistas detentores de ações preferenciais, como é o caso da Acionista Reclamante, passem a ter direito de voto temporário" (fls. 331).

Finalizando, a CFLCL também argumentou que:

"no último ano, a Acionista Reclamante divulgou comunicados ao público informando que, caso a Acionista Reclamante decidisse desinvestir no Brasil, a mesma tentaria extrair o maior valor possível de seu investimento (Doc. 7)" (fls. 332);

"o que a Companhia deseja fazer com a redução de seu capital social com absorção de prejuízos é, como dito, unicamente compatibilizar a cifra nominal do seu capital social e o valor real do seu patrimônio" (fls. 333);

"tal medida também permitirá que a Companhia destine suas reservas de capital à distribuição de dividendos a seus acionistas, fato que, ao invés de deixar a Acionista Reclamante insatisfeita, deveria deixá-la satisfeita" (fls. 333);

"a insatisfação da Acionista Reclamante reside unicamente no fato de que a mesma deseja, de forma hostil, passar a deter a maioria nas deliberações sociais da Companhia e negociar, sob pressão, as suas ações" (fls. 333);

Cabe ressaltar que, em 25.11.2003, os representantes da CFLCL encaminharam, por *e-mail*, considerações adicionais para melhor explicar o seu entendimento quanto à não necessidade de realização de assembléia especial de debenturistas. De acordo com os representantes, como todas as debêntures de emissão da CFLCL conversíveis em ações preferenciais (2ª série) e ordinárias (1ª série) são de titularidade de um único investidor, o que esse investidor deixasse "de receber como titular (potencial) das ações ordinárias em que as debêntures da primeira série são conversíveis", seria compensado pelas vantagens que receberia "como titular (potencial) das ações preferenciais em que as debêntures da segunda série são conversíveis" (fls. 446).

III — Da reclamação dos acionistas Fondelec e The Latin America Fund

Em 13.11.2003, os acionistas Fondelec Essential Services Growth Fund, L. P., e The Latin America Energy and Electricity Fund I, L. P., protocolizaram reclamação junto à SOI, em vista das propostas de alterações estatutárias objeto da AGE da CFLCL marcada para 9.12.2003, tendo sido, por esse motivo, aberto o processo CVM RJ2003/12.755 (fls. 356 e 357).

Em 27.11.2003, esses acionistas, manifestando sua concordância com os termos das alegações apresentadas pela Alliant quanto aos prejuízos que as deliberações propostas causariam aos acionistas preferencialistas da Companhia, protocolizaram requerimento para que sua reclamação anterior fosse juntada ao presente processo (fls. 356 a 426).

IV — Do Parecer da PFE

Em 17.11.2003, em atendimento ao despacho exarado, em 14.11.2003, pelo PTE, foi emitido o MEMO/CVM/SEP/GEA-3/n. 299/2003, por meio do qual solicitou-se a manifestação da PFE quanto aos termos da reclamação apresentada pela Alliant (fls. 472).

Em 1.12.2003, foi emitido o MEMO/PFE-CVM/GJU-2/n. 313/2003, nos seguintes principais termos (fls. 462 a 471):

> "inicialmente, *ex vi* do texto do art. 124, § 5º, II, da Lei 6.404/1976, devem ser afastadas, *no momento*, quaisquer alegações de vícios formais na convocação da AGE e na análise das propostas" (fls. 463, grifo do original);

> "a atuação da CVM, com base no dispositivo legal em análise, limita-se, conforme a Instrução CVM 372/2002, à análise das 'propostas a serem submetidas à assembléia geral'" (fls. 463);

> "ainda, deve ser rejeitada a alegação trazida pela Companhia de que o requerimento padece de fundamento legal regulamentar, pelo fato de que 'estabelece o § 3º do art. 3º da citada Instrução 372/2002 que se aplicam ao requerimento de interrupção de prazo para a realização de AGE as normas do artigo anterior da mesma Instrução, sendo certo que pelo § 1º do citado art. 2º a CVM restringiu o seu poder regulamentar de ampliar o prazo de antecedência para a realização de AGE se a convocação se houver dado com antecedência de 30 dias'" (fls. 463);

> "a questão em pauta refere-se à análise de legalidade da proposta, e a ilegalidade ou não em nada se relaciona ao prazo dado. Isto é, ou a proposta é legal, ou é ilegal. Assim, a interrupção legal independe do prazo da convocação, pois, caso fosse aceita a linha de argumentação da Companhia, bastaria à empresa, em tese, publicar a convocação com prazo superior a 30 (trinta) dias, para que a CVM estivesse impedida de analisar a legalidade ou não da proposta de alteração" (fls. 464).

• quanto à alegação da reclamante de que as propostas seriam ilegais por terem o intuito de fraudar o art. 111, § 1º da Lei 6.404/1976, ao frustrar a expectativa dos preferencialistas de adquirirem temporariamente o direito de voto, o parecer indicou que: "no caso, observa-se que as alterações *em si* não possuem qualquer ilegalidade objetivamente constatável, ou seja, tanto a redução do capital social, quanto a previsão de cumulatividade e distribuição de dividendos são legais e, inclusive, tratando-se de procedimentos previstos expressamente na Lei 6.404/1976" (fls. 465, grifo do original);

> "por hora, qualquer elucubração acerca das (supostas) finalidades (ilegítimas) dos controladores afigura-se prematura, exigindo-se, para a punição pela eventual prática de abuso de controle relacionada à operação pretendida, dilação probatória aprofundada, o que traz inafastável incompatibilidade com o célere procedimento a que lançou mão a requerente" (fls. 465 e 466);

> "obviamente o juízo ora proferido acerca da legalidade das propostas não isenta os controladores de posterior punição, se comprovada, pelos meios ordinários, sua conduta desconforme com o interesse social ou com a legislação vigente. Tal análise, assim, não confere nenhum 'selo de qualidade' às operações ora efetuadas. Apenas afasta a incidência, *in casu*, da obrigação desta autarquia de 'informar à Companhia, até o término da interrupção, as razões pelas quais entende que a deliberação proposta à assembléia viola dispositivos legais ou regulamentares' (art. 124, § 5º, II, *in fine*)" (fls. 466);

• sobre a alegação da Alliant de que o prejuízo dos acionistas preferencialistas resultante da proposta de redução do capital social seria permanente, enquanto que a cumulatividade do dividendo seria transitória, o parecer dispôs que "muito embora possa tal artifício (cumulatividade possibilitando a distribuição) ter como finalidade apenas a manutenção do controle, o mesmo não é ilegal por si, tanto que previsto na lei societária. Quanto ao alegado prejuízo, deve-se ter em mente que o direito de recesso é, como se observa, uma exceção à forma usual de negociação de ações, quando, por força de deliberação da Companhia, dentre aquelas previstas legalmente, da qual discordou o titular das ações (expressamente ou não), sua negociação usual, no mercado, trará prejuízos ao acionista" (fls. 467);

"por ser [o direito de recesso] hipótese excepcional, a interpretação há de ser sempre no sentido da manutenção da empresa, da continuidade do negócio. Isto é, por tratar-se de exceção à regra geral de negociação de ações, as normas que regem o direito de retirada devem sempre ser interpretadas restritivamente, não devendo ser ampliadas, pelo intérprete, as hipóteses de exercício de tal prerrogativa" (fls. 468);

• após analisar o tratamento dado pelo art. 17 da Lei 6.404/1976 às preferências e vantagens que podem ser atribuídas às ações preferenciais, o parecer conclui que "não houve alteração substancial, fundamental, na preferência atribuída às ações de que é titular a requerente. Há apenas prejuízo reflexo para a requerente, que, entretanto, garante o exercício de seu real interesse como sócio preferencialista, qual seja, o percebimento de dividendos" (fls. 469);

"urge salientar que, muito embora para a requerente possa parecer um prejuízo — o que ocorre, individualmente, pelo fato de que a mesma, com o não percebimento, praticamente assumirá o controle da sociedade — para os demais preferencialistas (que, ao adquirirem poder de voto não adquirirão poder de gestão) possa ser de maior valor o percebimento de tais dividendos, mesmo em valor unitário reduzido, a se sujeitarem a aguardar outro exercício. Ora, o prejuízo deve ser ***objetivo***, e não ***subjetivo***!" (fls. 469, grifo do original);

"além do mais, faz-se a redução do capital, procedimento legalmente previsto no art. 173 da LSA, para, na hipótese em exame, adequar o capital social da empresa à real situação da Companhia (...). Forçoso concluir que, por tratar-se de adequação da realidade da Companhia, através exatamente da absorção dos prejuízos, estes decorrentes do mercado, o resultado imediato para os preferencialistas (percebimento de dividendos em valor unitário menor) advém do risco do empreendimento, e não da operação propriamente dita" (fls. 469 e 470);

"portanto, as alterações propostas não ensejariam, em vista dos fatos ora conhecidos, o exercício do direito de retirada pelos preferencialistas, sendo dispensada, assim, a assembléia especial de tais acionistas prevista na LSA" (fls. 470);

"entretanto, mesmo na hipótese de não ser este o entendimento adotado pelo E. Colegiado da CVM, não há necessidade de a assembléia ser prévia, ficando a deliberação sem eficácia até o advento da referida assembléia ratificando as alterações, o que poderá se dar até um ano após a deliberação" (fls. 470);

"por fim, frise-se que a Lei das Sociedades por Ações afasta qualquer receio de que o exercício do direito de retirada possa prejudicar ou pôr em risco a continuidade da sociedade", tendo em vista o previsto no seu art. 137, § 3º. Desta forma, ainda na hipótese de a CVM firmar posição no sentido da ocorrência de prejuízo para os preferencialistas que enseje o direito de retirada e a ocorrência da assembléia especial, o controlador deverá, em prol da estabilidade financeira da empresa, reconsiderar a deliberação" (fls. 470);

V — Do entendimento da GEA-3

Primeiramente, cumpre salientar, que a reclamante não alega que as propostas encaminhadas à deliberação na AGE da CFLCL marcada para 9.12.2003 sejam ilegais ***em si***, já que aponta que as irregularidades das propostas existiriam em virtude:

• da presença de vícios formais nos atos preparatórios da mencionada AGE;

• da ausência de manifestação prévia da assembléia especial de *preferencialistas* de que trata o § 1º, do art. 136 da Lei 6.404/1976;

• da ausência de manifestação prévia da assembléia especial de *debenturistas*, na forma do disposto na alínea *b*, § 2º, do art. 57 da lei societária;

• da ausência de prévia aprovação das deliberações propostas pela ANEEL;

• das propostas consistirem, em seu conjunto, como uma tentativa de fraude à lei, já que seu objetivo seria, na verdade, o de impedir que as ações preferenciais venham a adquirir o direito de voto previsto no § 1º do art. 111 da Lei 6.404/1976.

Ressalte-se, ainda, que a Alliant não fez referência, em sua representação de 12.11.2003, aos termos do Acordo de Acionistas comentados no § 7º, supra, a despeito da convocação da AGE em questão ter sido aprovada, na reunião do Conselho de Administração da CFLCL de 21.10.2003, por maioria, já que 3 dos membros desse conselho votaram contra e 4 a favor (fls. 21 e 22). Somente quando do pedido de reconsideração de 28.11.2003 da negativa de vistas ao processo, a Alliant fez menção ao direito de veto, alegando que tal direito não retira a legitimidade nem o seu interesse em requerer o adiamento da AGE da CFLCL marcada para 9.12.2003 (§ 13, retro, letra *b*).

Quanto à existência de vícios formais no processo de convocação da AGE

Inicialmente, entendemos que a eventual existência de vícios formais no processo de convocação da AGE da CPFL marcada para 9.12.2003 não está prevista no inciso II, do § 5º do art. 124 da Lei 6.404/1976 como fato capaz de ensejar a interrupção do curso do prazo de antecedência de sua convocação.

Não obstante, acreditamos ser pertinente tecer os seguintes comentários sobre as alegações da reclamante: de acordo a Alliant a deliberação sobre a convocação da AGE marcada para 9.12.2003 apresentaria vícios formais, já que: (i) a reunião do Conselho de Administração da CFLCL de 21.10.2003 não teria contado com a presença dos membros do Conselho Fiscal da Companhia, conforme exigido no inciso III do art. 163 da Lei 6.404/1976 e (ii) a reunião do Conselho Fiscal realizada em 27.10.2003, na qual as propostas do Conselho de Administração foram examinadas e aprovadas, foi convocada por pessoa não competente, ou seja, pelo Diretor Financeiro da Companhia;

• quanto a essas alegações, há que se considerar que: em que pese os indícios de descumprimento do disposto no inciso III do art. 163 da Lei 6.404/1976, há evidências de que foram disponibilizados aos conselheiros fiscais (i) a apresentação sobre a alteração do Estatuto Social; (ii) a proposta da administração para a referida AGE; (iii) a proposta para o Conselho Fiscal; e (iv) o balancete levantado em 9.9.2003, conforme atestado pelas correspondências acostadas às fls. 102 a 108 e 352;

• quanto à forma de convocação da reunião do Conselho Fiscal realizada em 27.10.2003, a lei societária e o Estatuto Social da Companhia não estabelecem a quem cabe a sua convocação, ainda que, a nosso ver, não seja razoável que o seja por parte de qualquer diretor, mas sim por um de seus membros ou por seu presidente, se houver.

Da ausência de manifestação prévia da assembléia especial de preferencialistas

A Alliant fundamenta a necessidade de manifestação prévia da assembléia especial de preferencialistas de que trata o § 1º do art. 136 da Lei 6.404/1976 no fato de que a proposta de redução do capital social impacta de forma negativa a base de cálculo dos dividendos dessas ações, prejuízo esse que seria permanente, enquanto que a cumulatividade atribuída aos dividendos dessas ações seria provisória.

Os principais argumentos apresentados pela CFLCL para negar a existência de redução das vantagens das ações preferenciais emitidas pela Companhia foram:

• não existe direito do acionista preferencialista a que o valor do capital social se mantenha inalterado, para cima ou para baixo, já que uma das conseqüências das ações da Companhia não possuírem valor nominal é que a fração ideal do capital social de cada ação pode ser mutável;

• o valor unitário do dividendo não é preferência ou vantagem que não possa ser alterada. Os preferencialistas não têm direito adquirido a uma cifra do capital social ou um valor unitário do dividendo, pois existem circunstâncias em que a fração ideal do capital social é aumentada (em caso de cancelamento, resgate ou reembolso de ações preferenciais ou aumento do capital social por preço de emissão superior ao valor unitário) ou reduzida (se o aumento de capital se dá por valor inferior ao valor unitário).

Quanto a esse ponto, cabem as seguintes considerações: o § 1º do art. 136 dispõe que no caso de alteração nas preferências e vantagens de que gozam as ações preferenciais, a eficácia da deliberação depende de prévia aprovação ou da ratificação, em prazo improrrogável de 1 (um) ano, por titulares de mais da metade de cada classe de ações preferenciais prejudicadas, reunidos em assembléia especial;

• as ações preferenciais Classe "A" e "B" de emissão da CFLCL gozam atualmente das seguintes preferências e vantagens principais: prioridade na distribuição de dividendos mínimos (Classe "A") e fixos (Classe "B"), não cumulativos, de, respectivamente, 10% e 6% ao ano, calculados sobre o capital próprio a elas atribuído;

• a nosso ver, essas preferências e vantagens consistem no recebimento de um ***percentual*** sobre o capital próprio atribuído a essa espécie de ações, não se podendo inferir que mudanças no capital social da empresa, ou seja, na sua base de cálculo, possam representar uma redução de suas preferências ou vantagens, quanto mais quando a lei societária permite expressamente que essa base de cálculo se modifique para menor (art. 173) ou para maior (art. 166);

• face à inexistência da redução das preferências e vantagens das ações preferenciais emitidas pela Companhia, concluímos que não se aplica ao caso o disposto no § 1º do art. 136 da Lei 6.404/1976.

Da ausência de manifestação prévia da assembléia especial de debenturistas

A Alliant também alegou que as deliberações propostas dependeriam de prévia aprovação dos debenturistas, em assembléia especial, conforme previsto na alínea *b* do § 2º do art. 57 da Lei 6.404/1976, já que a empresa é emissora de debêntures conversíveis em ações ordinárias (1ª série) e em ações preferenciais (2ª série).

Assim, para a reclamante, ainda que se pudesse admitir a inexistência de prejuízos para as ações preferenciais, ficaria configurada a necessidade daquela assembléia em relação aos titulares de debêntures conversíveis em ações ordinárias.

Conforme acima exposto, não entendemos que as deliberações propostas reduzam as preferências e vantagens das ações preferenciais, de forma que o disposto na alínea *b* do § 2º do art. 57 da Lei 6.404/1976, somente se aplica aos titulares de debêntures conversíveis em ações ordinárias.

Quanto a esse ponto, cabe ressaltar que a CFLCL, ao ser instada a se pronunciar a respeito pela BOVESPA, em virtude da publicação do edital de convocação da AGE de 9.12.2003, manifestou que os acionistas titulares de ações ordinárias emitidas pela Companhia, que dissentirem das deliberações da referida assembléia, poderão exercer o direito de retirada, sendo o valor de reembolso o valor patrimonial, constante do último balanço aprovado em assembléia, correspondendo a R$ 2,61 por lote de mil ações ordinárias (fls. 455 e 456).

Ressalte-se, ainda, que, a nosso ver, o argumento apresentado pela CFLCL para tentar afastar a necessidade da observância do previsto na alínea *b* do § 2º do art. 57 (§ 17, supra), não se aplica, pois mesmo ficando comprovado que as debêntures conversíveis em ações preferenciais e ordinárias sejam titularizadas por um único investidor, aquele comando é claro quanto à necessidade da prévia aprovação pelos titulares de debêntures, em assembléia especial, da alteração do estatuto para modificar as vantagens das ações preferenciais existentes, em prejuízo das ações em que são conversíveis as debêntures.

Da ausência de manifestação prévia da ANEEL

Conforme comprovado pela CFLCL, essa Companhia solicitou em 7.11.2003 a aprovação da ANEEL quanto à modificação do seu capital social.

Em reunião realizada com a SEP, em 27.11.2003, a ANEEL informou que a deliberação sobre essa matéria ficará condicionada à sua prévia aprovação, não havendo, contudo, o prazo formal de 30 dias para que ela se pronuncie sobre a questão, tal como informado pela CFLCL.

Da existência de fraude à lei

Entendemos que o argumento apresentado pela Alliant não se aplica, no momento, para caracterizar as deliberações propostas pela CFLCL como ilegais. Contudo, caso se verifique, *a posteriori*, que as deliberações propostas para a AGE da CFLCL marcada para 9.12.2003 foram efetuadas no interesse de seus controladores e em prejuízo da situação financeira da Companhia, poderá, então, vir a se concretizar as hipóteses de abuso de poder de controle e de desvio de poder previstas na alínea *c* do § 1º do art. 117 e no art. 154 da Lei 6.404/1976.

Quanto a esse ponto, há que se destacar que: a conta de reserva de capital corresponde a um valor meramente contábil; de acordo com o balanço patrimonial intermediário apurado em 30.9.2003, que foi encaminhado pela CFLCL, juntamente com sua manifestação, a Companhia apresenta, além de prejuízos acumulados da ordem de R$ 74,4 milhões, um prejuízo do exercício no montante de R$ 34,3 milhões (fls. 349 e 350);

- o Relatório de Revisão Especial elaborado pelos auditores independentes, anexo à 3ª ITR, indica que a Companhia apresenta capital circulante líquido negativo no montante de R$ 126,3 milhões e R$ 196,5 milhões, controladora e consolidado, e um endividamento de curto e longo prazo no montante de R$ 310,6 milhões e R$ 1,2 bilhão, controladora e consolidado (fls. 458);
- em 28.10.2003, a CFLCL e suas controladas divulgaram fato relevante para comunicar a conclusão de um programa de reestruturação de seus endividamentos, no montante aproximado de R$ 750 milhões, o que, de acordo com o comunicado, possibilitará compatibilizar os vencimentos de suas dívidas de curto prazo com as respectivas gerações de fluxo de caixa e reduzir os atuais *spreads* incidentes sobre as operações financeiras (fls. 460 e 461).

Quanto à legalidade das deliberações propostas à AGE

O art. 124 da Lei 6.404/1976 dispõe em seu § 5º, II, que:

> § 5º. A Comissão de Valores Mobiliários poderá, a seu exclusivo critério, mediante decisão fundamentada de seu Colegiado, a pedido de qualquer acionista, e ouvida a Companhia:
>
> (...).
>
> II — interromper, por até 15 (quinze) dias, o curso do prazo de antecedência da convocação de assembléia geral extraordinária de Companhia aberta, *a fim de conhecer e analisar as propostas a serem submetidas à assembléia* e, se for o caso, informar à Companhia, até o término da interrupção, as razões pelas quais entende que a *deliberação proposta* à assembléia viola dispositivos legais ou regulamentares.

Verifica-se assim que a interrupção do curso do prazo de antecedência de convocação por até 15 dias, tal como requerida pela Alliant em relação à AGE da CPFL marcada para 9.12.2003, se fundamenta, como mecanismo excepcional que é, na necessidade desta autarquia de dispor de prazo mais dilatado para que ***as deliberações propostas*** sejam melhor examinadas, inclusive do ponto de vista legal.

Quanto a esse ponto, não concordamos com as alegações apresentadas pela CFLCL, comentadas no § 16, *a*, *b* e *c*, supra, tendo em vista que a convocação de assembléia com mais de 30 dias de antecedência não exclui a possibilidade de a CVM interromper o curso do prazo, para que possa melhor conhecer e analisar as propostas de deliberação, dado que o requerimento para tanto pode ocorrer até 8 dias da data marcada para sua realização.

No caso específico, porém, concluímos ser desnecessário que o curso do prazo de antecedência da convocação seja interrompido, conforme previsto no referido inciso II do § 5º do art. 124 da Lei 6.404/1976, tendo em vista que esta área técnica já verificou que as deliberações propostas não são ilegais.

Conforme previsto no edital de convocação e na proposta da Administração, as principais deliberações a serem submetidas à AGE da CFLCL de 9.12.2003 consistem na:

• redução do capital social da Companhia no montante total de R$ 74.358.513,23, passando de R$ 354.335.001,00 para R$ 279.976.487,77, para fins de absorção dos prejuízos existentes, redução essa que será efetuada de forma proporcional ao valor do capital atribuído a cada espécie e classe de ações e sem modificação do número de ações de emissão da Companhia;

• alteração do Estatuto Social da Companhia para (i) conferir às ações preferenciais, independentemente da classe, o direito de recebimento de dividendos cumulativos nos exercícios sociais de 2003 e 2004, voltando essas a gozar de dividendos não-cumulativos a partir de 1.1.2005; e (ii) para que seja prevista estatutariamente a possibilidade de pagamento de tais dividendos cumulativos, no exercício em que o lucro for insuficiente, à conta de reservas de capital.

Cabe ressaltar que, a nosso ver, essas propostas se encontram em conformidade com a legislação societária, pois: o art. 173 da Lei 6.404/1976 permite que a assembléia geral possa deliberar sobre a redução do capital social, para efeito da absorção dos prejuízos acumulados;

• o art. 201 e o § 6º do art.17 da lei societária também permitem que os dividendos das ações preferenciais possam ser pagos à conta de reserva de capital, desde que (i) tal fato seja previsto estatutariamente e (ii) seja respeitada a ressalva efetuada no § 3º desse último artigo, que veda que os dividendos, ainda que fixos ou cumulativos, sejam distribuídos em prejuízo do capital social, em função do disposto no § 2º do art. 182 que determina que o resultado da correção monetária do capital realizado seja registrado como reserva de capital, enquanto não capitalizado.

Por esse motivo, opinamos pela desnecessidade da interrupção do curso do prazo de antecedência de convocação de assembléia geral da AGE da CFLCL marcada para 9.12.2003.

Isto posto, encaminhamos o presente processo a essa SGE para posterior encaminhamento ao Colegiado, nos termos da Instrução CVM 372/2002, ressaltando a necessidade de que o mesmo também se pronuncie sobre o pedido de reconsideração do indeferimento da solicitação de vistas e cópias formulado pela Alliant, o qual consideramos como improcedente conforme comentado nos §§ 9º a 12, supra.

Atenciosamente,

Cláudia de O. Hasler, Inspetora.

Fernando Soares Vieira, Gerente de Acompanhamento de Empresas — 3.

De acordo,

Elizabeth Lopez Rios Machado, Superintendente de Relações com Empresas.

VOTO DA DIRETORA NORMA JONSSEN PARENTE

Cuida o presente processo de operação em que a Cataguazes, em um único procedimento: reduz capital e elimina prejuízos, da ordem de R$ 74.358.513,23, diminuindo o capital social de R$ 354.335.001,00 para R$ 279.976.487,77;

• reduz a base de cálculo dos dividendos das preferenciais, em aproximadamente 21%, ao reduzir o capital social; mantém íntegra a reserva de capital, no montante de R$ 26,5 milhões e permite o pagamento de preferenciais com a mencionada reserva de capital;

• estabelece por dois anos a cumulatividade do dividendo das ações preferenciais e com isso impede que as preferenciais adquiram direito de voto, já que não recebiam dividendos há dois anos.

A Companhia, sem maiores explicações, assegura o direito de retirada aos acionistas ordinários, na base de R$ 2,61 por lote de 1.000 ações, mas não, às preferenciais, conforme Fato Relevante publicado.

Sem dúvida, a proposta de redução de capital, realizada com absorção de prejuízos acumulados, tem amparo no art. 173 da Lei 6.404/76, que dispõe:

> Art. 173. A assembléia geral poderá deliberar a redução do capital social se houver perda, até o montante dos prejuízos acumulados, ou se julgá-lo excessivo.
>
> § 1º. A proposta de redução do capital social, quando de iniciativa dos administradores, não poderá ser submetida à deliberação da assembléia geral sem o parecer do Conselho Fiscal, se em funcionamento.
>
> § 2º. A partir da deliberação de redução ficarão suspensos os direitos correspondentes às ações cujos certificados tenham sido emitidos, até que sejam apresentados à Companhia para substituição.

A possibilidade de reduzir o capital faz parte do desenrolar das atividades empresariais. De fato, eventualmente, a Companhia pode realmente precisar reduzir o capital.

Todavia, a redução de capital ora efetuada, da ordem de 21%, afeta profundamente o dividendo das ações preferenciais, uma vez que o dividendo de tais ações representa um percentual do capital social.

Diante disso, impõe-se:

a) assegurar o direito de recesso aos acionistas prejudicados, nos termos do art. 136, II, da Lei de S/A, que dispõe:

> Art. 136. É necessária a aprovação de acionistas que representem metade, no mínimo, das ações com direito a voto, se maior quorum não for exigido pelo estatuto da Companhia cujas ações não estejam admitidas à negociação em bolsa ou no mercado de balcão, para deliberação sobre:
>
> (...).
>
> II — alteração nas preferências, vantagens e condições de resgate ou amortização de uma ou mais classes de ações preferenciais, ou criação de nova classe mais favorecida;
>
> (...).

b) a realização de assembléia especial da classe prejudicada, nos termos do art. 136, § 1º, que estabelece:

> (...).
>
> § 1º. Nos casos dos incisos I e II, a eficácia da deliberação depende de prévia aprovação ou da ratificação, em prazo improrrogável de 1 (um) ano, por titulares de mais da metade de cada classe de ações preferenciais prejudicadas, reunidos em assembléia especial convocada pelos administradores e instalada com as formalidades desta Lei.
>
> (...).

Note-se que a Companhia há dois anos não pagava dividendos aos acionistas preferenciais e estava na iminência de completar o 3º ano. Em vista disso, os preferencialistas adquiririam direito de voto, nos termos do art. 111, § 1º, da Lei de S/A, que estabelece:

Art. 111. O estatuto poderá deixar de conferir às ações preferenciais algum ou alguns dos direitos reconhecidos às ações ordinárias, inclusive o de voto, ou conferi-lo com restrições, observado o disposto no art. 109.

§ 1º. As ações preferenciais sem direito de voto adquirirão o exercício desse direito se a Companhia, pelo prazo previsto no estatuto, não superior a três exercícios consecutivos, deixar de pagar os dividendos fixos ou mínimos a que fizerem jus, direito que conservarão até o pagamento, se tais dividendos não forem cumulativos, ou até que sejam pagos os cumulativos em atraso.

(...).

Dispositivo que encontra base na doutrina de Modesto Carvalhosa desta forma: "(...) *a restrição ao direito de voto só poderá ser mantida se o acionista gozar efetivamente de vantagens patrimoniais*, reveladas pelo efetivo pagamento de dividendos mínimos ou fixos, cumulativos ou não, instituídos no Estatuto Social".

O objetivo de tal artigo supõe a necessidade de a administração ser transferida àquele que aplicou o seu capital, que vem sendo gerido indevidamente, dada a não adequada condução do negócio pelo controlador.

O acionista preferencial tem características passivas, não vota, mas se tem direito patrimonial, de participar nos lucros, e este desaparece ou é reduzido, há de poder votar, de modo a fiscalizar e controlar sua aplicação de capital, sob pena de torná-lo refém do controlador.

Ora, com o artifício adotado: redução do dividendo devido e pagamento do remanescente com a reserva de capital (que deveria ter sido também usada para abater prejuízo) esvai-se o direito dos minoritários.

Ao que tudo indica, a referida operação destinou-se de fato, a impedir a aplicação do direito em questão (art. 111, § 1º), visto que a Companhia usou todas as reservas para absorver prejuízos, mas manteve a reserva de capital intacta, justamente para pagar dividendos, agora reduzidos em 21%, preservando o plano da Companhia de impedir o voto da preferencial.

Confira-se os dispositivos da lei societária concernentes à absorção das reservas.

Art. 189. Do resultado do exercício serão deduzidos, antes de qualquer participação, os prejuízos acumulados e a provisão para o Imposto Sobre a Renda.

Parágrafo único. O prejuízo do exercício será obrigatoriamente absorvido pelos lucros acumulados, pelas reservas de lucros e pela reserva legal, nessa ordem.

Art. 200. As reservas de capital somente poderão ser utilizadas para:

I — absorção de prejuízos que ultrapassarem os lucros acumulados e as reservas de lucros (art. 189, parágrafo único).

Sem dúvida, o objetivo do art. 111, § 1º é, burlado com tal medida, inclusive, sem que se observem as salvaguardas legais de proteção aos acionistas preferenciais sem direito de voto.

Ademais, o Conselho Fiscal, não convocado, não participou da reunião da administração que decidiu a questão, em desobediência ao art. 163, inciso III e § 3º da LSA:

Art. 163. Compete ao Conselho Fiscal:

(...);

III — opinar sobre as propostas dos órgãos da administração, a serem submetidas à assembléia geral, *relativas a modificação do capital social*, emissão de debêntures ou bônus de subscrição, planos de investimento ou orçamentos de capital, distribuição de dividendos, transformação, incorporação, fusão ou cisão; (grifou-se)

(...).

§ 3º. Os membros do Conselho Fiscal assistirão às reuniões do Conselho de Administração, se houver, ou da diretoria, em que se deliberar sobre os assuntos em que devam opinar (ns. II, III e VII).

A ausência do Conselho Fiscal vicia a proposta do Conselho de Administração, inclusive o parecer do próprio Conselho Fiscal sobre a questão, já que o mesmo não presenciou a decisão da administração.

A presença do Conselho Fiscal no debate é fundamental para que se inteire melhor do assunto e, com maiores elementos, possa decidir. Também relevante é a sua presença até mesmo, ainda que sem voto, para que possam discutir as questões apresentadas com o Conselho de Administração.

> "Ao comparecer, deverá o Conselheiro Fiscal não apenas acompanhar as discussões, mas também dar assistência aos administradores presentes, com relação às matérias da pauta. Para tanto, terá voz, não somente quando solicitado, mas também quando julgar que deve manifestar-se (...)."

Também os debenturistas devem ser ouvidos previamente, mediante a realização de assembléia especial, conforme o previsto no art. 57, § 2º, que dispõe:

> Art. 57. (...).
>
> § 2º. Enquanto puder ser exercido o direito à conversão, dependerá de prévia aprovação dos debenturistas, em assembléia especial, ou de seu agente fiduciário, a alteração do estatuto para:
>
> a) mudar o objeto da Companhia;
>
> b) criar ações preferenciais ou modificar as vantagens das existentes, em prejuízo das ações em que são conversíveis as debêntures.
>
> (...).

A medida favorece os portadores de ações ordinárias, a partir do exercício de 2005, já que a cumulatividade dos dividendos das preferenciais extingue-se em 2004. Os acionistas ordinários beneficiam-se, por conseguinte, com a redução de 21% do montante dos dividendos das preferenciais, já que são pagos depois das preferenciais.

Trata-se, portanto, de bem montada operação para elidir o direito dos minoritários.

Diante disso, há indícios de que a operação representa abuso de poder de controle e deve ser investigada, nos termos do art. 117, § 1º, letra *c*, da Lei de S/A, que dispõe:

> Art. 117. O acionista controlador responde pelos danos causados por atos praticados com abuso de poder.
>
> § 1º. São modalidades do exercício abusivo de poder:
>
> (...).
>
> c) promover alteração estatutária, emissão de valores mobiliários ou adoção de políticas ou decisões que não tenham por fim o interesse da Companhia e visem a causar prejuízo a acionistas minoritários, aos que trabalham na empresa ou aos investidores em valores mobiliários emitidos pela Companhia;
>
> (...).

Também, como alegado pelos minoritários, a presente redução de capital poderia ter sido efetuada há muito tempo, mas é realizada às vésperas do fim do exercício e dos preferencialistas adquirirem o direito de voto (2004).

Há nitidamente o abuso de direito a que se refere o art. 187 do Código Civil:

> Art. 187. Também comete ato ilícito o titular de um direito que, ao exercê-lo, excede manifestamente os limites impostos pelo seu fim econômico ou social, pela boa fé ou pelos bons costumes.

Finalmente, a Constituição Federal estabelece que a administração deve respeitar o "princípio da publicidade" (art. 37). Esta, a regra. Apenas, na hipótese excepcional da necessidade de preservar a intimidade ou o interesse social, pode a publicidade ser restrita (art. 5º, inciso LX).

No caso não estão presentes os pressupostos que excepcionam o princípio da publicidade. Por isso, entendo que deve ser dada vista dos autos aos requerentes.

Por fim, cabe esclarecer que, em razão da urgência de se solucionar a questão, não foi possível efetuar um trabalho mais elaborado como gostaria.

É o meu voto.

Rio de Janeiro, 3 de dezembro de 2003.

Norma Jonssen Parente, Diretora.

Ata da Reunião Extraordinária do Colegiado, de 8.12.2003

Participantes: Luiz Leonardo Cantidiano, Presidente

Norma Jonssen Parente, Diretora

Wladimir Castelo Branco Castro, Diretor

Pedido de Reconsideração de Decisão do Colegiado — Cataguases-Leopoldina — CFLCL

Proc. RJ2003/12.767

Relatora: SEP

A reunião foi realizada por conferência telefônica, pois o Presidente estava em São Paulo.

Trata-se de pedido de reconsideração da decisão do Colegiado de 3.12.2003, que foi decidido, por maioria, pelo indeferimento do pedido de interrupção do curso do prazo de antecedência da convocação da AGE da Cataguazes.

A SEP manteve seu entendimento, conforme MEMO/CVM/SEP/GEA-3/n. 238/2003.

O Colegiado indeferiu, por maioria, o pedido de reconsideração por não serem apresentados dúvida na sua conclusão ou contradição entre decisão e os seus fundamentos. A Diretora Norma Parente apresentou seu voto vencido no sentido de acolher o pedido de reconsideração.

VOTO DA DIRETORA NORMA JONSSEN PARENTE

I

Ainda que possa ser questionado o direito de recesso em relação às ações preferenciais em decorrência da redução do capital, visto que tal redução decorre da absorção de prejuízos e não de excesso de capital.

II

No caso, está sendo proposta a redução do capital sem a absorção da reserva de capital, o que, a meu ver, é inadmissível.

Veja-se a respeito o que diz Modesto Carvalhosa:

"(...) A redução, no caso, não poderá ser feita sem antes terem sido esgotados outros recursos patrimoniais.

"O parágrafo único do art. 189 estabelece que o prejuízo do exercício será obrigatoriamente absorvido pelos lucros acumulados e reservas de lucros. E o art. 200 dispõe que a reserva de capital será utilizada para absorver os prejuízos remanescentes.

"Será ineficaz, porque antijurídica, a redução, se houver reservas de capital (art. 200) em montante capaz de absorver os prejuízos. Se o valor das reservas de capital for inferior ao prejuízo, será primeiro utilizado o seu valor, até o seu esgotamento e, em seguida, reduzido o capital pelo saldo dos prejuízos acumulados."

Portanto, não há dúvida de que a redução do capital sem a absorção da reserva de capital existente é ineficaz, especialmente, porque tem o ilegítimo objetivo de obstar a aquisição do voto pelo preferencial, nos termos do art. 111, § 1º, da Lei 6.404/1976. Não há qualquer outra justificativa para reduzir o capital sem previamente esgotar a sua própria reserva.

III

Por outro lado, como a Companhia possui debêntures em circulação conversíveis em ações, é requisito essencial a aprovação prévia dos debenturistas por força do disposto no art. 57, § 2º, alínea *b* da Lei 6.404/1976, quando ocorrer alteração estatutária que prejudique o direito das ações em que serão convertidas as debêntures. Note-se que da lei expressamente consta a expressão *prévia*, impedindo qualquer interpretação.

Como afirma Carvalhosa: "A manifestação prévia dos titulares de debêntures conversíveis funda-se no direito subjetivo que possuem de exercer um direito futuro e certo originado num direito atual seu. Não se trata de expectativa de direito, pois este liga-se ao conceito de vocação (vocação de herdar), que pode não se realizar por falta de objeto, ou seja, perecimento da própria herança. Na hipótese de debêntures conversíveis, o direito subjetivo é, como vimos, futuro e certo, e portanto irrevogável, não dependendo de circunstâncias favoráveis ao seu exercício".

A decisão dos debenturistas, portanto, tem que ser anterior à assembléia que irá tomar decisões que interfiram em seu direito e não pode, a exemplo do que é admissível pela lei na hipótese do art. 136, inciso II, da lei societária, ser ratificada *a posteriori*.

A única forma de superar esse obstáculo, no caso, considerando que as debêntures são todas detidas pelo BNDES, seria a apresentação de uma declaração do titular das debêntures até o momento da realização da assembléia geral concordando com a proposta de alteração estatutária, cabendo ressaltar que a manifestação tem que ser do debenturista não sendo válida qualquer declaração do agente fiduciário nesse sentido que não o substitui. Caso contrário, a assembléia não poderá ser realizada, sob pena de ferir requisito prévio essencial e condição de eficácia das decisões tomadas.

Deve ser destacado que a necessidade de a assembléia dos debenturistas ser realizada previamente à assembléia de acionistas ficou clara também no Memo da SEP que, por sua vez, foi aprovado pelo Colegiado sem qualquer ressalva.

IV

Por essas razões, mantenho meu entendimento de que a assembléia geral dos acionistas não pode ser realizada por não estar respeitando a ordem estabelecida pela lei societária de que a redução do capital primeiramente deve absorver as reservas de capital existentes e por carecer de concordância prévia do debenturista e, em razão disso, *voto* pelo acolhimento do pedido de reconsideração apresentado pela Alliant Energy Hodings do Brasil.

Rio de Janeiro, 8 de dezembro de 2003.

Norma Jonssem Parente, Diretora.

Para: CGP MEMO/CVM/SEP/GEA-3/n. 238/2003

De: SEP/GEA-3, 8.12.2003.

Assunto: Pedido de Reconsideração de Decisão de Colegiado.

Processo CVM RJ2003/12.767.

Senhora Chefe de Gabinete,

Trata-se de pedido de esclarecimentos protocolizado pela Alliant Energy Holdings do Brasil Ltda., em 8.12.2003 (fls. 561/562), em vistas da decisão tomada pelo Colegiado, na reunião de 3.12.2003, quanto ao indeferimento da solicitação apresentada pela requerente, em 12.11.2003, de interrupção do curso do prazo de antecedência de convocação da AGE da CFLCL marcada para 9.12.2003.

Em seu pedido a Alliant alega que:

• conforme consta da ata de reunião de diretoria, na decisão tomada pelo Colegiado foram adotadas as razões expostas no MEMO/SEP/GEA-3/n. 235/2003;

• consta desse Memo, a afirmação da necessidade de prévia aprovação pelos titulares de debêntures conversíveis em ações ordinárias, em assembléia especial, da alteração do estatuto;

> "se a decisão prevalente encampou a opinião desta Superintendência, sem qualquer ressalva ou consideração adicional, muito menos redução do campo de abrangência do ato administrativo anterior, é forçoso concluir que a Assembléia

contra a qual se insurge a requerente apresenta o vício da ilegalidade, em relação a qualquer proposta de deliberação, quando menos vinculada à necessidade de manifestação *PRÉVIA* da Assembléia de Debenturistas" (grifo do original);

"quanto ao ponto sequer houve divergência, pois o voto vencido da Diretora Norma Parente também foi expresso ao enfrentar a questão na mesma linha da manifestação da SEP encampada pelo Colegiado;"

"assim é que a CFLCL, seus administradores e controladores devem ser oficiados quanto à ilegalidade das propostas de deliberação, na forma dos argumentos antes expostos."

Enfatizando a urgência e relevância do exame de seu pedido, a Alliant indicou que o alcance do mesmo "dirige-se a esclarecer a decisão tomada por esta *Superintendência a fim de que a CFLCL, seus administradores e controladores sejam expressamente oficiados para que se abstenham de promover o ato assemblear de legalidade, no mínimo duvidosa, nos exatos termos da decisão tomada por esta CVM*" (grifo do original).

Finalizando, solicitou que seja declarada a "ilegalidade da proposta de alteração da natureza dos dividendos conferidos à ações preferenciais de emissão da CFLCL, bem como do ato (conexo) com ela, relacionado, qual seja: a redução do capital social da Companhia (...) tudo diante da ausência de Assembléia Prévia de Debenturistas".

Entendimento da GEA-3

Em que pese o disposto no item IX na Deliberação 463/2003, que estabelece competência ao Colegiado para apreciar pedidos de reconsideração de decisão baseados na contradição entre a decisão e os seus fundamentos, ou dúvida na sua conclusão, mas em função do presente pedido de reconsideração ter sido encaminhado à SEP, tecemos os seguintes comentários quanto ao pedido em comento:

a) conforme já manifestado pela SEP no MEMO/CVM/SEP/GEA-3/n. 235/2003, a eficácia da deliberação sobre a alteração do estatuto para modificar as vantagens das ações preferenciais existentes depende da prévia aprovação dos titulares de debêntures conversíveis em *ações ordinárias*, entendimento esse que foi, inclusive, enfatizado na reunião de Colegiado de 3.12.2003;

b) também de acordo com nosso entendimento anterior, a não apresentação, até o momento, da anuência prévia dos titulares de debêntures conversíveis em ações ordinárias, ou de seu agente fiduciário, não justifica, contudo, a aplicação do disposto no inciso II, do § 5º do art. 124 da Lei 6.404/1976, já que *as propostas* encaminhadas para deliberações na AGE marcada para 9.12.2003 não violam dispositivos legais ou regulamentares.

Adicionalmente, informamos que a Alliant encaminhou à SEP nesta mesma data cópia da notificação por ela enviada à SLW Corretora de Valores e Câmbio Ltda., agente fiduciário da Quarta Emissão de Debêntures Conversíveis em Ações da CFLCL, dando conta: (a) da ação por ela movida contra a CFLCL, Gipar S/A e Itacatu S/A com base no argumento de que as alterações estatutárias retroreferidas violam a alínea *b*, § 2º do art. 57 da LSA; e (b) notificando ainda esse agente fiduciário para que sejam tomadas as providências cabíveis, nos termos do art. 68 da LSA (fls. 563/565).

Isto posto, encaminhamos o presente processo a essa Chefia de Gabinete para deliberação pelo Colegiado, nos termos da Deliberação CVM 463/2003.

Atenciosamente,

Cláudia de O. Hasler, Inspetora.

Fernando Soares Vieira, Gerente de Acompanhamento de Empresas — 3.

De acordo,

Elizabeth Lopez Rios Machado, Superintendente de Relações com Empresas.

Comentários de

Rachel Sztajn

Acionistas minoritários da Cataguases-Leopoldina (CFLCL) solicitaram à CVM que se pronunciasse em pedido de interrupção do prazo para a realização de AGE cuja ordem-do-dia previa a redução do capital social e a aprovação de distribuição de lucros às ações preferenciais, entre outras matérias.

No petitório alegava-se que: "De acordo com o edital, a AGE da CFLCL a ser realizada em 9.12.2003 foi convocada para que seus acionistas deliberassem sobre os seguintes assuntos (fls. 432 e 433):

a) redução do capital social da companhia no montante total de R$ 74.358.513,23, passando de R$ 354.335.001,00 para R$ 279.976.487,77, em face da proposta aprovada pela administração e do balanço especial da companhia com data base de 30.9.2003, sem modificação do número de ações de emissão da companhia, para fins de absorção dos prejuízos existentes, conforme apurado no referido balanço especial; em conseqüência do que, se aprovada a matéria deveria ser alterado o art. 4º do Estatuto Social;

b) criação de preferência no recebimento de dividendos para todas as ações preferenciais, independente da classe, nos exercícios de 2003 e 2004, incluindo-se sua cumulatividade na hipótese de insuficiência do lucro nos exercícios considerados, com a conseqüente alteração do art. 5º, § 1º, III, e § 2º, II, que dispõem sobre dividendos das ações preferenciais Classes "A" e "B", respectivamente.

Afirma-se mais que, cláusula do acordo de acionistas prevê que a Itacatu somente aprovará matérias que alteram a cláusula 4.1, *a*, após prévio e expresso consentimento da Alliant e Fondelec, ou seja, a política de dividendos, bem assim a alteração de preferências que não recaia sobre todas as ações preferenciais de emissão da sociedade. Alega-se vícios formais que redundariam na invalidade ou ineficácia das deliberações do Conselho de Administração a serem submetidas à AGE.

A CFLCL, em contestação alega que o pedido de interrupção de prazo não tem fundamento, que não há vícios formais nas deliberações do Conselho de Administração que impeçam a realização da AGE, que a convocação de preferencialistas para se manifestarem sobre alteração do dividendo pode ser posterior à AGE que os aprove; que a redução do capital social não configura diminuição da parcela do capital atribuído às preferenciais, e que não há direito individual de que não se altera a cifra representativa do capital social, entre outros argumentos.

Na realidade, a questão deve ser analisada tendo presentes o fato de que nos exercícios de 2001 e 2002 não foram distribuídos dividendos pelo que, se o fato se repetisse em 2003, as ações preferenciais adquiririam direito de voto, o que representaria potencial mudança de controle da sociedade; é possível, dentro do quadro legal, para obstar que as preferenciais adquiram direito de voto, utilizar reservas para pagar o dividendo e, concomitantemente, compensar prejuízos à conta do capital social? Em que medida estaria sendo desrespeitado comando legal se aprovada a proposta em questão? As demais alterações estatutárias são periféricas em relação a este núcleo.

1. Ações preferenciais sem direito de voto

Do ponto de vista legal, qualquer ação — ordinária ou preferencial (estas com ou sem direito de voto) — é qualificada *valor mobiliário*. Mas, as ações preferenciais sem direito de voto são um valor *mobiliário híbrido*, porque ao mesmo tempo em que são investimento em risco, são investimento em renda sempre que a preferência consista na percepção de dividendo, fixo, mínimo, cumulativo, ou não. Investimento de risco porque representam investimento em atividade econômica que visa obter lucro, do qual não há garantia. Investimento em renda porque, apurados lucros no exercício, receberão rendimento, o dividendo previsto no estatuto, aqui denominado *dividendo prioritário*. A idéia de prioridade ligada ao dividendo das preferenciais tem que ver com o fato de que o rateio do lucro ser feito pagando-se, inicialmente, o dividendo das ações preferenciais, sendo o saldo remanescente utilizado para pagamento do dividendo às ações ordinárias.

Quando o dividendo é cumulativo torna-se mais perceptível a noção de renda porque se o acionista não receber o dividendo em determinado ano fica com crédito para o exercício seguinte; esse direito não está previsto para as ações ordinárias, típico título de risco. Não que a estas falte participação nos resultados, mas no sentido de que não há dividendo prioritário, que dirá cumulativo, atribuível a essas ações.

Por isso é que se diz que, quando há ações ordinárias e preferenciais, ocorre, na organização interna da sociedade — e isto é idéia pacificada —, uma permuta entre o exercício do direito político, o voto, pela preferência patrimonial, o que, no caso de dividendo mínimo ou cumulativo é inquestionável. Quando as preferenciais não gozam dessa prioridade, caso daquelas em que a prelação tem que ver com a dissolução da sociedade, a permuta é ineficiente, quer dizer, o acionista troca o direito de voto por potencial antecedência na partilha do acervo remanescente, se houver.

As ações cuja preferência é apenas a prioridade na partilha do acervo não têm, em geral, preferência ou prioridade na partilha do lucro apurado a cada exercício sem que isto signifique que possam deixar de recebê-lo, se declarado. A distribuição de lucros será igualitária entre ordinárias e preferenciais, enquanto que, se as preferenciais tiverem dividendo fixo, a partilha do lucro será desigual. Quer dizer, as preferenciais recebem o que estiver previsto no Estatuto, e o remanescente poderá ser integralmente distribuído apenas entre os ordinaristas.

Se o dividendo for mínimo, entende-se que após ser pago valor igual às ações ordinárias, a distribuição de saldo do lucro contemplará as duas espécies de ações igualmente. Ações cuja única preferência seja a prioridade na partilha do acervo, recebem dividendos se e quando declarados, segundo o que for destinado às ações ordinárias.

Há, portanto, diferentes regimes aplicáveis ao pagamento de dividendos às ações: prioridade, cumulatividade, igualdade com as ordinárias, ou não, dependendo de como as preferências estiverem determinadas no Estatuto Social; quer dizer há discriminação na partilha do lucro ou, todas as ações recebem o mesmo dividendo, se a preferência recair sobre a partilha do acervo remanescente.

Antes que se diga que a prioridade sobre a partilha do lucro também é hipotética, a situação se configura de outra maneira. A troca do direito político pelo patrimonial reflete a confiança depositada nos administradores (controladores) da sociedade, porque, quando o dividendo é cumulativo, as ações adquirem direito de voto. A confiança não é, portanto, perpétua nem imutável quando as expectativas deixam de ser atendidas. Parece que o pacto foi desenhado para estimular a administração na busca por resultados positivos com o que a confiança perdura.

Há previsão legal de que, quando a administração deixa de remunerar as ações preferenciais em que a cumulatividade está prevista por três exercícios consecutivos, a eficácia da permuta fica suspensa, dando-se aos titulares dessas ações o direito de voto. Claro que o Estatuto pode prever a mesma regra ou, até, reduzir o período de 3 anos. O incentivo dos administradores, analisado a cada ano, ao final do triênio serve como mecanismo de permanência no cargo. Como não há restrição ou imunidade que mantenha administradores ineficientes no cargo, uma vez adquirido o direito de voto, enquanto não haja resultados positivos para pagar o dividendo das ações preferenciais, elas mantêm o direito de voto. De diferente forma, a permuta político-patrimonial, está condicionada ao cumprimento do acordo: pagar dividendos porque não se prevê, nesse tipo de prelação, que as ações fiquem sem direito de voto indefinidamente.

Cristalino, neste caso, que a discussão inicial tem que ver com a perda do PODER DE CONTROLE que afetará os administradores acionistas que deixaram de produzir resultados positivos, que não geraram recursos para pagar os dividendos.

2. *As reservas legal e estatutárias e sua função no ordenamento das Companhias*

A anônima é, fundamentalmente, um negócio econômico cuja estrutura legal permite captar recursos da poupança popular para desenvolver atividade econômica e, se e quando lucros forem gerados, distribuí-los aos investidores. A administração da atividade para a qual os recursos foram destinados não cabe aos investidores diretos; os fundos recolhidos de várias pessoas, caracterizam o negócio como investimento coletivo.

As regras relativas à organização do balanço e demais demonstrações contábeis e financeiras têm dupla função: uma menos investigada fora do campo da ciência contábil, é medir variações do patrimônio líquido, outra é informar aos interessados, neste caso diretamente aos investidores, a respeito do resultado da ação administrativa, do preenchimento, ou não, das expectativas de receber dividendos.

No capítulo da Lei n. 6.404/1976, a disciplina da constituição de reservas e distribuição de dividendos vem associada à produção de lucros no exercício, à sua destinação a cada ano. A cada exercício e antes de qualquer outra proposta, o lucro é destinado, à compensação de prejuízos acumulados; não os havendo, faz-se provisão para pagamento do Imposto Sobre a Renda (art. 189). Não há possibilidade de que se destine o resultado bruto do exercício a qualquer outra finalidade. Depois de compensados prejuízos anteriores ou feita a provisão para pagamento do imposto, calculam-se as participações estatutariamente previstas de empregados e administradores. O remanescente é o lucro líquido, que pode ter diferentes alocações ou destinação, tal como previsto no art. 192, desde que atendido o disposto no art. 193, que disciplina a constituição da reserva legal. A determinação é que 5% do lucro líquido serão destinados à formação dessa reserva, destinação essa obrigatória, até que perfaça 20% do capital social. A reserva poderá deixar de ser constituída no exercício em que o saldo contabilizado, somado à do capital — esta de constituição facultativa —, exceder 30% do capital social.

Cabe neste ponto alguma consideração a respeito da natureza jurídica da reserva de capital. Leitura do § 2º ao art. 193 é clara: a reserva legal tem por fim assegurar a integridade do capital social e só pode ser utilizada para compensar prejuízos ou aumentar o capital.

Vê-se que a destinação, a limitação ao uso, que incide sobre a reserva legal decorre de sua função peculiar no ordenamento societário, que é reforçar o capital social. Porque nas Companhias os acionistas respondem tão somente pela integralização das ações subscritas ou adquiridas, a integridade do capital social deve ser preservada evitando-se sua devolução sob forma de partilha de resultados. Inibir a realização de operações à conta de capital social quando permitam seu esgotamento, torna mais vulnerável a posição de credores da sociedade, porque se a eles é transferido parte do risco negocial, facilitar condutas oportunistas que gerem a internalização de benefícios e a externalização de riscos, aumenta custos de transação. Quando, como ocorre em outros tipos societários em que há sócios de responsabilidade ilimitada, o risco do negócio é a eles imputado, enquanto que nas anônimas é transferido aos —

ou partilhado com —, credores da sociedade. A idéia de partilha de riscos se evidencia com a decretação da falência da sociedade, porque se os acionistas eventualmente nada receberão, a regra de rateio do ativo para pagamento do passivo, demonstra que os credores suportarão os efeitos da ação administrativa na redução dos valores a que fariam jus em condições de operação normal da sociedade. Nesse sentido é que a disciplina das reservas e retenção de lucros opera para favorecê-los.

Todas as reservas destinadas a reforçar o capital social podem ser consideradas uma forma ou espécie de amortecedor que absorverá perdas eventuais que, na sua ausência, seriam imputadas ao capital social. A reserva legal obrigatória, cujo limite é 20% da cifra representativa do capital social, representa a retenção de parte do lucro e visa ao funcionamento à integridade do negócio econômico subjacente ao contrato de sociedade.

Além de determinar a constituição de fundo o legislador combina a remuneração do investimento em ações com a proteção de credores, previsão de crescimento, ao permitir a constituição das denominadas reservas estatutárias ou das facultativas. Aquelas predispostas em cláusulas do Estatuto Social, de que constem finalidade, critérios para determinação da parcela do lucro retira e limite máximo (art. 194). Outras reservas podem ser criadas por decisão da assembléia geral a partir de proposta da administração, como, por exemplo, a reserva para contingências (art. 185), cuja finalidade é compensar perda de lucratividade em exercícios futuros, a reserva de lucros a realizar (art. 197) e, a reserva de capital (art. 200) que se destina a: absorver prejuízos quando superiores aos lucros acumulados e às reservas de lucros, resgate, reembolso ou compra de ações, resgate de partes beneficiárias, incorporação ao capital social e, por derradeiro, pagamento de dividendos a ações preferenciais na hipótese do art. 17, § 5º.

A constituição de reservas, de modo geral, está presa ao pagamento do dividendo obrigatório, nos termos do art. 198 e o capital social, no art. 199, que não deve ser inferior à soma das reservas. Reservas são parte do resultado que poderia ser distribuído, mas que fica retido, reservado, como parte do ativo, (embora, no balanço, figure no patrimônio líquido), os recursos devem ter destinação clara, garantir o pagamento de contingências futuras, acumulação para investimentos futuros, ou, para aumento de capital sem necessidade de os acionistas fazerem aportes. Os recursos ficam na sociedade onde, supostamente, renderão mais do que o que os acionistas poderiam receber o que justifica a retenção. A reserva de capital prevista no Estatuto Social ou aprovada pelos acionistas em Assembléia Geral que delibera sobre a destinação do lucro do exercício, é forma de poupança voluntária dos acionistas, mantida na sociedade, visando aumentar a base econômica sobre a qual se assenta a garantia de credores.

Das reservas facultativas, a de capital, embora não corresponda exatamente à reserva legal, foi prevista com função similar. A destinação da reserva de capital tal como disciplinada no art. 200 da Lei n. 6.404/1976, em que as cinco hipóteses são únicas, *numerus clausus*, traz ainda a ordem de prioridade em que os fundos devem ser aplicados. O primeiro deles é a absorção de prejuízos remanescentes depois de se fazer a compensação com outras reservas, e antes que se reduza o capital social. A lógica da ordem de prioridades é meridiana. Supor que o legislador permitiria a constituição de reservas sem função, apenas para manter recursos na sociedade, não se coaduna com a regra que visa harmonizar dois interesses divergentes: o do investidor que espera receber dividendos e, por isso a regra que introduziu no país aquele dividendo obrigatório (art. 202), e o da manutenção da saúde financeira da companhia, em que credores, trabalhadores e comunidade em geral, são os destinatários da norma relativa à preservação da integridade do capital social.

O capital social representa a parcela do patrimônio ativo da companhia que é aportada pelos acionistas (investidores), para formação da base material necessária para o exercício da atividade. Como essa base constitui a garantia última de credores da sociedade, mantê-la íntegra é objetivo do legislador, por isso que, de forma prudente se impõe a destinação de parte do lucro para criar amortecedor econômico que reduza o exaurimento do capital social quando da ocorrência de prejuízos. Função da reserva legal é servir como anteparo para perdas, absorvendo-as antes que se atinja o capital social. Essa mesma função é extensível à reserva de capital que, não por outra razão, é assim denominada. Sua destinação é servir, em complementação à reserva legal, a futuro aumento do capital social ou à absorção de perdas.

Desnecessário que a lei fosse mais explícita a respeito da função e destinação da reserva de capital. Basta fazer interpretação sistemática dos textos. A dedução de 5% do lucro do exercício para formar a reserva legal é obrigatória, até que se atinja o limite de 20% do capital social; excepcionalmente essa reserva poderá ficar abaixo dos 20% desde que, somada à reserva de capital, o resultado perfizer 30% do capital social. Ora, se a soma das duas reservas atende ao intuito do legislador, que é preservar o montante do capital social reduzindo o risco dos credores da sociedade, indisputado que ambas têm mesma e igual destinação. A função de ambas as reservas, a obrigatória e a facultativa, é aumentar a garantia de credores tanto quando incorporadas ao capital social quanto se utilizadas para compensar perdas. Tanto é que, nos exercícios em que a reserva legal não atinja os 20%, poder-se-á deixar de reter os 5% do lucro líquido se, havendo reserva de capital, a soma das duas perfizer 30% do capital social como já se explicou.

Ao dispor sobre a reserva legal a lei contempla apenas duas situações: capitalização ou compensação de prejuízos; já em relação à reserva de capital, as alternativas são cinco, ordenadas de modo a dar primazia à preservação da integridade do capital social tendo, como última opção, o pagamento de dividendos às ações preferenciais quando cumulativos. Trata-se de exceção à regra do § 3º ao art. 17, que veda a distribuição de dividendos com prejuízo do capital social, mas contemplada no § 6º do mesmo artigo.

Por isso o Estatuto Social deve descrever com clareza as vantagens patrimoniais atribuídas às ações sem direito de voto ou com voto restrito respeitadas as determinações, como conjunto mínimo, previstas no art. 17 e §§, da Lei n. 6.404/1976. Havendo lucro, depois de feitas as deduções legalmente obrigatórias e as estatutárias, o remanescente, lucro líquido, será dividido entre acionistas, respeitadas prioridades de cada classe e espécie de ação, conforme disposição dos arts. 201 e 202 da lei do anonimato. Associados ao art. 203 parece certo que há pouca margem de manobra quanto à destinação de resultados.

3. Dividendo e sua disciplina legal

A remuneração dos recursos da poupança privada captados pelas companhias abertas como investimento se faz sob duas formas: distribuição do lucro e aumento do valor patrimonial das ações, ou seja, dividendos ou ganhos de capital. Luiz Gastão Paes de Barros Leães explicou que o acionista tem direito ao dividendo quando a assembléia geral aprova a distribuição do lucro. Se não houver lucro ou, enquanto não se deliberar sua distribuição, não haverá direito ao dividendo.

Coibindo prática de algumas sociedades em que a assembléia, por maioria, decidia reter o resultado positivo, não distribuindo lucros, na suposição de que ficaria mais fácil atrair investidores que, direcionando suas poupanças para a atividade econômica, seriam remunerados mediante a partilha de resultados, o legislador institui o dividendo obrigatório. A palavra *obrigatório* significa que, havendo lucros, sua partilha deve ser feita, salvo se houver projeto de investimento que justifique a retenção, até porque impor que a sociedade pague dividendo na ocorrência de prejuízos eqüivale a permitir a distribuição de ativos sociais elevando o risco para os credores, do que resultará aumento dos custos de transação, quer na captação de recursos junto ao público, quer sob outras formas de financiamento para as atividades sociais.

O dividendo obrigatório será, na falta de estipulação estatutária, igual a 25% do lucro do exercício. Na constituição da sociedade, ou em reforma do Estatuto, pode-se prever porcentual inferior, outra modalidade e cálculo, diferente dividendo para classes distintas de ações. Porém, o dividendo obrigatório não deve ser confundido com o dividendo prioritário das ações preferenciais. A regra para estas é específica e tem que ver com a disciplina do art. 17 da Lei n. 6.404/1976. Tanto é que essas ações podem adquirir direito de voto se não receberem dividendos durante três exercícios.

Houve quem sustentasse que a norma referente ao triênio só poderia ser invocada se, havendo lucros, eles não fossem partilhados. O argumento não se sustenta porque a permuta do direito político pela preferência patrimonial, assentada na expectativa de competência da administração para produzir resultados positivos, ficaria frustrada. Se os acionistas continuassem privados do direito de voto, do qual abriram mão em troca de "recompensa" patrimonial, a perversidade do modelo, gerando estímulos para que os administradores se limitassem a manter a sociedade operando, afugentaria investidores (doadores de recursos).

Certo é que não se admite pagar dividendos se não houver resultados positivos líquidos ou se inexistirem provisões ou reservas. A norma do art. 201 é taxativa: dividendos somente podem ser pagos quando for apurado lucro no exercício ou, se houver lucros acumulados, de exercícios anteriores e que não tiverem sido utilizados para compensar prejuízos, ou à conta de reservas de capital, uma daquelas reservas facultativas ou estatutárias já referidas acima, para ações preferenciais quando sejam cumulativos. É exceção à regra geral que proíbe, sob pena de responsabilidade pessoal, que os administradores avancem sobre a reserva legal. Quanto à reserva de capital, partindo da concepção de que há uma ordem de prioridade na sua aplicação, ordem esta determinada pelos incisos do art. 200, tampouco esta poderá ser utilizada para pagamento de dividendos se houver prejuízos a serem compensados.

4. O caso concreto

Estava patente, já em setembro de 2003, que os resultados da companhia seriam insuficientes, se tivesse havido lucros, para que fossem pagos os dividendos referentes aos exercícios atrasados — 2001 e 2002. Portanto, na forma da lei, deixando os preferencialistas de receber por três exercícios consecutivos dividendos cumulativos, suas ações adquiririam direito de voto até que a administração produzisse resultados positivos e eles fossem remunerados.

A regra tem que ver com a natureza híbrida das ações preferenciais e com a "permuta" do direito de voto, político, por direito patrimonial. Não concretizado, o direito patrimonial exsurge o político até novo equilíbrio. Basicamente, como se explicou atrás, trata-se de incentivo à administração para que atue no sentido de produzir lucros. Se, por qualquer razão, deixar de fazê-lo no triênio, nova relação de forças, que pode determinar sua substituição, é a regra.

As alegações de parte a parte tocam com clareza na distribuição de poder, não quer dizer controle, porque este, na forma do art. 116, precisa ser exercido por algum tempo. Imaginar que os titulares de ações ordinárias "perdem o controle", dependerá de os preferencialistas optarem por não receber dividendos no futuro apenas para manter o direito de voto. Portanto, significará que a companhia não produzirá lucros sequer para compensar os prejuízos acumulados. A pergunta imediata seria: nessas condições de permanente redução do patrimônio líquido, será que os credores sociais continuarão a estender crédito ou pedirão que seja decretada a quebra da companhia? Outra dúvida seria em relação ao fato de que, se a companhia não consegue superar as dificuldades, se a geração interna de resultados é pequena, haverá incentivos para que os investidores mantenham o vínculo societário? Poderia alguém pedir a dissolução da sociedade nos termos do art. 206, III?

5. A legalidade das decisões aprovadas pela AGE da CFLCL

As questões acima devem ter preocupado os administradores da CFLCL. Sua competência está em discussão: têm ou não, aptidão para cumprir a promessa de pagar dividendos aos preferencialistas? Se por três anos consecutivos foram incapazes de fazê-lo, o temor da condenação pública parece claro. A destituição dos administradores equivaleria considerá-los ineptos para o exercício da função. Esse temor explicaria decisões estranhas como as aprovadas no término do exercício de 2003 pelos controladores e administradores da CFLCL.

A primeira decisão seria em relação à redução do capital social. Aprovados os balanços de 2001 e 2002, os prejuízos poderiam ter sido absorvidos desde logo, reduzindo-se, ano a ano, o montante do capital social. Naquelas oportunidades seriam utilizadas as reservas, se constituídas, a reserva de capital e, depois, o capital social. Por que não foi essa a decisão das AGOs de 2002 e 2003, quando aprovaram as contas da administração dos exercícios 2001 e 2002?

O que intriga, porém é o fato de que, mesmo não havendo lucros e diante do fato de que não haveria como manter íntegra a expressão monetária do capital social, sobrevém a decisão de pagar dividendos. Se não há fundos livres para compensar prejuízos, se necessário diminuir o capital social, de onde retirar recursos para pagar esses dividendos? E por que apenas para as ações preferenciais?

A construção oferecida nos argumentos da companhia é engenhosa, embora irregular. A exceção consubstanciada no § 3º ao art. 201 ganha precedência sobre a norma do art. 189, parágrafo único. A ilogicidade dessa leitura ou desinterpretação da lei é patente. A lei do anonimato é taxativa no art. 201: o pagamento de dividendos só pode ser feito à conta de lucro líquido do exercício. Lucro líquido do exercício é o saldo entre receitas e despesas depois de descontados os valores com destinação definida: absorção de prejuízos e reserva para pagamento do IR, segundo comando do art. 189, que, no parágrafo único, prevê ainda, a ordem em que os prejuízos acumulados serão compensados. Trata-se de norma cogente, que não admite alternativas. Já o § 3º ao art. 201 é norma supletiva, só se aplica se e quando o comando imperativo, o do art. 189, tenha sido atendido.

Exercício de hermenêutica permite concluir que todo o prejuízo acumulado deve ser imputado, para fins de compensação, aos lucros acumulados (se houver), à reserva de lucros (se houver) e, por final, à reserva legal ou reserva de capital. Só depois de esgotadas tais reservas é que se atinge, para reduzi-lo, o capital social.

De outra forma, o pagamento de dividendos à conta da reserva de capital depende de sua existência, de não ter havido compensação de prejuízos acumulados, de haver saldo nessa conta cuja função é amortecer perdas antes de afetar o capital social. O montante remanescente na conta reserva de capital, depois e só depois de absorvidos os prejuízos acumulados é que poderá ser destinado ao pagamento do dividendo em atraso, integralmente, ou não.

A administração da CFLCL preferiu outra solução e construiu, buscando fundamento na lei, mas fazendo interpretação assistemática, fez a seguinte proposta: pagar dividendos à conta da reserva de capital e, possivelmente, esgotá-la, para em seguida reduzir o capital social. A proposta está viciada porque o pretendido fundamento legal decorre de construção equivocada tanto da função da reserva legal quanto dos comandos legais.

A administração sabia, em setembro, que não haveria lucros nem para compensar prejuízos, portanto, que não seria possível pagar dividendos. Sabia que as ações preferenciais adquiririam direito de voto, o que não interessava.

Que solução poderia ser engendrada que satisfizesse o direito de crédito dos preferencialistas e espelhasse a variação patrimonial adversa do patrimônio da sociedade? Simples, transferir aos credores o ônus do risco amplificado. Paga-se dividendos, que não poderiam ser distribuídos; compensam-se os prejuízos acumulados em dois exercícios de uma só vez, reduz-se o capital social, deixa-se prejuízos de 2003 para as contas desse exercício e faz-se de conta que tudo seguiu a lei. É simples, basta explicar com convicção, de forma enfática, para que todos percebam a lisura da decisão porque, como direito não é ciência exata, interpretar as normas significa construir uma tese, de preferência realçando os elementos que interessam. Os outros ficam obscurecidos porque não se lhes dá atenção.

Independente de inobservância de formalidades alegadas pelos minoritários, mesmo com redução do capital social, e, portanto, da base sobre a qual é calculado o dividendo prioritário, indubitável que houve desrespeito a normas legais cogentes que foram afastadas como se não constantes do texto legal.

Dessa violação beneficiaram-se os controladores e administradores, saindo perdedores não só os minoritários, mas o mercado de valores mobiliários.

INDISPONIBILIDADE DE BENS — INTERVENÇÃO DO BANCO CENTRAL E POSTERIOR DECRETAÇÃO DE FALÊNCIA — COMPRA E VENDA DE BEM IMÓVEL POR MEIO DE ATO QUE ANTECECEU A INTERVENÇÃO — NÃO ALCANCE DA INDISPONIBILIDADE

Comentários de
HAROLDO MALHEIROS DUCLERC VERÇOSA
ao acórdão da apelação cível 162.921-4/0-00, do TJSP

Apelação cível 162.921-4/0-00 — 1ª C. do TJSP

Rel. Des. Laerte Nordi

j. 16.9.2003.

Compra e venda. Registro de escritura de aquisição de imóvel. Ato que antecedeu a intervenção decretada pelo Banco Central em empresa falida. Circunstância em que o negócio não é alcançado pela indisponibilidade. Inteligência do art. 36, § 4º, da Lei 6.024/1974.

Ementa da Redação: Se o registro da escritura de compra e venda de imóvel antecede a intervenção decretada pelo Banco Central em empresa falida, o negócio não é alcançado pela indisponibilidade de acordo com o disposto no art. 36, § 4º, da Lei 6.024/1974.

ACÓRDÃO

Vistos, relatados e discutidos estes autos de ap. cív. 162.921-4/0-00, da Comarca de São Paulo, em que são apelantes e reciprocamente apelados espólio de Antonio Magro representado por sua inventariante e Ziegert Distribuidora de Títulos e Valores Mobiliários Ltda., massa falida:

Acordam, em 1ª Câmara de Direito Privado do TJSP, proferir a seguinte decisão: "Conhecendo dos recursos, negaram provimento ao agravo retido e deram provimento ao apelo principal, prejudicado o adesivo, v.u. Fará declaração de voto vencedor o revisor".

O julgamento teve a participação dos Desembargadores Elliot Akel (Pres., s/ voto), Gilberto dos Santos e Guimarães e Souza.

São Paulo, 16 de setembro de 2003.

Laerte Nordi, Relator, com a seguinte declaração de voto:

1. São embargos de terceiro, julgados improcedentes pela sentença de f., complementada às f.

Apelou o espólio de Antonio Magro, alegando: a) por instrumento particular de sinal e princípio de pagamento firmado em 4.9.1981, Antonio Magro, já falecido e sucedido pelo espólio, compromissou com Robert Paul Ernest Ziegert e sua esposa Glória Campos Ziegert a aquisição de um imóvel (prédio residencial e terreno) situado em Guarujá, Avenida XXX, esquina Rua XXX. Sinal pago em 4.9.1981, data da transferência da posse; b) à época da transação, não havia qualquer tipo de procedimento judicial ou pendência creditória em desfavor de Robert Paul Ernest Ziegert e sua esposa; c) em atendimento às cláusulas e condições estipuladas no contrato, aos 30.9.1981, compareceu o comprador à Caixa Econômica Federal e lá efetuou, através de cheques e em nome dos vendedores, vários pagamentos; d) uma vez liquidadas as obrigações, em 10.2.1982 foi lavrada a escritura; e) havendo dificuldade em conseguir a documentação hábil para registro, face à unificação ocorrida, a escritura veio a ser registrada em 30.6.1982; e) (*sic*) em 17.2.1983, foi lavrada escritura pública de retificação e ratificação da escritura de 10.2.1982; f) após muitos anos, soube o espólio que o imóvel adquirido na mais absoluta boa-fé, fora objeto de constrição judicial na ação ordinária em fase de liquidação (Processo 380/83); g) houve determinação judicial para o cancelamento da matrícula imobiliária, independentemente de ação revocatória; h) o advento da declaração de indisponibilidade em relação à massa não se pode dar de ofício, no âmbito da falência. Nesse sentido, o disposto no art. 52 da Lei Especial; i) a ação destinada à declaração de ineficácia e revogação de tais atos, no sistema da lei, é uma só — a ação revocatória. Sem essa ação não podem ser desconstituídos ou declarados ineficazes atos praticados pela falida, antes da quebra, regra essa aplicável aos casos de intervenção ou liquidação de instituição financeira; j) a sentença desconsiderou a regra do art. 36 da Lei Federal 6.024/1974. Quando da aludida transferência da posse e propriedade, 4.9.1981, a intervenção de 8.7.1982, com a indisponibilidade dos bens, não atingiu o ato consumado. A intervenção da falida ocorreu em 8.7.1982 e o registro da venda se deu em 30.6.1982; l) deve ser restaurada a validade plena dos registros de ns. 2 e 3, gravados à margem da Matrícula 31.293 do RI de Guarujá; interpôs recurso adesivo a massa falida de Ziegert Distribuidora de Títulos Mobiliários Ltda., pugnando pela elevação da verba honorária para R$ 15.000,00.

Recursos respondidos às f., tendo a massa falida argüido a intempestividade da apelação do espólio e reiterado o agravo retido.

O Ministério Público, nos dois graus, opinou pelo conhecimento e provimento do recurso do espólio, prejudicado o adesivo.

É o relatório.

2. Devem ser examinadas, desde logo, as questões preliminares argüidas pela massa falida de Ziegert Distribuidora de Títulos e Valores Mobiliários Ltda. — intempestividade da apelação e extinção dos embargos por decidir matéria preclusa, em razão de nulidade anteriormente decretada em ação anulatória —, ambas rejeitadas.

A preliminar de intempestividade argüida pela massa falida da falida teve fundamento nos arts. 174, III, do CPC e 204 do Dec.-lei 7.661/1945, que dispõem: "Processam-se durante as férias e não se suspendem pela superveniência delas: I — (...); II — (...); III — todas as causas que a lei federal determinar": "todos os prazos marcados nesta lei são peremptórios e contínuos, não se suspendendo em dias feriados e nas férias e correm em cartório, salvo disposição em contrário, independentemente de publicação ou intimação". Assim, para a massa falida, o recurso, interposto no dia 15.2.2000 (f.), estaria fora do prazo, intimado que fora o espólio em 17.1.2000 (f.). Não estando suspenso o prazo no período das férias de janeiro, a intempestividade havia de ser declarada.

Não há dúvida de que os argumentos deduzidos pela massa falida são fortes, ainda que haja controvérsia sobre o tema, num e noutro sentido, algumas respeitáveis opiniões defendendo a tese de que a norma do art. 204 da Lei de Falências não se aplica aos embargos de terceiro. Porque há controvérsia a respeito e porque, para mim, a forma é sempre menos importante que o direito em debate, fico com a interpretação mais liberal e afirmo a tempestividade do recurso.

Quanto à segunda questão — preclusão —, esta é de mais fácil equacionamento, uma vez que o espólio de Antonio Magro não poderia ser alcançado pelos efeitos de uma sentença proferida no processo em que não foi parte.

Relativamente ao mérito dos embargos opostos pelo espólio, a improcedência foi ditada porque: a) a falida Ziegert Distribuidora de Títulos e Valores Mobiliários Ltda. teve a intervenção decretada pelo Banco Central em 8.7.1982. Os bens do administrador e controlador, Robert Paul Ernest Ziegert, ficaram indisponíveis, tendo a indisponibilidade retroagido doze meses, até a data de 8.7.1981; b) o ex-administrador compromissou a compra e venda do imóvel da Av. XXX, no Município do Guarujá, em 4.9.1981. A escritura foi lavrada em 10.2.1982 e registrada em 30.6.1982; c) ajuizada ação de responsabilidade civil pelo Ministério Público, com fundamento no art. 46 da Lei 6.024/1974, foi o ex-administrador condenado a pagar os prejuízos causados aos credores, em conseqüência de sua administração; d) nos termos do art. 36, *caput* e § 1º, da Lei 6.024/1974, a venda era nula, ineficaz, fosse de que espécie fosse; e) na hipótese, o imóvel foi compromissado ao compromissário-comprador Antonio Magro e a escritura definitiva registrada, no período em que estavam indisponíveis, por lei, os bens do compromissário-vendedor. Assim, o compromisso era ineficaz em relação à massa falida, prevalecendo o ato de constrição e tornando desnecessária qualquer discussão sobre a simulação do ato jurídico e a boa-fé do compromissário-comprador.

Vê-se, pela leitura da sentença e das razões de recurso que o debate está centrado na interpretação do art. 36, *caput* e §§ 1º e 4º, da Lei 6.024/1974, que dispõem: "Os administradores das instituições financeiras em intervenção, em liquidação extrajudicial ou em falência, ficarão com todos os seus bens indisponíveis, não podendo, por qualquer forma, direta ou indireta, aliená-los ou onerá-los, até a apuração e liquidação final de suas responsabilidades. § 1º. A indisponibilidade prevista neste artigo decorre do ato que decretar a intervenção, a liquidação extrajudicial ou a falência, e atinge a todos aqueles que tenham estado no exercício das funções nos 12 (doze) meses anteriores ao mesmo ato. § 2º. (...) § 4º. Não são igualmente atingidos pela indisponibilidade os bens objeto de contrato de alienação da promessa de compra e venda, de cessão ou promessa de cessão de direitos, desde que os respectivos instrumentos tenham sido levados ao competente registro público, anteriormente à data da decretação da intervenção, da liquidação extrajudicial ou da falência".

Se a intervenção na falida foi decretada no dia 8.7.1982 e se à hipótese se aplica o § 1º do art. 36 da Lei 6.024/1974, então estaria correto o entendimento da douta magistrada, pela simples razão de que os bens de Robert Paul Ernest Ziegert estariam indisponíveis desde 8.7.1981 (doze meses antes). E o recibo de sinal e princípio de pagamento de Cr$ 4.000.000,00 se deu em 4.9.1981 (f.), dentro do período de indisponibilidade.

Mas se à hipótese de aplica a regra do § 4º do art. 36, aí a situação se altera, uma vez que a intervenção foi decretada em 8.7.1982, após o registro da escritura de compra e venda, ocorrido em 30.6.1982. Negócio que não teria sido alcançado pela indisponibilidade.

Entendendo que, na hipótese, incidiria a regra do § 4º do art. 36 da Lei 6.024/1974, os ilustres representantes do Ministério Público, nos dois graus (f.), opinaram pelo provimento do recurso e pela preservação da matrícula anulada.

E, preservado o respeito ao entendimento da ilustre magistrada, Dra. Berenice Marcondes César, e do dedicado síndico dativo da massa falida, Dr. Nelson Farte Real Amadeo, penso, também, que a hipótese dos autos tinha e tem enquadramento no § 4º da Lei 6.024/1974, não alcançando a indisponibilidade a aquisição do imóvel feita em 4.9.1981 e registrada em 30.6.1982, antes da intervenção de 8.7.1982.

Quanto às alegadas simulação e boa ou má-fé dos contratantes, mencionadas pelo síndico dativo, foram, antes, objeto de abordagem no acórdão de 10.3.1998, que, no mandado de segurança impetrado por Antonio Magro e sua mulher, assinalou se tratar de matéria dependente de prova, inviável nos limites estreitos da ação especial.

Apesar disso e porque a MM. Juíza entendeu aplicável o § 1º do art. 36 da Lei 6.024/1974, a ação foi julgada no Estado, dispensada a dilação probatória (art. 331 do CPC, I). Sem qualquer prova, não seria possível reconhecer a pretendida simulação ou a má ou boa-fé dos contratantes, não bastando eventuais indícios apontados nas contra-razões de f.

3. Pelo exposto, rejeito as preliminares, nego provimento ao agravo retido e dou provimento à apelação para julgar procedentes os embargos de terceiro opostos pelo espólio de Antonio Magro, restaurando-se a validade dos Registros 2 e 3 da Matrícula 31.293 do 1º Cartório de Registro de Imóveis do Guarujá, com a desconstituição da constrição judicial. Custas e honorários pela massa falida, arbitrados estes em R$ 500,00. Prejudicado o adesivo.

Gildo dos Santos, Revisor, com a seguinte declaração de voto:

1. A preliminar de intempestividade do recurso não procede.

É que, como há divergência de entendimento sobre se os embargos de terceiro, em falência, correm, ou não, nas férias forenses, basta isso para autorizar seja considerada tempestiva a apelação.

Afinal, até na dúvida, tem que ser admitido, porque o recurso é de direito natural.

Assim, conheci do recurso.

2. O agravo retido de f., reiterado às f., é insurgência contra a interlocutória de f., que, saneando o processo, rejeitou as preliminares da contestação formulada pela massa falida.

Anoto que a decisão agravada bem rejeitou a alegação de que era necessária a outorga uxória para a propositura desta ação incidental, uma vez que autor é o espólio do falecido Antonio Magro, cuja inventariante é exatamente a esposa do falecido.

Com respeito à alegada preclusão, saliento que a constrição se deu em processo em que o embargante não foi parte, não se podendo, pois, falar em preclusão, com relação a ele, dos efeitos da sentença ali proferida, pois, como é sabido, que só faz coisa julgada entre as partes em que é dada, não beneficiando, nem prejudicando terceiros (CPC, art. 472).

E, por fim, o pedido inicial é juridicamente possível, porque o remédio pretendido é previsto na legislação processual civil (art. 1.046).

Por tudo isso, resumidamente exposto, o agravo retido não vinga.

3. A Lei 6.024, de 13.3.1974, publicada no *DOU* do dia imediato, que dispõe sobre a intervenção e a liquidação extrajudicial de instituições financeiras e dá outras providências, prevê que "os administradores das instituições financeiras em intervenção, em liquidação extrajudicial ou em falência, ficarão com todos os seus bens indisponíveis, não podendo, por qualquer forma, direta ou indireta, aliená-los ou onerá-los, até apuração e liquidação final de suas responsabilidades" (art. 36).

Já o § 1º desse dispositivo estabelece que "a indisponibilidade prevista neste artigo decorre do ato que decretar a intervenção, a extrajudicial ou a falência, atinge a todos aqueles que tenham estado no exercício das funções nos doze meses anteriores ao mesmo ato".

Ocorre que há bens que não se incluem nas disposições do referido art. 36, isto é, os que são considerados inalienáveis ou impenhoráveis pela legislação (§ 3º), e também "não são igualmente atingidos pela indisponibilidade os bens objeto de contrato de alienação, de promessa de compra e venda, de cessão de direito, desde que os respectivos instrumentos tenham sido levados ao competente registro publico, anteriormente à data da decretação da intervenção, da liquidação extrajudicial ou da falência" (§ 4º).

Na espécie, a intervenção na empresa falida foi decretada em 8.7.1982, de modo que, em princípio, os bens de Robert Paul Ernest Ziegert estariam indisponíveis desde 8.7.1981, isto é, doze meses antes, porque o recibo de sinal e princípio de pagamento de Cr$ 4.000.000,00 é de 4.9.1981 (f.).

Apesar disso, a intervenção somente foi decretada após o registro da respectiva escritura de venda e compra de 30.6.1982, incidindo, nesse caso, a regra do § 4º, já mencionada, de modo que a matrícula do imóvel alienado não poderia, data vênia, ser anulada como o fez a sentença.

A propósito, como salientou o eminente procurador de justiça oficiante, Dr. Ari Sérgio Del-Fiol Módolo, "(...) não era possível a anulação da matrícula, porque o registro da escritura é anterior à data da intervenção e liquidação da embargada, cumprindo, ademais, asseverar que não existe um só indicativo, no processo, que os embargantes tenham de qualquer modo pactuado com qualquer ato ou propósito fraudulento da então vendedora" (f.).

Quanto a esse particular, saliento que, no MS 74.699-4/0, sendo impetrantes Antonio Magro e sua mulher, e impetrada a MM. Juíza de Direito da 4ª vara Cível desta Capital, quando aqueles se insurgiram contra a decisão que determinou a anulação dos Registros 2 e 3, da Matrícula 31.293, do Registro de Imóveis da Comarca de Guarujá, neste Estado, ficou, em síntese, assentado que, além de aquela decisão "comportar recurso específico, a questão debatida nos autos, sobretudo aquelas ligadas à idoneidade das partes contratantes, à boa ou má-fé e à simulação, depende de prova, inviável nos limites estreitos da ação especial", julgado esse de 10.3.1998.

E, no âmbito destes embargos de terceiro, não há prova da alegada má-fé ou simulação dos embargantes.

4. Assim, julguei procedentes os embargos de terceiro, desconstituindo, em conseqüência, a constrição judicial, responsável a massa falida pelas custas, despesas processuais e honorários advocatícios de R$ 500,00 (quinhentos reais).

5. Em conclusão, neguei provimento ao agravo retido de f., conheci do apelo principal ao qual dei provimento, prejudicado o adesivo que apenas visava à majoração da verba advocatícia.

Comentários de

Haroldo Malheiros Duclerc Verçosa

Em 8.7.1982 o Banco Central do Brasil decretou intervenção na Ziegert Distribuidora de Títulos e Valores Mobiliários Ltda., havendo os bens do ex-administrador e controlador Robert Paul Ernest Zziegert ficado indisponíveis, tendo a indisponibilidade retroagido doze meses, até a data de 8.7.1981. Mais adiante no tempo foi convertida a intervenção em falência.

Aquele ex-administrador havia compromissado a compra e venda de imóvel de sua propriedade em 4.9.1981. A escritura foi lavrada em 10.2.1982 e registrada em 30.6.1982.

Ajuizada a ação de responsabilidade civil prevista no art. 46 da Lei 6.024/1974, o Ministério Público alegou que a venda do imóvel acima era nula e ineficaz porque havia sido feita em relação a bem então indisponível, nos termos do art. 36, *caput* e § 1º da lei acima citada. O compromisso seria ineficaz, portanto, contra a massa falida.

A discussão estabelecida no acórdão ora comentado disse respeito ao fundamento que deveria ser corretamente aplicado para aceitar-se ou não a indisponibilidade: o art. 36, §§ 1º ou 4º da Lei 6.024/1974:

Art. 36. Os administradores das instituições financeiras em intervenção, em liquidação extrajudicial ou em falência, ficarão com todos os seus bens indisponíveis, não podendo, por qualquer forma, direta ou indireta, aliená-los ou onerá-los, até apuração e liquidação final de suas responsabilidades.

§ 1º. A indisponibilidade prevista neste artigo decorre do ato que decretar a intervenção, liquidação extrajudicial ou a falência, e atinge a todos aqueles que tenham estado no exercício das funções nos últimos 12 (doze) meses anteriores ao mesmo ato.

(...).

§ 4º. Não são igualmente atingidos pela indisponibilidade os bens objeto de contrato de alienação, de promessa de compra e venda, de cessão ou promessa de cessão de direitos, desde que os respectivos instrumentos tenham sido levados ao competente registro público, anteriormente à data da decretação da intervenção, da liquidação extrajudicial ou da falência.

Ora, conforme visto acima, a intervenção foi datada de 8.7.1982, enquanto que a escritura pública de venda e compra e o registro correspondente foram feitos em 10.2.1982 e 30.6.1982.

Considerado o primeiro dispositivo supra, o negócio teria sido feito dentro do prazo de 12 (doze) meses alcançado pela indisponibilidade. Trata-se de regra geral que alcança operações efetuadas dentro do prazo suspeito especialmente previsto na Lei 6.024/1974.

Ocorre que o § 4º do art. 36 corresponde à segunda das exceções previstas naquela lei. A primeira diz respeito aos bens considerados inalienáveis ou impenhoráveis, nos termos da legislação própria; e, a outra, precisamente, entre outros casos, à venda de bens ocorrida anteriormente à decretação de medida especial que alcança instituição financeira, cujo registro tenha sido também efetuado em período anterior a tal fato.

No caso acima, o legislador presumiu a boa-fé das partes, especialmente a boa-fé do vendedor. Daí não ser o negócio alcançado pela indisponibilidade como exceção especialmente indicada. Mas, considerando-se que a má-fé pode estar presente na pessoa do vendedor e dos compradores, neste caso seria aplicável o art. 53 da Lei de Falências, segundo a qual:

> São, também, revogáveis, relativamente à massa, os atos praticados com a intenção de prejudicar credores, provando-se a fraude do devedor e do terceiro que com ele contratar.

Como se sabe, de acordo com o art. 34 da Lei 6.024/1974, a Lei de Falências, aquela se aplica complementarmente, no que couber. Isto se estende claramente à ação revogatória do art. 53 da Lei de Falências.

Feita a venda com fraude tão-somente pelo vendedor, não se caracterizaria a ilicitude. É preciso o consenso de ambas as partes para dar-se o cabimento da ação revogatória prevista no art. 53 da Lei Falimentar.

Conforme visto pela leitura do acórdão, este fato não foi discutido e muito menos provado nos autos, a não ser em mandado de segurança, onde não cabia levantar questões dessa natureza. Daí a regularidade do negócio, tal como entendeu acertadamente e por unanimidade o Tribunal de Justiça de São Paulo.

SOCIEDADE ANÔNIMA – FRAUDE À LEI – ALTERAÇÃO DOS ESTATUTOS COM O INTUITO DE EVITAR QUE OS ACIONISTAS PREFERENCIALISTAS ADQUIRAM O DIREITO DE VOTO ÀS VÉSPERAS DE COMPLETAR O TERCEIRO EXERCÍCIO SOCIAL SEM O PAGAMENTO DE DIVIDENDOS – ABUSO DE PODER DE CONTROLE

Erasmo Valladão A. e N. França e Edmur A. Nunes Pereira Neto

Consulta

O ilustre advogado Dr. Márcio Tadeu Guimarães Nunes, do prestigioso escritório Veirano e Advogados Associados, solicita o nosso Parecer sobre questão que vai reproduzida na Consulta abaixo:

Introdução

1. A *Consulente* é acionista minoritária da "SOCIEDADE X", titularizando 21,56% das ações votantes e 50,40% das ações preferenciais de emissão da Companhia.[1] A *Consulente* figura em Acordo de Acionistas (acordo de defesa) celebrado com a "Companhia Y" e os Fundos "A" e "B". A "SOCIEDADE X" é uma Companhia aberta, com registro junto à Comissão de Valores Mobiliários (CVM), cujos acionistas majoritários são, respectivamente, ______ e a "Companhia Y", exercendo tal poder de maneira conjunta e ordenada.

2. A administração da Companhia vem anunciando que a "SOCIEDADE X" busca sua inserção em altos padrões de Governança Corporativa, mais especificamente no "Nível 2 das Regras de Novo Mercado" inseridas na cartilha publicada pela BOVESPA. Registre-se, ainda, que a Companhia possui em seu quadro acionário, titularizando 15,07% (quinze vírgula sete por cento) das ações preferenciais, representando no universo do capital social da "SOCIEDADE X" 9,30% (nove vírgula trinta por cento), a Fundação Z.

3. Logo, em caráter preliminar, pode-se constatar a relevância da estrutura acima descrita, porquanto lide, direta e indiretamente, com a poupança de recursos públicos e pelo fato de que a Companhia vem sinalizando para o mercado com a retórica acerca da adoção dos procedimentos antes citados, o que, mesmo que como

1. A Consulente figura como titular de 39,37 (trinta e nove vírgula trinta e sete por cento) do capital da Companhia e possui o direito, através do Acordo de Acionistas a seguir citado, de indicar um membro para o Conselho Fiscal da "SOCIEDADE X" (cf. mencionado na letra "c" da cláusula 4.2 do Acordo de Acionistas) e dois outros membros para o Conselho de Administração (cf. mencionado no item "i", letra "a" da cláusula 4.2 do Acordo de Acionistas).

discurso, agrega valor à "SOCIEDADE X" e aos papéis de sua emissão. Os seus procedimentos internos, no entanto, são tão rudimentares quanto os de qualquer empresa familiar não adaptada à presente realidade de mercado.

Dos fatos

4. Conforme anteriormente mencionado, sem prejuízo de toda a documentação encaminhada para V. Sas. até a presente data, cumpre destacar o que se segue.

5. No dia ___ de novembro de 2003, foi publicada, na imprensa especializada, a convocação aos acionistas da "SOCIEDADE X" para se reunirem em Assembléia Geral Extraordinária, a se realizar no dia ___ de dezembro de 2003, às 10:00 horas, a fim de deliberarem sobre a inclusão de novos dispositivos no Estatuto Social daquela Companhia.

6. Os termos propostos para a redação dos citados dispositivos foram assim apresentados aos acionistas na Reunião do Conselho de Administração da "SOCIEDADE X", realizada em ___ de outubro pp. (cf. ata e documentos de explanação já encaminhados a V. Sas.), sendo parcialmente reproduzidos no edital de convocação da citada assembléia. Senão vejamos os termos do edital de convocação, *verbis*:

(a) deliberar sobre a redução do capital social da Companhia no montante total de R$ 74 MM, passando de R$ 354 MM para R$ 279 MM, em face da proposta aprovada pela administração e do balanço especial da Companhia com data base de ___.9.2003, sem modificação do número de ações de emissão da Companhia, para fins de absorção dos prejuízos existentes, conforme apurado no referido balanço especial;

(b) deliberar sobre a alteração do Capítulo II — Capital Social, do Estatuto Social, especificamente quanto ao art. 4º, *caput*, que trata do capital social, para refletir o novo valor do capital social da Companhia após a redução a ser deliberada na forma do item anterior;

(c) deliberar sobre a alteração do Estatuto Social da Companhia, em face da proposta aprovada pela administração, para criação do Capítulo XII — Disposições Transitórias, com a inclusão do art. 31 e seu parágrafo único, para que seja conferido às ações preferenciais, independentemente da classe, o direito de recebimento de dividendos cumulativos nos exercícios sociais de 2003 e 2004, bem como para que seja prevista estatutariamente a possibilidade de pagamento de tais dividendos cumulativos, no exercício em que o lucro for insuficiente, à conta de reservas de capital;

(d) deliberar sobre a alteração do Capítulo III — Ações e Acionistas, do Estatuto Social, especificamente quanto ao seu art. 5º, § 1º, III, e § 2º, II, que tratam dos dividendos, respectivamente, das ações preferenciais Classe "A" e Classe "B", de sorte a adaptá-los ao disposto no item (c) supra.

7. Pela redação das propostas — e que serão objeto da futura AGE — são os seguintes os textos dos dispositivos estatutários da Companhia, aqui objeto da presente Consulta, *verbis*:

> Art. 4º. O capital social é de R$ 279 MM (...), dividido em R$ 107 MM (...), atribuídos a (...) ações ordinárias, em R$ 172 MM (...), atribuídos a (...) ações preferenciais classe "A", e em R$ 530 mil (...), atribuídos a (...) ações preferenciais classe "B", todas sem valor nominal.
>
> Art. 5º. As ações ordinárias serão nominativas.
>
> § 1º. As ações preferenciais Classe "A", que serão nominativas, possuem as seguintes características:
>
> (...);
>
> III — prioridade na distribuição de dividendos mínimos, não cumulativos, salvo o disposto no Capítulo XII — Dis-

posições Transitórias — do presente estatuto social, de 10% (dez por cento) ao ano sobre o capital próprio atribuído a essa espécie de ações, dividendo a ser entre elas rateado igualmente; e

(...);

§ 2º. Para atender ao disposto no Decreto-lei 1.497, de 20 de dezembro de 1976, serão emitidas ações preferenciais Classe "B", sem valor nominal, e com as seguintes características:

(...)

II — prioridade na distribuição de dividendos fixos, não cumulativos, salvo o disposto no Capítulo XII — Disposições Transitórias — do presente estatuto social, de 6% (seis por cento) ao ano sobre o capital próprio atribuído a essa espécie de ações, dividendos a ser entre elas rateado igualmente, respeitada a preferência da Classe "A";

(...).

Art. 31. *As ações preferenciais Classe "A" e Classe "B" terão direito ao recebimento de dividendos cumulativos nos exercícios sociais de 2003 e 2004, voltando a gozar de dividendos não cumulativos a partir de 1.1.2005, independentemente de reforma estatutária. Nesse período, o direito de voto, previsto no § 5º do art. 5º do presente estatuto social, aplicar-se-á até que sejam pagos os dividendos cumulativos em atraso.*

Parágrafo único. *As ações preferenciais Classe "A" e Classe "B", enquanto fizerem jus a dividendos cumulativos na forma prevista no "caput" deste artigo, terão direito de recebê-los, no exercício em que o lucro for insuficiente, à conta da reserva de capital da Companhia* (destacamos).

8. Em suma, as propostas acima destacadas se resumem a:

(i) alterar a natureza do dividendo conferido às ações preferenciais Classe "A" (que é mínimo, não cumulativo, de 10% — dez por cento — sobre o capital próprio atribuído a essa espécie de ações);

(ii) alterar a natureza do dividendo conferido às ações preferenciais Classe "B" (que é fixo de 6% — seis por cento — sobre o capital próprio atribuído a essa espécie de ações, respeitada a preferência da Classe "A");

(iii) transformar, provisoriamente, ou seja, por prazo certo, a natureza de tais dividendos, dando-lhes, nos exercícios de 2003/2004, o *status* de cumulativos, com reversão automática, em 2005 (sem a necessidade de deliberação assemblear a esse respeito), para a qualidade que hoje possuem, vale dizer, a de dividendos não cumulativos;

(iv) utilizar a reserva de capital para o pagamento dos dividendos, já nesse exercício, para as tais classes de ações preferenciais, na forma do art. 17, § 6º c/c art. 200, V, da LSA; e

(v) como providência lógica e antecedente do item supra, absorver os prejuízos acumulados até a AGE (nos termos do art. 189, parágrafo único da LSA), com a conseqüente redução do capital social da Companhia.

Dos quesitos

9. Diante de todo o exposto, cumpre indagar a V. Sas. o que se segue:

a) considerando os documentos enviados a V. Sas., notadamente as cartas trocadas entre o Conselheiro Fiscal indicado pela Consulente, os demais membros do Conselho Fiscal, Administrador da Companhia e auditores independentes, bem como a realização de Reunião do Conselho de Administração da "SOCIEDADE X" (ato preparatório à convocação da AGE em referência) sem a notificação aos membros do Conselho Fiscal da Companhia e, por essa razão, sem a presença de nenhum deles, há algum vício insanável no processo que deságua na convocação da AGE da Companhia para o dia ___ de dezembro (a impedir a sua realização), notadamente em vista do disposto nos arts. 163, I, III, § 3º, 164, parágrafo único, 173, § 1º, todos da LSA?

b) a manifestação do Conselho Fiscal que se seguiu a reunião do Conselho de Administração da Companhia também está contaminada pelo vício anterior, considerando que a ela não compareceu o Conselheiro Fiscal indicado pela Consulente, uma vez que convocado irregularmente pelo Diretor Financeiro da Companhia (e não pelo Presidente do Conselho Fiscal), assim como não haviam sido disponibilizados os documentos solicitados por dito conselheiro para poder deliberar com segurança na reunião do citado colegiado? Verificada a existência, isolada ou cumulativa, de qualquer dos vícios aludidos nos quesitos antecedentes, há a possibilidade de ulterior manifestação da Assembléia vir a saná-los, ou seja, tais vícios admitem alguma espécie de convalidação?

c) considerando a proposta de redução de capital — nos termos em que apresentada pela Administração da "SOCIEDADE X" — é certo que a mesma configurará uma redução proporcional/significativa da parcela do capital social atribuído às ações preferenciais, reduzindo-se, adiante, o dividendo mínimo/fixo pagável a esta mesma classe de ações? Admitindo que a redução do capital social impacta a base de cálculo sobre a qual o dividendo é apurado, há razão suficiente para realização da assembléia especial de que trata o § 1º do art. 136 da LSA, visto que tal proposta contém um "benefício" iminentemente provisório, porquanto destinado a durar apenas 2 (dois) anos, ao passo que o prejuízo é permanente, pois a alteração da base de cálculo opera efeitos agora e para o futuro?

d) a simples zona cinzenta (dúvida) sobre a existência de prejuízos na hipótese já seria razão suficiente para a realização da mencionada assembléia especial, quanto mais não seja na hipótese concreta em que os minoritários/preferencialistas estão a meses de alcançar o direito de voto de que trata o § 1º, art. 111, da LSA? Quais as conseqüências que decorrem da não realização — prévia — da aludida assembléia de preferencialistas?

e) as propostas objeto da convocação requerem, no todo ou em parte, a *aprovação prévia da "Agência Reguladora"* (nos termos do disposto na Cláusula 5ª, XV, do Contrato de Concessão...)? Esse fato também aponta para outra causa de ineficácia da futura deliberação assemblear a respeito do tema?

f) a mecânica dos eventos presentes no Edital de Convocação — a verdadeira gênese da proposta nesse particular — leva à conclusão sobre a existência de fraude à lei, consubstanciada no aspecto da transitoriedade do pagamento de dividendos para evitar a aquisição do direito de voto de que trata o § 1º do art. 111 da LSA? E se se pode admitir que tal direito opera como sanção à prolongada ineficiência da gestão administrativa da Companhia, sendo a pretensão da Consulente tutelável nos termos do art. 109, I, III, § 2º?

g) Considerando os quesitos "a", "b" e "f" supra, há indícios da existência de abuso de poder de controle na hipótese?

Parecer

1. O § 1º, do art. 111, da Lei 6.404/1976, dispõe o seguinte:

> Art. 111. (...).
>
> § 1º. As ações preferenciais sem direito de voto adquirirão o exercício desse direito se a companhia, pelo prazo previsto no estatuto, não superior a três exercícios consecutivos, deixar de pagar os dividendos fixos ou mínimos a que fizerem jus, direito que conservarão até o pagamento, se tais dividendos não forem cumulativos, ou até que sejam pagos os cumulativos em atraso.

Essa norma já existia no direito anterior, com relação aos dividendos fixos, constando do parágrafo único, do art. 81, do Decreto-lei 2.627/1940, que, com outras palavras, dizia a mesma coisa:

Art. 81. (...).

Parágrafo único. As ações preferenciais adquirirão o direito de voto, de que não gozarem em virtude dos estatutos, quando, pelo prazo neles fixado, que não será superior a três anos, deixarem de ser pagos os respectivos dividendos fixos, direito que conservarão até o pagamento, se tais dividendos não forem cumulativos, ou até que sejam pagos os cumulativos em atraso.

Sempre se entendeu que essa regra, de aquisição de voto pelas preferenciais em caso de falta de pagamento de dividendos pelo prazo estatutário, que não pode ser superior a três anos, constitui norma *imperativa*, de *ordem pública*.

Valverde[2] chegava ao exagero de afirmar que ela se aplicava mesmo às ações preferenciais que não detinham direito de voto por pertencerem a estrangeiros:

"406. Os estatutos poderão negar o direito de voto às ações preferenciais, ou conferí-lo com restrições (n. 399).

"Se negam, a lei vem, contudo, em auxílio dos titulares das ações preferenciais, dispondo que elas adquirirão o direito de voto, quando, pelo prazo fixado nos estatutos, que não poderá ser superior a três anos, deixarem de ser pagos os respectivos dividendos fixos, direito que conservarão até o pagamento, se tais dividendos não forem cumulativos, ou até que sejam 'pagos os cumulativos em atraso' (n. 78).

"*Esse preceito é de ordem pública*, aplicável, pois, mesmo àqueles casos em que, por força de lei, as ações preferenciais não gozam do direito de voto, por pertencerem a estrangeiros (n. 399). Seria, com efeito, inconcebível que, a pretexto de não poder o estrangeiro possuir ações de direção (n. 399), se lhe recusasse o direito de defender os seus legítimos interesses, seguramente, na hipótese, mal administrados por nacionais."

Pontes de Miranda também ressaltava o caráter imperativo do dispositivo em questão:

"Ou os estatutos deixam às ações preferenciais o direito de voto, ou lhes deixam tal direito com restrições, ou lhes negam, totalmente, tal direito. Pode acontecer que a administração não seja eficiente, ou feliz, e ocorra falta de pagamento dos dividendos fixos. Surgiu, então, o problema de técnica legislativa para serem protegidos os acionistas preferenciais, se tal falta de pagamento se repete. *A regra jurídica protectiva tinha de ser de direito cogente*. Se se afasta a causa, pelas prestações de que a lei cogita, há a volta à situação em que os acionistas preferenciais se achavam. Diz o Decreto-lei n. 2.627, art. 81, parágrafo único: (...)".[3]

No direito vigente, Modesto Carvalhosa é igualmente incisivo a respeito:

"O direito de voto, no caso de ausência de pagamento de dividendos, *é preceito de ordem pública*".[4]

Do mesmo sentir é, ainda, Arnoldo Wald:

"63. *Cabe ressaltar, ademais, que as normas do art. 111 e seus parágrafos são de ordem pública* e não podem ser afastadas pela vontade dos sócios ou pelo estatuto da sociedade, aplicando-se a qualquer hipótese de não recebimento dos dividendos pelo acionista preferencial, inclusive, mas não exclusivamente, quando a prioridade se refira a dividendos fixos ou mínimos e até quando haja preferência no reembolso do capital".[5]

2. *Sociedades por Ações*, v. II, Rio de Janeiro, Forense, 1959, p. 65 (destaques nossos).

3. *Tratado de Direito Privado*, t. L, 3ª ed., 2ª reimpr., 1984, § 5.313, item 4, p. 239 (destaques nossos).

4. *Comentários à Lei de Sociedades Anônimas*, v. II, São Paulo, Saraiva, 1997, p. 360 (destaques nossos).

5. "Da aquisição do direito de voto pelas ações preferenciais por falta de pagamento dos dividendos", in *Revista de Direito Bancário, do Mercado de Capitais e da Arbitragem* 12/42-43, ano 4, abr.-jun. 2001 (destaques nossos).

Invocamos os ensinamentos de quatro eminentes juristas pátrios apenas para confortar um entendimento que resulta, afinal, dos termos *imperativos* com que a própria lei se expressa: "As ações preferenciais sem direito de voto *adquirirão* o exercício desse direito (...)", diz o § 1º do art. 111.

2. Qual o fundamento da outorga do direito de voto às ações preferenciais pela falta de distribuição de dividendos?

Philomeno J. da costa, invocando ainda o ensinamento de Waldemar Ferreira, no-lo diz:

"Podemos perceber facilmente que a modelagem na anônima, com a suspensão pura e simples do direito de voto de uma parte das ações, consagraria um desequilíbrio no seu seio. Ninguém subscreveria mais aquelas preferenciais; desapareceriam os acionistas-poupantes (ou investidores); estariam ao léu do capricho verdadeiro dos acionistas donos das ações ordinárias.

"O freio consistiu em criar a condição resolutiva da retirada do direito do voto às ações privilegiadas. Não pagos os dividendos preferenciais, os titulares das ações respectivas adquirem o direito de intervenção plena nos negócios sociais: 'meio é esse, que a lei lhes confere de, com o exercício do voto, *contribuir para a modificação do quadro administrativo da companhia, quer pela destituição dos diretores, que se mostram ineptos ou desonestos, quer pela eleição de seus substitutos*' (Waldemar Ferreira, *Tratado de Sociedades Mercantis*, v. IV, 5ª ed., p. 1.393 no fim, n. 202)."[6]

Em idêntico sentido, Modesto Carvalhosa:

"*O fundamento desse preceito legal é o de que, na espécie, terá o acionista preferencial acesso às decisões políticas da empresa e ao questionamento eficaz (voto) da administração, visando a remover os obstáculos à realização do objetivo econômico da companhia*, que é o de produzir lucros e distribuí-los aos acionistas (art. 109).

"O preceito legal de estabelecimento do voto para o acionista preferencial na ausência de lucros ou de sua distribuição evita uma das formas mais iníquas de domínio dos controladores. Se essa regra não existisse, romper-se-ia o princípio de equidade e de isonomia que deve prevalecer na relação privilégio patrimonial *versus* cerceamento ou supressão de direitos políticos (voto).

"Ademais, essa possibilidade de rompimento do equilíbrio pelo arbítrio dos controladores desestimularia em definitivo a subscrição de ações preferenciais."[7]

O fundamento do preceito legal em questão, portanto, está em conceder aos preferencialistas o direito de, por meio do voto, intervir na administração da companhia, que não foi "eficiente, ou feliz", no dizer de Pontes de Miranda, a fim de que o objetivo de distribuição de lucros possa ser retomado.

É sabido, de outra parte, que uma das técnicas de organização do controle interno da companhia — técnica estatutária, na classificação de Comparato[8] — consiste justamente na emissão de ações preferenciais sem direito de voto. Através dessa técnica consegue-se, com um investimento menor, obter o controle da companhia. Mas há sempre o risco da perda, ainda que temporária, do controle, se as ações preferenciais adquirirem o direito de voto. E nessa hipótese, obviamente, os preferencialistas elegerão a maioria dos administradores, logrando plena intervenção na gestão.

3. Fez-se necessária a digressão inicial sobre a natureza cogente da norma constante do § 1º, do art. 111, da Lei de S/A,

6. "Direito de acionista preferencial", in *RT* 478/39 (destaques nossos).

7. Ob. cit., p. 357 (destaques nossos).

8. Cf. *O Poder de Controle na Sociedade Anônima*, 3ª ed., Rio de Janeiro, Forense, pp. 138 e ss., em especial p. 149.

porque um dos quesitos da Consulente indaga sobre a existência de fraude à lei. E para que esta se configure é forçosa a presença de uma norma imperativa.

O conceito de fraude à lei, como se sabe, remonta aos juristas romanos, sendo conhecida a distinção, feita por Paulo, entre o ato de *fraus legi* e o ato *contra legem*: "Contra legem facit, qui id facit quo lex prohibet; in fraudem vero, qui salvis verbis legis sententiam eius circumvenit".[9]

Na tradução de Pontes de Miranda: "Faz contra a lei o que faz o que a lei proíbe, em fraude (da lei) o que, salvas as palavras da lei, o sentido da lei elude".[10]

Na fraude à lei, portanto, o agente procede *formalmente* de acordo com a lei ("salvas as palavras da lei"), mas contrariando o seu espírito.

Com a clareza habitual, Sílvio Rodrigues assim conceitua essa figura:

"107. A fraude à lei. Age em fraude à lei a pessoa que, *para burlar princípio cogente*, usa de procedimento aparentemente lícito. *Ela altera deliberadamente a situação de fato em que se encontra, para fugir à incidência da norma*. O sujeito se coloca simuladamente *em uma situação em que a lei não o atinge*, procurando livrar-se dos seus efeitos.

"Cada vez que uma lei nova surge, observa Rotondi, os interessados procuram burlá-la, procuram um jeito de lhe ilidir a incidência. Traz o exemplo da *Lex Licinia de Modus Agris et Pecoris*, que proibia a um cidadão romano possuir mais de quinhentos acres de terra, pois seu escopo era acabar com o latifúndio. Licínio Stolonis, pretor que fora um dos autores da norma, no intuito de escapar à sua incidência, emancipou um filho para que este, adquirindo a qualidade de *sui juris*, pudesse também ser senhor de quinhentos acres. Eis aí caracterizada a fraude. O agente se coloca em uma situação em que a lei não o apanha. Denunciado o infrator, sofre ele a sanção da lei, porque o ordenamento jurídico não pode permitir que se alcance, indiretamente, aquilo que veda se obtenha de modo direto e frontal."[11]

Aprofundando essa conceituação, Pontes de Miranda acrescenta: "A fraude à lei consiste, portanto, em se praticar o ato de tal maneira que eventualmente possa ser aplicada outra regra jurídica e deixar de ser aplicada a regra jurídica fraudada. Aquela não incidiu, porque incidiu essa; a fraude à lei põe diante do juiz o suporte fáctico, de modo tal que pode o juiz errar. A fraude à lei é infração da lei, confiando o infrator em que o juiz erre. O juiz aplica a sanção, por seu dever de respeitar a incidência da lei (= de não errar)".[12]

É que, como salienta Regis Fichtner Pereira, em preciosa monografia sobre o tema, "O ato praticado em fraude à lei, se analisado isoladamente, possui todas as características de um ato que estaria em perfeita consonância com a lei. O agente quer efetivamente praticá-lo e submeter-se a todas as suas conseqüências normais. O problema é que estas conseqüências estarão produzindo o mesmo resultado que o sistema procura evitar através da norma proibitiva".[13]

Usualmente, a fraude à lei é utilizada para violar norma *proibitiva*: a venda de bens a descendentes, sem anuência dos demais, feita por interposta pessoa; a doação feita à concubina pelo homem casado, realizada pela mesma forma.

Mas a doutrina hoje reconhece que igualmente a norma *impositiva* pode ser fraudada, como observa Pontes de Miranda: "Se a lei impositiva tem por fim algum resultado, nada obsta a que se inclua na classe das regras jurídicas fraudáveis, pois que o é. As leis de tributação são frequentemen-

9. *Digesto*, 1, 3, 29.
10. Ob. cit., t. 1, 4ª ed., 2ª reimp., p. 41.
11. *Direito Civil*, Parte Geral, v. 1, 17ª ed., São Paulo, Saraiva, 1987, p. 240 (destaques nossos).
12. Ob. ult. cit., p. 51 (destaques nossos).
13. *Fraude à Lei*, Renovar, 1994, p. 22 (destaques nossos).

te expostas à fraude. Demais, as regras jurídicas impositivas não raro se podem formular de modo proibitivo, e vice-versa, o que apaga, no plano lógico, até certo ponto, a distinção. O que importa é fixar-se qual o resultado que, na lei, se tem por fito (o resultado principal, não os secundários)".[14]

Identicamente, Regis Fichtner Pereira: "Dentre as normas cogentes, é possível praticar-se fraude à lei tanto com respeito àquelas que enunciam proibições, quanto àquelas que impõem comportamentos, ou seja, pode-se praticar fraude à lei contra normas impositivas ou proibitivas, já que se fere por igual a ordem pública quando se deixe de praticar determinado ato que a lei impõe diante de certa situação fáctica".[15]

De se ressaltar, por outro lado, que o abuso de poder de controle, na modalidade de desvio de poder, constitui precisamente um ato de fraude à lei, no ensinamento de Comparato:

"115. A aplicação ao direito societário da doutrina do desvio de poder, consagrada no direito administrativo moderno pela iniciativa pioneira do Conselho de Estado francês, constitui uma das grandes conquistas atuais.

"Falando-se de desvio, subentende-se, evidentemente, uma via direta que deixou de ser seguida, para se atingir um alvo ou se chegar a um resultado. Supõe-se, pois, antes de tudo, a falha de um objetivo ou finalidade, impostos pelo direito, ou *aberratio finis legis*, como já foi dito, em paráfrase a consagrada expressão do direito penal. Mas desvio de finalidade, esse, compatível com a observância das regras de procedimento formal, que disciplina o exercício do poder, o que torna o ato particularmente perigoso, pela dificuldade em que se encontram os prejudicados de comprovar a ilicitude. O desvio de poder consiste, assim, num afastamento não da forma mas do espírito da lei, representando ato típico de *fraus legi*, e não *contra legem*, segundo a conhecida advertência de Paulo: *Contra legem facit, qui id facit quo lex prohibet; in fraudem vero, qui salvis verbis legis sententiam eius circumvenit* (D. 1, 3, 29, *libro singulari ad legem Cinciam*)."[16]

4. No caso vertente, a "SOCIEDADE X" não distribui dividendos aos seus acionistas há dois exercícios, sendo certo que, a manter-se o *status quo*, não poderá distribuí-los no que se refere também ao presente exercício, na assembléia geral ordinária a ser realizada no ano vindouro, completando-se, pois, o triênio previsto nos estatutos e no § 1º, do art. 111, da Lei de S/A, para que os preferencialistas adquiram direito de voto.

De fato, o balancete da "SOCIEDADE X" levantado em ___.9 p.p. acusa prejuízos acumulados no valor de *R$ 70 MM*, além de prejuízos, no exercício, no importe de *R$ 30 MM*.

A conseqüência da aquisição do direito de voto pelos preferencialistas é, na hipótese, decisiva: a perda, ainda que temporária, do controle acionário pelo grupo que hoje o detém, representado por empresas da família que — há muitas décadas — fundou a companhia.

Com efeito, os preferencialistas (a ora *Consulente* e Outros) passarão a ter a maioria das ações votantes já na próxima assembléia geral ordinária.[17]

14. Ob. ult. cit., p. 46.
15. Ob. cit., p. 28.

16. Ob. cit., p. 295 (destaques nossos).
17. Segundo Modesto Carvalhosa, "se o balanço e as demonstrações financeiras publicados apresentarem prejuízo ou lucros insuficientes para distribuição aos acionistas, começa-se a contar daí o prazo aquisitivo do direito de voto, seja para exercício imediato, se omisso o estatuto, seja para exercício futuro, na forma prevista estatutariamente, não excedente a três exercícios" (ob. cit., p. 359).

A aquisição do direito de voto, portanto, dá-se a partir da publicação do balanço que consigne a inexistência de lucros distribuíveis, antes, portanto, da assembléia geral ordinária que irá apreciá-lo. Do mesmo sentir, Philomeno J. da Costa (Parecer cit., p. 41).

É à luz dessa realidade, portanto, que os atos praticados pelos atuais controladores devem ser examinados.

5. A única maneira de evitar a perda temporária do controle da "SOCIEDADE X" pelo grupo que hoje o detém, é, obviamente, a *distribuição de dividendos* referentes ao presente exercício para os preferencialistas.

Para alcançar esse desiderato, a fórmula engendrada pelos atuais acionistas controladores foi a seguinte:

a) alterar o estatuto da companhia, convertendo *temporariamente* os dividendos das ações preferenciais em dividendos cumulativos, para que os mesmos possam ser pagos com o importe das reservas de capital, na forma permitida pelo § 6º, do art. 17, da Lei de S/A;

b) reduzir o capital, para absorção dos prejuízos anteriores, a fim de assegurar a distribuição dos dividendos futuros.

Qual foi a justificativa para a distribuição de dividendos, nas circunstâncias em que a companhia se encontra?

Segundo a proposta apresentada na reunião do Conselho de Administração, o acordo de acionistas, do qual a Consulente é parte, prevê o seguinte, na cláusula 4.4: "4.4 *Política de Reinvestimentos e de Dividendos*. Respeitados os investimentos previstos no Plano de Negócios e refletidos no Orçamento, *os Acionistas farão a Sociedade distribuir dividendos tão logo possível e no maior valor possível*, de modo a assegurar o maior retorno possível para os Acionistas que seja compatível com uma administração *prudente* dos negócios da Sociedade (...)" (destaques nossos).

Assim sendo, a "proposta conceitual" dos acionistas controladores, submetida ao Conselho de Administração, foi a seguinte:

"• Visando a atender os princípios do Estatuto, bem como atender a política *prudente* de dividendos do acordo de acionistas e, finalmente, melhorar a percepção das ações no mercado, propomos:

"• Absorção de prejuízos acumulados disponíveis até a AGE;

"• Alteração do Estatuto de forma que as Preferenciais Classe A e B sejam cumulativas nos exercícios de 2003 e 2004;

"• Convocar AGE com 30 dias de antecedência" (destaque do original).

Como se vê, os acionistas controladores procuraram agir como se estivessem praticando atos em perfeita consonância com a lei, os estatutos e o acordo de acionistas. Isoladamente considerados, tais atos parecem irreprocháveis.

Daí a dificuldade apontada por Pontes de Miranda, na identificação da fraude à lei: que regras jurídicas devem ser aplicadas na hipótese? As regras prescritas para os atos praticados pelos acionistas controladores, individualmente considerados, ou a regra postergada em virtude de tais atos? O julgador pode errar, aplicando as primeiras, e o fraudador conta justamente com isso.

6. A indagação inicial que cala no espírito do observador, em face do caso em exame, é a seguinte: por que somente agora, *às vésperas da aquisição do direito de voto pelos preferencialistas*, os controladores aventaram a hipótese de transformar o dividendo das preferenciais em dividendo cumulativo, com o fito de pagá-lo com as reservas de capital?

A indagação se justifica porquanto, se o objetivo fosse o de dar cumprimento ao acordo de acionistas, distribuindo dividendos "tão logo possível e no maior valor possível", de acordo com uma "política prudente", é incompreensível que os controladores não tenham concebido e implementado essa hipótese anteriormente, quando pelo menos os prejuízos não tinham atingido ainda tal magnitude.

Pois isso leva a uma segunda indagação, que se imbrica com a primeira. A companhia, cujo capital é de *R$ 354 MM*, mostra prejuízos acumulados na importância de *R$ 70 MM*, além de prejuízos, no exercício, no importe de *R$ 30 MM*. *Como é possível sustentar ser "prudente", nessas condições, distribuir dividendos*, utilizando-se das reservas de capital, que deveriam até, no caso, ser aplicadas na absorção de prejuízos, nos termos do art. 200, I, da Lei 6.404?[18]

Poder-se-ia objetar que essa seria uma decisão empresarial, sujeita aos critérios de oportunidade e conveniência, cujo mérito o julgador não pode enfrentar.

Mas, de há muito, a doutrina afastou essa objeção, pois, para se aferir se uma decisão, administrativa ou assemblear, foi tomada em conformidade com o interesse da companhia, permite-se um exame de mérito, limitado embora à finalidade específica de se descobrir um *vício de legitimidade*.

Nesse sentido, em estudo pioneiro, já observava Carnelutti: "Ecco che controllo di merito e controllo di legalità, così profondamente divisi, sembrano tuttavia, a un certo punto, ricongiungersi in una zona mista: ***vi si trovano quegli atti, i quali, essendo compiuti con la forma voluta dalla legge, sono determinati da un fine opposto a quello que la legge vuole: atti formalmente legali, sostanzialmente illegali***; *qui il controllo pare di merito perchè versa sulla convenienza dell'atto*, ***ma non è perchè l'esame della convenienza non rappresenta se non il mezzo per scoprire il fine dell'atto, il cui contrasto col fine voluto dalla legge ne vizia non la convenienza, ma la legittimità***".[19]

Galgano alude, a propósito, à máxima da jurisprudência inglesa segundo a qual pode ser anulada "uma deliberação tal que nenhuma pessoa razoável poderia considerá-la útil para a sociedade", salientando que aí não se postula qualquer controle de mérito, mas a circunstância de que determinada deliberação apareça aos olhos de qualquer pessoa razoável como inútil ou prejudicial para a sociedade é assumida como elemento presuntivo da prova de um abuso cometido pela maioria, a qual se utilizou da posição de poder que ocupa para conseguir vantagens particulares para os seus componentes, sem qualquer relação com as exigências da empresa social.[20]

É de se recordar, ainda e sempre, a lição de Comparato:

"119. Não há dúvida que o poder de apreciação e decisão sobre a oportunidade e conveniência do exercício da atividade empresarial, em cada situação conjuntural, cabe ao titular do controle, e só a ele. Trata-se de prerrogativa inerente ao seu direito de comandar, que não pode deixar de ser reconhecida, como salientamos, em homenagem a uma concepção anárquica, ou comunitária, da sociedade por ações.

"Freqüentemente, no entanto, sob a invocação de interesses superiores da sociedade (análoga à invocação da razão de Estado, na esfera política), o que ocorre, na verdade, é o sacrifício dos não-controladores ao capricho ou interesse pessoal dos controladores; (...)."[21]

18. "Art. 200. As reservas de capital somente poderão ser utilizadas para: I — absorção de prejuízos que ultrapassarem os lucros acumulados e as reservas de lucros (art. 189, parágrafo único)."

O art. 189, parágrafo único, por sua vez, assim reza: "O prejuízo do exercício será obrigatoriamente absorvido pelos lucros acumulados, pelas reservas de lucros e pela reserva legal, nessa ordem".

19. "Eccesso di potere nelle deliberazioni dell'assemblea delle anonime", *Rivista del Diritto Commerciale*, 1926, I, p. 178 (destaques nossos).

20. *Il Nuovo Diritto Societario*, CEDAM, 2003, p. 56. V., ainda, no mesmo sentido, L. C. B. Gower, *The Principles of Company Law*, 3ª ed., Londres/Inglaterra, Stevens & Sons, 1969, pp. 574-577; Dominique Schmidt, *Les Droits de la Minorité dans la Société Anonyme*, Sirey, 1970, pp. 171-172.

Referindo-se a essa mesma máxima, Pier Giusto Jaeger traz à colação as considerações de Trimarchi, no sentido de que a aplicação da mesma não dá motivos à preocupação de que o juiz não esteja em grau de efetuar apreciações técnicas, pois o que dele se requer, na hipótese, é apenas "un giudizio di comune buon senso, che qualunque profano può compiere" (*L'Interesse Sociale*, Giuffrè, 1964, p. 111).

21. Ob. cit., pp. 306-307. No mesmo diapasão, observam Lamy Filho e Bulhões Pedreira: "para verificar, em cada caso, a ocorrência de abuso no exercício do direito de voto, é indispensável que o juiz perquira os fins com que o acionista exerceu o voto, uma vez que a ilegalidade que vicia a deliberação da assembléia geral consiste em votar com outro fim

Em face das circunstâncias do caso concreto, mais acima examinadas, portanto, a presunção que se extrai é a de que a solução engendrada pelos acionistas controladores não visa ao *interesse da companhia* — que, na hipótese, seria, segundo um juízo de prudência, *o fortalecimento da empresa societária*, em detrimento da distribuição de dividendos — mas sim o *interesse pessoal e extra-societário de manter o controle a qualquer custo*, mesmo que em prejuízo da empresa.

Vale dizer: os indícios todos apontam para a ocorrência de *fraude à lei*, consistente em impedir que atue o comando emergente do § 1º, do art. 111, da Lei de S/A, que impõe a atribuição do direito de voto aos preferencialistas.

Aplicando aqui a lição de Sílvio Rodrigues, supracitada: os controladores estão procurando alterar, deliberadamente, *a situação de fato em que se encontra a Companhia* — de não pagamento de dividendos — *para fugir à incidência da norma cogente*, que lhes acarretará a perda temporária do controle societário.

7. Essa conclusão é reforçada por mais uma consideração e também pela forma açodada e evasiva com que a administração agiu, atropelando as formalidades legais.

A consideração a ser feita é que, apesar das aparências, a alteração estatutária proposta pelos controladores, conjugada com a redução do capital social, *causa prejuízo* aos preferencialistas.

Esses atos — alteração do estatuto e redução do capital — constituem, na verdade, um ato unitário. A alteração estatutária, sem a redução do capital, tornaria extremamente improvável a distribuição de dividendos futuros, pondo em risco assim a estratégia dos controladores, de manter-se no poder a qualquer custo.

É por isso que a proposta apresentada ao Conselho de Administração ponderou:

"• Entretanto, a distribuição de dividendos futuros, ficaria dependendo da absorção dos prejuízos anteriores (cerca de R$ 70 MM até set. 2003), levando um tempo considerável para absorvê-los."

Sucede que a base de cálculo do dividendo das ações preferenciais classe "A", tituladas pela Consulente, é o capital social,[22] como dispõe o estatuto da Companhia:

> Art. 5º. As ações ordinárias serão nominativas.
>
> § 1º. As ações preferenciais Classe "A", que serão nominativas, possuem as seguintes características:
>
> (...);
>
> III — prioridade na distribuição de dividendos mínimos, não cumulativos, *de 10% (dez por cento) ao ano sobre o capital próprio atribuído a essa espécie de ações*, dividendo a ser entre elas rateado igualmente; (destaques nossos).

A proposta do Conselho de Administração, encaminhada à assembléia geral, todavia, estipula o seguinte:

> I — a redução do capital social da Companhia no montante total de R$ 74 MM, passando o capital social da Companhia de R$ 354 MM para R$ 279 MM, *sendo tal redução proporcional ao valor do capital atribuído a cada espécie e classe de ações* (...).

que não o interesse da companhia. A prova da intenção do acionista somente pode basear-se, evidentemente, em elementos circunstanciais, já que o acionista que exerce o voto com violação da lei não revela sua intenção mas, ao contrário, procura disfarçá-la com a alegação do interesse da companhia. Essa sindicância da intenção do acionista não se confunde com a apreciação do mérito ou da conveniência da deliberação da assembléia: ainda que a decisão tomada pelo acionista ao exercer o direito de voto seja — segundo qualquer critério — errada ou inconveniente para a companhia, seu voto é válido se agiu de boa-fé no interesse da companhia" (*A Lei das S/A*, 2ª ed., Renovar, 1996, p. 242).

22. A base de cálculo das ações preferenciais classe "B" também é o capital social, nos termos do § 2º, II, do Estatuto.

Matematicamente, portanto, haverá prejuízo para os preferencialistas. E mais. Tal prejuízo tem caráter de permanência.

Com efeito, outra alteração estatutária proposta é a seguinte:

Art. 31. As ações preferenciais Classe "A" e Classe "B" terão direito ao recebimento de dividendos cumulativos nos exercícios sociais de 2003 e 2004, voltando a gozar de dividendos não cumulativos a partir de 1.1.2005, independentemente de reforma estatutária (...).

Ou seja: enquanto os dividendos cumulativos são *transitórios*, a redução do capital é *indefinida no tempo*, fazendo com que os preferencialistas venham a receber um dividendo *menor* do que o previsto no estatuto atual até que venha eventualmente a ocorrer um aumento do capital social — o que demandará mais aportes futuros dos preferencialistas para receberem os mesmos dividendos, em valores absolutos, a que têm direito atualmente.

Pode-se afirmar, assim, que os controladores estão tentando promover alteração estatutária e a adoção de políticas ou decisões que não têm por fim o interesse da Companhia, mas visam a causar prejuízo aos acionistas minoritários (art. 117, § 1º, *c*, da Lei 6.404/1976).

8. O esquema alvitrado pelos controladores da Companhia, todavia, apresenta, a nosso ver, duas falhas.

Em primeiro lugar, a distribuição de dividendos *a menor* não impede a aplicação do § 1º, do art. 111, da Lei 6.404.

Essa é, por exemplo, a opinião de Modesto Carvalhosa: "O pagamento de dividendos inferiores ao mínimo ou fixo estatutariamente estabelecidos também enseja a aquisição do direito de voto".[23]

Assim sendo, mesmo com a planejada distribuição de dividendos, os preferencialistas poderão exercer o direito de voto na assembléia geral ordinária de 2004.

E terão esse direito — e aqui reside a segunda falha do esquema — porque as deliberações que vierem a aprovar as alterações estatutárias em questão serão *ineficazes* até que venham eventualmente a ser ratificadas em assembléia dos preferencialistas, na forma do art. 136, § 1º, da Lei de S/A (o que parece não ser o caso, eis que a Consulente, que se opõe às alterações, é titular de 50,40% das ações preferenciais classe "A" da Companhia).

Como se sabe, o exame dos atos jurídicos deve ser feito em três planos diversos: o da existência, o da validade e o da eficácia,[24] consistindo esta última na aptidão do ato de produzir efeitos jurídicos.

Há determinados atos que, embora válidos, dependem de uma *condição de eficácia* para produzir efeitos, exterior ao próprio ato. Não se cuida de uma *condição suspensiva* propriamente dita, mas sim de uma *conditio juris*, ou seja, de um evento futuro e incerto previsto na própria figura legal do negócio.[25]

No direito societário, de maneira geral, a doutrina entende como sendo *ineficazes* as deliberações que alteram, ou sejam suscetíveis de alterar, *direitos especiais* dos sócios, sem que estes consintam.[26]

23. Ob. cit., p. 358.

24. Cf. as obras fundamentais de Antônio Junqueira de Azevedo, *Negócio Jurídico — Existência, Validade e Eficácia*, 2ª ed., Saraiva, 1986, e *Negócio Jurídico e Declaração Negocial*, Tese de Titularidade na Faculdade de Direito da Universidade de São Paulo, 1986.

25. Antônio Junqueira de Azevedo dá como exemplos de *conditiones juris*, o casamento, no pacto antenupcial e na doação *propter nuptias* (arts. 256, parágrafo único, I, e 1.173 do Código Civil de 1916) e a não-revogação, até o momento da morte, do testamento (art. 1.626 do Código Civil de 1916), cf. ob. ult. cit., p. 116, nota 47.

26. Cf. Ascarelli, "Vícios das deliberações assembleais — Direitos individuais dos acionistas — Prescrição", no clássico *Problemas das Sociedades Anônimas e Direito Comparado*, São Paulo, Saraiva, 1945, pp. 395-417, citando vários autores na p. 400, nota 7.

O ilustre Mestre fazia referência expressa ao art. 106 do Decreto-lei 2.627, que tinha a seguinte redação: "Art. 106. As alterações nas preferências

A Lei 6.404 seguiu expressamente essa orientação, como se verifica do disposto no art. 136, II, c/c o § 1º, *in verbis*:

Art. 136. É necessária a aprovação de acionistas que representem metade, no mínimo, das ações com direito a voto, (...) para deliberação sobre:

II — *alteração nas preferências, vantagens* e condições de resgate ou amortização *de uma ou mais classes de ações preferenciais*, ou criação de classe nova mais favorecida;

§ 1º. Nos casos dos incisos I e II, ***a eficácia*** *da deliberação depende* de prévia aprovação ou da ratificação, em prazo improrrogável de um ano, por titulares de mais da metade de cada classe de ações preferenciais prejudicadas, reunidos em assembléia especial convocada pelos administradores e instalada com as formalidades desta lei (destaques nossos).

As modificações estatutárias propostas pelos acionistas controladores da "SOCIEDADE X" (redução de capital e alteração do dividendo), reduzem, como se demonstrou, as vantagens das ações preferenciais, diminuindo a base de cálculo dos dividendos.

A deliberação que as aprovar, pois, *não produzirá qualquer efeito* até sua eventual — e improvável — ratificação.[27]

Não produzindo efeitos, os preferencialistas poderão exercer o direito de voto na assembléia geral ordinária de 2004.

9. A forma apressada e arguciosa com que se houve a administração da Companhia, como se ressaltou, completa o quadro indiciário hábil a reforçar a conclusão deste parecer.

Antes de mais nada, foi desrespeitada a determinação — também imperativa — constante do § 3º c/c o inciso II, do art. 16, da Lei 6.404/1976, do seguinte teor:

Art. 163. Compete ao Conselho Fiscal:

(...);

III — *opinar sobre as propostas dos órgãos de administração*, a serem submetidas à assembléia geral, *relativas à modificação do capital social*, emissão de debêntures ou bônus de subscrição, planos de investimento ou orçamentos de capital, *distribuição de dividendos*, transformação, incorporação, fusão, ou cisão;

(...);

§ 3º. Os membros do Conselho Fiscal *assistirão* às reuniões do Conselho de Administração, se houver, ou da diretoria, em que se devam deliberar sobre os assuntos em que devam opinar (ns. II, III e VII).

Segundo demonstra a ata da reunião do Conselho de Administração que nos foi apresentada, nenhum membro do Conselho Fiscal — em especial aquele eleito pela Consulente — assistiu à reunião do Conselho de Administração em que se deliberou aprovar a proposta de alteração estatutária em discussão, *por falta de convocação de qualquer um deles*.

Além disso, em matéria dessa envergadura, foi convocada uma reunião do Conselho Fiscal para apenas três dias após a mencionada reunião do Conselho de Administração, *pelo diretor financeiro da Companhia*, que, obviamente, não tinha competência para fazê-lo, sendo tal atribuição privativa do presidente do Conselho, em face da indelegabilidade dos poderes dos órgãos da Companhia, determinada pelos arts. 139 e 163, § 7º, da Lei de S/A. Essa convocação é, evidentemente, írrita.[28]

ou vantagens conferidas a uma ou mais classes de ações preferenciais mais favorecidas, *dependem da aprovação* de possuidores de metade, pelo menos, do capital constituído pelas classes prejudicadas, tenham ou não, pelos estatutos, direito de voto, reunidos em assembléia especial, convocada e instalada com as formalidades prescritas nesta lei" (destaques nossos).

27. Nessa hipótese, verifica-se o que a doutrina denomina de *ineficácia pendente* (Junqueira de Azevedo, ob. ult. cit., p. 117), ou, se se preferir, *eficácia suspensa* (Francesco Santoro-Passarelli, *Dottrine Generali del Diritto Civile*, 9ª ed., Nápoles, Casa Editrice Dott. Eugenio Jovene, 1986, p. 261; Vasco da Gama Lobo Xavier, *Anulação de Deliberação Social e Deliberações Conexas*, Coimbra, Atlântida Editora, 1976, p. 146, nota 49).

28. A doutrina entende que a falta de competência para convocação acarreta a nulidade do con-

Ainda que assim não se entendesse, não foi disponibilizada ao Conselheiro Fiscal indicado pela Consulente a documentação por ele solicitada, necessária à formação de seu convencimento. As questões por ele formuladas à administração e aos auditores independentes, de outra parte — a maioria delas respondida evasivamente, diga-se de passagem — nos parecem relevantes e, longe de refugir à competência do mencionado Conselheiro, demonstram sua preocupação *com o interesse da Companhia*, que os membros do Conselho têm o dever de perseguir, a teor do disposto no § 1º, do art. 165, da Lei 6.404.

De se relembrar, a propósito, trecho de julgado do E. Tribunal de Justiça de São Paulo, relatado pelo eminente Des. Luís de Macedo, quando ainda não havia sido estabelecida em lei a competência individual dos membros do Conselho Fiscal para fiscalizar os atos dos administradores: "Tais considerações são de inteira e manifesta procedência. Num órgão colegiado fiscalizador da gestão administrativa, negar-se acesso ao representante da minoria a informações tidas por ele como necessárias para o desempenho de suas funções — será, no mínimo, anular o efeito que se pretende com a eleição, por essa minoria, de um seu representante".[29]

O desrespeito às formalidades legais apontadas vicia, a nosso ver, as deliberações tomadas no Conselho de Administração e no Conselho Fiscal.

É que as deliberações coletivas estão sujeitas a um determinado *procedimento*, cuja observância se impõe como *condição de validade* das mesmas.

O consagrado Mestre José Luiz Bulhões Pedreira, co-autor do anteprojeto que se transformou na Lei 6.404, assim esclarece esse conceito:

"O processo de deliberação coletiva pressupõe — por natureza — um grupo de pessoas *e um procedimento* que organize em ato coletivo os atos de vontade dessas pessoas. *O efeito desse procedimento é a formação da vontade social do grupo* — expressão que não significa vontade de um ser substancial distinto dos membros do grupo social, mas conjunto organizado de atos de vontade dos membros do grupo. O que distingue o agregado de atos individuais de vontade da deliberação coletiva é que nesta os atos individuais são organizados *por efeito do procedimento de formação da vontade social.*

"(...).

"***Para que exista deliberação social*** é necessário que os sócios se manifestem sobre proposta de deliberação na qualidade de membros do grupo e com o fim de definir a vontade social, *o que pressupõe um procedimento que organize seus atos.*"[30]

É evidente que o procedimento estabelecido na lei não está ali por acaso.

Na hipótese vertente, a presença de um ou mais membros do Conselho Fiscal na reunião do Conselho de Administração poderia, eventualmente, em função de argumentos apresentados, dissuadir os Conselheiros de Administração, ou ao menos esclarecê-los. Os Conselheiros Fiscais, de outra parte, ficariam previamente inteirados da proposta da Administração, podendo desde logo solicitar a documentação necessária para que pudessem, posteriormente, deliberar com segurança na reunião do seu próprio órgão.

A ausência da documentação hábil ao exame das propostas da Administração

clave. Assim, na hipótese de assembléia, cf. Pontes de Miranda, ob. cit., v. L, § 5.322, n. 6, p. 287.

29. *Apud* Nelson Eizirik, *Sociedades Anônimas: Jurisprudência*, Renovar, 1996, p. 734.

30. Cf. Parecer intitulado "Deliberação de sócios quotistas de transformar Ltda. em S/A", in ob. cit., p. 550 (destaques nossos). Luiz Gastão Paes de Barros Leães também ressalta o fato de ser a deliberação um "ato complexo ou procedimental", no Parecer intitulado "Vícios em assembléia-geral ordinária", in *Estudos e Pareceres sobre Sociedades Anônimas*, Ed. RT, 1989, p. 164.

impede, outrossim, manifestação válida do Conselho Fiscal, eis que, para opinar, seus membros devem ter à disposição, por óbvio, todas as informações necessárias.

10. Por derradeiro, o Contrato de Concessao n. "Y", celebrado entre a "SOCIEDADE X" e a "Agência Reguladora" dispõe, taxativamente, em sua Cláusula Quinta, inciso XV, o seguinte:

> Cláusula Quinta — OBRIGAÇÕES E ENCARGOS DA CONCESSIONÁRIA
>
> Além de outras obrigações decorrentes da lei e das normas regulamentares específicas, constituem encargos da CONCESSIONÁRIA, inerentes à concessão regulada por este contrato:
>
> (...);
>
> XV — *submeter à* ***prévia*** *aprovação da "Agência Reguladora" qualquer alteração de seu Estatuto Social*, transferência de ações do bloco de controle societário que implique mudança desse controle, bem como reestruturação societária da empresa.

Não parece haver dúvidas, assim, acerca da necessidade da prévia aprovação da "Agência Reguladora" à alteração proposta, dos estatutos sociais da "SOCIEDADE X".

Essa ausência de aprovação poderá, na hipótese, acarretar a *ineficácia* da deliberação assemblear de alteração estatutária.

Passamos, assim, a responder aos quesitos formulados pela Consulente.

Respostas aos quesitos

a) Considerando os documentos enviados a V. Sas., notadamente as cartas trocadas entre o Conselheiro Fiscal indicado pela Consulente, os demais membros do Conselho Fiscal, administrador da Companhia e auditores independentes, bem como a realização de Reunião do Conselho de Administração da "SOCIEDADE X" (ato preparatório à convocação da AGE em referência) sem a notificação aos membros do Conselho Fiscal da Companhia e, por essa razão, sem a presença de nenhum deles, há algum vício insanável no processo que deságua na convocação da AGE da Companhia para o dia ___ de dezembro (a impedir a sua realização), notadamente em vista do disposto nos arts. 163, I, III, § 3º, 164, parágrafo único, 173, § 1º, todos da LSA?

Sim, pelas razões expostas no Parecer.

b) A manifestação do Conselho Fiscal que se seguiu a reunião do Conselho de Administração da Companhia também está contaminada pelo vício anterior, considerando que a ela não compareceu o Conselheiro Fiscal indicado pela Consulente, uma vez que convocado irregularmente pelo Diretor Financeiro da Companhia (e não pelo Presidente do Conselho Fiscal), assim como não haviam sido disponibilizados os documentos solicitados por dito conselheiro para poder deliberar com segurança na reunião do citado colegiado? Verificada a existência, isolada ou cumulativa, de qualquer dos vícios aludidos nos quesitos antecedentes, há a possibilidade de ulterior manifestação da Assembléia vir a saná-los, ou seja, tais vícios admitem alguma espécie de convalidação?

A manifestação do Conselho Fiscal também está contaminada. Não há possibilidade, evidentemente, de a assembléia sanar esses vícios, substituindo-se, por exemplo, ao Conselho Fiscal, cuja competência é exclusiva e indelegável, nos termos do art. 163, § 7º, da Lei de S/A.

c) Considerando a proposta de redução de capital — nos termos em que apresentada pela Administração da "SOCIEDADE X" — é certo que a mesma configurará uma redução proporcional/significativa da parcela do capital social atribuído às ações preferenciais, reduzindo-se, adiante, o dividendo mínimo/fixo pagável a esta mesma classe de ações? Admitindo que a redução do capital social impacta a base de cálculo sobre a qual o dividendo é apurado, há razão suficiente para realização da assembléia especial de que trata o § 1º do art. 136 da LSA, visto que tal proposta contém um "benefício" iminentemente provisório, porquanto destinado a durar apenas 2 (dois) anos, ao passo que o prejuízo é permanente, pois a alteração da base de cálculo opera efeitos agora e para o futuro?

A redução de capital configurará diminuição do dividendo mínimo/fixo pagável às ações preferenciais, em caráter permanente, como demonstrado no corpo do parecer, impondo-se, por conseqüência, a realização da assembléia especial prevista no § 1º do art. 136 da Lei de S/A.

d) A simples zona cinzenta (dúvida) sobre a existência de prejuízos na hipótese já seria razão suficiente para a realização da mencionada assembléia especial, quanto mais não seja na hipótese concreta em que os minoritários/preferencialistas estão a meses de alcançar o direito de voto de que trata o § 1º, art. 111, da LSA? Quais as conseqüências que decorrem da não realização — prévia — da aludida assembléia de preferencialistas?

Não nos parece haver qualquer zona cinzenta na hipótese. A redução do dividendo das preferenciais, em caráter permanente, é matematicamente comprovável. De qualquer forma, a simples zona cinzenta imporia, obviamente, a realização da assembléia especial, como já entendeu o próprio colegiado da CVM, em julgado da lavra do eminente societarista Dr. Luiz Antonio Sampaio Campos, do seguinte teor:

> Mas, havendo divergência entre os acionistas titulares de ações preferenciais a respeito do real benefício que lhe traria a alteração dos dividendos, entendo, no caso, necessária a realização de assembléia especial, *mesmo para evitar a injusta situação em que os acionistas cujos direitos específicos são atingidos diretamente pela alteração proposta serem os únicos a não se manifestar, quando esse é justamente o fundamento da assembléia especial*. Sendo inquestionável o benefício, evidentemente não se exige a assembléia especial.
>
> Recordo ainda, que a assembléia especial, nos termos da lei, deve ratificar a deliberação da assembléia geral extraordinária no prazo de 1 (um) ano, findo o qual perderá a validade (Proc. CVM RJ2001/11267, destaques nossos).

A conseqüência da não realização da assembléia especial de preferencialistas é, a teor do que se extrai do § 1º do art. 136 da Lei de S/A, *a ineficácia da deliberação que alterar os seus direitos.*

e) As propostas objeto da convocação requerem, no todo ou em parte, a *aprovação prévia da "Agência Reguladora"* (nos termos do disposto na Cláusula 5ª, XV, do Contrato de Concessão ...)? Esse fato também aponta para outra causa de ineficácia da futura deliberação assemblear a respeito do tema?

Sim, qualquer alteração estatutária deve ser aprovada previamente pela "Agência Reguladora", nos termos do disposto na cláusula apontada. A falta dessa aprovação também aponta para outra causa de ineficácia da futura deliberação assemblear a propósito do tema.

f) A mecânica dos eventos presentes no Edital de Convocação — a verdadeira gênese da proposta nesse particular — leva à conclusão sobre a existência de fraude à lei, consubstanciada no aspecto da transitoriedade do pagamento de dividendos para evitar a aquisição do direito de voto de que trata o § 1º do art. 111 da LSA? E se se pode admitir que tal direito opera como sanção à prolongada ineficiência da gestão administrativa da Companhia, sendo a pretensão da Consulente tutelável nos termos do art. 109, I, III, § 2º?

Todos os indícios, como demonstrado no corpo do Parecer, apontam para a ocorrência de fraude à lei, consistente em impedir que os preferencialistas adquiram direito de voto, como determina o § 1º, do art. 111, que é *ius cogens*. Tal direito opera, sim, como sanção à prolongada ineficiência da gestão administrativa da Companhia, sendo a pretensão da Consulente, pois, tutelável com fundamento nas disposições apontadas (art. 109, I, III e § 2º, da Lei de S/A).

g) Considerando os quesitos "a", "b" e "f" supra, há indícios da existência de abuso de poder de controle na hipótese?

Sim, a teor do disposto no art. 117, § 1º, *c*, da Lei de S/A.

É o parecer, s.m.j.

São Paulo, 11 de novembro de 2003.

Pareceres

BANCO A — BRASIL S/A — (BANCO MÚLTIPLO)

HAROLDO MALHEIROS DUCLERC VERÇOSA

I — Dos fatos. II — A análise das questões propostas: II.1 — O mútuo de ações como forma de operação passiva das instituições financeiras: II.1.1 — A análise econômica; II.1.2 — A análise jurídica; II.2 — O tratamento a ser dado às perdas geradas em operações de empréstimo. Natureza de tais despesas. Sua classificação como perdas operacionais: II.2.1 — A visão da Receita Federal; II.2.2 — A natureza jurídica da operação de aluguel de títulos e seu enquadramento contábil; II.2.3 — Da utilidade e/ou necessidade da operação de aluguel de títulos e os resultados finais obtidos; II.3 — A data efetiva da incorporação do B pelo A para os efeitos legais: II.3.1 — A posição da Receita Federal; II.3.2 — Crítica fundamentada à posição da Receita Federal. Conclusão.

Parecer

Consulta-me Pinheiro Neto Advogados a respeito de algumas questões propostas no Processo Administrativo 10768.010249/85, decorrente de auto de infração relativo ao Imposto sobre a Renda da Pessoa Jurídica e à Contribuição Social sobre o Lucro Líquido, instaurado contra o BANCO A — Brasil S/A — (Banco Múltiplo) (A), sucessor por incorporação de BANCO A B S/A (Banco Múltiplo) (B). Importa, inicialmente, relatar os fatos relevantes para o deslinde das questões que me foram apresentadas.

I — Dos fatos

A é uma instituição financeira organizada sob a forma de sociedade por ações que, em 21.1.2002, incorporou o B. Em atendimento às determinações legais aplicáveis às empresas da espécie, os documentos inerentes à referida incorporação foram apresentados ao Banco Central do Brasil (BACEN) para a devida aprovação, conforme determina a Lei 4.595, de 31.12.1964, art. 10, inciso X, alínea *c*, *verbis*:

> Compete privativamente ao Banco Central do Brasil:
>
> (...).
>
> X — conceder autorização às instituições financeiras, a fim de que possam:
>
> (...).
>
> *c*) ser transformadas, fundidas, incorporadas ou encampadas.

Observe-se que a entrega dos aludidos documentos ao BACEN foi efetuada *no dia seguinte ao da incorporação*, ou seja, em 30.1.2002, o que demonstra cabalmente a presteza daquela instituição no cumprimento das obrigações a seu cargo.

No entanto, em 9.10.2002, *somente depois de passados quase dez meses do protocolo dos documentos da incorporação perante o BACEN*, este Órgão dignou-se a aprovar a operação. Pouco tempo depois, *no dia 7.11.2002, os mesmos documentos foram apresentados perante o Registro Público das Empresas Mercantis e*

Atividades Afins para arquivamento, nos termos do art. 41, I, *b*, da Lei 8.934, de 18.11.1994, *verbis*:

> Estão sujeitos ao regime de decisão colegiada pelas Juntas Comerciais, na forma desta Lei:
>
> I — o arquivamento:
>
> (...).
>
> b) dos atos referentes à transformação, incorporação, fusão e cisão de empresas mercantis;

Para melhor visualização dos passos dados no tocante aos documentos em questão, apresenta-se o cronograma abaixo:

(i) 29.1.2002 — AGE de incorporação;

(ii) 30.1.2002 — Apresentação dos documentos ao BACEN;

Transcorrido, portanto, o prazo de um dia, suspenso até a data da aprovação do negócio pelo BACEN.

(iv) 9.10.2002 — aprovação da incorporação pelo BACEN;

(v) 7.11.2002 — entrega dos documentos à Junta Comercial para registro.

Transcorridos, portanto, 29 dias da volta da fluência do prazo que, somado ao dia já transcorrido, soma 30 dias, dentro, portanto, do prazo legal.

Em 20.6.2003 o A foi notificado do auto de infração acima indicado, que teve por objetivo a glosa de alegadas perdas incorridas nos exercícios de 1998 e 1999, relacionadas aos contratos de mútuo anteriormente firmados pelo B, do qual veio a ser sucessor pela incorporação de que se tem tratado.

A esse respeito, mencione-se que o B havia firmado contratos de mútuo de ações com as sociedades C, D e E — doravante aqui referidas como MUTUANTES, que tiveram por alegado objetivo o da captaçao de recursos financeiros, pelo B para aplicação em suas atividades operacionais.

Pelo contrato de mútuo, em tela, as MUTUANTES emprestaram ações ao B, pelo prazo de 360 (trezentos e sessenta) dias, a partir de 7.7.1998. A título de remuneração, o B pagaria às MUTUANTES, em 27.7.1999, aluguel equivalente a 0,5% (meio por cento) ao ano do valor das ações mutuadas, tendo se tomado como base a cotação média da Bolsa de Valores de São Paulo — BOVESPA —, na data do pagamento. Ao fim do contrato, o B tinha a opção de devolver as ações às MUTUANTES, ou de comprá-las, nos termos das condições contratualmente estipuladas.

A respeito desses fatos, a Receita Federal no processo administrativo acima mencionado, entendeu que (i) houve manipulação do preço das ações mutuadas; (ii) os prejuízos experimentados pelo A nas operações de mútuo das ações em causa não correspondiam a perdas operacionais e não eram, portanto, despesas dedutíveis; e (iii) os efeitos do arquivamento da incorporação, efetuado pela Junta Comercial, deveriam ser contatos apenas a partir do seu deferimento por este Órgão e não retroativamente à data de 29.1.2002, data da Assembléia Geral Extraordinária de Incorporação.

Dessa forma, são colocadas as seguintes questões no presente Parecer, para apreciação:

1) Dentre as formas previstas para uma instituição financeira (Banco Múltiplo) captar recursos no mercado financeiro nacional e internacional, o empréstimo de ações é uma operação normal, usual para a atividade exercida pelas instituições financeiras?

2) Qual tratamento deve ser destinado às perdas geradas em operações de empréstimo de ações, considerando que, para a empresa mutuaria, essas despesas são equivalentes aos juros e à eventual valorização das ações a serem devolvidas? Essas perdas seriam perdas operacionais? e

3) Na hipótese em análise, a incorporação do BANCO A B S/A foi deliberada em 29.1.2002. Tempestivamente, os atos societários referentes à incorporação foram levados ao Banco Central do Brasil, para

sua aprovação. Em 9.10.2002, o Banco Central do Brasil aprovou expressamente a incorporação do BANCO A B S/A pelo BANCO A do Brasil S/A. Após a aprovação do BACEN, e dentro do prazo de 30 dias previsto pela legislação de registros públicos, os documentos referentes à referida incorporação foram levados à Junta Comercial dos Estados do Rio de Janeiro e de São Paulo para o competente arquivamento. Após a aprovação das competentes Juntas Comerciais, os efeitos da incorporação retroagem à data do evento, ou seja, no caso em tela, os efeitos da incorporação retroagem a 29.1.2002?

II — A análise das questões propostas

II.1 — O mútuo de ações como forma de operação passiva das instituições financeiras

II.1.1 — A análise econômica

As instituições financeiras, do ponto de vista econômico, são consideradas agentes intermediários entre os titulares de disponibilidades financeiras (agentes superavitários) a aqueles delas necessitados (agentes deficitários). Para tanto, realizam uma série de operações destinadas à captação de recursos, de um lado (operações passivas) e à sua destinação aos interessados, do outro (operações ativas).

A operação passiva mais costumeiramente realizada pelos bancos corresponde à captação de depósitos, nas modalidades à vista ou a prazo. No entanto, há limites econômicos para esse objetivo, considerando que a oferta de recursos para depósito no mercado brasileiro é extremamente baixa[1] e o seu produto fica sujeito a restrições governamentais quanto a limites operacionais de aplicação. Além disso, a oferta desses recursos caracteriza-se como inelástica.

Explicando melhor.

O parco volume de recursos disponíveis no mercado é disputado pela grande quantidade de bancos em funcionamento no Brasil. Tendo em conta os objetivos de política monetária adotados pelo BACEN com o objetivo de controle da inflação, significativa parte desses valores é esterilizada naquela Autoridade Monetária sob a forma de depósitos compulsórios. Assim sendo, mesmo que uma instituição financeira consiga aumentar o nível dos seus depósitos, o resultado somente seria parcialmente aproveitado para fins de empréstimo à sua clientela, ou seja, aquilo que restasse disponível após a transferência da parcela relativa aos depósitos compulsórios. Estes até recentemente estavam fixados no patamar de 65% (sessenta e cinco por cento). Ou seja, de cada 100 reais depositados, 65 ficavam sujeitos ao recolhimento compulsório, portanto, disponíveis apenas 35 para aplicação. Além disso, parte desses recursos necessita estar aplicado em operações de curtíssimo prazo, para que a instituição possa deles fazer uso imediatamente, em caso de necessidade.

De outro lado, a oferta é inelástica, ou seja, há um volume fechado de recursos aplicados em depósitos, distribuídos entre os diversos bancos em funcionamento no País, que se eleva em montante e velocidade não expressivamente significativos. Portanto, a forma básica de aumento de depósitos está em ganhar mercado diante das instituições concorrentes, por meio de pesadas campanhas publicitárias e de estratégias operacionais diversas, as quais têm um custo elevado.

Como forma de contornar as dificuldades, acima enumeradas, vieram a ser desenvolvidas operações de empréstimo de ativos, como ouro e títulos ou valores mobiliários, entre outras. A par dessa motivação, o negócio em vista também se prestava para que a instituição fugisse dos efei-

1. A esse respeito, anota o economista Joelmir Beting em sua coluna diária, publicada em *O Estado de S. Paulo*, do dia 18.9.2003 (Caderno de Economia, p. B-2), que o Brasil apresenta o mais baixo índice de oferta de crédito do mundo, equivalente apenas a 24,7% do PIB.

tos dos depósitos compulsórios sobre depósitos à vista, numa forma de *elisão financeira legal*, uma vez que tais operações foram devidamente regulamentadas pelo BACEN.

Essas operações apresentam a vantagem de proporcionar uma significativa "*alavancagem*" dos ativos disponíveis em mãos das instituições financeiras, quebrando a inelasticidade da oferta. No caso de ações, considerando que as sociedades anônimas somente podem adotá-las nas formas nominativas e escriturais segundo as regras da Lei das Sociedades por Ações (Lei 6.404, de 15.12.1974, arts. 31 e 34), para o fim das operações de que se fala os referidos títulos devem ser transferidos ao mutuante, nos registros correspondentes, podendo, dessa forma, ser vendidos a terceiros. Esse fato é de pleno conhecimento e aceitação do mutuante no momento da celebração do contrato. A obrigação do banco em devolver tais títulos àquele assume a forma pessoal, portanto, baseada na probidade e na boa-fé, geradoras da necessária confiança na celebração do negócio, que as partes devem adotar em tais contratos, como delas fala o novo Código Civil em seu art. 422.

Três partes estão necessariamente envolvidas nesta operação: (i) o proprietário dos títulos que, na forma de mutuante, interessa-se em aumentar o rendimento do ativo financeiro de que dispõe, acrescendo-o do valor do aluguel correspondente; (ii) o banco, intermediador da operação; e (iii) um investidor interessado em tornar-se proprietário daqueles ativos por um determinado período de tempo, auferindo o proveito econômico correspondente.[2]

Não há dúvida no sentido de que todas as partes da operação complexa acima referida assumem uma certa margem de risco, fato que é inerente ao mercado financeiro. Quanto ao Banco, seu risco é o de pagar um valor mais elevado na recompra dos títulos que haviam sido vendidos a terceiros, quando tiver de devolvê-los ao mutuário. Mas risco também existe quando uma instituição capta recursos no exterior em moeda estrangeira, aplica-a no Brasil em moeda nacional e deve retornar o pagamento ao credor no exterior na moeda original, que pode ter-se valorizado de forma inesperada e expressiva, tal como ocorreu com o Real em relação ao Dólar recentemente.

O risco está presente em menor ou maior grau em todas as operações dos bancos. Por isso alguém já disse que eles são empresas perigosas. Isto porque operam criando enorme risco sobre uma frágil base de capital; estão sujeitos a riscos políticos e a fraudes; e sofrem *efeito cascata* na eclosão de crises econômicas.[3]

Não sendo o caso aqui de dissertar sobre os riscos genéricos dos bancos, deve ser observado que, no caso, o risco concernente ao aluguel de títulos é compensado em parte pelo fato de que os recursos correspondentes à sua venda pelo mutuante não ficam sujeitos ao depósito compulsório — como ocorreria no caso da captação de depósitos —, pois são contabilizados como ativo da instituição financeira. Dessa forma, fica eliminada uma das causas formadoras do *spread* na taxa de juros cobrados pelos bancos, correspondente ao montante dos depósitos compulsórios que é transferido ao BACEN. Assim sendo, o custo da captação de recursos por meio do aluguel de títulos era mais barato do que no caso de depósitos, assumindo-se o risco da elevação futura do preço das ações. Mas este efeito, por outro lado, pode ser minimizado — ou até mesmo eliminado — pela apropriação do lucro decorrente das operações ativas a serem, em seguida, celebradas com clientes do banco tomador das ações, fato inexplicavelmente não levado em conta pela Receita Federal.

2. Cf. Eduardo Fortuna, *Mercado Financeiro: Produtos e Serviços*, 15ª ed., Rio de Janeiro, Ed. Qualitymark, 2002.

3. Cf. Martin Wolf, "Por que os bancos são perigosos", *Gazeta Mercantil* de 14.1.1998, p. A-3.

Veja-se, a propósito, que a captação de recursos por meio do aluguel de títulos estava sujeita ao recolhimento compulsório até 27.5.1998, no regime da Circular 2.511, de 2.12.1994, do BACEN. *Justamente a partir de 27.5.1998 tais operações foram excluídas do recolhimento do depósito compulsório, pois a Circular 2.820, daquela data, passou a adotar a alíquota zero para tais operações*, o que se encontra em vigor até hoje. Ora, como a captação de recursos por meio do aluguel de títulos, efetuada pelo B *ocorreu entre junho de 1998 e dezembro de 1999*, verifica-se claramente que a decisão a respeito foi tomada por aquela instituição financeira com o objetivo de angariar fundos com custo mais baixo, o que era, até, seu *dever profissional*, pois, de um lado, isto implicaria na possibilidade de praticar juros mais baixos em suas operações ativas e, do outro, dar-lhe-ia maior margem de segurança para enfrentamento dos riscos próprios do mercado.

Portanto, o resultado final de uma operação de aluguel de títulos deve ser visto, naquelas circunstâncias, de acordo com as seguintes variáveis, não considerados custos indiretos (administrativos, tributários etc.):

a) (+) valor da venda dos títulos no mercado, após o contrato de locação;

b) (-) valor do aluguel pago;

c) (+) valor do lucro obtido nas operações ativas efetuadas com aqueles recursos;

d) (-) valor da compra dos títulos para sua devolução ao locador (cujo preço pode ter-se mantido estável, valorizado ou desvalorizado).

Na hipótese sob exame, considerando-se que o aluguel era de 0,5% (meio por cento) ao ano, caso o preço das ações tivesse se mantido estável, uma aplicação média em operações ativas do banco com diversos clientes, na base de 40% ao ano (cerca de 15% acima da taxa básica da economia, a SELIC), daria ao banco uma rentabilidade bruta de 39,5% ao ano, sem dúvida alguma um ótimo negócio. Havia, portanto, uma boa margem para enfrentar a valorização das ações sem que isso prejudicasse a lucratividade da operação como um todo. Esse fato afasta qualquer característica de temeridade na sua celebração, por parte dos administradores do A.

A remuneração de 0,5% (meio por cento) ao ano, acima citada, foi estabelecida em tal patamar levando-se em conta que o locador mantinha intactos todos os demais direitos patrimoniais inerentes aos títulos locados, como os dividendos, por exemplo.

II.1.2 — A análise jurídica

Do ponto de vista do direito, o aluguel de títulos tal como praticado no mercado, caracteriza-se como um *negócio indireto*, portanto, inteiramente afastado do campo da simulação ou da fraude.

O negócio indireto (ou de objeto indireto) é caracterizado pelo fato de dar-se a um determinado instituto jurídico uma destinação diversa daquela naturalmente por ele preenchida, que seria a sua *função básica*. Segundo Francesco Messineo, este instituto é empregado com uma *função instrumental*, no sentido de que se alcança por ele um resultado que poderia ser atingido de forma direta, a qual as parte, por alguma razão não desejam recorrer. No caso, a locação dos títulos tem por objeto econômico proporcionar ao banco disponibilidades financeiras.[4] Por causa disso, a operação envolve uma passagem da propriedade daqueles documentos para o locatário, o que não é característica normal desse tipo de contrato, como se sabe, pois seu efeito econômico regular está na utilização por este

4. "Il contratto in genere", do *Trattato di Diritto Civile e Commerciale*, coord. Antonio Cicu e Francesco Messineo, v. XXI, t. 2, Milão, Dott. A Giuffrè Ed., 1972, pp. 570 a 572.

último de um bem que permanece no patrimônio do locador. Portanto, nesta *locação atípica*, enquanto o locador deseja apenas o recebimento do aluguel, o locatário tem em vista a incorporação de tais títulos no seu patrimônio, de modo que possa vendê-los no mercado, com isso levantando os recursos de que necessita para as suas atividades operacionais.

Assim sendo, a criatividade dos agentes econômicos valeu-se do instituto do aluguel dos títulos, de forma a ficar evidenciado que eles não saiam definitivamente do patrimônio do mutuante, sob o ponto de vista material. A instrumentalidade do negócio dependia, no entanto, que fosse feita a sua transferência para o banco tomador, de forma que a este fosse possível efetuar a venda dos títulos alugados, com a finalidade de levantar recursos no mercado para suas operações ativas. Ao final do contrato, o banco compraria os títulos no mercado, para o fim de devolvê-los ao proprietário mutuante, fechando-se os vários *pedaços* da operação. Os resultados esperados das operações ativas do banco deveriam, normalmente, ser aptos ao superamento dos custos apresentados, inclusive uma certa margem de segurança na eventualidade da valorização dos títulos dentro do período do contrato de locação.

Não se trata de simulação, uma vez que não está presente no negócio indireto o *caráter fictício* da primeira, pois este último é efetivamente desejado pelas partes em seus efeitos. Um dos exemplos mais conhecidos e utilizados no negócio indireto é a venda de um bem com a finalidade verdadeira de servir como garantia em operação de mútuo.

O Conselho Monetário Nacional — CMN veio a reconhecer expressamente a regularidade das operações de empréstimo de títulos, regulamentando-a por meio da Resolução 2.268, de 10.4.1996. Para a sua implementação o BACEN, por sua vez, editou a Carta-Circular 2.747, de 3.7.1997.

II.2 — O tratamento a ser dado às perdas geradas em operações de empréstimo. Natureza de tais despesas. Sua classificação como perdas operacionais

II.2.1 — A visão da Receita Federal

Dois pontos importantes se apresentam na apreciação da Receita Federal sobre o caso em pauta: (i) as ações objeto do contrato de empréstimo não faziam parte do ativo da empresa (item 208); e (ii) as despesas operacionais foram consideradas desnecessárias (item 210).

II.2.2 — A natureza jurídica da operação de aluguel de títulos e seu enquadramento contábil

Conforme foi verificado acima, o aluguel de ativos coloca-se na esfera do *negócio indireto*. Este, na sua realização complexa, tem como efeito jurídico necessário *transferência da titularidade provisória dos ativos durante todo o prazo do contrato*, como forma de se alcançar o objetivo econômico pretendido pela instituição financeira que o realiza, na busca de recursos financeiros para aplicação em suas atividades próprias. Para tal finalidade, os títulos em causa *são considerados bens fungíveis*, uma vez que se encontram custodiados junto a uma entidade especializada.

Nesse sentido, assim se expressa o art. 41 da Lei das Sociedades por Ações:

> A instituição autorizada pela Comissão de Valores Mobiliários a prestar serviços de custódia de ações fungíveis *pode contratar custódia em que as ações de cada espécie e classe da companhia sejam recebidas em depósito como valores fungíveis*, adquirindo a instituição depositária a propriedade fiduciária de tais ações.

O fato do desvio da função originária de um instituto não é excepcional no ordenamento jurídico, pois no tradicional depósito bancário — chamado de depósito irregular — o banco adquire a propriedade das importâncias depositadas, de maneira a que possa emprestá-las a terceiros como se coisa sua fosse.

Assim, embora as partes estejam celebrando um contrato de aluguel de ativos, a consecução de sua função econômica efetiva torna imprescindível que a propriedade do bem locado seja transferida provisoriamente ao locatário. Esta é a única forma de poder o banco locatário efetuar a venda do bem que lhe foi alugado, com a finalidade de levantar recursos a serem destinados em operações ativas de empréstimos. Ao final do contrato, considerando-se que as ações alugadas o foram com o caráter de fungibilidade, basta ao banco ir ao mercado e comprar títulos da mesma espécie, forma e classe.

Portanto, errou a Receita Federal quando disse que as ações objeto de contratos de locação sob exame não integram o ativo do banco locatário. Integram sim, durante todo o prazo do contrato. Para a comprovação desse fato basta verificar como deve ser feita a contabilização da operação, segundo o disposto na Carta-Circular 2.747, de 3.7.1997, feita em seguida de forma esquemática para melhor compreensão, considerando-se os lançamentos efetuados pela instituição financeira tomadora das ações por empréstimo, no caso o B:

1. Aquisição das ações recebidas por empréstimo

• Débito: (conta do ativo): *títulos de renda variável*

• Crédito: (conta do passivo): *credores por empréstimos de ações*

2. Remuneração contratada (encargos e emolumentos)

• Débito (conta de resultado): *despesas de empréstimos no país*

• Crédito (conta do passivo): *credores de empréstimos de ações*

3. Quando ocorre a valorização das ações

• Débito (conta de resultado): *despesas de empréstimos no país*

• Crédito (conta do passivo): *credores por empréstimos de ações*

4. Venda das ações

• Débito (conta do ativo): *bancos conta movimento*

• Crédito (conta do ativo): *títulos de renda variável*

5. Registro do ganho (ou perda) na venda das ações

• Débito (conta do ativo): *bancos conta movimento*

• Crédito (conta de resultado): *rendas de títulos de renda variável*

6. Pela liquidação do empréstimo (em dinheiro)

• Crédito (conta do passivo): *credores por empréstimos de ações*

• Débito (conta do ativo): *bancos conta movimento*.

O exame do esquema acima demonstra de forma muito clara as seguintes conclusões:

(i) os títulos objeto da operação de empréstimo são registrados no ativo do banco, tendo em contrapartida uma obrigação por empréstimo;

(ii) os encargos referentes ao contrato em tela são tomados a título de despesas da instituição mutuária;

(iii) a valorização das ações (*fato gerador de prejuízo*) é registrada como despesa de empréstimos;

(iv) a venda das ações (*operação de captação de recursos*) é contabilizada como entrada de recursos em favor da instituição, apenas mudando-se a posição de contas no ativo;

(v) a baixa das ações no ativo do produto é registrado como renda da instituição;

(vi) o pagamento do empréstimo, correspondendo ao término da operação, é registrado como despesa.

Fica, portanto, plenamente demonstrado o engano da Receita Federal na apreciação da operação sob exame.

Não pode deixar de ser registrado outro engano da Receita Federal quanto aos contratos de locação de títulos, cujos efeitos não poderiam ser negados por aquele Órgão pela falta do seu Registro em Cartório de Registro de Títulos e Documentos. Tendo em conta que os órgãos de fiscalização em sua diversa competência têm poderes para verificar todos os livros e documentos das entidades fiscalizadas, não podem arvorar-se à condição de terceiros para desconsiderarem documentos não registrados em cartório. O conceito de *terceiros* corresponde, justamente, àqueles que não têm acesso aos documentos e decisões internas de pessoas que podem afetar os seus interesses e direitos.

Para efeito do exercício do seu poder fiscalizatório a Receita Federal, no caso concreto como em qualquer outro, poderia examinar os livros e documentos do B — *como efetivamente o fez* —, bastando para isso dar início ao procedimento próprio. Ela teria razão em condenar o B no caso em que as operações controversas não tivessem sido devidamente contabilizadas e/ou faltassem os documentos correspondentes. Não foi este o caso, como se tem verificado ao longo deste Parecer.

II.2.3 — Da utilidade e/ou necessidade da operação de aluguel de títulos e os resultados finais obtidos

A base legal aplicável ao presente tema é o art. 242 do RIR/94, mal interpretado e utilizado pela Receita Federal:

> Art. 242. São operacionais as despesas não computadas nos custos, *necessárias à atividade da empresa e à manutenção da respectiva fonte produtora.*
>
> § 1º. *São necessárias as despesas pagas ou incorridas para a realização de transações ou operações exigidas pela atividade da empresa.*
>
> § 2º. As despesas operacionais admitidas são as *usuais ou normais no tipo de transações, operações ou atividades da empresa.*

Por sua vez, o Parecer Normativo 32, de 17.8.1981, esclareceu que:

(i) *despesa necessária* é aquela essen cial a qualquer transação (*sic*) ou operação exigida pela exploração das atividades, principais ou acessórias, vinculadas às fontes produtoras de rendimentos;

(ii) *despesa normal* é aquela que ocorre comumente no tipo de operações ou transações (*sic*) efetuadas e que, na realização do negócio, *apresenta-se de forma usual, costumeira ou ordinária.*

(iii) *usual* é a despesa habitual na espécie de negócio.

Esclareça-se, a propósito, que o termo "*transação*" constante do texto acima reproduzido, não foi utilizado com o seu sentido técnico-jurídico adequado, mas sim com o de *operação.*

Ora, está mais do que comprovado que as operações de aluguel de *ações* glosadas pela Receita Federal preencheram integralmente todas as exigências legais. A própria Receita Federal admitiu indubitavelmente que as despesas de aluguel de ações praticadas pelo B "eram necessárias ao incremento de suas atividades, sendo úteis e nitidamente operacionais, próprias da atividade financeira e que, se não obtivesse recursos dessa forma, teria *que obter, com risco, empréstimos nos mercados interno e externo*" (item 233 do Acórdão).

A Receita Federal houve por bem entender, no entanto, que:

(i) *não houve prova no sentido da efetiva necessidade de obter reiteradamente empréstimos com prejuízo, no caso, gerando as despesas glosadas* (item 233 do Acórdão DRJ/RJ0I 4.065, de 27.6.2003);

(ii) as ações alugadas não tinham liquidez no mercado (item 246);

(iii) a glosa dos juros contratuais, do custo de captação dos recursos, dos resultados gerados pela referida captação e das negociações no mercado *somente seria descabida se tivesse havido a comprovação de que tais despesas tivessem gerado resultados para a empresa e não deliberadamente (sic), para terceiros* (item 251);

(iv) somente seria cabível a dedutibilidade *se os recursos fossem obtidos através da forma tradicional, como, por exemplo, empréstimos, depósitos à vista de seus clientes* que, se comprovados, poderiam ser considerados necessários à sua atividade operacional, mas apenas se houvesse a comprovação da aventada necessidade da despesa.

Algumas observações importantes devem ser feitas para demonstrar a absolutamente errônea posição da Receita Federal.

Conforme visto acima, as operações de aluguel de títulos são perfeitamente válidas, *normais e usuais*, devidamente regulamentadas pelo BACEN. Ora, uma vez que elas podem ser efetuadas e se revestem de risco, *não se pode exigir que saiba o agente econômico com antecedência se o resultado final será financeiramente positivo ou negativo*. Neste ponto o raciocínio presente no julgamento da questão está completamente equivocado.

Recorrer ou não a essa modalidade de operação é prerrogativa do agente econômico, no exercício constitucional da autonomia privada. Daí ser absolutamente desnecessária qualquer comprovação de sua necessidade. Ela faz parte das opções regulares das instituições financeiras.

De outro lado, como operação de risco, *afastada a hipótese de manipulação*, não têm as partes condições de prever qual será o resultado financeiro no momento da extinção do contrato entre elas celebrado, tendo em vista as diversas variáveis imprevisíveis que operam sobre o preço daqueles ativos, em relação às quais somente se pode fazer um estudo de tendências.

Tão usuais são essas operações de aluguel de títulos que a Companhia Brasileira de Liquidação e Custódia (CBLC) criou um *Banco de Títulos*, com a finalidade de proporcionar aos investidores e interessados um sistema seguro para a sua realização, atuando aquela como contraparte no processo e oferecendo garantias aos participantes, com acesso por meio eletrônico.

A forma como a Receita Federal encarou o aluguel de ações ora analisado, e a exigência de comprovação da necessidade das despesas com aluguel de títulos equivaleria a exigir que uma empresa comercial comprovasse a necessidade de adquirir as mercadorias dos produtores que revenderia em seguida aos seus clientes. Uma vez que negócios façam parte da atividade regular da empresa, a comprovação é absolutamente desnecessária, pois a sua necessidade está implícita.

O fato das ações objeto de tais operações terem pouca liquidez no mercado não as tornava impróprias para a operação, bastando que houvesse interessados em comprá-las em um primeiro momento e em vendê-las no final do contrato para sua devolução ao locador, o que efetivamente ocorreu. As normas do BACEN não exigiram o requisito da liquidez na Resolução 2.268, de 10.4.1996, que regulamentou esse tipo de negócio.

Ao exigir que a dedutibilidade das despesas somente ocorresse caso o B se ativesse às operações bancárias tradicionais a Receita Federal infringiu a competência do Conselho Monetário Nacional que expressamente incluiu o aluguel de títulos como forma de captação de recursos pelas instituições financeiras e penetrou indevidamente na economia interna da empresa, cerceando as suas decisões administrativas e operacionais. E o que é pior, *exigindo que a empresa adotasse operações passivas de custo mais elevado naquele momento*, pois os depósitos estavam sujeitos a recolhimento compulsório e o aluguel de títulos não!

Essa exigência penaliza a própria instituição financeira e seus acionistas, pois obriga que ela opere sem a necessária flexibilidade, a um custo eventualmente mais alto de captação, como foi o caso em tela.

Para poder fazer empréstimos, o B necessitava levantar recursos financeiros. Sem tais recursos, *a fonte produtora* ficaria impossibilitada de realizar as suas atividades. Dinheiro é o oxigênio que dá vida aos bancos. Sem ele a instituição necessariamente fenece. E não podem os bancos contar apenas com o seu capital próprio para a realização de suas atividades operacionais. Do ponto de vista econômico são empresas intermediadoras entre fornecedores e usuários de recursos financeiros.

II.3 — A data efetiva da incorporação do B pelo A para os efeitos legais

II.3.1 — A posição da Receita Federal

A Receita Federal entendeu, sinteticamente, que a data da incorporação do B pelo A ocorreu apenas em 11.11.2002 e não em 21.1.2002, data da realização da Assembléia Geral que deliberou sobre aquele negócio. Para chegar a tal conclusão, a Autoridade Fiscal baseou-se nos seguintes argumentos:

(i) para que houvesse a incorporação, eram necessários a autorização do BACEN e o posterior arquivamento na Junta Comercial, bem como a publicação dos atos de incorporação (item 129 do Acórdão);

(ii) a incorporação poderia não ter ocorrido, caso o BACEN tivesse negado a devida autorização (item 130);

(iii) de acordo com o art. 132 do Código Tributário Nacional, a pessoa jurídica de direito privado que resultar de incorporação (no caso) é responsável pelos tributos devidos até a data do ato pelas pessoas jurídicas de direito privado fusionadas;

(iv) segundo o art. 227, § 3º, da Lei das Sociedades por Ações, aprovados pela Assembléia Geral da incorporadora o laudo de avaliação, *extingue-se a incorporada*, competindo à primeira proceder o arquivamento e a publicação dos atos da incorporação (destaques meus);

(v) aplicados o art. 35, VIII, da Lei 8.934, de 18.11.1994 (Lei do Registro Público das Empresas Mercantis e Atividades Afins) e o art. 35, IX, do Decreto 1.800, de 30.1.1986 (Regulamento da Lei 8.934/1994), não podem ser arquivados os contratos ou estatutos das sociedades mercantis, ainda não aprovados pelo Governo, nos casos em que for necessária esta aprovação;

(vi) na forma do art. 36 da Lei 8.934/1994, o prazo para apresentação à Junta Comercial de documentos para fins de arquivamento é de 30 (trinta) dias contados da data da sua assinatura, a cuja data retroagirão os efeitos do arquivamento, sendo que além do prazo em tela, o arquivamento somente terá eficácia a partir do despacho que o conceder;

(vii) como a apresentação dos documentos da incorporação ocorreu além de 30 (trinta) dias da realização da Assembléia Geral que a aprovou, considerando que tiveram de ser antes submetidos ao BACEN para autorização, a eficácia do referido arquivamento somente teria ocorrido a partir do despacho que concedeu o ato.

II.3.2 — Crítica fundamentada à posição da Receita Federal

Ocorre que a interpretação e a aplicação dos dispositivos legais acima citados, por parte da Receita Federal, encontram-se eivadas de impropriedades, conforme será demonstrado em seguida.

A autorização do BACEN para o arquivamento de atos concernentes a instituições financeiras reveste-se da qualidade de *norma especial*, tendo em vista a condição particular daquelas empresas, que representam grande risco potencial para o mercado, em relação às quais torna-se necessário um juízo de valor por parte da Autoridade Monetária sobre as condições de sua realização.

Daí que o arquivamento daqueles atos na Junta Comercial competente, segundo a lei, somente pode ser efetuado depois que o BACEN conceder a devida autorização. Mas este órgão, pela complexidade dos estudos que muitas vezes precisam ser efetuados, pode necessitar de um longo tempo para chegar a uma decisão, tal como ocorreu na incorporação sob exame. Daí que tornar-se-ia um *ato jurídico de objeto impossível* a exigência do atendimento do prazo de 30 (trinta) dias para apresentação à Junta Comercial dos atos dependentes de autorização daquele Órgão, mantendo-se elevado grau de incerteza entre todos os interessados com a possibilidade do surgimento de sérios prejuízos para as pessoas diretamente envolvidas e para o mercado em geral.

A esse respeito, Sílvio de Sálvio Venosa esclarece que revela-se como impossível o ato que estiver além das forças humanas,[5] justamente a situação do A em relação ao atendimento do preceito legal de apresentação dos atos de incorporação à Junta Comercial no prazo corrido de 30 (trinta) dias.

Estaria igualmente afrontado o princípio constitucional da isonomia, pois, dentre as empresas cujos atos necessitam ser levados a arquivamento nas Juntas Comerciais, todas aquelas que dependem de prévia autorização de alguma agência reguladora — no caso, o BACEN — jamais conseguiriam fazê-lo no prazo legal de 30 dias, com prejuízo para si mesmas, para seus sócios e para terceiros com os quais eventualmente tivessem feito negócios, pois haveria dúvidas a respeito de quem seria o sujeito passivo da atribuição de responsabilidades no período.

Além disso, a própria Receita Federal reportou-se ao art. 227, § 3º, da Lei das Sociedades por Ações, no qual se lê que *aprovado pela Assembléia Geral da incorporadora o laudo de avaliação, **extingue-se a incorporada**, cabendo a primeira proceder ao arquivamento e a publicação dos atos da incorporação!*

A regra é claríssima em sua interpretação: no momento em que a AGE da sociedade incorporadora aprova o laudo de avaliação, a sociedade incorporada deixa de existir no mundo jurídico. Nem poderia ser de outra forma, considerando-se os efeitos econômicos decorrentes de tal operação, a atingir os acionistas da incorporadora e da incorporada. Devem, a partir daquele instante, ser praticados diversos atos de gestão pelos administradores da incorporadora, no atendimento de diversos interesses em jogo, que não podem ficar sustentados sobre a insegurança de uma autorização a ser dada pelo BACEN. Considere-se que, na imensa maioria dos casos, a aprovação é concedida, sendo exceção o caso contrário. Mesmo porque, esse tipo de negócios e sempre feito após consultas prévias informais feitas àquele Órgão pelos interessados.

Sabido que todas as instituições financeiras (inclusive os bancos) somente podem organizar-se sob a forma de sociedades por ações (Lei 4.595/1964, arts. 25 e ss.), o efeito do art. 227, § 3º da Lei Societária, acima referido, foi expressamente acatado pelo BACEN na regulamentação dos efeitos contábeis das incorporações (referenciados à data-base escolhida para o levantamento e avaliação da situação patrimonial da incorporanda), conforme se verifica pelo disposto na Circular 3.017, de 6.12.2000, quais sejam:

(i) elaboração e remessa das demonstrações financeiras das sociedades envolvidas no processo, individualmente, desde a data-base até a data da realização da AGE que tenha aprovado o laudo de avaliação (e o processo de incorporação ao qual corresponde);

(ii) apenas as demonstrações da incorporadora deverão continuar sendo elaboradas e enviadas àquele Órgão a partir da AGE, não mais as da sociedade incorporada que desapareceu do mundo jurídico naquela data-base;

(iii) como regra excepcional de transição, as variações patrimoniais das sociedades envolvidas, verificadas entre a database e a da AGE devem ser registradas se-

5. *Direito Civil*, Parte Geral, 3ª ed., São Paulo, Atlas, 2003, p. 412.

gundo as datas de sua ocorrência em contas próprias, *admitidos lançamentos por totalização até o último dia do mês da AGE de incorporação*; e

(iv) os documentos contábeis da sociedade incorporada deverão ser guardados por cinco anos, contados retroativamente da data-base da incorporação, o último dia em que aquela procederá a lançamentos individuais em seu próprio nome.

Portanto, a conciliação dos dispositivos legais em causa, dos diversos textos aplicáveis, somente pode dar-se pelo reconhecimento da existência de uma suspensão do prazo de apresentação dos documentos à Junta Comercial até que órgão competente — no caso, o BACEN — externe a sua conclusão a respeito. A única exigência a esse respeito está na necessidade da apresentação dos atos de incorporação — com a eleição dos novos administradores — no prazo de 15 (quinze) dias do respectivo ato (Lei 4.595/1964, art. 33), ou seja, a AGE de incorporação, o que foi obedecido no caso concreto.

Dessa maneira, no caso concreto, efetivamente o Registro da incorporação concedido pela Junta Comercial deu-se dentro do prazo legal de (30) trinta dias e alcançou, portanto, efeito retroativo à data da realização da Assembléia Geral Extraordinária de Incorporação do B pelo A, ou seja, no dia 29.1.2002.

Conclusão

Em vista de todo o exposto,

I — Responde-se afirmativamente à primeira questão colocada pelo Consulente, no sentido de que a operação de aluguel de ativos em geral — na qual incluem-se ações como ocorreu no caso sob exame — é uma operação normal e usualmente praticada pelas instituições financeiras, como tal regulamentada pelo Conselho Monetário Nacional e pelo Banco Central do Brasil. Na situação específica, a operação tornou-se particularmente atraente porque o depósito compulsório ao qual estava sujeita, veio a ser afastado justamente alguns dias antes de sua celebração, pois o BACEN estipulou a alíquota zero a seu respeito.

II — Em segundo lugar, ao contrário do que decidiu a Receita Federal e na forma do art. 242 do RIR/1994:

(i) as despesas de aluguel de títulos demonstraram ser cabalmente operacionais e necessárias à atividade da empresa e à manutenção da respectiva fonte produtora;

(ii) eram despesas necessárias à realização de transações ou operações exigidas pela atividade da empresa; e

(iii) regulamentadas pelo Conselho Monetário Nacional, eram despesas usuais ou normais dentro da atividade da empresa.

III — No caso sob exame, dentro das particulares circunstâncias nas quais os atos relacionados à incorporação tiveram de ocorrer, os seus efeitos retroagiram necessariamente à data do evento, ou seja, no caso em tela, os efeitos da incorporação devem ser computados para todos os fins de direito a contar de 29.1.2002.

É o nosso parecer.

São Paulo, 3 de outubro de 2003.

DIREITO CONSTITUCIONAL. DIREITO ECONÔMICO. PROPRIEDADE INDUSTRIAL. PROIBIÇÃO LEGISLATIVA DO REGISTRO DE NOVAS MARCAS DE CIGARRO

FÁBIO CESAR DOS SANTOS OLIVEIRA

PARECER/INPI/PROC/ DICONS 052/2003

Em 2.12.2003

Ementa: Direito Constitucional. Direito Econômico. Propriedade Industrial.

I — As restrições à publicidade de atividades lícitas devem atender a um interesse substancial e impor limitações proporcionais aos fins almejados.

II — A valorização do trabalho humano e a livre iniciativa são valores constitucionais que devem ser realizados de modo não antagônico.

III — É inconstitucional a proposta legislativa que proíba o registro de novas marcas de cigarro por ser medida impeditiva da livre iniciativa e da livre concorrência (arts. 1º, IV, 170, "caput" e IV, da Constituição da República de 1988), configurando restrição não razoável à atividade empresarial, tendo em vista o direito de propriedade assegurado ao titular de uma marca (art. 5º, XXIX e LIV da Constituição da República de 1988).

Senhor Chefe da Divisão de Consultoria:

Vem a esta Procuradoria Federal, órgão vinculado à Advocacia-Geral da União, nos termos dos arts. 9º e 10, *caput*, da Lei 10.480, de 2.7.2002, Consulta encaminhada pela Coordenação de Assuntos Jurídicos, do Ministério do Desenvolvimento, Indústria e Comércio Exterior, à Divisão de Consultoria do Instituto Nacional da Propriedade Industrial para que esta manifeste-se acerca da licitude da proibição de registro de novas marcas de cigarros.

Do mérito

I

2. O tabagismo, segundo pesquisa divulgada pela Organização Pan-Americana da Saúde,[1] é responsável pela morte de quatro milhões de pessoas anualmente, e estima-se que em 2030, este número passará a ser de dez milhões. A preponderância do número de mortes causadas por doenças não infecciosas em comparação com as transmissíveis teve, como um dos seus principais fatores, as doenças crônicas associadas ao consumo do tabaco, tais como cardiopatias, câncer e doenças pulmonares. Pesquisas científicas concluíram que:

"Os que fumam a longo tempo têm 50% de possibilidades de morrer de uma doença relacionada com o tabaco. Cerca de metade dessas mortes ocorrerá na meia-idade (entre 35 a 69 anos).

1. Informativo da Organização Pan-Americana da Saúde (OPAS/OMS) — Brasil. Net. Disponível em <http://www.opas.org.br/sistema/fotos/tabaco.htm>, consulta em 24.11.2003.

"Na América do Norte, o tabagismo é responsável por mais mortes que as causadas pelo consumo de álcool e de outras drogas, acidentes de carro, assassinatos, suicídios e AIDS combinadas.

"Dados de países desenvolvidos indicam que o tabagismo é responsável por cerca de uma terça parte de todas as mortes por cardiopatias e por um terço de todas as mortes por câncer. A maioria das mortes causadas pelo fumo devem-se a doenças do coração.

"Em muitos países em desenvolvimento, o câncer de pulmão tem aumentado entre as mulheres. Hoje em dia, em muitos países desenvolvidos, incluindo o Canadá e os Estados unidos, o câncer de pulmão ultrapassa o câncer de mama como o câncer que mais mata as mulheres.

"Além de causar mais cardiopatias e várias formas de câncer, o tabagismo causa enfisema, doenças de obstrução crônica dos pulmões, gangrena e pode contribuir para a impotência sexual."

3. O Instituto Nacional do Câncer, em Nota Técnica, acostada às fls. 03/07, deixou assente que:

"O tabagismo é uma doença resultante da capacidade da nicotina causar dependência, estando classificado internacionalmente no grupo de transtornos mentais e de comportamento decorrentes do uso de substâncias psicoativas, na Décima Revisão da Classificação Internacional de Doenças (CID-10).

"Em todos os produtos fumígenos derivados do tabaco (cigarros, charutos, cachimbos e outros) encontramos nicotina. Ela é uma substância psicoativa, que causa dependência física, reforçando e potencializando a vontade de fumar.

"A maior parte dos fumantes continua a fumar porque não consegue parar pela livre escolha. Através da nicotina, o cigarro causa forte dependência, reduzindo a possibilidade que o indivíduo tem de escolher não fumar. (...)

"No que se refere à sugestão da proibição do registro de novas marcas de cigarro, não temos conhecimento de nenhuma proposta legislativa nesse sentido. Recentemente, foi publicado um livro pela Organização Pan-Americana da Saúde (OPAS) sobre Legislação para o controle do tabagismo que aborda essa questão. A justificativa apresentada no livro é que a introdução de novas marcas variedades de produtos derivados do tabaco no mercado está associada com o incremento do consumo entre grupos específicos a população, como mulheres e jovens. A medida impediria a proliferação de novas marcas e variedades de produtos do tabaco. Especificamente para esta proposta, é necessário avaliar juridicamente se ela não prejudicaria direitos adquiridos e garantias relacionadas à propriedade industrial, previstos no ordenamento jurídico pátrio, motivo pelo qual, ainda não existe uma recomendação nesse sentido."

4. Com o intuito de definir as linhas gerais que devem ser inseridas nas legislações antitabagistas, a Organização Pan-Americana da Saúde publicou o relatório *Developing Legislation for Tobacco Control: Template and Guidelines*,[2] que, conquanto incentive a adoção de medidas de prevenção e combate ao tabagismo, envolvendo a produção, distribuição, comercialização e propaganda de cigarros, não propugnou a proibição de registro de novas marcas, preferindo regular as mensagens publicitárias relacionadas a estes produtos

2. Net. Disponível em <http://www.paho.org/English/HPP/HPM/TOH/tobacco_legislation.pdf>, consulta em 24.11.2003. As instruções contidas neste documento adotarão como princípios: "a) protecting children and other nonsmokers from inducements to use tobacco; b) protecting nonsmokers from exposure to tobacco smoke; c) ensuring that the population is adequately informed about the risks of tobacco use and exposure to secondhand tobacco smoke and about the benefits of quitting smoking; d) ensuring that tobacco products are modified to reduce harm to the extent technologically and practically possible; and e) promoting a climate where nonsmoking and the absence of tobacco promotion is the norm".

a fim de que o consumidor tenha ciência dos riscos maléficos à sua saúde, vedando o uso de imagens e símbolos que desfigurem os efeitos prejudiciais decorrentes do tabagismo e condicionando a admissibilidade de novas marcas à submissão aos regulamentos elaborados pelas autoridades nacionais competentes.

II

5. A preocupação com os efeitos deletérios associados ao tabaco é comum a diversos ordenamentos jurídicos. Recorrendo-se às experiências do direito comparado, com a prudência de evitar-se mimetismo equivocado, mostra-se de relevante valia a análise da experiência francesa e da sua lei de "luta contra o tabagismo e o alcoolismo" que, em seu art. 3º, veda toda propaganda ou publicidade, direta ou indireta, em favor do tabaco e de produtos feitos de tabaco, bem como sua distribuição gratuita; restringindo sua publicidade ao interior de estabelecimentos comerciais especializados. O Conselho Constitucional ao julgar argüição de constitucionalidade deste dispositivo (Décision 90-283, du janvier 1991), por eventual violação ao direito de propriedade, da liberdade de iniciativa, e aos arts. 1º e 16 da Declaração de Direitos do Homem e do Cidadão, entendeu não haver contrariedade aos dispositivos constitucionais invocados, uma vez que:

"as finalidades e as condições de exercício do direito de propriedade sofreram desde 1789 uma evolução caracterizada por uma extensão de seu campo de aplicação a domínios novos; e dentre estes figura o direito do proprietário de uma marca de fábrica, de comércio ou de serviço, de utilizá-la e de a proteger dentro dos parâmetros definidos pela lei e compromissos internacionais da França;

"8. Considerando que a evolução que conheceu o direito de propriedade caracteriza-se igualmente pelas limitações ao seu exercício exigidas em nome do interesse geral, que são notadamente visadas pelo conjunto de medidas destinadas a garantir a todos, em conformidade com a décima primeira alínea do Preâmbulo da Constituição de 27 de outubro de 1946, 'a proteção da saúde'; (...).

"10. Considerando que, sem dúvida, a proibição da publicidade e da propaganda em favor do tabaco é suscetível de afetar o exercício do direito de propriedade de uma marca concernente ao tabaco ou produtos de tabaco;

"11. Mas considerando que estas disposições encontram seu fundamento no princípio constitucional da proteção à saúde pública; e que, por enquanto, a lei reserva a possibilidade de fazer a publicidade no interior de estabelecimentos comerciais especializados, que a interdição editada pelo art. 3º da lei referida não produzirá todos os seus efeitos antes de 1º de janeiro de 1993; (...) a limitação positivada pelo art. 3º, a certas modalidades do exercício do direito de propriedade, não é contrária à Constituição; (...).

"13. Considerando que os autores da ação sustentam que o art. 3º viola o direito da livre iniciativa pela razão que seu exercício implica em submeter os produtos do tabaco às leis de mercado e da concorrência, e que esta supõe a informação do consumidor e uma possibilidade de difusão dos produtos;

"14. Considerando que a livre iniciativa não é geral nem absoluta, que é lícito ao legislador estabelecer limitações exigidas pelo interesse geral sob a condição de não desnaturá-la;

"15. Considerando que o art. 3º da lei interdita nem a produção, nem a distribuição, nem a venda de tabaco ou de produtos de tabaco; que está reservada a possibilidade de informar o consumidor no interior de estabelecimentos especializados; que a proibição de outras formas de publicidade ou de propaganda estão fundadas sobre as exigências de proteção da saúde pública, que têm valor constitucional; o art. 3º da lei, por conseguinte, não veicula uma limitação à liberdade de iniciativa que seria contrária à Constituição;"[3]

6. No entanto, julgando hipótese semelhante, a Suprema Corte dos Estados Unidos, em *Lorillard Tobacco Co. et al vs. Reilly, Attorney General of Massachusetts, et al.*, adotou argumentação diversa ao ter por inconstitucional a legislação do Estado de Massachusetts que veiculava regras sobre a propaganda e venda de cigarros. Tendo em vista que o ordenamento norte-americano define a publicidade como um consectário da liberdade de expressão, a Corte aplicou o precedente firmado em *Central Hudson Gas & Eletric Corp. vs. Public Service Comission of New York*, segundo o qual: "(1) Se a comunicação não é enganosa e tampouco relacionada a atividade ilegal, o poder do governo é mais circunscrito. (2) O Estado deve definir o interesse substancial a ser alcançado pelas restrições sobre a propaganda. (3) Ademais, a técnica regulatória deve ser proporcional a este interesse. (4) A limitação da liberdade de expressão deve ser cuidadosamente delimitada pelo alcance do objetivo do Estado. A concordância com este requisito é medido por dois critérios. Primeiro, a restrição deve diretamente atender ao interesse estatal envolvido; a regulação não pode ser sustentada se ela proporcionar somente um apoio ineficaz e remoto aos propósitos do governo. Segundo, se o interesse governamental puder ser atingido, de igual foram, por uma restrição mais limitada sobre a propaganda, as restrições excessivas não podem sobreviver".[4]

7. Em *Lorillard Tobacco Co.*, a Suprema Corte norte-americana julgou que a legislação antitabagista do Estado de Massachussets não cumpriu o quarto requisito estabelecido pelo teste de razoabilidade definido em *Central Hudson*. O legislador, destarte, ao estipular uma ampla interdição à publicidade de produtos derivados do tabaco, não teria "prudentemente calculado os custos e benefícios associados à restrição imposta". Ao proferir seu voto, a Juíza O'Connor evidenciou que: "O interesse governamental em prevenir o uso de tabaco por menores é substancial, e mesmo cogente, mas não é menos verdadeiro de que a venda e o uso de produtos derivados do tabaco por adultos são uma atividade legal. A regulação da propaganda não pode, indevidamente, impingir a capacidade do emissor de propor uma transação comercial e a oportunidade, do consumidor adulto, de obter informações sobre produtos".[5]

8. Os fundamentos adotados pelo Conselho Constitucional francês e pelo Tribunal norte-americano fornecem subsídios igualmente legítimos para proceder à análise da constitucionalidade de medidas restritivas à publicidade de cigarros. Seja pelos contornos dados ao direito de propriedade em razão da urgente proteção à saúde pública, seja pela rejeição de restrições ao

3. Conselho Constitucional Francês. Décision 90-283, de janeiro 1991. Net. Disponível em <http://www.conseil-constitutionnel.fr/wcconsti>, consulta em 21.11.2003.

4. "If the communication is neither misleading nor related to unlawful activity, the government's power is more circumscribed. The State must assert a substantial interest to be achieved by restrictions on commercial speech. Moreover, the regulatory technique must be in proportion to that interest. The limitation on expression must be designed carefully to achieve the state's goal. Compliance with this requirement may be measured by two criteria. First, the restriction must directly advance the state interest involved; the regulation may not be sustained if it provides only ineffective or remote support for the government's purpose. Second, if the governmental interest could be served as well by a more limited restriction on commercial speech, the excessive restrictions cannot survive" (447 US 557. Net. Disponível em <http://www2.law.cornell.edu/cgi-bin/foliocgi.exe/historic/query>, consulta em 21.11.2003).

5. "The governmental interest in preventing underage tobacco use is substantial, and even compelling, but is no less true that the sale and use of tobacco products by adults is a legal activity. A speech regulation cannot unduly impinge on the speaker's ability to propose a commercial transaction and the adult listener's opportunity to obtain information about products" (US 00-596. Disponível em <http://caselaw.lp.findlaw.com/scripts/getcase.pl?navby=search&court=US&case>, consulta em 19.11.2003).

exercício da liberdade de expressão desprovidas de conteúdo razoável, verifica-se que a repressão à publicidade tabagista recebe guarida em diversos ordenamentos jurídicos, encontrando o núcleo de sua reprovação na dependência química causada pelo fumo que, porém, foi disfarçada pelo respaldo de sociabilidade consolidado através de persistentes campanhas de publicidade enganosas. A Constituição da República de 1988, de modo diverso dos ordenamentos antes referidos, concretizou a ponderação entre os valores associados à liberdade de comunicação empresarial e os relacionados à tutela dos consumidores, inclinando-se favoravelmente à vulnerabilidade destes ao incluir, em seu Título VII (Da Ordem Social), norma que preceitua que a propaganda comercial de tabaco estará sujeita a restrições legais "e conterá, sempre que necessário, advertência sobre os malefícios decorrentes de seu uso" (art. 220, § 4º).

III

9. O direito, fenômeno social por excelência, não está inteiramente dissociado das relações econômicas. A conexão entre a economia e o direito não pode ser ignorada pelo legislador sob o risco de despir as normas jurídicas de efetividade ou de tornar o ordenamento jurídico um reflexo vazio da infra-estrutura vigente. As Cartas Políticas brasileiras, desde 1934, têm elevado o tratamento da ordem econômica à estatura constitucional, contudo não basta às leis fundamentais listar os direitos políticos e individuais, cujos conteúdos continuarão a ser percebidos como propósitos distantes, se as normas constitucionais estiverem voltadas a uma realidade iníqua alheia ao comando do poder constituinte. O desenvolvimento do Estado Democrático de Direito perpassa, pois, pela existência de uma sociedade democrática que seja um espaço aberto ao desenvolvimento da personalidade humana, o que somente terá êxito se a exploração dos recursos econômicos não seja vista como um elemento de apoio à exclusão e à pobreza.

10. Os direitos econômicos e sociais, na feliz síntese de Pontes de Miranda, são "normas de grande importância, porque procuram dizer *para onde* e *como* se vai, buscando atribuir *fins* ao Estado, esvaziado pelo liberalismo econômico".[6] A Constituição da República de 1988, promulgada em uma época de divisão mais nítida entre os regimes econômicos capitalista e socialista e antecedida pelo intervencionismo direto na economia nacional, praticado nas duas décadas anteriores, consubstanciou o compromisso entre "os valores sociais do trabalho e da livre iniciativa"[7] (arts.

6. Pontes de Miranda, *Comentários à Constituição de 1967 com a Emenda n. 1 de 1969*, t. I, p. 127, *apud* José Afonso da Silva, *Curso de Direito Constitucional Positivo*, 16ª ed., São Paulo, Malheiros Editores, 1999, p. 761.

7. Cf., ao propósito, esclarecedora lição de Luís Roberto Barroso: "Tais princípios correspondem a decisões políticas fundamentais do constituinte originário, e por essa razão subordinam toda ação no âmbito do Estado, bem como a interpretação das normas constitucionais e infraconstitucionais. A ordem econômica, em particular, e cada um de seus agentes — os da iniciativa privada e o próprio Estado — estão vinculados a esses dois bens: a valorização do trabalho [e, *a fortiori*, de quem trabalha] e a livre iniciativa de todos — que, afinal, também abriga a idéia de trabalho —, espécie do gênero liberdade humana.

"A Constituição de 1988 cuidou de concretizar o princípio da valorização do trabalho em regras concentradas em seu art. 7º, onde se pode encontrar um rol de direitos assegurados aos trabalhadores. O elenco que ali figura não exclui outros direitos que visem à melhoria de sua condição social, nos termos expressos do *caput* do mesmo artigo. O constituinte prestigiou, nessa mesma linha, o trabalho dos autores e inventores, através das garantias do direito autoral (art. 5º, XXVII) e da proteção patentária (art. 5º, XXIX), e daqueles profissionais que participam de espetáculos públicos ou de obras coletivas (art. 5º, XXVIII). O fundamento da proteção ao trabalhador e da valorização do trabalho encontra-se na própria dignidade da pessoa humana (art. 1º, III).

"O princípio da livre iniciativa, por sua vez, pode ser decomposto em alguns elementos que lhe dão conteúdo, todos eles desdobrados no texto constitucional. Pressupõe ele, em primeiro lugar, a existência de propriedade privada, isto é, de apropriação particular dos bens e dos meios de produção (CF, arts. 5º, XXII, e 170, II). De parte isto, integra, igualmente, o núcleo da idéia de livre iniciativa a liberdade de empresa, conceito materializado no parágrafo

1º, IV e 170, *caput*) que não devem ser tidos como diretrizes antagônicas voltadas à concretização de objetivos distintos. Os valores sociais do trabalho devem conformar a livre iniciativa, a qual somente alcançará legitimidade se não for instrumento de práticas capitalistas concentracionistas e predatórias.[8]

11. Sob o pálio do regime constitucional anterior, Modesto Carvalhosa afirmou: "Ainda que o art. 160 da Carta brasileira revista a livre iniciativa de um direito impostergável, o conjunto de normas constitucionais e ordinárias, que formam o seu instituto, pode trazer limitações e restrições que, sem desnaturar aquele caráter, impõe-lhe um comportamento, visando preponderantemente a sua utilidade social. Dessa forma, semelhantemente à propriedade, deve-se distinguir o direito, do seu instituto. A livre iniciativa é um direito consagrado pela Constituição e, ainda constitucionalmente, é um instrumento do bem-estar coletivo, enquanto instituto. Elemento fundamental da Ordem Econômica impede-lhe o instituto jurídico que se desenvolva contrariamente aos fins sócio-econômicos, para cuja consecução essa Ordem Econômica foi constitucionalmente estruturada".[9]

12. A harmonização destes valores compreenderá, diuturnamente, um juízo de concordância que não poderá, todavia, atingir a essência dos princípios que estejam com eles relacionados. Não poderá a valorização do trabalho humano dar-se em outro cenário senão aquele que seja regrado pelos ditames da livre iniciativa e tampouco a livre iniciativa poderá ser tida como pressuposto idôneo à perpetração de segregações díspares à dignidade da pessoa humana. A conjugação destas normas reflete, decerto, a difícil compatibilização dos fins sócio-econômicos assumidos pelo Estado Social com o enquadramento jurídico dado, pelo Estado de Direito, ao fenômeno político. Neste sentido, trago, à colação, a lição de inteligência preclara de Tércio Sampaio Ferraz.[10]

"As garantias proporcionadas pelo contorno constitucional do Estado de Direito são, assim, acima de tudo, *delimitações* com sentido eminentemente técnico-normativo. Pressupõem, portanto, um conceito de Estado que, em relação à liberdade dos cidadãos deixa valer o *status quo*. Já os objetivos exigidos do Estado social pressupõem um Estado ativo, que desempenha funções distributivas, que, em última análise, desconhece o dualismo entre Estado e Sociedade. Em conseqüência, enquanto para o Estado de direito o fenômeno do poder é, por definição, circunscrito e delimitado no seu contorno constitucional, o Estado social extravasa aquelas delimi-

único do art. 170, que assegura a todos o livre exercício de qualquer atividade econômica, independentemente de autorização, salvo nos casos previstos em lei. Em terceiro lugar situa-se a livre concorrência, lastro para a faculdade de o empreendedor estabelecer os seus preços, que hão de ser determinados pelo mercado, em ambiente competitivo (CF, art. 170, IV). Por fim, é da essência do regime de livre iniciativa a liberdade de contratar, decorrência lógica do princípio da legalidade, fundamento das demais liberdades, pelo qual ninguém será obrigado a fazer ou deixar de fazer alguma coisa senão em virtude de lei (CF, art. 5º, II)" (Luís Roberto Barroso, "A ordem econômica constitucional e os limites à atuação estatal no controle de preços", *RT* 795/57, jan. 2002).

8. Neste sentido, leciona Eros Roberto Grau: "A livre iniciativa, ademais, é tomada no quanto expressa de socialmente valioso; por isso não pode ser reduzida, meramente, à feição que assume como liberdade econômica, empresarial (isto é, da empresa, como expressão do dinamismo dos bens de produção); pela mesma razão não se pode nela, livre iniciativa, visualizar tão-somente, apenas, uma afirmação do capitalismo. Assim, livre iniciativa é expressão de liberdade tutelada não apenas pelo capital, mas também pelo trabalho. (...).

"Embora seja assim, força é reconhecermos, de uma parte, que a livre concorrência é elevada à condição de princípio da ordem econômica, na Constituição de 1988, mitigadamente, não como liberdade anárquica, porém social" (Eros Roberto Grau, *A Ordem Econômica na Constituição de 1988*, 4ª ed., São Paulo, Malheiros Editores, 1998, p. 237).

9. Modesto Souza Barros Carvalhosa, *Direito Econômico*, São Paulo, Ed. RT, 1973, p. 297.

10. Tércio Sampaio Ferraz, "Congelamento de preços — Tabelamentos oficiais", *RT* 91/80, São Paulo, Ed. RT, Ano 22, jul.-set. 1989.

tações, pois nele as possibilidades de extensão das formas de domínio são imensas, podendo atingir intensidades sutis e fora de qualquer controle. (...).

"Ora, o grande drama do reconhecimento constitucional do Estado Democrático de Direito está no modo como as exigências do Estado social se jurisfaçam nos contornos do Estado de Direito. E o princípio, ainda que abstrato e genérico, desta compatibilização, só pode ser único: impedir a todo custo que as chamadas 'funções sociais do Estado' se transformem em funções de dominação (Forsthoff, 1976, p. 55). É preciso, pois, ver no reconhecimento do Estado Democrático de Direito um claro repúdio à utilização desvirtuada de necessárias funções sociais — como é o caso, obviamente, do combate à inflação e suas conseqüências pervertedoras do bem-estar coletivo — como instrumento de poder. Isto de um lado, destrói o Estado de Direito e, de outro, perverte o Estado social, desnaturando, em conseqüência, o Estado Democrático de Direito constitucionalmente reconhecido" (grifos do autor).

13. Conquanto a consecução dos fins sociais assumidos, constitucionalmente, pelo Estado esteja em um âmbito de realização delineado pela ação legislativa e pela concretização destes ditames pelo Executivo, a aplicação destes princípios não poderá afastar-se das normas jurídicas conformadoras do poder político. De fato, a análise desta adequação deverá ser pautada por um juízo de razoabilidade apto a apontar a "proibição de excesso" eventualmente existente na efetivação destes princípios.

IV

14. A idéia de razoabilidade das leis é o ponto de partida do ordenamento jurídico.[11] A valoração inerente a este juízo não deixa de ser uma análise da adequação do ato do Poder Público ao sentimento de justiça. Em arguta conclusão, Luís Roberto Barroso[12] leciona que: "É razoável o que seja conforme à razão, supondo equilíbrio, moderação e harmonia; o que não seja arbitrário ou caprichoso; o que corresponde ao senso comum, aos valores vigentes em dado momento ou lugar".

Este postulado consubstancia a noção intrínseca de repúdio a subjetivismos infun-

11. Agustín Gordillo, *Tratado de Derecho Administrativo*, t. 1, "Parte General", 7ª ed., Belo Horizonte, Del Rey e Fundación de Derecho Administrativo, 2003, pp. VI-28. Em interessante conclusão, assevera Humberto Ávila, em igual sentido: "sendo o Direito o meio mediante o qual são estabelecidas proporções entre bens jurídicos exteriores e divisíveis, deve ser estabelecida uma medida limitada e orientada pela sua máxima realização. Daí dizer-se — como o faz Alexy — que a proporcionalidade não consiste em uma norma-princípio, mas consubstancia uma condição mesma da realização do direito, já que não entra em conflito com outras norma-princípios, não é concretizado em vários graus ou aplicado mediante criação de regras de prevalência diante do caso concreto, e em virtude das quais ganharia, em alguns casos, a prevalência. A instituição simultânea de direitos e garantias individuais e de normas de competência implica (logicamente) o dever de ponderação, cuja exata medida só é obtida mediante a obediência à proporcionalidade" (Humberto Ávila, "Repensando o 'princípio da supremacia do interesse público sobre o particular'", *Revista Diálogo Jurídico* 7, v. I, Salvador, CAJ — Centro de Atualização Jurídica, 2001; disponível em <http://www.direitopublico.com.br>, acesso em 18.11.2003. Registro que embora a razoabilidade e a proporcionalidade tenham origens jurisprudenciais distintas, dentro dos lindes do presente Parecer, elas não serão empregadas de modo distinto, adotando-se a sinonímia entre os conceitos.

12. Luís Roberto Barroso, *Interpretação e Aplicação da Constituição*, 3ª ed., São Paulo, Saraiva, 1999, p. 215. Carlos Roberto Siqueira Castro escreve que: "Proporcionalidade encerra, assim, a orientação deontológica de se buscar o meio mais idôneo ou a menor restrição possível, a fim de que a lesão de um bem da vida não vá além do que seja necessário ou, pelo menos, defensável em virtude de outro bem ou de um objetivo jurídico revestido de idoneidade ou reconhecido como de grau superior. Trata-se, pois, de postulado nuclear que se converte em fio condutor metodológico da concretização judicial da norma, à qual, segundo Pierre Muller, 'devem obedecer tanto os que exercem quanto os que padecem o poder'" (Carlos Roberto Siqueira Castro, *Constituição Aberta e os Direitos Fundamentais. Ensaios sobre o Constitucionalismo Pós-Moderno e Comunitário*, Rio de Janeiro, Forense, 2004, p. 82).

dados e a excessos que, conquanto sejam perpetrados almejando finalidades sociais não reprováveis, revelam-se desmesurados por violar os limites definidos, ainda que implicitamente, à atividade do Poder Público. Esta noção, originária da experiência constitucional britânica erigida com base na cláusula *law of the land*, da *Magna Charta* de 1215, e amplamente desenvolvida nos Estados Unidos a partir das Emendas 5ª e 14ª à Constituição norte-americana que ensejaram a construção jurisprudencial do *substantive due process of law* pela Suprema Corte,[13] permeou-se pelo direito positivo — p. ex., o art. 18, 2, da Carta política portuguesa que consagrou que: "a lei só pode restringir os direitos, liberdades e garantias nos casos expressamente previstos na Constituição, devendo as restrições limitar-se ao necessário para salvaguardar outros direitos ou interesses constitucionalmente protegidos"[14] — e pela jurisdição constitucional de diversos países, tais como a Alemanha, onde "outorga-se ao princípio da proporcionalidade (*Verhältnismässigkeit*) ou ao princípio da proibição de excesso (*Übermassverbot*) qualidade de norma constitucional não-escrita, derivada do Estado de Direito".[15]

15. Com o advento da Constituição da República de 1988, o Supremo Tribunal Federal compreendeu que o princípio da razoabilidade estava integrado ao ordenamento jurídico pátrio a partir da interpretação extensiva, fundada nos precedentes da jurisdição constitucional norte-americana, dada à cláusula do devido processo legal (art. 5º, LIV), que poderia mesmo servir de parâmetro para aferição de constitucionalidade de atos normativos. O Ministro Moreira Alves deixou clara esta ilação ao asseverar, em voto proferido no julgamento da ADIn 855 (*RTJ* 152/455), que:

> A meu ver, o problema capital que se propõe, em face dessa lei, é que ela fere, com relação a esses dispositivos que estão sendo impugnados, o princípio constitucional do devido processo legal.
>
> A Constituição no seu art. 5º, inciso LIV — e aqui trata-se de direitos não apenas individuais, mas também coletivos e aplica-se, inclusive, às pessoas jurídicas — estabelece que "ninguém será privado da liberdade ou de seus bens sem o devido processo legal".

13. Cf. *Griswold vs. Connecticut*, 381 US 479 (1965); *United States vs. Carolene Products*, 304 US 144 (1938); *Brown vs. Board of Education*, 347 US 873 (1954); *Reynolds vs. Sims*, 347 US 533 (1964); *Miranda vs. Arizona*, 384 US 436 (1966). Sobre a evolução do princípio da razoabilidade e o devido processo legal, cf. Carlos Roberto Siqueira Castro, *O Devido Processo Legal e a Razoabilidade das Leis na Nova Constituição do Brasil*, Rio de Janeiro, Forense, 1989.

14. O Tribunal Constitucional espanhol, amparado pelo princípio constitucional de proibição de arbitrariedade (art. 9.3), entende que: "las diferencias normativas son conformes con la igualdad cuando cabe discernir en ellas una finalidad no contradictoria con la Constitución y cuando, además, las normas de las que la diferencia nace muestran una estructura coherente, en términos de razonable proporcionalidad con el fin así perseguido" (Sentencia 96/2002, recurso de inconstitucionalidad 1.135/1995, BOE 20020522). Na doutrina brasileira, o estudo precursor de San Tiago Dantas assentava sobre o princípio da igualdade a rejeição à lei arbitrária: "Se analisarmos os casos em que as leis diferenciadoras ou classificadoras ferem o nosso sentimento jurídico, e merecem o nome de arbitrárias, e os casos em que nos parecem corresponder a um agrupamento razoável de casos ou pessoas, logo perceberemos que o nosso juízo se forma exclusivamente sôbre a base de um exame subjetivo do valor igualitário da lei. Sempre que a diferenciação feita corresponde, no nosso sentir, a um reajustamento desproporcional de situações desiguais, a lei satisfaz os requisitos da lei justa. Sempre que a diferenciação não corresponde a um reajustamento dêsses, patenteia-se o caráter de lei arbitrária, contrária ao Direito, e um tribunal americano se recusaria a ver nela *the law of the land*" (F. C. de San Tiago Dantas, *Igualdade perante a Lei e "Due Process of Law". Contribuição ao Estudo da Limitação Constitucional do Poder Legislativo*, disponível em <https://www.planalto.gov.br/ccicil_03/revista/Ver-32/panteão_32.htm>, consulta em 26.6.2003).

15. Gilmar Ferreira Mendes, "O princípio da proporcionalidade na jurisprudência do Supremo Tribunal Federal: novas leituras", *Revista Diálogo Jurídico* 5, v. 1, Salvador, CAJ — Centro de Atualização Jurídica, ago. 2001, disponível em <http://www.direitopublico.com.br>, acesso em 21.11.2003.

Processo legal, aqui, evidentemente, não é o processo da lei, senão a Constituição não precisaria dizer aquilo que é óbvio, tendo em vista inclusive o inciso II do art. 5º que diz: "ninguém será obrigado a fazer ou deixar de fazer alguma coisa senão em virtude de lei".

Esse princípio constitucional que tem a sua origem nos Estados Unidos, lá é interpretado no sentido de abarcar os casos em que há falta de razoabilidade de uma norma. Por isso mesmo já houve quem dissesse que é um modo de a Suprema Corte Americana ter a possibilidade de certa largueza de medidas para declarar a inconstitucionalidade de leis que atentem contra a razoabilidade.

16. O Ministro Celso de Mello, em julgamento da suspensão de segurança 1.320 (*DJ* 14.4.1999), confirmou este posicionamento, ao escrever que:

> No entanto, não posso deixar de considerar, na análise do caso presente, tanto a existência de um acórdão concessivo de mandado de segurança (remédio constitucional cuja eficácia não deve ser neutralizada por disposição constante de simples diploma legislativo) quanto a plausibilidade jurídica da tese exposta pela parte impetrante, especialmente se considerar a jurisprudência constitucional do Supremo Tribunal Federal que já assentou o entendimento de que transgride o princípio do devido processo legal (CF, art. 5º, LIV) — analisado este na perspectiva de sua projeção material (*substantive due process of law*) — a regra estatal que veicula, em seu conteúdo, prescrição normativa qualificada pela nota da irrazoabilidade. (...).
>
> Essa é razão pela qual a doutrina, após destacar a ampla incidência desse postulado sobre os múltiplos aspectos em que se desenvolve a atuação do Estado — inclusive sobre a atividade estatal de produção normativa — adverte que o princípio da proporcionalidade, essencial à racionalidade do Estado Democrático de Direito e imprescindível à tutela mesma das liberdades fundamentais, proíbe o excesso e veda o arbítrio do Poder, extraindo a sua justificação dogmática de diversas cláusulas constitucionais, notadamente daquela que veicula, em sua dimensão substantiva ou material, a garantia do *due process of law*. (...).
>
> Como precedentemente enfatizado, o princípio da proporcionalidade visa a inibir e a neutralizar o abuso do poder público no exercício das funções que lhe são inerentes, notadamente no desempenho da atividade de caráter legislativo e regulamentar. Dentro dessa perspectiva, o postulado em questão, enquanto categoria fundamental de limitação dos excessos emanados do Estado, atua como verdadeiro parâmetro de aferição da própria constitucionalidade material dos atos estatais.

17. O traço de subjetivismo que paira sobre o juízo de razoabilidade é mitigado pelo manuseio de testes que, diante dos dados fáticos oriundos da questão sob exame e dos parâmetros constitucionais anteriormente fixados, informam a compatibilidade da norma com o ideal de proporcionalidade entre a restrição adotada e a proteção dos direitos e garantias fundamentais. Para Gordillo,[16] a razoabilidade de um ato deve contar, no mínimo, com:

"a) Sustento fáctico suficiente (o 'causa', 'motivo', etc., según distintas variantes y versiones en otros enfoques); lo cual supone, desde luego, que los hechos invocados sean ciertos, no sean nimios o insignificantes, estén suficientemente probados o acreditados, estén razonablemente apreciados; que no haya 'error de hecho'; que no haya falsa invocación de hechos; que no ignoren o desconozcan hechos ciertos que hacen a la cuestión, etc.

"b) El fin perseguido debe ser proporcionado a los hechos que lo sustentan, debe ser una conclusión razonada de tales hechos, que no incurran en falacias formales, ni caiga en soluciones exageradas, desmedidas o despropósitos de cualquier naturaleza.

"c) Del mismo modo, los medios empleados deben ser congruentes y propor-

16. Agustín Gordillo, ob. cit., pp. VI-34.

cionales tanto con el fin razonablemente perseguido como con los hechos ciertos y de entidad suficiente que los fundamentan."

18. Partindo das diretrizes traçadas pela jurisprudência alemã, o Ministro Gilmar Ferreira Mendes, em sede doutrinária, subsumiu a aplicação do princípio da proporcionalidade à apreciação de três subprincípios: adequação, necessidade e proporcionalidade em sentido estrito. Neste sentido, leciona que:

"O subprincípio da adequação (*Geeignetheit*) exige que as medidas interventivas adotadas mostrem-se aptas a atingir os objetivos pretendidos. O subprincípio da necessidade (*Notwendigkeit oder Erforderlichkeit*) significa que nenhum meio menos gravoso para o indivíduo revelar-se-ia igualmente eficaz na consecução dos objetivos pretendidos.

"Em outros termos, o meio não será necessário se o objetivo almejado puder ser alcançado com a adoção de medida menos onerosa que se revele a um só tempo adequada e menos onerosa. Ressalte-se que, na prática, adequação e necessidade não têm o mesmo peso ou relevância no juízo de ponderação. Assim, apenas o que é adequado pode ser necessário, mas o que é necessário não pode ser inadequado. (...).

"Um juízo definitivo sobre a proporcionalidade da medida há de resultar da rigorosa ponderação e do possível equilíbrio entre o significado da intervenção para o atingido e os objetivos perseguidos pelo legislador (proporcionalidade em sentido estrito). É possível que a própria ordem constitucional forneça um indicador sobre os critérios de avaliação ou de ponderação que devem ser adotados. (...).

"A proporcionalidade em sentido estrito assumiria, assim, o papel de um 'controle de sintonia fina' (*Stimmigkeitskontrolle*), indicando a justeza da solução encontrada ou a necessidade de sua revisão."[17]

19. A conjugação destes subprincípios conduz à análise da razoabilidade sob o prisma interno e externo da norma, ou seja, sob o primeiro aspecto, os seus motivos, meios e fins devem guardar uma relação de compatibilidade a fim de que, dados certos fatos, os instrumentos escolhidos para a persecução do propósito almejado sejam idôneos à sua concretização. Ultrapassado este juízo, pode-se, então, ingressar em uma posterior discussão acerca da adequação da norma aos parâmetros de validade que lhe são superiores, assim, a decisão legislativa deverá ter elegido os meios e os fins que coadunem-se com os preceitos constitucionais, eis que, conquanto a norma seja apta a consecução dos propósitos para qual foi promulgada, ela deverá, igualmente, conformar-se aos ditames veiculados pela Lei Maior.[18]

V

20. Na questão sob exame, a proibição de registro de novas marcas revela-se adequada ao intuito de impedir que a indústria tabagista lance produtos com maior poder apelativo para eventuais novos consumidores, mormente, as crianças e os adolescentes. No entanto, a medida não ultrapassa o teste da necessidade, em face da restrição desproporcional que será imposta à livre iniciativa e à livre concorrência.[19]

17. Gilmar Ferreira Mendes, ob. cit., p. 4. Tais considerações foram reiteradas ao ser apreciada a RCL 2.126 (Rel. Ministro Gilmar Ferreira Mendes, *DJU* 19.8.2002). Em igual direção, posiciona-se a lição de Luís Roberto Barroso: "Assim é que dele (princípio da proporcionalidade) se extraem os requisitos (a) da adequação, que exige que as medidas adotadas pelo Poder Público se mostrem aptas a atingir os objetivos pretendidos; (b) da necessidade ou exigibilidade, que impõe a verificação da inexistência de meios menos gravosos para atingimento dos fins visados; e (c) da proporcionalidade em sentido estrito, que é a ponderação entre o ônus imposto e o benefício trazido, para constatar se é justificável a interferência na esfera dos direitos dos cidadãos" (Luís Roberto Barroso, ob. cit., pp. 219-220).

18. Luís Roberto Barroso, ob. cit., p. 217.

19. A distinção entre estes dois princípios foi habilmente feita por Miguel Reale ao escrever que: "Ora, livre iniciativa e livre concorrência são con-

21. A razoabilidade externa da proposta legislativa não encontra respaldo na Lei Maior, vez que a proteção da saúde pública não poderá ser perpetrada se os meios que forem empregados para cumprir este comando constitucional implicarem em anulação da efetividade dos princípios que consolidam a estrutura da ordem econômica inaugurada em 1988. Decerto, o seu intuito proibitivo encontra fundamento legítimo nos efeitos deletérios associados ao tabagismo, os quais merecem ser repugnados pelo ente estatal através da adoção de proibições que estejam amparadas pelos limites constitucionais impostos à liberdade de conformação dos dispositivos constitucionais atribuída ao legislador. O alcance dos fins sociais eleitos pelo Estado Democrático de Direito deverá, necessariamente, perpassar pelo espaço constitucional. O Estado não pode, ainda que envolto sob o halo do apoio popular, intervir na economia para infirmar o papel que lhe foi constitucionalmente confiado. Voltando-se à sempre pertinente lição de Tércio Sampaio Ferraz, verifica-se que "o sentido do papel do Estado como agente normativo e regulador está delimitado, negativamente, pela livre iniciativa, que não pode ser suprimida. O Estado, ao agir, tem o dever de omitir a sua supressão".

22. À luz da experiência francesa, Gérard Farjat[20] afirmara que: "A maioria das intervenções protetoras do Estado tem uma incidência concentracionista, e esta incidência é freqüentemente desejada. O objetivo concentracionista pode não ser suspeito, por exemplo, em matéria de proteção dos consumidores, dos poupadores ou de regulamentação profissional, porém não é ele menos real".

23. O repúdio a políticas públicas de vezo econômico restritivo já mereceu acolhida pelo Supremo Tribunal Federal em julgamento do RE 203.908-SC (1ª T., j. 14.10.1997, *DJ* 6.2.1998), do qual transcrevo o voto proferido pelo Ministro Ilmar Galvão:

> O acórdão recorrido, para confirmar a sentença que deferiu o mandado de segurança, baseou-se em jurisprudência consolidada da corte catarinense, alicerçada no argumento de não se incluir na competência conferida aos Municípios pelo art. 30, I, da Constituição, a de impor restrições à livre concorrência (art. 170, IV) e à garantia do livre exercício de qualquer trabalho, ofício ou profissão (art. 5º, XIII), nem a de regular matéria estranha ao poder de polícia municipal, porque de interesse de outros entes públicos, como o comércio de farmácia (Lei federal 5.991/1973).
>
> Trata-se de orientação que não pode ser vista como ofensiva à competência do Município, competência essa que decorre do Texto Constitucional e que o habilita a ordenar física e socialmente a ocupação

ceitos complementares, mas essencialmente distintos. A primeira não é senão a projeção da liberdade individual no plano da produção, circulação e distribuição das riquezas, assegurando não apenas a livre escolha das profissões e atividades econômicas, mas também a autônoma eleição dos processos ou meios julgados mais adequados à consecução dos fins visados. Liberdade de fins e de meios informa o princípio de livre iniciativa, conferindo-lhe um valor primordial, como resulta da interpretação conjugada dos citados arts. 1º e 170.

Já o conceito econômico de 'livre concorrência' tem caráter instrumental, significando o 'princípio econômico' segundo o qual a fixação dos preços das mercadorias e serviços não deve resultar de atos de autoridade, mas sim do livre jogo das forças em disputa de clientela na economia de mercado" (Miguel Reale, "Medidas provisórias — Choque na economia — Controle de preço — Liberdade empresarial — Penalidades e discricionariedade", Parecer publicado na *Revista de Direito Público* 91/70, Ano 22, São Paulo, Ed. RT, jul.-set. 1989. Cf. Celso Ribeiro Bastos e Ives Gandra Martins, *Comentários à Constituição do Brasil (Promulgada em 5 de outubro de 1988)*, v. 7º, São Paulo, Saraiva, 1990, pp. 25-26).

20. "La plupart des interventions protectrices de l'État ont une incidence concentracionniste, et cette incidence est trèssouvent voulue. L'objectife concentratinniste peut ne pas être soupçonné, par example en matière de protection des consomateurs, des èpargnants ou de règlementation professionnelle, mais il n'est pas moins très réel" (Gérard Farjat, *Droit Économique*, Paris, Presses Universitaires de France, 1971, p. 272).

do solo, estabelecendo as utilizações convenientes às diversas partes da cidade e a definir as zonas residenciais, comerciais, industriais, de recreio etc.

É que essa competência para o zoneamento, capaz de levar à interdição do exercício de certas atividades na zona urbana, não pode chegar ao ponto de impedir a duplicidade, ou até a multiplicidade de estabelecimentos do mesmo ramo, numa mesma área, o que redundaria em reserva de mercado, ainda que relativa, e, conseqüentemente, em afronta aos princípios da livre concorrência, da defesa do consumidor e da liberdade do exercício das atividades econômicas, que informam o modelo de ordem econômica consagrado pela Carta da República (art. 170 e parágrafo, da CF).

24. A exploração dos produtos derivados do tabaco é uma atividade lícita, ainda que sua propaganda esteja sujeita a restrições legais (art. 220, § 4º, da Constituição da República de 1988), sendo objeto, portanto, da proteção conferida à livre iniciativa e à livre concorrência (arts. 1º, IV, 170, *caput* e IV, da Constituição da República de 1988). A instituição de regras que interditem o registro de novas marcas de cigarro, além de configurar restrição econômica indevida, desconsideram que a marca é um desdobramento da atividade empresarial, que resguarda os direitos do produtor, e, simultaneamente, protege "os interesses do consumidor, tornando-se instituto ao mesmo tempo de interesse público e privado".[21]

25. Transcrevo, ao propósito, os judiciosos argumentos de Miguel Reale:[22]

"A bem ver, quem afronta os riscos do mercado, empenhando-se na árdua tarefa da livre concorrência, tem por escopo conquistar uma *clientela* que fique fiel a seus produtos: essa conquista das preferências do mercado é o estímulo criador e propulsor da 'livre iniciativa', sendo, desse modo, os *sinais identificadores* (nomes, marcas, insígnias, emblemas) os instrumentos naturais da coleta de clientela, para empregarmos à expressão lembrada por Tito Ravà, Catedrático da Universidade de Roma, no seu *Tratatto di Diritto Industriale* (Turim, 1973, t. 1, p. 75). O mesmo professor salienta, aliás, o nexo de implicação lógica entre 'sinais' e 'livre concorrência', escrevendo: 'os sinais têm primordial importância no plano da concorrência (*concorrenziale*), pois permitem sejam reconhecidos, lembrados e indicados (os produtos), tornando fácil ao público a manifestação de sua preferência (...). É essa a função jurídica dos nomes, os quais, com o uso adquirem, além disso, um particular *valor de sugestão*, pelo fato de evocarem atributos e qualidades — reais ou imaginários, não importa, pois se trata de valorações individuais — dos sujeitos e dos objetos' (*Trattato*, cit., p. 75).

"Como se vê, não há como desvincular a idéia de 'liberdade de iniciativa' da de tutela daquilo que a capacidade criadora ou imaginativa pôs *in esse*, como expressão de qualidades transferidas pelos sujeitos nos objetos por eles concebidos.

"Apaguem-se os objetivos tutelares do ordenamento legal dos registros públicos de nomes, de patentes e de marcas, e todo o aparatoso edifício normativo, que repousa sobre a Constituição e o Código da Propriedade Industrial, se esboroa como por encanto, esvaziado de sua substância medular!"

26. A marca é um desdobramento natural do exercício da empresa. Impedir o seu registro é tolher o pleno desenvolvimento das atividades econômicas inerentes ao princípio da livre iniciativa. A indústria, que desempenha um objeto lícito, coarctada por limites traçados, sem respaldo constitucional, à conquista de clientela é, invariavelmente, uma indústria fadada ao fracasso. A proibição de registro de novas marcas de cigarro acarreta a restrição de mercado, impede o pleno desenvolvimento da livre iniciativa e traz desproporcional restrição

21. Rubens Requião, *Curso de Direito Comercial*, 1º v., 23ª ed., São Paulo, Saraiva, 1998, p. 215.

22. Miguel Reale, *Temas de Direito Positivo*, São Paulo, Ed. RT, 1992, pp. 110-111.

à liberdade de empresa; conseqüências que não podem receber o endosso do Estado Democrático de Direito fundado sob os alicerces lançados pela Constituição da República de 1988.

Conclusão

27. Isto posto, opino pela inconstitucionalidade de proposta legislativa que proíba o registro de novas marcas de cigarro por ser medida impeditiva da livre iniciativa e da livre concorrência (arts. 1º, IV, 170, *caput* e IV, da Constituição da República de 1988), configurando restrição não razoável à atividade empresarial, tendo em vista o direito de propriedade assegurado ao titular de uma marca (arts. 5º, XXIX e LIV, da Constituição da República de 1988).

À superior consideração.

Nota Bibliográfica

EMPRESA CONTEMPORÂNEA E DIREITO SOCIETÁRIO. PODER DE CONTROLE E GRUPOS DE SOCIEDADES, DE EDUARDO SECCHI MUNHOZ*

MAURO RODRIGUES PENTEADO

Os meios jurídicos foram brindados no final de 2002 com a publicação da Tese de Eduardo Secchi Munhoz, com a qual o Autor conquistou o grau de Doutor em Direito Comercial pela Faculdade de Direito da Universidade de São Paulo — USP, em memorável concurso público. Assinale-se, de início, que a substanciosa e original obra revela o elevado nível dos estudos de Pós-Graduação que vêm sendo realizados nas Arcadas, desvelando duas novas linhas de pesquisa exploradas mais recentemente: de um lado, com estudo mais acurado dos sistemas da *Common Law*, principalmente o norte-americano, que, queira-se ou não, vem influenciando o mundo "globalizado" com suas soluções legislativas ou práticas, por força da óbvia hegemonia política, militar e, sobretudo, econômica daquele país — reflexo da eliminação da bipolaridade advinda da queda do muro de Berlim e da ausência da desejada multipolaridade dos centros de poder. A utilidade do livro para os juristas e "operadores" do Direito brasileiro, que têm que se por a par dessas novas técnicas empresariais é por demais evidente, sobretudo após a abertura indiscriminada de nossos mercados às empresas transnacionais, a maior parte delas com sede, cultura ou origem na grande República do hemisfério norte. De outra parte, é saliente no estudo a hoje indispensável aproximação e estudo interdisciplinar do Direito e da Economia (a chamada *Law & Economics*), prisma inicialmente explorado nos Estados Unidos, propiciando insuspeitáveis avanços na dogmática jurídica, que a clássica e tradicional doutrina européia não demorou em incorporar e desenvolver em sua produção científica (cf., entre outros, *Diritto ed Economia*, org. Natalino Irti, Pádua, Cedam, 1999; *Analisi Economica del Diritto Civile*, v.a., Bolonha, Il Mulino, 1999; Natalino Irti, *L'Ordine Giuridica del Mercato*, 3ª ed., Roma, Laterza, 1998; Enzo Roppo, *Rischio Contrattuale e Autonomia Privata*, Nápoles, Ed. Jovene, 1982; Francesco Galgano, Liliana e Mariano D'Antonio, *Diritto ed Economia*, Bolonha, Ed. Zanichelli, 1985; *Consumatore, Ambienti, Concorrenza — Analisi Economica del Diritto*, org. Francesco Pulitini, e, em especial, o estudo de Roberto Pardolesi, *Analisi Economica della Legislazione Antitrust Italiana*, Milão, Giuffrè, 1994).

O Autor, após lançar as bases propedêuticas sobre as quais erigiu o seu trabalho (Parte I — Conceitos de modelos de Direito, análise econômica e funções do Direito Societário), recenseia — com segu-

* São Paulo, Editora Juarez de Oliveira, 2002, 344 pp.

rança que lhe deu sua experiência de advogado militante e sócio de renomado escritório de advocacia desta Capital — os problemas com que se defronta o moderno Direito das Sociedades, começando por focalizar as questões suscitadas pela sociedade isolada, para alcançar as formas contemporâneas de organização da atividade empresarial, em que avulta a categoria dos grupos societários, institucionalizados ou formalizados mercê "feixes" de relações contratuais (Parte II). A partir desse sólido alicerce, avança o Autor na análise dos parâmetros que devem nortear a revisão do modelo societário, apontando os problemas e constrangimentos criados por nossa atual legislação, e indicando as soluções para obviá-los — segmento, longo, em que o livro apresenta inegável interesse prático imediato — culminando por analisar os efeitos que o modelo jurídico das sociedades projeta nos campos dos Direitos Concorrencial, Tributário, do Consumidor e do Trabalho (Parte III).

Não há, assim, como deixar de parabenizar o Autor, bem como a ciência jurídica nacional, pelo excelente trabalho dado ao público, cuja leitura e consulta recomendamos a todos os estudiosos e profissionais do Direito.

GRÁFICA PAYM
Tel. (011) 4392-3344
paym@terra.com.br

RDM 133

DOUTRINA: EXTERNALIDADES E CUSTOS DE TRANSAÇÃO: A REDISTRIBUIÇÃO DE DIREITOS NO NOVO CC – RACHEL SZTAJN • ***ATUALIDADES:*** SOCIEDADE LIMITADA OU ANÔNIMA FECHADA? – RICARDO G. MOREIRA • DO EXERCÍCIO DO DIREITO DE VOTO DAS AÇÕES PREFERENCIAIS COM DIVIDENDO DIFERENCIADO – JORGE LOBO • A INFLUÊNCIA DA ESTRUTURA DE GOVERNANÇA CORPORATIVA NO VALOR, ALAVANCAGEM E POLÍTICA DE DIVIDENDOS DAS EMPRESAS BRASILEIRAS DE CAPITAL ABERTO – ANDRÉ CARVALHAL • EVOLUÇÃO LEGISLATIVA DAS AÇÕES PREFERENCIAIS NO BRASIL E OS INSTITUTOS A ELAS RELACIONADOS – MARCEL G. B. RETTO • O VALOR RESIDUAL GARANTIDO EM CONTRATOS DE ARRENDAMENTO MERCANTIL FINANCEIRO – GUILHERME DE A. C. ABDALLA • TÍTULOS DE CRÉDITO: UMA ANÁLISE DAS PRINCIPAIS DISPOSIÇÕES DO NOVO CC – JEAN C. FERNANDES • O REGIME DE ADMINISTRAÇÃO ESPECIAL TEMPORÁRIA – CRISTIANO G. DE BRITO • ***ESPAÇO DISCENTE:*** ASPECTOS DO DIREITO CONTRATUAL NO NOVO CC: RESOLUÇÃO. DISSOLUÇÃO. INEXECUÇÃO. TEORIA DA IMPREVISÃO – MARIA CLARA V. MAUDONNET • DOSIMETRIA DAS SANÇÕES NO DIREITO ANTITRUSTE: ANÁLISE DA NOVA JURISPRUDÊNCIA BRASILEIRA SOB A PERSPECTIVA DA DETERRÊNCIA – MARIA PAULA BERTRAN • O PODER ECONÔMICO E A OBSOLESCÊNCIA PROGRAMADA DE PRODUTOS – DANIEL DE A. VIO • ASPECTOS GERAIS DO SISTEMA DE MARCAS: O REGISTRO E O RISCO DE CONFUSÃO – ANDRÉ L. A. DE LIMA • ***JURISPRUDÊNCIA COMENTADA:*** SOLICITAÇÃO DE INTERRUPÇÃO DO CURSO DO PRAZO DE ANTECEDÊNCIA DE CONVOCAÇÃO DE ASSEMBLÉIA GERAL EXTRAORDINÁRIA. CATAGUASES LEOPOLDINA – RACHEL SZTAJN • INDISPONIBILIDADE DE BENS. INTERVENÇÃO DO BC E POSTERIOR DECRETAÇÃO DE FALÊNCIA. COMPRA E VENDA DE BEM IMÓVEL POR MEIO DE ATO QUE ANTECEDEU A INTERVENÇÃO. NÃO ALCANCE DA INDISPONIBILIDADE – HAROLDO M. D. VERÇOSA • ***PARECERES:*** SOCIEDADE ANÔNIMA. FRAUDE À LEI. ALTERAÇÃO DOS ESTATUTOS COM O INTUITO DE EVITAR QUE OS ACIONISTAS PREFERENCIALISTAS ADQUIRAM O DIREITO DE VOTO ÀS VÉSPERAS DE COMPLETAR O TERCEIRO EXERCÍCIO SOCIAL SEM O PAGAMENTO DE DIVIDENDOS. ABUSO DE PODER DE CONTROLE – ERASMO V. A. E N. FRANÇA e EDMUR A. N. PEREIRA NETO • BANCO A. BRASIL S/A (BANCO MÚLTIPLO) – HAROLDO M. D. VERÇOSA • DIREITO CONSTITUCIONAL. DIREITO ECONÔMICO. PROPRIEDADE INDUSTRIAL. PROIBIÇÃO LEGISLATIVA DO REGISTRO DE NOVAS MARCAS DE CIGARRO – FÁBIO C. DOS S. OLIVEIRA • ***NOTA BIBLIOGRÁFICA:*** *EMPRESA CONTEMPORÂNEA E DIREITO SOCIETÁRIO. PODER DE CONTROLE E GRUPOS DE SOCIEDADES*, de EDUARDO SECCHI MUNHOZ – MAURO R. PENTEADO

MALHEIROS EDITORES